庆祝世界贸易组织成立二十周年　　　　　　　　WTO法与中国研究丛书
中国法学会世界贸易组织法研究会　组织编写　　孙琬钟　林中梁　总主编

我与WTO
——法律人的视角

杨国华　史晓丽◎主编

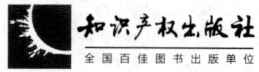

图书在版编目（CIP）数据

我与WTO：法律人的视角/杨国华，史晓丽主编．—北京：知识产权出版社，2016.1
ISBN 978-7-5130-3933-8

Ⅰ.①我… Ⅱ.①杨… ②史… Ⅲ.①世界贸易组织 Ⅳ.①F743

中国版本图书馆 CIP 数据核字（2015）第 282391 号

责任编辑：宋　云　　　　　　　责任校对：董志英
封面设计：张　冀　　　　　　　责任出版：刘译文

我与 WTO ——法律人的视角

杨国华　史晓丽　主编

出版发行：	知识产权出版社有限责任公司	网　　址：	http://www.ipph.cn
社　　址：	北京市海淀区马甸南村1号	天猫旗舰店：	http://zscqcbs.tmall.com
责编电话：	010-82000860 转 8388	责编邮箱：	songyun@cnipr.com
发行电话：	82000860 转 8101/8102	发行传真：	010-82000893/82005070/82000270
印　　刷：	北京嘉恒彩色印刷有限责任公司	经　　销：	各大网上书店、新华书店及相关专业书店
开　　本：	720mm×1000mm　1/16	印　　张：	24.5
版　　次：	2016年1月第1版	印　　次：	2016年1月第1次印刷
字　　数：	425千字	定　　价：	58.00元

ISBN 978-7-5130-3933-8

出版权专有　侵权必究
如有印装质量问题，本社负责调换。

《WTO 法与中国研究丛书》编委会

主　编：孙琬钟　林中梁

副主编：张玉卿　王传丽

编　委：于　安　杨国华　朱榄叶　李顺德

　　　　曾令良　余敏友　张乃根　屈广清

　　　　孔庆江　左海聪　石静霞　王正明

　　　　赵学清　韩立余　史晓丽　吕　勇

总 序

2015年1月1日是世界贸易组织（WTO）成立20周年的日子，这是一个值得庆贺的时刻。

20年来，世界贸易组织取得了举世瞩目的成就。虽然多哈回合谈判举步维艰，但是，2013年底达成的"巴厘岛一揽子协议"使我们再次看到了多边贸易体制的曙光。WTO不仅是制定自由贸易规则的平台，更是解决贸易争端的平台。成立20年来，WTO受理了将近500件贸易争端，为世界贸易的平稳发展做出了重大贡献。尽管世界贸易组织谈判中也存在强权政治和大国利益，但在争端解决程序中，任何利益的实现都要以对规则进行合理解释为基础，这是法治社会的重要表征。毋庸置疑，WTO是成功的，它推动了世界经济的发展，也为世界的和平与进步发挥了积极作用。

2001年12月11日，中国加入世界贸易组织，成为现已拥有162个成员的世界贸易组织大家庭的一分子。"入世"14年来，中国的改革开放不断深入，经济突飞猛进，社会不断进步，法制日趋完善，这与我国突破西方世界的壁垒加入世界经济贸易的大市场是分不开的。实践充分证明，我国政府加入世界贸易组织的战略决策是英明和正确的。

14年前，正当我国即将加入世界贸易组织之际，中国法学会审时度势，向中央提出报告，经朱镕基、胡锦涛、李岚清、罗干、吴仪等领导同志的同意，成立了"中国法学会世界贸易组织法研究会"。研究会的成立，为从事世界贸易组织法研究的专家学者提供了施展才能的平台，大大促进了我国对世界贸易组织法的深入研究，扩大了世界贸易组织法的影响。随着我国经济的发展以及对世界经济贸易的深入参与，世界贸易组织法在我国逐步发展成为一个具有完整理论框架和丰富案例资源的独立法学学科，中国法学会世界贸易组织法研究会也逐步发展成为我国 WTO 法律事务的智囊团和人才库。

为了庆祝世界贸易组织成立 20 周年，中国法学会世界贸易组织法研究会将我国 WTO 专家学者的最新研究成果编辑成册，在 2015 年 1 月出版了由 7 本专著组成的《WTO 法与中国研究丛书》。这次出版的《我与 WTO——法律人的视角》依旧是该丛书的组成部分。这本书从不同的侧面展示了我国 WTO 法研究学者和实务工作者对 WTO 的真情实感，我们希望这套丛书能够为有志于 WTO 法研究的读者们提供有价值的参考和借鉴。

最后，我们要向为这套丛书提供出版机会的知识产权出版社表示深切的敬意！向为这套丛书的编写工作付出辛勤劳动的专家学者表示诚挚的谢意！

中国法学会世界贸易组织法研究会
2015 年 9 月 14 日

代前言
WTO 的个人故事与国家历史

何志鹏[*]

中国"入世"的进程,中国在 WTO 中的存在与发展的经历,不仅推进着中国的对外开放,更推进着中国的法治化改革进程,推进着中国法学教育与研究的实践本位和问题导向。因而,这无疑是中国法治进程的重要部分、中国对外开放的重要部分、中国法律文化的重要部分,也就是中国历史的重要部分。

对于这个伟大而重要的进程,已经出版了一些著作,予以记述。例如人民出版社 2011 年出版的《中国加入世界贸易组织谈判历程(中国加入世界贸易组织知识读本 4)》就是其中比较突出的一部,不仅有记述,而且还有文件的图片。

而在这一领域,同样值得关注的是一些基于个人观点、经验、感受的叙述,其中比较引人注意的有上海三联书店 2007 年出版的《中国入世研究先行者》(介绍汪尧田先生的生平事迹并收集了一些著述),人民出版社 2011 年出版的《入世十年·法治中国:纪念中国加入世贸组织十周年访谈录》,21 世纪出版社 2012 年出版的《"入世"十年解密:WTO 改变中国》。

本书所征集的故事,同样属于后一序列,通过个人与 WTO 关系的叙事,展示了一个又一个鲜活而令人兴致盎然的视角。这些故事的作者,有的是中国国际法领域的顶级学者,有的是国际贸易法领域的一线律师,有的是理论与实践俱佳的资深专家。他们描述了与 WTO 相识、相知的故事,这些故事,改变了他们的人生,在一定程度上改变了中国,还在一定程度上改变了WTO。每一篇故事读起来都很特别,苦辣酸甜、喜怒哀乐,如一首交响曲里

---

[*] 法学博士,吉林大学法学院教授、博士生导师。长春市仲裁委员会仲裁员、专家咨询委员会委员。中国法学教育研究会副秘书长,中国国际法学会常务理事,中国法学会世界贸易组织法研究会常务理事,中国欧洲学会欧洲法律研究会常务理事,吉林省法学会国际法研究会秘书长。

跳动的音符、流淌的旋律。

　　对于历史的叙述，有多种维度。以往的历史，有些可能仅仅是一个简单的年表，有的则注重宏观背景下的趋势。传统上，史学家更侧重于宏大叙事，所以我们读到的多为政治历史和编年史。而近来方兴未艾的一种模式即是通过个人的口述，展示时代中的个人：个人对于时代的影响，时代对于个人的塑造。历史发展的动力，可能来自个人的心灵与行动。一个人如何看待、如何选择、如何行动，就是在塑造着一个国家的历史、一个世界的历史。读 Vaughan Lowe 的 International Law 和 Andrew Clapham 的 Brierly's Law of Nations，印象最深刻的是，讨论国家如何行动、国家为何遵守国际法，他们会还原到代表国家的每个个人，探讨他们的知识背景、思维模式和行为方式。这种还原主义的模式对于看待国际关系、国际法，是非常具有启示意义的。从这个角度看，每个人的经历、每个人的想法，绝对不是于事无补的小小空气振动，而是组成时代大潮的涓涓细流。如果我们可以接受历史学家关于"一切历史都是当代史"（克罗齐），"一切历史都是思想史"（柯林伍德）的论断，我们也可以声称，"一切历史都是个人史"。这可能是历史学家们越来越注重"口述历史""私人生活史"的理由，也可能是《明朝那些事儿》能够发人深省的理由。

　　本书中各个故事的叙述者，没有"冯唐易老、李广难封"的慨叹，而是认真、负责地回顾着自己与WTO的段段渊源，并展望着自身事业、中国建设、WTO演进的未来。我深信，这就是法治中国、国际法治的前途之所以具有希望的一块块坚定的铺路石。

　　所有的故事，已经一件件地过去，如泰戈尔笔下的"Stray birds of summer come to my window to sing and fly away"或如王羲之所言"向之所欣，俯仰之间，已为陈迹"。然而，这本书，这本书里所体现的思想、精神、奋斗历程，会成为大历史的一部分，融入这个国家的记忆。

2015年9月10日于吉林大学

编写说明

2015年,世界贸易组织(WTO)成立20周年。7月初,我在微信群中发出了一份"我与WTO"稿约,建议写作内容和风格如下:

主题:"我"与WTO的相识、相伴与相爱。相识:最初接触WTO的情况;相伴:这些年研究WTO的情况,包括研究领域和兴趣;相爱:对WTO的基本看法。也可以写一件有趣或难忘的事情。可以采用随笔或回忆录形式,鼓励多故事、多趣事、多文采、多细节。该书将是去年出版的《我们在WTO打官司》一书的姊妹篇。

这份稿约发出后,很快得到了WTO同行的广泛响应。大家在百忙中抽出时间,回忆整理,翻查资料。本书中汇编的文章就是大家为此专门撰写的稿件。我从这一篇篇情真意切的文字中,看到了大家内心中与我相同的感受——对WTO法的热爱与执着,我由衷地感到欣慰!WTO成立20年来,特别是中国加入WTO以来,国内已经形成了一个拥有一定规模的从事WTO研究和法律实务的固定群体,这不仅仅是一个法律专业人士的群体,更是一个汇集了追求法治理想的群体。我为能够成为这个群体的一员感到骄傲!也借此感谢百忙之中赐稿的朋友们!

本书是《我们在WTO打官司——参加WTO听证会随笔集》(知识产权出版社,2015年1月出版)的姊妹篇,在写作上依然秉承了轻松而不失严肃的风格,希望作者们的作品能够在传统学术作品之外给大家带来新的感受和体验。

本书中的部分文章曾在著名的法律公司WELLS的微信平台上推出,其精心的排版编排和恰到好处的插图,使得作者们的文章得到了提升。读者们对这些作品给予大量的好评,每篇文章的点击率都高达数千次,这对我们是莫大的鼓励!在此,我们特别感谢WELLS平台编辑范亚云女士和专业指导廖诗评老师！

　　这是一本特殊的书："高、大、上"的领域，"才、情、法"的写法。希望本书能够给大家带来阅读的快乐，引发大家对WTO法的了解与追求！

　　谨以此书献给WTO成立20周年！

杨国华

2015年9月14日

目 录 CONTENTS

第一篇　WTO 大法官谈 WTO

我在 WTO 上诉机构做法官　　　　　　　　　　　　张月姣 /3/

第二篇　学者视角

初识 GATT 与 WTO　　　　　　　　　　　　　　　王传丽 /25/
我与 WTO 的那些事　　　　　　　　　　　　　　　王　衡 /32/
WTO 与我的缘分　　　　　　　　　　　　　　　　冯　军 /34/
我与 WTO 服务贸易法：一场"不得不说"的绵长之爱　　石静霞 /39/
我与 WTO：那些美好时光　　　　　　　　　　　　左海聪 /47/
我所理解的世界贸易组织　　　　　　　　　　　　　史晓丽 /49/
我与 WTO 案例研究的不解之缘　　　　　　　　　　朱榄叶 /61/
怀念赵维田：我与 WTO 之缘　　　　　　　　　　　刘敬东 /67/
我与 WTO：久违的雷蒙湖畔　　　　　　　　　　　李晓玲 /73/
秋水天际：观 WTO 之汪洋　　　　　　　　　　　　李居迁 /77/
穿过那道门　　　　　　　　　　　　　　　　　　池漫郊 /87/
副业之乐　　　　　　　　　　　　　　　　　　　师　怡 /92/
我与 WTO 的法律奇缘　　　　　　　　　　　　　　余敏友 /95/
我在美国开始研究 TRIPS 协定　　　　　　　　　　张乃根 /105/
徐国栋教授把我拖进 WTO 的门　　　　　　　　　　张桂红 /107/
我的经历淡如水　　　　　　　　　　　　　　　　张丽英 /114/
我与 WTO：强扭的瓜也甜？　　　　　　　　　　　肖　冰 /119/

我与WTO：共同度过	陈咏梅 /123/
子衿青青，我心悠悠：观察与思考世界贸易体制的个人回顾	何志鹏 /129/
我与WTO：平平淡淡才是真	贺小勇 /133/
走进WTO法的迷宫	胡建国 /136/
WTO教、学、研、习20年杂忆	高树超 /141/
追梦WTO的那些岁月	
——写在WTO成立20周年之际	龚柏华 /149/
WTO人永远年轻	董世忠 /154/
我与GATT/WTO结缘30年	曾令良 /162/
我与WTO：你中有我	韩立余 /172/
我与WTO：在国际法不成体系中穿行	廖诗评 /175/
加入WTO15年：改变中国—重塑世界	单文华 /188/
我与WTO的缘分	孙冬鹤 /192/
追忆北大芮沐教授的世界秩序法律逻辑	赵宏瑞 /197/
追逐星空	
——一个80后中国国际法人与WTO的故事	全小莲 /203/

第三篇　律师视角

"习以为常"之前	任　清 /213/
李耿海、WTO的围墙与漳州荔枝	姜丽勇 /218/
我与WTO的几个瞬间	彭　俊 /221/
我与WTO	
——庐山面目知多少？	蒲凌尘 /223/
一个贸易救济律师的WTO求索之路	管　健 /229/

第四篇　官员视角

WTO法领域的专业技能与个人修养	孙　昭 /235/
我的WTO时光	
——伴我最充盈一段年华的她	纪文华 /243/
一场未曾远离的出走	李　帅 /249/
我与WTO：回忆、琐记和梦想	陈雨松 /251/

我的 WTO 缘	张永晖	/258/
梦想的力量：我与 WTO 的短篇故事	杨骁燕	/264/
追寻理性的光芒：我与 WTO 之缘	郭景见	/270/
我与 WTO：相识、相伴、相爱	穆忠和	/273/
涉外法律争端解决和涉外法律人才培养	于　方	/277/

第五篇　学生视角

WTO 法学习中的杨式讨论法	叶简剑	/283/
在路上	刘俊杰	/286/
未完的作业	柳　池	/290/
从中大到贸大：被 WTO 法雕刻的时光	梁　意	/295/
初学者的 WTO 初体验	倪　竹	/304/
我本想收获一棵树木，你却给了我整个森林		
——在 WTO 案例教学法中成长与收获	张　梦	/308/
WTO 法，夜空中最亮的星	李若愚	/311/
WTO 法		
——初学者心目中的浩瀚宇宙	周　敏	/313/
我与 WTO		
——亲历"杨氏教学法"	韩　悦	/316/
我与 WTO	荣　睿	/321/
我与 WTO：讨论式教学法的回顾和反思	刘　豪	/324/

第六篇　庆祝 WTO 成立 20 周年国际研讨会有感

群英会	杨国华	/329/
附录：		/345/
附录一　Ernst-Ulrich Petersmann		/345/
附录二　知人论事		
——评 James Bacchus 的大作 Trade and Freedom		/362/
附录三　GATT 之父		
——John H. Jackson		/370/

 第一篇　WTO 大法官谈 WTO

我在 WTO 上诉机构做法官

张月姣[*]

时光飞逝,转眼间,我在世界贸易组织上诉机构担任法官已经 7 年多。明年(2016 年)6 月 1 日,我将结束在 WTO 上诉机构的法官任期。回忆我在上诉机构做法官的日子,每一天都是挑战,每一天都是难忘的日子。尤其是翻出这段时间的相册,每张照片都记录着我在这段时期的经历和故事。

一、艰难的竞选之路

2006 年 4 月,我从亚洲开发银行局长的位子退休后担任中国人民银行参事、汕头大学教授和中国首任驻西非开发行董事。一天上午,我接到中国商务部条法司主管 WTO 事务的副司长的电话,他问我是否愿意参加 WTO 上诉机构法官的竞选。因为经过对全国研究 WTO 专家的筛选,商务部决定推荐我和上海复旦大学的董世忠教授为候选人。我听了电话,没有任何犹豫,立刻回答:我愿意参选。因为我知道,WTO 上诉机构法官在全世界只有 7 位,是很受尊重的重要职务。

我在亚洲开发银行(简称亚行,ADB)工作的同事 John Lockhart(曾担任澳大利亚法官,后在亚行任执行董事)就在 2001 年担任了 WTO 上诉机构法官。当时,我们亚行的同事由衷地为他高兴,纷纷祝贺,并热情送行。他曾经对我说:你一直研究 WTO,将来也有机会去当 WTO 上诉机构的法官。记得 1998 年加入亚行法律部做法律总顾问的特别顾问时,我的第一个任务就是给 ADB 的高级官员上"GATT/WTO 法律与实务"的英文课。我就用 1997 年在哥伦比亚大学一年法学博士(JSD)学习时对 GATT/WTO 的研究

---

[*] WTO 上诉机构大法官。法国汉纳大学学士,美国哥伦比亚大学法学硕士、博士。曾担任世界银行法律部法律顾问;外经贸部条法司司长、中美知识产权谈判代表、中国入关谈判法律总顾问、国际统一私法协会理事;亚洲开发银行助理法律总顾问、东亚局副局长、湄公地区副局长、上诉委员会主席、欧洲局局长;2007 年 11 月当选 WTO 上诉机构大法官。本文写于 2015 年 8 月 18 日。

图1 在担任亚行法律总顾问特别顾问时,张月姣在台上给 ADB 高级职员讲授"GATT/WTO 法律与实务"

成果给他们上了一周的课,结果很受欢迎,后来又给亚行区域贸易高管们讲过多次这个课。当时,亚行行长任命我为亚行贸易专家组总负责人,同时,我还是亚行与 WTO 的总联系人(Contact Person),每年要赴日内瓦开两次多边开发银行与贸易的会议(MDBs Trade Mainstreaming)。

2006年2月,我从《亚行简报》上得知,亚行前董事、WTO 上诉机构法官 John Lockhart 不幸病逝。有一位亚行同事给我发邮件,建议我参加 WTO 上诉机构法官的竞选,补上 John Lockhart 留下的空缺。但是,这一竞选必须由 WTO 成员政府推荐,不能毛遂自荐。所以,当我接到中国商务部的电话时,我欣然答应,并且非常认真地准备应聘。当时,我把从 WTO 书店买来的关于 WTO 争端解决、贸易救济、与贸易有关的知识产权、服务贸易、检验与检疫(SPS)和技术贸易壁垒(TBT)等最新专著以及 WTO 通过的专家组最新报告和上诉机构最新报告认真读了一遍,还做了许多笔记。

2006年8月,我信心满满地去日内瓦参加面试,圆满地回答了甄选组所有成员提出的问题。我记得其中有一个问题是:你如何看"归零"?我说,反倾销是贸易救济措施,不是贸易惩罚措施。因此,《反倾销协议》规定,反倾销税不应超过实际倾销幅度,即"Lesser duty rule"。归零的措施是反倾销调查部门人为地将倾销幅度扩大,从而对进口商征收高于实际倾销幅度的反倾销税,是违反 WTO《反倾销协议》规定的。面试进入尾声时,甄选组一位专家问我:"你还有什么不知道的?"我说,科技在发展,有很多新的贸易形式和复杂的法律问题,例如,电子商务、新的服务贸易以及生物专利等,我还在不断地学习新的法律和案例,只有这样,才能做好 WTO 上诉机构对法律的解释工作。事后我回忆,我对所有问题的回答都是符合 WTO 规定与案例的。还有一位非洲参会人员在 WTO 电梯口对我竖起大拇指说:"你是最好的(You are the best)。"面试后,心情大好,我和董世忠老师受中国驻 WTO 使团的邀请,在雷蒙湖边轻松愉快地共进午餐。

真是世事难料! 2006 年 10 月,面试结果公布,南非籍的 David Unterhalter 接替 John Lockhart 的空位,成为 WTO 上诉机构的第 7 名法官,我和董教授都落选。我对中国驻 WTO 使团的一位官员说,WTO 上诉机构 7 名成员除了是公认的贸易、法律和 WTO 有关协议的专家之外,还应该有代表性(Geographic Representation)。WTO 上诉机构成员虽然不隶属任何政府,但中国是世界第二大贸易国,应该在上诉机构有一位成员。我坚信,WTO 上诉机构一定会有中国籍法官的。此后,中国政府将董世忠教授和我推荐为 WTO 争议解决专家组指示名单上的专家。

在第一次竞聘 WTO 上诉机构法官失利后,我没有放弃,没有灰心,一直坚持教授国际经济法包括 WTO 法与实务,继续研究 WTO 案例以及有关法律问题。除了在中国的大学讲课外,我还在西非、美国、法国等讲授 WTO 争议解决的法律与实务。机会是给有准备的人的。2007 年 7 月,我和商务部原条法司司长、我的老同事张玉卿一齐被中国商务部推荐赴日内瓦参加上诉机构法官的竞聘,填补美国籍法官 Merit Janow、印度籍法官 AV Ganesan、日本籍法官 Yasuhei Taniguchi 和埃及籍法官 George Abi-Saab 退休后的空位。这一次参加竞选的候选人很多,美国政府推荐 2 名,中国政府推荐 2 名,日本、韩国、澳大利亚和非洲的贝宁等国也都推荐了候选人,他们的学历和资历都很"显赫"。甄选委员会包括 WTO 总干事、总理事会主席、争端解决机

图 2　在参加 WTO 上诉机构法官竞选面试后,在日内瓦雷蒙湖畔小聚(左起:李恩恒公使衔参赞、董世忠教授、张月姣教授、纪文华处长和陈雨松参赞)

构（DSB）主席、货物贸易委员会主席、与贸易有关的知识产权委员会主席等。这次提问的问题更加广泛，甄选委员会成员和各国驻WTO使团提出的问题也非常充分。每位候选人除了分别接受甄选委员会的集体面试外，还要接受WTO各成员大使的面试。我记得美国驻WTO大使问了很多问题，其中包括：如果WTO上诉机构的裁定有错误如何办？我给予如下回答：每一位法官都是独立审案，尽管法官的教育背景不同，看问题的角度也不同，但可以在审案组3个法官的辩论中以及7个法官的交换意见过程中，使审案组的判决更加符合WTO涵盖协议。WTO不是案例法，也不是大陆法，WTO是国际法，虽然每个裁决只对案件当事人有约束力，但当事人对相同案件有法律上的预期（Legal expectation），保持对法律解释的一致性有助于WTO争议解决的连续性和可预测性，法官对同样问题的处理也应该是基本相同的，正因为这样，专家组和上诉机构报告才会经常引用之前的类似裁决。但是，上诉机构也在不断根据科学发展改进和调整其解释。例如，在Shrimp案件中，对"保护可用竭自然资源"的定义由原来只包括固体矿物质的自然资源发展为包括活的鱼类资源。在面试时，他们还问我，如何与其他法官协调相处？我说，中国孔夫子有一句名言"三人行，必有我师"。我们要学习别人的长处，上诉机构法官都是平等和独立的，同时也要做到独立思考、独立发表见解，为作出公正公平的好裁决作出贡献。他们听后对孔夫子的名言很感兴趣，还问中文怎么说。

2007年11月4日，甄选委员会作出的4人短名单出炉了，我和菲律宾籍的Lilia Bautista、美国籍的Jennifer Hillman、日本籍的Shotaro Oshima被甄选委员会选中。但是就在第二天，我接到中国商务部的电话，说我的提名受阻。我虽然口头说没关系，但血压还是立刻升高。于是吃了降压药，去看新闻报道，静观事态发展。从报道上看，在2007年11月19日的DSB大会上，台、澎、金、马单独关税区的代表提出"某些人员在处理涉台湾事务上恐失公正"，使得4名上诉机构法官任命提案以及其他所有议程均遭搁置。为防止中国台湾正式动用否决权，各方展开磋商。WTO总干事拉米、总理事会主席诺尔以及美国、欧盟、日本驻WTO的高官先后表态，希望台湾地区能够让步，化解危机。经磋商，台湾地区表示，接受我的提名。11月27日，DSB召开会议，通过了4位上述机构法官的任命，来自中国、美国、日本和菲律宾的4名人员当选。这样，我也就成为中国第一位WTO上诉机构法官。中国政府对4人当选WTO上诉机构成员表示了祝贺。至此，备受关注的台湾地区阻挠中国籍候选人担任上诉机构法官的风波尘埃落定。

那些天，报刊介绍我的文章很多，要求采访我的中外记者也很多。我想，既然提名遇到过政治干扰，就不要火上加油，冷处理比较好，于是就拒绝接受采访。我相信法律与正义，相信WTO的成员能够做出公正公平的决定。在竞选面试时我就说过，我做过100多个国际商务仲裁案件，都是公正公平办案，以事实为依据，以法律为准绳，不偏不倚，公正无私，当事方接受了裁决，没有人怀疑我的公正与守法。我在世界银行、亚洲开发银行、西非开发银行和国际统一私法协会等国际机构都工作过，我的年度业绩评定都是优秀，我与各国的同事相处很好，口碑很好。我的朋友们在听了台湾地区阻挠我担任WTO上诉机构法官的新闻报道后，都为我打抱不平，有的朋友说，台湾地区阻挠对我的任命是出于政治目的。后来，巴基斯坦驻WTO大使对我说，台湾地区驻WTO代表是他的朋友，提出质疑我的当选是陈水扁政府发来的指示，他们都认为不起作用。在我后来担任主审法官开庭后，台湾地区参会代表曾经和其他代表一同到主席台前与我握手祝贺。

　　2007年11月27日，DSB大会一致通过我们4位担任上诉机构法官。Lilia和Jennifer于2007年12月23日上任，我和Shotaro于2008年5月20日宣誓，2008年6月1日任职。

　　经过艰难的竞选之路，我终于成为中国籍首任WTO上诉机构的成员。WTO总干事拉米和DSB主席向我和Shotaro表示祝贺，他们说，我的丰富的知识和宝贵的经验将成为上诉机构的巨大财富，对于提升WTO争议解决的作用是无可限量的。很多朋友也向我祝贺，亚行人事局发来贺电，中国前国务委员宋健祝我为世界做出贡献，李岚清副总理、吴仪副总理向我祝贺并希望我为中国争光，中国法学会以及中国国际经济法学会等为我饯行，汕头大学法学院还将每年11月27日定为法学院院庆日，我还被评为中国2007年法治新闻人物。来自各方的朋友、同事和亲人的鼓励与祝贺，化作为我在WTO上诉机构兢兢业业做法官、公正公平办案的无穷动力！

二、宣誓就职

　　2008年5月20日是一个隆重的日子，我和日本籍的法官Shotaro在DSB大会上宣誓就任WTO上诉机构法官，带领宣誓的是上诉机构时任主席巴西籍法官Luiz Baptista。我特地选了一件白色的中式上衣和一套黑色带有中式高领的西服。因为黑白代表法律的纯洁和严肃，中式服装代表着我是中国籍的法官。宣誓活动在WTO最大的会议厅W厅举行，有当时151个WTO成员的300多位代表出席，我庄重地举起了右手宣誓。

宣誓仪式后，中国驻 WTO 大使孙振宇和日本驻 WTO 大使为我和 Shotaro 举办了招待会。由于我是中国首任上诉机构法官，向我道贺的人很多，前中国加入 WTO 谈判组组长、瑞士大使吉拉德握着我的手说，祝贺你担任上诉机构法官这一重要职务，十几年前我就认识你，你在中国工作组关于中国外贸法的讲演给我留下了很深的印象。原来他还记得我在 1995 年中国入世工作组会议上回答 WTO 成员关于中国外贸法问题时的发言。那是 1994 年，《中华人民共和国对外贸易法》公布，我很荣幸地参加了中国首部外贸法的起草工作。1995 年初，中国谈判团团长龙永图从日内瓦回来对我说，WTO 成员对我国新公布的外贸法提出了 300 多个问题。我说，我国外贸法完全符合 GATT 和 WTO 的规定，我可以去日内瓦向他们解释。在 1995 年 10 月举行的中国入世工作组会议上，吉拉德大使主持会议，并用半天时间安排我用

图3　在 WTO 就职宣誓

图4　在宣誓书上签字

图 5 在宣誓仪式后合影（左起：离任法官 George Abi-Saab、Taniguchi，离任上诉机构主席 Giorgio，新任法官 Shotaro、张月姣，时任上诉机构主席 Luiz 以及上诉机构秘书处司长 Werner）

英文回答各代表团对中国外贸法的疑问，我逐条逐句对中国外贸法的条文及其背景、WTO 法律依据作了详细的解释，回答了 WTO 成员提出的所有问题。这次大会也是在 W 大会议厅举行的，当时会场鸦雀无声，只有我的发言声，我越讲声音越大，底气越足，讲完后问大家还有什么问题，又是一片无声。我说，你们没有问题就说明你们也认为中国外贸法完全符合 WTO 规定。此后，再也没有听到其他国家对我国外贸法的指责。

2008 年 5 月 20 日宣誓就职的傍晚，我坐在 WTO 上诉机构办公室，看着窗外夕阳的余晖洒在绿波荡漾的雷蒙湖上，思绪万千，我在日记本中写下：责任重大，使命光荣；依据法律，秉公办案；勤耕敏思，严谨分析；认真阅卷，寻找真理；平衡利益，客观公正；倾听众言，不偏不倚；捍卫法治，解决争议；和平发展，多边贸易；兢兢业业，壮志不移！

三、第一次作为审案组法官审案

WTO 上诉机构受理 WTO 成员对专家组报告中的法律问题和法律解释提出的上诉。WTO 上诉机构由 7 名经过严格挑选的独立法官组成，每届任期 4 年，可以延续 1 届，最长 8 年。每一个上诉案件由通过神秘抽签方式确定的排案号和每位法官抽取的个人号码来决定哪 3 位上诉机构法官组成审案组审理该案件，该号码对所有人保密。由于上诉机构成员在没有利害关系的情况下可以受理本国的案件，披露信息、避免任何利益冲突的纪律要求就很严格。在每一个上诉案件提出上诉申请开始，全体法官都要在日内瓦面对面披露有关利益冲突的可能性，填写利益冲突披露表格。一旦有利益冲突，该法官不得参加审案组，也不得参加全体法官对该案的交换意见讨论。上诉机构成员或涉案的秘书处人员不得办理已经参与的相同案件。上诉机构成员退休后3年内不得参加上诉机构听证会。

我第一次办案是与 Giorgio 和 Jennifer 组成审案组（Division Member）。3 位成员在认真阅读了专家组报告、上诉文件、被申诉方文件以及第三方文件后，在日内瓦召开审案组会议，讨论案件涉及的法律问题，汇集在开听证会上需要提出的问题。为了协助审案组工作，上诉机构会成立由1~3名高级律师、2~3名中级律师和2名秘书组成的审案律师团队。法律团队成员在阅读案卷后草拟涉案问题摘要（Issue Paper），并协助审案组法官准备听证会上的详细问题单子。法官们在每个案件中都会认真准备听证会的问题和提问的方法与重点。在听证会结束后，审案组3位法官将对有关法律问题进行深入讨论，以求对每一个法律问题的解释和法律适用达成一致意见。每一次的讨论都很热烈，有时也很激烈，自然是真理越辩越明。在审案组的每一次讨论中，大家的发言都要认真准备，由于一些文件是在去日内瓦开会之前刚刚收到，我经常是在飞机上看文件和准备评论意见。

图6 与 Giorgio、Jennifer 讨论案件

在听证会上，速记员会将各方的发言打成文字。听证会结束的当天晚上，上诉机构成员就可以看到当日听证会上的辩论和回答问题情况，以便深入了解上诉问题和各方立场。一般情况下，在听证会议召开2天后，上诉机构会召开全体成员会议，交换对案件的意见。在交换意见之前，审案组的3名法官要对该案件的主要法律问题以及当事各方的立场进行汇总，并提出需要讨论的具体问题，以便征求非办案法官的意见。在交换意见的会议上，审案组

图7　在赴日内瓦的飞机上写案件意见

的3位法官将分别就涉案法律问题进行介绍，提出具体问题，逐一听取其他4名法官的意见。因此，无论是审案组的成员还是非成员，大家都要认真阅读全部文件，只有这样，才能对涉案法律问题发表更加系统的意见。当然，最终要对每一个法律问题作出裁决并在上诉机构报告最后一页签字和对该案的审理承担责任的，是审案组的3名法官。因此，对裁决报告进行一字一句的反复思考和推敲以及进行集体讨论，是审案组用时最多的环节。《关于争端解决规则与程序的谅解》（DSU）规定，上诉机构应该在60天内完成对案件的审理和发表裁决，最多不得超过90天，这90天还包括周末、节假日和翻译时间。实际上，上诉案件的审理时间只有60天左右。由于时间紧，法律问题多，案件复杂，要保证审理案件的质量，很多时候需要适当延长审案时间。

四、第一次做审案组首席法官

由于WTO上诉机构采取抽签方式决定上诉案件审理组的法官组成，所以，哪个法官办哪个案件是不可预测的，各成员方不可以挑选法官，法官也不可以挑选案件，这样就避免了利益冲突，保证了审案组的独立公正。

审案组的首席法官通常是根据担任首席的次数多少轮流去做，担任首席法官不仅责任增加，而且还要承担大量的组织工作。在审案组，3位法官的权利是平等的，首席法官与其他两位法官一样，一人一票。每个案件的裁决只要有2名法官同意，就可以作出。但是，在我担任法官的7年多时间里，还未发生过任何一份上诉机构报告只有2名法官签字的情况。通常情况下，在讨论案件之初，有一些法律问题，法官有不同理解和意见，但是经过深入辩论，总可以找到一致意见。

图 8　正在签署上诉机构报告

图 9　在 WTO 图书馆

首席法官需要主持审案组会议和听证会。要想使会议开得有效,首席法官的充分准备非常重要。我是在欧盟诉美国的持续使用归零做法案件中首次担任审案组首席法官,该审案组还有 David 和 Luiz 两位法官。

为了做好案件的审理和组织工作,我经常在 WTO 图书馆和上诉机构图书室翻阅大量书籍和有关案例。

听证会是了解案情和当事各方立场的好机会,审案组在听证会前会准备详细的问题清单,申诉方和被诉方必须回答这些问题。听证会一般持续 2 天左右的时间,大型案件例如大飞机补贴案的听证会开了 1 周。

听证会上提出的问题是否得到满意回答取决于当事方对案情和相关法律是否熟悉,回答人的外文和法律水平、抗辩能力、思维逻辑和快速反应能力。把问题说得清楚,说服法官,这是对出庭律师的很大考验。当然,听证会也是对审案组法官的考验,特别是对首席法官组织能力的考验。

图 10　上诉机构听证会现场

图 11　结案后与办案团队聚会

图 12　结案后办案团队聚会，即兴跳舞

通常情况下，在每个上诉案件结案时，审案组的首席法官都要为参与办案的法官、秘书处律师团队举办小型招待会。我曾经请大家在中餐馆吃过饭，也曾为大家做过还算丰盛的中餐。大家聚会时喜欢喝香槟，庆贺圆满结案，有时也在办公室走廊即兴唱歌跳舞，这种方式大大增进了相互间的了解，加深了友谊。

五、首次当选上诉机构主席

上诉机构主席由 7 名法官选举产生，一般是按任命年限的长短选出。有的法官因其只任职一届，这样在其 4 年任期内就没有机会担任上诉机构主席。2011 年，Jennifer 和 Lilia 分别只担任一届（4 年）法官，经过协商，Jennifer 担任上半年主席，Lilia 担任下半年主席。我是在 2011 年 12 月中旬被选为上诉机构主席的，我的第一个任务就是在 DSB 大会上致辞，欢送 Jennifer 和 Lilia，并欢迎新成员印度籍的 Ujal 法官和美国籍的 Tom 法官加入上诉机构。

图 13　上诉机构换届，新老法官合影

每一次在新法官上任时，上诉机构都会组织内部学习（Retreat），就上诉机构经常遇到的法律问题例如审案标准、条约解释、上诉程序、举证责任等进行专题讨论。

上诉机构主席是兼职去做。2012 年，我担任上诉机构主席，这是我在上诉机构工作非常繁忙的一年。期间，除了组织上诉机构新老法官换届、两次内部学习研讨会、数次上诉机构法官和秘书处大会、上诉机构办公室搬家等行政事务之外，还要办好 3 个上诉案件，包括担任上诉案件审案组首席法官。

第一篇　WTO大法官谈WTO

图14　在专题讨论会上（左起：前任法官Abi-Saab，新法官Tom、Ujal、Shotaro和前任法官Julio Lacart）

图15　2012年担任审案组首席法官，与David和Peter法官以及律师团队合影

图16　2012年7月5日会议间隙与中国WTO研究会会长孙振宇，WTO首任上诉机构主席Julio Lacart，中国对外经济贸易大学法学院院长王军、教授盛建明合影

图17　2012年4月为Seung Wha上任宣誓做领誓

图18　2012年与上诉机构全体法官合影

图19　与上诉机构全体法官为WTO总干事Lamy送行

2012年，作为上诉机构主席，我还组织研究如何加强法官行为守则。例如，过去在讨论法官利益冲突问题时是通过电话会议形式进行，讨论不充分，也不够严肃。后来改为在日内瓦由7名法官面对面讨论利益冲突问题，有潜在利益冲突的法官予以回避，背对背讨论，然后将集体决定通知该未参加会议的法官。

我还提出，要为培养发展中国家的争议解决人才提供机会，包括培训、实习和在WTO就业。

2012年，我还组织了人事、预算、行政、翻译、法律、规则和上诉机构秘书处与全体法官的联席会议，法官从各自国家带来点心、特产和小吃，招待和答谢各个司对上诉机构工作的支持。我用法文发表讲演，增进了大家的相互理解，受到好评。

图20　为上诉机构法官送生日蛋糕

图21　2012年在清华大学举办反补贴讲座

图 22　2014 年与审案组结案聚会合影

图 23　2015 年与上诉机构法官合影

六、WTO 成立 20 周年纪念活动

在 WTO 成立 10 周年时，上诉机构发起了一系列庆祝活动，例如，在上诉机构法官执教的纽约哥伦比亚大学、东京大学、开罗大学等开展了纪念 WTO 争端解决 10 周年的活动。2015 年是 WTO 成立 20 周年，也是 WTO 上诉机构运行 20 周年，意大利佛罗伦萨欧盟大学研究院在 2015 年 5 月 15 日举办了 Convergence 学术研讨会，上诉机构的 7 名前任和现任法官出席了此次研讨会。

图24 2015年5月14日在欧盟大学研究院召开的WTO成立20周年会议上,与上诉机构前任和现任法官合影

图25 2015年6月1日与部分上诉机构前任法官和现任法官在WTO合影

2015年7月3~4日,我在清华大学组织召开了WTO成立20周年大型高端研讨会,会议主题是"多边贸易、争端解决和发展中国家",有58位国际知名的WTO专家担任嘉宾发言人,WTO派出了负责法律事务的副总干事Brauner、上诉机构秘书处司长Werner、副司长Victoria、法律司司长Valerie、服务贸易司司长Hamid、高级律师Gabrielle组成的大型代表团与会,并做大会发言。上诉机构前任法官David、Lilia、Shotaro、Taniguchi、Matsushita以及现任法官Ujal、Seung Wha、Richard、Shree和我本人共10名上诉机构法官在日内瓦之外这样大规模的聚会,这在历史上还是第一次。

图26 现任WTO副总干事布吕德勒（Karl-Ernst Brauner）、商务部副部长王受文、清华大学校长邱勇在开幕式上致辞，并合影

他们同台做了WTO争端解决的演变、上诉机构的运行与威望、上诉机构的成就、面临的挑战等专题发言，非常精彩。大会还邀请印度、南非、巴西和中国驻日内瓦前任WTO大使参会，金砖国家的WTO大使讨论了WTO的过去、现在和将来，并对推动多边贸易发展、尽早完成多哈谈判提出了宝贵意见。

在清华大学举行的WTO成立20周年大会设置了9个专题组和4个全体大会，400多名学者、官员、律师、教师和学生参加了会议，大会讨论的深度和广度都是空前的，受到了国内外专家的一致好评。

图27 在2015年清华大学"多边贸易、争端解决和发展中国家"高端论坛上做总结发言

在清华会议的"展望与总结"环节，我表达了自己的看法：建立与维护一个以规则为基础的多边贸易体制有利于消除国际贸易的歧视和抑制贸易保护主义，促进国际贸易稳定和持续发展。争端解决是WTO皇冠上的明珠，WTO涵盖协议和WTO争端解决案例对WTO法的解释是对减少国际法碎片化的重要贡献。当然，WTO争端解决体制正面临很多挑战，受理案件数量日益增多、争端解决工作量日益加大、上诉审议时间太短等因素不利于保证上诉机构报告的质量，此外，WTO提供司法服务的经费也不足，等等。尽管如

此,上诉机构的运行仍然获得了极大成功,它体现了上诉机构成员的独立性、公正性和专业性,加强了WTO争端解决机制的权威性。与此同时,上诉机构对外界的批评意见持开放态度,希望WTO全体成员能够为WTO争端解决机制和上诉机构的运行提供必要的资源。WTO争议解决应该以"快速和积极解决争议"为宗旨,避免法律文牍主义。WTO应该鼓励使用"磋商、调解等非诉形式"解决争议,以降低诉讼成本,快速解决争议。更重要的是,非诉解决争议可以使WTO成员保持长期的贸易合作伙伴关系,减少贸易冲突。此外,在准司法的诉讼中,也应该减少文件页数,使上诉机构报告和专家组报告更加简要易懂,便于执行。

在北京召开WTO成立20周年大会之后,我和上诉机构的其他成员接着又在上海、深圳和天津参加了WTO研讨会。与会的WTO专家除了对中国在多边贸易、争端解决和发展中国家问题上深入研究以及众多人才表示赞赏之外,还对中国的迅速发展印象深刻。他们看到了北京的蓝天和白云,看到了中国保护环境和治理雾霾的成效。看到了中国上海自由贸易试验区的成功,看到了中国深圳的巨大变化,看到了中国先进的高科技企业。参会专家们建议,中国应该在多边贸易谈判中发挥更大作用,应该更多地用英文对外宣传中国改革开放的成就、法治建设成就以及中国市场开放和实行市场经济机制的情况。

图28　2015年7月5日清华大学WTO成立20周年大会后,参会代表在颐和园龙船上

第二篇　学者视角

初识 GATT 与 WTO

王传丽[*]

为纪念 WTO 成立 20 周年，杨国华教授邀请大家写一篇关于与 WTO 相识、相伴、相爱的故事。我踌躇再三不知自己是否应该响应，毕竟这个题目适合国华这样的文艺青年。细想起来，WTO 教学与研究并非我所爱，而是从事国际贸易法教学和研究必然要与 WTO 挂起钩来。WTO 争端解决中出现许多涉及中国的案子，尽管我不是涉案当事人，也不是政府官员和办案律师，但是每当阅读这些案件材料时，心情总是不能平静并产生许多烦恼和无奈。面对 WTO 规则这样一个复杂的法律体系，一方面深感自己的学识浅薄和法律修养的欠缺，另一方面，中国走向世界产生的东西文化交集的碰撞更引人深思。借国华提供的难得机会翻出些零星碎片、一些个人粗浅的学习感受与众人分享，也不失为一种乐趣。一孔之见，难登大雅之堂，大家一笑而已。

一、初　识

就个人经历而言，最早认识的不是 WTO，而是其前身 GATT。1983 年初经恩师姚梅镇教授推荐来到外经贸部（现商务部）条法司参加《中华人民共和国对外贸易法》起草小组的工作。起草小组与聘请专家在讨论法案性质，即是起草一部对外贸易法典还是一部外贸管理法时出现了意见分歧。不知什么原因，或许是作为一种立法指引，条法司给我们每一位成员发了一本白皮 16 开大字体的《关税与贸易总协定》。这是我第一次认识 GATT。10 年后的 1994 年《中华人民共和国对外贸易法》正式颁布，虽然只有 8 章 44 条，但涵盖了 GATT 的基本内容。在当时人们的眼里 GATT 或许并不被认为是法律性质的文件。在（沙滩）北图查阅有关 GATT 的资料时，能在法律类中找到的

---

[*] 中国政法大学国际法学院教授，前院长，博士生导师；中国政法大学国际经济法研究中心主任；中国国际经济法学会副会长。该文写于 2015 年 7 月 15 日。

很少，主要都集中在经济和经济管理类中。

当时的企业对 GATT 也基本不感兴趣。记得那时经常给经济特区的外贸学员上课，学员说，你讲买卖合同、贸易术语和信用证对我们很有用，但是 GATT 与我们有什么关系呢？我很无奈。只好说，现在以为没用，等恢复我国在关贸总协定地位后就有用了。GATT 除序言外，正文只有 38 条加 9 个附件，加一块儿不过薄薄一本，与现在的 WTO 法无法相比。WTO 是一个完整的组织机构，虽然《马拉喀什建立世界贸易组织协定》只有 16 条，但其 4 个附件包含了 18 个协定。其范围除包括 GATT 传统货物贸易外，加上了纺织品和农业；此外还扩展到服务贸易，与贸易有关的知识产权，与贸易有关的投资措施等。如果把 GATT 比作一个单薄、温和的淑女，那么 WTO 则可被视为一个强壮的悍妇，其厉害之处在于有了一个"长了牙齿"的争端解决机构。

二、初识庐山真面目

从 1986 年起中国就申请恢复关贸总协定地位的努力最终没有获得成功。1995 年 GATT 迎来了它的乌拉圭回合谈判并成立了世界贸易组织。2001 年中国作为新成员加入了 WTO。与 GATT 不同，WTO 设立了一个强制性的争端解决机构。对于我来说，初识其利害是在阅读中国 DS363 案时产生的感受。该案中，为了解释《中国入世议定书》中 "sound recording distribution service" 的含义，美方采用了 New Shorter English Dictionary；中方采用了 American Heritage Dictionary of the English Language 及 Shorter Oxford English Dictionary；专家小组采用了 Oxford English Dictionary on Line；Shorter Oxford English Dictionary 第 5 版，2002；第 6 版，2007；Random House Unabridged Dictionary；Webster's New Encyclopedic Dictionary；Business Dictionary.com；The Monash Marketing Dictionary；BENT Business Dictionary 等。本人做了个统计，各种类型的、版本不同、形式不同的词典加起来计 10 余种。一次欧盟总部在北京召集的小型座谈会上（记得当时有北师大张桂红教授参加，其余几人似乎都不认识），我在发言中认为作为一个中文不是工作语言的世贸组织，争端解决机构这样进行条约解释缺乏确定性和可预见性。这样的条约解释对于中国是不公平的。并提出建议，为了让中国人知道争端解决机构采用多少词典，最好在 WTO 日内瓦总部开一个小书店，把专家小组和上诉机构可能援引的词典都摆放进去。最好是给每一个成员方都发一套这些词典，以方便他们经常、随时查阅。当然最好的办法就是学习联合国，将中文列入 WTO 的正式工作语言。开始欧盟这几位官员在微笑，后来就大笑起来。难道说错了吗？我接着说，众所周知，作为 WTO 协议组成部分的《中国入世议定书》并不能在中国境内直接适用，需要中国的立法者把《中国入世议定书》转化为中国国内立法才能在中国境内得到适用。而中国国内法的制定显然只能依据中文的词义，不可能要求中国的立法者按照英文词典的含义来选择和解释本国的立法词汇。如果《中国入世议定书》的义务需要中国遵守或履行的话，也只能按照中国承诺其义务的含义，通过制定相应的国内法执行。中国的立法、执法、司法机关，只能按照相应的中国法去理解，不可能要求其按照欧洲人、美国人或拉丁美洲人使用的词典含义来执行中国立法的规定。

不知真假，据说，后来争端解决机构在实践中基本只采用 Webster 和 New shorter 两种词典。上面光统计了英文词典，实践中假设再加上法语、西班牙语词典呢？看来知识渊博的专家小组和上诉机构的法官们乐于展示其才华，却丝毫没有顾及中国人的感受！由于中文不是 WTO 的工作语言，中国人在入世议定书中承诺了什么，自己说了不算，要人家解释说你说了什么才算，只需想想就让人崩溃！如果中文是 WTO 工作语言，即使要花些翻译费，起码中国人可以坚持自己说的是什么！

有人说中文不适合做国际组织的工作语言，对此我表示遗憾。牛津大学教授 Jean Aitchison 曾说了一句话，稍许令人释怀："一种语言的成功或失败与语言的内在特性并无多大关联，而与使用这种语言的人的力量有很大关系。"(《国际传播中的英语强势及影响》[1]) 工业革命后英国的霸主地位以及两次世界大战后形成的欧美一超多强的局面促成并维持了英语的强势地位。看来中文要成为国际商务通用语言，成为国际组织的官方语言，大概就是中国成为大国并是强国的那一天！我想强调的是，语言真的不仅仅是工具，而是活生生的话语权！

三、爱你，给我一个理由

有人说，爱，不需要理由；有人说，世界上没有无缘无故的爱。我相信后者。百年来，饱受外国帝国主义与殖民主义剥削和压迫的中国人，实现了国家独立自主。特别是中国改革开放以后，中国渴望在国际关系中通过和平共处、自由贸易、互利双赢，实现国家的安全与和平发展。对于 WTO 的宗

---

[1] 载于论文下载中心，http://lw.china-b.com/wxwh/20090213/87927-1.html。

旨和理念，也有许多经济学家和法学家们通过大量精辟的论著进行过分析和阐述。简言之，WTO是以市场原理为基础，通过建立规则导向的法律制度，"为商业和其他分散决策者们提供其所依赖的稳定性和可预见性"。WTO的宗旨和理念契合中国改革开放、发展经济的愿望，也符合中国人"己所不欲，勿施于人"的传统文化和价值追求。从这一点出发，可以理解当中国从1986年申请恢复关贸总协定地位到2000年中国与美、欧分别签署双边贸易协定，到最终完成了长达10余年的马拉松式的谈判，踏入WTO的大门时，中国人那种百感交集的心情。中国入世15年的事实证明，作为世界上最大的市场，中国的对外开放给国际社会带来的是福音而不是灾祸。

从WTO的角度来看，在号称"发展回合"的多哈回合中，接纳了中国这样一个世界上幅员广大、人口最多、经济处在从计划经济向市场经济转型过程中的发展中国家，无疑是一件大事情。上诉机构的法官Peter教授认为，中国入世意味着从此WTO才像一个普遍性的国际组织（Quasi-universal Organization）。

WTO怎样对待中国这个新成员呢？这是一个很有意思的问题。中国"原材料案"和"稀土案"之所以引人注目，不是因为中国败诉，而是该案涉及一个重要的法律问题，即在《中国入世议定书》中的出口税承诺是否可以援引GATT第20条进行抗辩，并由此引起众多中外学者对于《中国入世议定书》的性质及其与WTO协定关系问题的关注。本人阅读的资料很是有限，不过这些相关的讨论还是引起我对WTO规则体系的思考。就此提出，求教于各位同仁。

彼得斯曼教授写了一本《国际经济法的宪法功能和宪法问题》，对WTO的制度设计进行宪政问题的思考。本人则从原材料案与稀土案中悟出WTO规则体系的契约性设计。

（1）关于《中国入世议定书》的性质问题，WTO本身对此并未作出回答。本人认为，专家小组和上诉机构在上述案件中的解释和分析及其结论，只有按照普通法系的合同对价（或大陆法系的约因）理论进行理解和解释，才是符合逻辑的。中国在《入世议定书》中全部义务的承诺是为换取WTO的权利和义务。即《中国入世议定书》是中国为享有WTO权利义务支付的对价（Consideration）。当中国被指控违反《入世议定书》义务（条款）时，中国自然无权援引WTO协定及其附件协定的权利（包括例外条款）作为抗辩理由。

（2）《入世议定书》条款与WTO协定及其附件的条款是不能相互置换

(be transposed)的。

（3）根据WTO《关于争端解决规则与程序的谅解》（DSU）的规定，WTO适用协定（Covered Agreement）不是解决中国与成员方基于《入世议定书》发生争议可适用的法律。《入世议定书》是WTO与中国之间签订的双边条约或协定。发生争议时，只能由DSB个案处理，并适用条约法公约解释条约的基本规则（第31条、第32条）。

上述观点在与我的同事及学生们进行讨论时，有人表示同意，但也有不少人提出，道理听起来不错，但为什么专家小组和上诉机构的法官们在解释案件时不这么说呢？这个问题让我一直都很郁闷。

John Jackson 和 Peter Van Den Bossche 教授在其著作中，都有关于《入世议定书》是"入门票"（Price of Ticket of Admission）的表述。依照我的理解，入门票就是consideration这个法律用语的通俗表达，但为什么不被专家小组和上诉机构采纳呢？秦娅教授在DS394案中发现专家小组有"入门票"的表述，让我心中得到一丝安慰。

但是，WTO关于《入世议定书》是入门票的这个规则设计并不是无懈可击的。

（1）各国法律体系不同。世界上不是所有国家的合同法理论中都有对价是有效合同要件的规定。中国古代的"傅别"是契约的一种形式。傅别，是在一片竹筒或木牍上刻写契约内容，缔约双方从中间破开，各执一半。日后发生争议，双方各出示所执一半，相合为证。这与现代中国法对契约与合同的理解是一致的，只不过契约的效力取决于或换成了双方当事人的签字。中国人认为，中国在《入世议定书》上签字意味着中国享有包括WTO协定及其附件以及《入世议定书》中的全部权利义务。这意味着在涉及《入世议定书》的争议中，专家小组和上诉机构应当将WTO协定及其附件的权利义务与《入世议定书》中的义务放到一起，综合考察中国是否违反了议定书的承诺；也就是说在处理涉及《入世议定书》的案件中，《入世议定书》中的义务与WTO协定及其附件中的权利义务是不可分离的。在程序方面，不能也没有必要采用个案处理（Case-by-case）的方法，也没有必要必须采用条约法第31、第32条的解释方法。在上述原材料案和稀土案中，与出口税措施有直接与客观联系的协定是GATT1994，中方有权援引GATT1994第20条的例外来保护自己，而不必仅仅看《入世议定书》某条款的上下文。

（2）中国没有参加WTO协定的谈判，中国不是WTO的原始缔约方。在WTO协定的起草或谈判过程中，原始缔约方没有考虑像中国这样在国内合同法中，没有对价或约因概念之国家的利益也属正常。作为WTO的新成员，在原材料案和稀土案中，从双方提交的submission与辩论过程，可以清楚地发现双方因法律不同，在理解《入世议定书》性质、WTO协定与议定书关系，以及议定书条款与WTO协定及其附件协定条款的关系时，双方思路与逻辑之间存在的明显差异。涉及《中国入世议定书》争议中提出的问题，该是得到WTO的高度重视并及时作出回应的时候了！

（3）采用个案方法以及适用条约法公约解释的习惯规则（第31条、第32条的解释）处理基于《入世议定书》发生的争议，是包括中国在内的WTO成员没有预料到的。这种解决争议的方法，将议定书争议完全置于解决争端的专家小组和上诉机构的自由裁量权之下。当事方对个案裁决程序与结果完全不可预见，缺乏确定性，这与WTO规定的专家组的职权范围不符，也与WTO争端解决机制的目的和宗旨相违背。

（4）本人认为，WTO需要从法理依据上彻底解决这个问题。这一点，可以学习《联合国国际货物买卖合同公约》的做法，充分考虑世界上不同法系国家的利益和要求。在有对价学说与无对价学说的成员方之间进行协调，取得共识。这个任务应交由WTO部长级会议（Ministerial Conference）或总理事会（General Council）承担而不应完全交由专家小组和上诉机构的解释决定；其次，应为解决基于《入世议定书》的争议制定特殊法律程序与规则，而不能完全个案处理并依赖条约法公约的解释规则。

（5）具体来说，即应当对《入世议定书》第1条第2款与WTO协定第2条第2款都涉及的"WTO协定的组成部分"的含义进行法律解释。《入世议定书》是WTO协定的组成部分，但不是WTO协定的附件，而是包括WTO协定及其3个附件在内的一揽子协定（Single Package）的组成部分。

WTO协定的3个附件是WTO协定的组成部分。这3个附件的目的和宗旨不同，相互之间可以是不能相互置换的（be transposed）；但与一般合同的对价不同，《入世议定书》的内容与WTO协定及其3个附件的内容是有内在联系的（Objective link），是相互补（Complementary）并在必要时是可以相互置换的（be transposed）。

（6）在程序上对DSU的相关规定加以解释和完善。在审理涉及违反《入世议定书》承诺的案件时，专家小组第一步需要做的，是确定违反《入世议定书》的措施与哪一个适用协定（Covered agreement）有联系（objective link）。将发生争议的《入世议定书》条款（措施）与相关的WTO适用协定联系起来的做法既确定了解决争议可适用的法律，又解决了DSB的管辖权问题。第二步将《入世议定书》的义务（承诺）与相关 WTO 适用协定的权利义务放到一起综合考虑，决定成员是遵守或是违反了其议定书义务。在这个过程中，可以"按照国际公法解释的习惯规则澄清这些协定的现有规定"。

（7）为此，WTO 部长会议或总理事会需要为解决基于《入世议定书》发生的争议制定规则。即按照 DSU 第 1 条范围和适用的规定，授权 DSB 为《入世议定书》的争端解决制定特殊或附加规则与程序（Special or Additional Rules and Procedure）并将其列入其附件 2（Appendix2）中。

1997 年，塞缪尔·亨廷顿在出版其《文明的冲突与世界秩序的重建》时曾写道，"我唤起人们对文明冲突的危险性的注意，将有助于促进这个世界上文明的对话"。比起古今人类通过战争解决争议造成的家园被毁、生灵涂炭，WTO 建立的规则体系及其争端解决机制采用和平的方法来化解世界上 160 多个成员之间的利益之争，从这个意义上，WTO 无疑为促进世界上文明的对话提供了一个平台，应当为她点个赞！同时，应当向一切支持这个平台并在这个平台上平等进行文明对话的人们表示敬意并为他们点个赞！

我与 WTO 的那些事

王 衡[*]

一

应杨国华老师的"安排",有机会写写自己和 WTO 的故事,想想看,自己真的和 WTO 相依为伴有十多年了。时间过得真快。最初学习时,似乎本科国际经济法教学中对 WTO 法的分析还比较有限。对我影响比较大的是中国国际法律高级人才培训中心(重庆)在中国"入世"那段时间举办的数次 WTO 法律培训。培训邀请了国内外著名专家学者前来讲学,我则参与一些国外专家的接待工作。其中,印象比较深的是 WTO 上诉机构成员松下满雄教授。他生动的肢体语言和亲身经历,让人对相似产品等方面的 WTO 法律与实践留下了深刻的印象。

二

研究生阶段,我的导师赵学清教授曾任中国法学会世界贸易组织法研究会副会长,学会年会等也曾在西南政法大学举行,我通过导师指导和参加年会等活动,逐渐加深了对 WTO 法的理解。

在博士生阶段,受赵老师的鼓励,有幸赴 WTO 总部进行研究,这一经历使得我有机会近距离观察 WTO 的运作。其中印象特别深的,一是有幸认识彼得斯曼(Ernst-Ulrich Petersmann)教授,他多次热情而无私地对我的博士论文写作进行指导,尤其是鼓励我从 WTO 争端解决者的角度分析法律问题,做到有的放矢,不要无病呻吟。这使得我受益良多。彼得斯曼教授请我在 WTO 总部一楼咖啡厅喝咖啡,帮助修改博士论文提纲,翻阅 WTO 文本讨

---

[*] 西南政法大学国际法学院教授,博士生导师,新南威尔士大学教授级客座研究员,(世界)国际经济法学会常务理事。

论的情景仍历历在目。二是我曾站着在 WTO 秘书处聆听了美国哥伦比亚大学教授巴格沃蒂（Jagdish Bhagwati）的讲演等活动，深深感受到学术对实践的影响。在 WTO 期间，向各位实务人士学习，参加相关 WTO 会议，都使得 WTO 从书本走到"身边"。

三

从 WTO 总部回来后，我的博士论文也围绕 WTO 法展开。博士毕业后，有幸师从彼得斯曼教授，在欧盟大学研究院（European University Institute）担任马克斯·韦伯（博士后）学者。彼得斯曼教授要求课前对其论著提出批评意见以课上讨论，其翻得已变色的乌拉圭回合法条，师母聚餐时提到她第一次与老师在海滩相见时老师仍在看书等细节，都让我深感汗颜。在各位老师指导下，这段经历对我帮助甚多。在国内从事教学研究的过程中，也得到了杨国华老师和其他各位前辈同仁的帮助，在会议讨论、WTO 模拟辩论赛等机会中学习了很多知识。虽然 WTO 争端解决远非完美，但通过 WTO 法教学，感觉这有助于老师和学生更加了解法治，学会以理服人。

四

回头看，我选择 WTO 法作为研究方向可能受到多方面的影响。一是 WTO 案例多，让研究更加生动有趣。案例让你感觉似乎有个小伙伴，一直在你身边，你可以和他进行交流沟通。二是有幸得到各位师长的帮助和关心，使得我在研究中感到了家的温暖，得以不断学习。三是在 WTO 总部的时光使得我有机会近距离了解它。

虽然 WTO 谈判面临不少困难，但相当多的自由贸易协定仍很大程度上建立在 WTO 法之上或者受到 WTO 法深度影响，WTO 争端解决依然"光彩照人"。WTO 法犹如浩瀚的大海，希望以后能更多了解他，从中收获更多。

WTO 与我的缘分

冯 军[*]

一、初逢 GATT

最早与 GATT 的缘分是在 1979 年，当时作为复旦大学世界经济系的首届学生，从复旦大学教授世界经济相关课程的陈观烈、洪文达、余开祥、江泽宏等教授处知道了支撑战后世界经济发展的三大支柱之一的 GATT。大三时又有机会聆听汪尧田客座教授专门给我们班讲授的国际贸易（包括 GATT）课程。1982 年，董世忠教授用英语给我们班讲授了国际经济法课程（其中也包含了 GATT 法律的内容），由此和董老师熟识并开始接触法律和 GATT。1983 年从复旦大学世界经济系毕业分配到华东政法学院国际法教研室教世界经济，正式开始了我在法学院的教学生涯。

1992 年 8 月，我有机会受中美法律交流教育委员会（CLEEC）的资助（其实是福特基金会赞助），被选派到美国乔治城大学法律中心学习国际经济法。因此，进一步更多地接触了 GATT 的内容。

二、乔治城大学的"中国复关"故事

在乔治城大学法律中心学习期间，正赶上 1992 年至 1993 年初中国政府力争"复关"（中国恢复在关贸总协定的地位）之际。1993 年 3 月，我选修了乔治城大学法学院开设的杰克逊教授的 GATT 的课。当时密西根大学法学院杰克逊教授正在乔治城大学任访问教授。记得当时国内媒体关于中国马上可以"复关"呼声甚高，当时，我在外经贸部驻美工作的同学明确告诉我，外经贸部的部领导在干部大会上已经宣布了，中国当年马上就要"复关"了。

---

[*] 上海对外经贸大学法学院教授，上海 WTO 事务咨询中心业务总监。本文于 2015 年 7 月 15 日下午 3 点完稿。

而记得在1993年3月杰克逊教授的课堂上,当他谈到中国加入GATT的问题时,明确说5年内中国不可能加入。对此,我颇感意外而在课堂上发问,称据我了解中国的外经贸部领导已经说了,"中国应该在当年就能加入GATT,你为什么认为不可能?"记得他当时回答大约是,由于包括对外贸易权、透明度、外汇管制等方面的一些因素,中国还不能满足GATT的要求,所以他认为中国5年内不可能加入。为此,当时我还和中国驻美大使馆经商处刘光溪二秘在电话中谈起此事,刘光溪还特地请客,约我和杰克逊教授在华盛顿的MR. KS中餐馆一起就此事进行了交流。结果,杰克逊教授说5年,实际是此事过去约8年后,中国才正式加入了后来的WTO。在中国何时能够加入GATT一事上,对中国和你、我都意义重大!不过杰克逊教授和中国相关部门在加入GATT判断上的差距,是否也意味着我们在认知GATT和WTO上的差异,此事至今在我脑海里记忆犹存。

三、国民待遇原则和上海进口汽车牌照拍卖

我深度投入WTO法律事务咨询工作是2000年,至今已有15年多了。2000年8月根据"上海市人民政府办公厅印发《关于中国加入WTO上海行动计划纲要》的规定"❶,上海WTO事务咨询中心❷于2000年11月正式成立,主要的职责是"加强WTO规则方面的培训和咨询服务"。感谢WTO中心给了我与WTO深度结缘的机会,作为华东政法学院国际法系的教师,我有幸作为兼职被安排负责中心的咨询部工作。

上海作为中国的经济中心,各国外商云集。当时,我负责的WTO咨询事务也是业务繁忙,外商和各国领馆都经常来访或询问有关中国履行WTO承诺的相关问题。令我印象较深的是我接触到的美国领事馆经济处领事李仁

---

❶ 上海市人民政府办公厅印发《关于中国加入WTO上海行动计划纲要》的通知(沪府办发〔2000〕93号)第一条规定:"一、加强WTO规则方面的培训和咨询服务——WTO规则涉及货物贸易、服务贸易和与贸易有关的投资措施及知识产权等各个方面。为了更好地熟悉、运用WTO规则,抓住加入WTO的机遇,促进上海经济的发展,要抓紧筹建上海WTO事务咨询中心;聘请国际、国内关于WTO问题的知名人士组成顾问委员会,跟踪研究WTO最新进展情况;组织WTO人才的培训工作;开设'入世'咨询热线,为政府有关职能部门和企业提供咨询服务。上述事项,由市政府发展研究中心会同市计委、市外经贸委、市外资委、市人事局、浦东新区、上海外贸学院组成筹备小组组织实施。"

❷ 上海WTO事务咨询中心创立时负责人是王战(理事长,时任上海市人民政府发展研究中心主任),王新奎(副理事长兼总裁,时任上海对外贸易学院院长),汤庆福(副理事长,时任上海市对外经济贸易委员会副主任)。此人事安排据说是时任上海市市长的徐匡迪认为,考虑到WTO事务的跨部门性,所以WTO事务咨询工作的领导人应该由非行政管理部门的人员担任。

德（Robert Lee）关于上海进口汽车牌照拍卖的故事，分享如下。

（一）问题的由来

2002年8月7日，美国领事馆商务处领事李仁德先生在发给我的电子邮件中谈到了他对目前上海对国产车和进口车不同的牌照拍卖制度的一些不同看法。他说，当时上海个人使用的车辆牌照是分开的两种拍卖：一种是对国产车辆，另一种是对进口车辆。根据上海国际商品拍卖有限公司网上公开的7月拍卖规则，将对3000个国内车辆的牌照进行拍卖，而进口车辆只有30个。

李仁德问：既然国产车辆的牌照与进口车辆的牌照之间没有区别，为什么要对国内外车辆牌照进行分别的拍卖？由于进口车牌照的可拍卖数量只占国产车的1/100，拍卖定价将会很高，事实上增加了进口车辆的成本。因此，进口车辆可能不足以享受到国民待遇。他还想了解，7月进口车辆牌照平均达成的最终定价为多少？

（二）对汽车牌照不同额度情况的调研与分析

1. 对事实调查的结果

经调研得知，上海国际商品拍卖有限公司受上海市发展计划委员会委托，于2002年8月24日对本市私营企业及个人的国产生活用车（包括大客车）举行无底价投标拍卖活动和进口生活用车上牌额度有底价投标拍卖活动。投标数量分别为国产生活用车上牌额度3000辆和进口生活用车上牌额度30辆。我们发现，李仁德告知情况属实。

我们从上海国际商品拍卖有限公司的主页"劲标网"（www.alltobid.com）得知，2002年7月上海市私人私营企业国产生活用车上牌额度投标成交的最低中标价为19 800元，平均中标价为20 904元；而7月进口用车上牌投标的最低价为26 000元。两者间差距明显。

2. 我们的分析

我们注意到，中国入世工作组报告第196段：

——些工作组成员对下列事项提出了具体关注：……（c）汽车和零部件，以及……对此，中国代表表示，中国将在加入之前实施下列措施，除非另有说明：

（c）汽车和零部件：统一适用于国产和进口汽车和零部件的法律、法规和标准。制定、公布和实施法律、法规、标准和实施条例，以建立透明的体制，所有法律和法规将据此得以实施，从而使给予进口产品的待遇不低于给予国产同类产品的待遇。

从第 196 段的上下文可以发现，报告中所指的"进口产品"应当包括汽车的整车和零部件，也就是说，中国政府在入世工作组报告中承诺，将对进口的汽车的整车和零部件给予国民待遇。

我们同时注意到，《中国入世议定书》及其附件中，包括了对汽车及零部件如下措施：(1) 对汽车及零部件的进口采取进口许可证、进口配额和进口投标（参见《入世议定书》附件 3）；(2) 为了促进汽车出口与汽车的国产化率，对某些企业提供补贴（参见《入世议定书》附件 5A 与 5B）。

我们发现，所有中国承诺的措施都是针对"产品"而没有针对"牌照"。但汽车是这样一种特别的商品，只有在具有"牌照"时，才可以对"产品"进行"使用"，并且牌照与产品是一一对应的关系。也就是说，对牌照的限制等于对汽车的限制。

因此，我们认为，目前对国产车辆的牌照与进口车辆的牌照分别拍卖，并且使可拍卖数量的比例限定为 100∶1 的做法，可能会使进口车牌照产生"供不应求"的局面，这样就会使与国产车牌照的功能并无区别的进口车牌照的价格上升。事实上，对国产生活用车上牌额度举行的是无底价投标拍卖，对进口生活用车上牌额度举行的是有底价投标拍卖。

我们认为，考虑到汽车这种产品的特殊性，人们在购买汽车时，必然要把牌照的成本计算在内。由于进口汽车的牌照相对于国产汽车牌照而言，既有数量的限制，又有价格的不同，因此必然会影响到人们的购买选择。

根据《关税与贸易总协定》第 3 条第 4 款（国民待遇）规定："任何缔约方领土的产品进口至任何其他缔约方领土时，在有关影响其国内销售、标价出售、购买、运输、分销或使用的所有法律、法规和规定方面，所享受的待遇不得低于同类国产品所享受的待遇。"由此可见，目前上海对于国产车和进口车不同的牌照获得制度，导致了进口车和国产车的不同待遇，因此违背了关贸总协定的国民待遇原则，也违背了中国的入世承诺。

根据 WTO 的规定，地方政府的有关措施与 WTO 不符，会被认为中央政府的措施与 WTO 不符。因此，我们建议，与上海市发展计划委员会协商，取消上海对国产车和进口车不同的牌照拍卖制度。

另外，当时在实施的有底价拍卖进口车的做法中，虽然拍卖底价为 25 000 元人民币，但是 2002 年 8 月拍卖的中标价格也只是 26 000 元左右，而 8 月上海国内产轿车的无底价拍卖的中标价格也已经达到 21 000 元左右，而且只有 35 人左右来参拍 30 辆进口车车牌拍卖额度。因此，以此为基础推算，目前每个进口车车牌和国产车车牌之间的拍卖成交差价为 5000 元，30 辆车的差价总额为15万元人民币，一年也就180万元人民币。而为了这180万元的差价，上海市政府却不得不去背着在实施一项具有明显的歧视进口产品使用政策的名声，这实在是不利于上海市政府付出的使上海成为开放和国际化都市的努力。

当时，上海市政府的相关领导在得知外商对此事的异议和WTO事务咨询中心的意见后，经市政府相关部门讨论决定，当年就将上海的进口汽车有底价拍卖和国产汽车的无底价拍卖合并，由此让进口汽车享受了国产汽车无底价拍卖的国民待遇。

至2015年7月，上海的汽车牌照价格已经从当年的每张牌照2万多元上升到8万多元，进口汽车在享受国民待遇的同时，也同时享受着这张世界上最贵"铁皮"的价格！这或许也是WTO国民待遇原则落实以后给我们的又一种启示。

四、结　语

在庆祝WTO成立20周年之际，有感于杨国华群主"我与WTO"群的热闹，又囿于我的颈椎不适，难以在电脑上长时间的伏案工作。因此，仅仅摘取我与WTO之缘分中的一二花絮，以反映中国"入世"以及WTO规则如何影响着我们的工作和生活，以纪念WTO成立20周年和我们伴随着中国入世15年的风风雨雨。

我与 WTO 服务贸易法：一场"不得不说"的绵长之爱

石静霞[*]

自 2015 年 7 月中旬以来，杨国华教授动员了国内数十名研究 WTO 法的专家学者和从事 WTO 法实务的业界精英们，在"我与 WTO 的相识、相伴与相爱"的主题下，通过"我与 WTO"微信群和"Wells 微信公共平台"推出了"WTO20 周年特别系列"。借此机缘，30 余位专家和精英们倾情演绎，浩浩荡荡地秀出了一场场精彩纷呈的对 WTO 的爱，其中有回想痴情追梦岁月的、有冷静观察与思考 20 余年的、有回忆奇缘逸事或琐记梦想的、有纪念 WTO 学术引路人的、有在历史中创造历史的、有借机询问世界改变我还是我改变世界的、有穿过那道门而得其精髓的、有怀念久违的雷蒙湖畔的、有观汪洋而洋洒万言的、有赞 WTO 作为文明对话平台的、有尽情沐浴在 WTO 法理性之光中的、有感激吾道不孤之幸福的、有走进迷宫乐而忘返的、有凡在我处必言 WTO 的、有永远年轻的 WTO 人、有对 WTO 初心不改的、有思考自由贸易受害者的、有享受副业之乐的、有仍在路上寻寻觅觅的，等等。至于爱的种类也不一而足，有相当不容易的爱、有平平淡淡才是真的爱、有不曾觉察和承认的无言之爱、有淡如水但深似情的爱、有升华了的事业之爱、更有一见钟情后继续一往情深的爱，等等。

每次读到诸君们有激情、有猛料、亦庄亦谐的分享，便感叹自己人笨手拙，这些年来似乎只会写枯燥的学术论文了。本欲持续欣赏他人的精彩，但

---

[*] 对外经济贸易大学法学院院长、教授、博士生导师，中国法学会世界贸易组织法研究会副会长兼秘书长。获武汉大学法学院国际经济法专业博士学位和美国耶鲁大学法学院法学博士学位。第七届全国十大青年法学家、第七届国务院学位委员会法学学科评议组成员、教育部法学专业教学指导委员会成员、罗马国际统一私法协会（UNIDROIT）理事会成员、曾获全国百篇优秀博士学位论文奖、高等学校人文社会研究成果奖、钱端升法学研究成果奖、安子介国际贸易研究成果奖。主要研究领域：国际经济法、WTO 法、服务贸易法、跨界破产法等。

我与WTO——法律人的视角

杨国华教授的导演渐化为对那些胆敢不交稿者的无形压力,使我感到一种"不得不说"的节奏正凶猛袭来。于是,在一个阳光明媚得有点刺眼的清晨,我开始回忆自己与WTO,特别是与服务贸易法之间近20年的"相识、相伴与相爱"。题目的选择虽受多年前那场著名的"我与×××:不得不说的故事"的启发,但也的确契合我的实际情况,即使背景内容及吸睛度都无法与名人的"不得不说"相提并论。

我与WTO真正意义上的缘分最早追溯到1995年,我在武汉大学法学院攻读国际经济法专业博士学位的第一年,距今正好20载春秋。尽管在之前的本科和硕士阶段,也接触了WTO法的基本知识,但当时尚未有触电的感觉,大约也与本人感觉经常较迟钝有关。因为从背景上讲,自20世纪80年代开始的"复关"谈判已经吸引了国内诸多学者对WTO的关注。另外,这与我当时正在做跨界破产方面的研究也不无关系。在学术领域的选择方面,我多奉行"纵有弱水三千,只取一瓢饮"的专一之爱,主要是觉得自己的精力和能力均很有限。是啊,这世界上那么多事儿,怎么能都做呢?

我自1993年9月自广州返回武汉大学开始读硕士后,便在导师余劲松教授的指导下,进行跨界破产方面的研究,这是余老师承担的一项国家社科基金课题。后来在《法学研究》(1995年第3期)和《中国社会科学》(1996年第3期)分别发表了论文。在此基础上,我在读博第一年思考将来的学位论文选题时,面临着是否继续做跨界破产还是换个题目。之所以想着要换个领域,主要是因为在当时,虽然国际上对跨界破产及重整法的研究是非常大的热点(至今仍是),但破产法的问题,因不难理解的原因一直在中国的受关注度不高,更遑论跨界破产的法律问题。当时我做这方面研究的感觉是比较孤独,也觉得已经发了两篇论文,算画了一个完美的休止符吧。

怀着这种念想,我开始寻寻觅觅一个新领域,而这时WTO法特别是服务贸易法引起了我的兴趣。1995年1月1日WTO的成立是世界瞩目的大事。中国继"复关"之后开始了"入世"的努力,更吸引了国内学术界的广泛关注。据说,在2001年中国入世前后,市面上有8000多种关于WTO的书籍,中国涌出了数千名WTO专家。举国上下,但凡有点知识的人如果不谈谈WTO,就不好意思张口。那时在很多人心目中,WTO与什么事情都可扯上关系。这就不难理解如国华教授之类的名家被请去做"WTO与计划生育""WTO与劳动改造""中国入世与女广播主持人"之类的讲座,实际上凸显"那个年代"之特色。

在这个大潮影响下,我虽属籍籍无名者,但耳濡目染亦开始关注WTO

法。我选择了服务贸易法领域进行切入，原因在于服务贸易是乌拉圭回合谈判的三大新议题之一，而《服务贸易总协定》（GATS）则是世界上第一套规制国际服务贸易原则和规则的框架法律文件。这充分显示了该领域的新鲜性，同时我注意到货物贸易，特别是诸如贸易救济领域的研究受关注度已经很高，自己当时作为后来者是应慎入的。

在此背景下，我开始试着探索 WTO 服务贸易法，这个兴趣一直延续至今，可以预见的是，它也将成为自己毕生的学术关注。1996 年读博第二年上学期时，我在考虑是否将 WTO 服务贸易法作为自己的博士论文选题。但经过近一年的资料搜集（那时的资料搜集远不像现在方便）和尝试后，发现这个想法在当时实现起来有困难，因为从法律角度关注服务贸易的文章和书籍奇缺。倒是经济学方面的文献不少，但因专业缘故，恐自己无法驾驭从经济学角度对服务贸易问题进行分析，而且也担心这样的分析与法学专业论文的要求不够吻合。现在回过头来看，当时因 GATS 刚刚出现，作为新生事物，进行关注和研究的文献不多，而且那时的互联网远没有现在的普及程度，甚至电脑的使用在高校还不普遍。犹记得我当时在武昌的街道口电脑市场攒了平生第一台 386（还是 486？具体记不得了）电脑写博士论文，从"笔者"进化到"键人"还惨遭羡慕。那台 X86 要保留至今呢，估计可当作文物收藏了。当时更没有微信、微博、朋友圈供进行更方便的学术传播或讨论，主要的资料来源包括期刊论文、书籍和数据库。但诸如 Westlaw, Lexisnexis 以及 Heinonline 等目前已成为一所好的法学院图书馆标配的西文法律数据库，那时离我们也还十分遥远。

所以就我当时能够找到的资料来看，以 WTO 服务贸易法作为一篇博士论文选题虽然极具新颖性，但缺乏可行性，于是最终放弃了这个想法。虽然有点可惜，但在武汉大学的毕业论文《跨国破产的法律问题研究》幸运获得所谓的"全国百篇优秀博士学位论文奖"，也给了我些许安慰。事实上虽然没做博士论文，但自己对服务贸易的研究并没有放弃，在已有的资料和探索基础上，我第一篇关于 WTO 法的文章《中国发展国际服务贸易的法律问题——基于 GATS 的若干分析》发表在《中国法学》1997 年第 5 期。

九年的珞珈生活结束后，我于 1998 年 8 月开始了在对外经济贸易大学法学院的教学科研生涯。当时的学术关注仍重点在跨界破产法和服务贸易法方面。这两个领域属于混搭，一个私法、一个公法，但在进行了数年的研究和关注后，它们均已成为我学术生命的重要组成部分，不易割舍。而且从广义的国际经济法角度，私法和公法是均应关注和并重的。但这些年的写作更多侧重于 WTO 法方面。1999 年我申请到第一个自己主持的国家社科青年基金项目"国际服务贸易新体制及 WTO 服务贸易法研究"。当时对国家社科基金的结项时限要求似乎没有现在严格，从而使得我有相对从容的机会对服务贸易法进行较为系统的研究，而随着时间的推移和科技的发展，更重要的是服务贸易本身在国际经贸中的重要性日益显现，该领域的资料开始逐步多起来了。其中，诸如 Patrick Low, Rudolf Adlung, Bernard Hoekman, Aaditya Mattoo, Pierre Sauve 等经济学家的服务贸易著述尤其使我受益颇多。

随着研究的深入，我意识到除了要关注服务贸易法的总体性问题外，还应该集中于一两个具体服务部门的问题研究。事实上，WTO 服务贸易法的魅力除了在于其新外，更有很多的具体服务部门的特殊问题可供关注，虽不乏困难，但也不乏有趣，因为除服务贸易的共性问题外，每个服务部门最突出的问题是不同的，如金融服务领域"审慎措施"的界定、电信服务贸易中的"互联互通"等。而从统计数据上看，金融为第一大服务部门，电信为第二大服务部门。鉴于关注金融服务的人相对多些，我选择了电信服务贸易。在这几年期间，我陆续在国内外期刊上发表了一些服务贸易法总论和电信服务贸易法的中英文文章。

2003～2004 年间，我申请到纽约大学（NYU）法学院做"Global Research Fellow"，进行国际电信服务贸易的法律问题研究。记得在 NYU 访学期间，我旁听过 Joseph Weiler 教授的 WTO 法课程，一周两次，当时听课的学生不少。Weiler 系国际法领域的世界知名大牛，尤其在欧盟法、WTO 法等领域颇有建树。他 20 世纪 50 年代初出生于南非约翰内斯堡，在剑桥大学获法学学士（LLB）和法学硕士（LLM）学位，在欧盟大学研究院获博士学位，现任纽约大学法学院 Joseph Straus 讲席教授和 Jean Monnet 欧盟法席位教授，并自 2013 年 9 月起任 EUI 校长。"Global Research Fellow"是 Jean Monnet 项目的子项目，因此我有幸与当年的几个 Fellow 们一起，受邀到他位于曼哈顿郊外的别墅晚餐。至今印象颇深的是他们夫妇的一大堆孩子，我甚至都没数清楚到底有多少个，只顾强烈感叹他老人家的高产可不仅仅体现在学术上啊。

Weiler 教授布置的阅读任务很具挑战性，包括案例和思考题。记忆深的是他在课堂上花几个小时结合系列酒税案，讲 GATT "同类产品"的判定，反复讨论 GATT 第 3 条第 2 款（国内税收的国民待遇）第一句话和第二句之间的联系与区别。核心是 GATT 国民待遇义务不仅适用于同类产品，而且扩及直接竞争或可替代产品。但 GATT 第 3 条第 4 款（国内规章的国民待遇）

则无这种扩及。那时震撼我的是,短短的一段话竟有这么多的内容需要去理解和把握,这也使得我这些年来一直觉得 GATT 第 3 条深不可测。我之前主要关注服务贸易法的问题,在 Weiler 的课上,我意识到自己需要更全面掌握 WTO 法的重要知识,特别是 GATT,研究服务贸易法在一定程度上是以深度掌握货物贸易法的精髓为前提的。直接体现之一是,在思考同类服务的判定时,仍须从 GATT 第 3 条的法理出发。同时,在 WT/DS/363 案中,GATT 第 3 条的已有案例和法理也启发我去重新思考中国在国民待遇问题上的抗辩思路。

自 2004 年回国后,中国因"入世"不久,国内学术界对 WTO 的研究也方兴未艾,但关注服务贸易法的人还是较少。我因为完成国家社科基金的任务在身,另外,经过了数年的积累,也觉得除了文章之外,还应该较系统地出版有关服务贸易法的著作。2005 年 10 月,我与我的同事陈卫东教授合作,并有若干研究生参与的《WTO 服务贸易法成案研究》由北京大学出版社出版。该书研究了当时仅有的几个服务贸易案例,含"欧共体香蕉案""加拿大期刊案""加拿大汽车案""墨西哥电信案""美国博彩案"等。

2006 年 4 月,我的专著《WTO 服务贸易法专论》由法律出版社出版(获"第四届钱端升法学研究成果奖")。从开始探索服务贸易法到出版该专著,正好应了"十年磨一剑"之说。当时,为在赴耶鲁大学读书之前完成这件事,专著写得还是很辛苦,也牺牲了与家人共处的许多时光。

我拿到样书后,很高兴地发现法律出版社将这本书做得非常精致漂亮。于是满怀喜悦准备与家人分享,但所遇反应令我至今想起仍啼笑皆非。我对女儿说,妈妈将这本书送给你做礼物吧。女儿拿过去翻翻说,一张图片也没有,一点也不好看啊,我能不要吗?我说,这是妈妈花了很多时间做出来的,是很重要的礼物啊!女儿摇摇头,那你还不如花时间陪我玩呢。想想也是,我哪能期望当时 4 岁多的女儿理解我们做学问的辛苦和喜悦啊,她对妈妈的要求和期待是陪伴,而不是一本既没插图也缺漫画和色彩的冷冰冰的学术著作。孩儿她爸则说我没有感谢他的辛苦付出。我说你没读后记吗?我还专门感谢了你的啊!结果人家说,你在后记中感谢的是你的先生,并没有提我的名字,谁知道那是指谁呢?估计我当时一脸诧异,那这还能指谁呢?他说,那可不一定,如果你万一换个人,这种写法能说是在感谢我吗?"我"是特定的,"你的先生"并不见得特定啊!那一瞬间,我真有脑洞大开之感(注意不是"醍醐灌顶"),尽管当时这词儿还没被发明出来。于是,分享的结果是,书送给女儿被拒收,她爸则认为我并没有诚意感谢他的辛苦。教训啊!于是在 2013 年出版的英文专著中，我特别将某先生的尊姓大名在后记中列明（当时我不知怎的想起国际货物买卖中的"特定化，characterization"概念），以免重蹈覆辙。这里的 point 在于，做学问（尤其是与 WTO 相关的）虽然辛苦，但期待有人与你分享艰辛和幸福往往也并不那么容易。把酒问青天，吾道孤否？

2006 年 8 月，我赴耶鲁大学法学院（YLS）读 LLM，期间除了修习 24 个学分外，主要事情便是申请读 JSD（别的 Law Schools 叫法学博士（SJD），估计耶鲁大学为了彰显其 uniqueness，特意这么称吧）。申请过程中最关键的环节是研究计划书（Research proposal），实际上相当于博士论文开题报告的写作。我记得当时自己列了 5 个题目，与导师 Reisman 教授讨论后，确定了"自由贸易与文化多样性"的研究主题。鉴于互联网技术的飞速发展，文化贸易中视听服务的地位日益重要，因此这个题目既照顾到我在贸易法方面的研究背景，同时也符合 YLS 的风格。研究计划书需要 YLS 的 Graduates Program Committee 的教授们通过。绝大多数 YLS 教授不关注技术性太强的题目，而对那些通俗讲就是我们平时觉得高大上的题目有兴趣。教授们在课堂上很少（或不屑？）讲法条，而多是关于法律背后的理念、价值等抽象的讨论，为此还有个别学生吐槽"我们学的是法律吗"。文化多样性正契合这种风格。经过紧张的资料搜集及写作计划书，2007 年 5 月，在近 20 名申请者中，我成为幸运的 1/8。

到 2011 年 5 月毕业，我基本上花了近 4 年时间研究这个题目，效率不高。这个过程同样漫长而孤独，好在有女儿陪伴得以顺利完成。我必须感谢导师 Reisman 教授。他是当时 YLS 的国际法教授中唯一对经济法内容有所涉猎，但主要集中于国际投资法，而非贸易法。他是犹太裔美国人，本科是在耶路撒冷大学法学院读的，回美国后只用两年时间便拿到了 YLS 的 JSD 学位。在 1965 年他 26 岁时就开始在 YLS 教书，在国际法的诸多领域有非凡成绩，包括人权法、海洋法等公法，也包括投资法等涉及国际经济法的内容。他是纽黑文学派（New Haven School，国内学界曾译为"政策定向学派"，但实际上并不确切）的重要传承人。虽然在指导我论文的过程中他已经过了 70 岁，但仍思路清晰，记忆力超群，极其博学和睿智。他并不专门研究贸易法，但他会告诉我在哪位作者写的哪本书中有对我有用的资料，一查还真是极有启发的观点。在论文写作过程中，我心里常常惴惴不安，总担心自己写出来的东西不好。但每次与 Reisman 教授请教论文写作，他除了给我启发外，总是对我说，我相信你能行的，你会做得很棒，另外，一定要把你的女儿照顾好！他第一次见面就对我说，你有个女儿，很好啊，我有4个呢。所以，我不仅对他的学识高山仰止，更对他的considerate永远心存感激。

在耶鲁大学做博士论文的过程中，随着大量文献的阅读，我对服务贸易领域问题的认识也在加深，同时思考自由贸易和非贸易社会价值之间的协调。论文的写作和通过总体上还算顺利。后来对论文稍加修改后，经过Wells林总的帮助和联系，由世界知名的法律出版商Hart Publishing在2013年4月予以出版，算是给自己在YLS的5年求学生涯画了个圆满的句号。这第2篇博士学位论文，自然是与WTO法相关的，也算平衡地弥补了一个遗憾吧。

自2011年夏天回国后，我继续在对外经济贸易大学法学院从事教学科研。中国"入世"已经10年，当初的"复关"和"入世热"逐渐降温，而多哈谈判的久拖不决大抵也伤害了一些WTO学者的感情。总之，国内从原来的上千（甚至数千）WTO专家，大浪淘沙后没剩下多少了，较为活跃的也就几十个吧，而这些留下来的确实都对WTO怀有长时间的专一之爱，其中尤以国华教授为痴迷的代表。WTO法的研究只是国际法众多领域中的一个，而国际法的研究在整个法学研究领域也属于小众。该领域对研究者的要求很高，特别是语言能力和法律思维能力，一份DSB报告动辄几百页甚至上千页，绝对得花很多的时间去跟踪消化。我每学期都在上WTO法课，但每次备课仍要花不少时间，因为需要跟踪最新的谈判进展（虽多边谈判不顺，但近年来的诸边、区域和双边谈判层出不穷）和案例。同样对学生而言，这门课的难度很高，至少在对外经济贸易大学法学院如此，应属国华教授定位的"小众精品课程"。

虽然研究WTO服务贸易法多年，但直到2012年因开会才第一次赴日内瓦，有机会欣赏矗立于雷蒙湖畔的WTO总部真容，并听了稀土案的第二次专家组开庭。那两天的开庭，专家组的表现有点乏善可陈，除了说"××, you have the floor" or "××, now the floor is yours"外，几乎没有提问，多是当事方按照事先准备的问题答案在回答，有位专家组成员自始至终几乎没开口。意外惊喜倒是发现我在YLS的同学，Claus Zimmermann先生，居然在稀土案中担任中国聘请的律师，他在做WTO案件世界驰名的盛德国际律师事务所（Sidley Austin LL. P）工作。Claus是德国人，个子很高（我须仰视才见），非常优秀和善于钻研。记得2006年YLS的LLM班有30个学生（应该是人数最多的一届了），但其中只有我和Claus两个对国际经济法有兴趣，其他的同学都在关注更高大上的宪法、法理、人权、海洋等问题，至少也是知识产权类、刑事诉讼类的。Again，这是YLS的风格。所以，当时班里只有我与 Claus 两个人在学术领域上有共同语言。遗憾的是他那年申请攻读 YLS 的 JSD 没有如愿。"只要是金子，总会发光的"，他后来去了剑桥大学读博士学位，毕业后进入盛德国际律师事务所做律师。自 2007 年 YLS 毕业后我们就没有再见过，所以在这样一个场合遇到，确实非常惊喜，这也证明我们的兴趣还在保持统一性。

　　流水账记到今天，回首中惊觉 20 年已过。我与 WTO 服务贸易法一路走来，有艰辛有幸福，也难免有遗憾。WTO 多边谈判的久拖不决自然影响到服务贸易的新一轮谈判，对 GATS 的关注近来更多被"服务贸易协定（TISA）"诸边谈判、各类区域（如 TPP、TTIP）和双边谈判或协定中的服务贸易内容所代替。但终究多边是无法代替的自由化路径，虽遇挫折，我们还是应矢志不渝地继续关注和推进多边进程。此外，之前出版的案例和专著虽早已脱销，而且服务贸易领域这些年的发展也亟须更新原来的内容，但至今因事务缠身而尚未付诸实践。还有，与 20 年前的状况相比仍无明显改观的是，国内对服务贸易法密切关注的学者仍然不多。经济全球化发展到今天，在全球价值链理论的影响下，服务贸易的地位在国际经贸中越来越重要，通过增值方法（Value-added）的方式统计，服务贸易已经占到全球贸易总额的一半左右。经济转型中的中国更应重视服务业的发展和国际服务贸易规则的构建。因此服务贸易法亟须更多的学者关注和深入研究。这是我发自内心的呼吁，期待更多的人发现该领域的迷人和魅力，并对她投入一种专一和绵长的热爱。

我与 WTO：那些美好时光

左海聪[*]

我与 WTO 结下不解之缘源于 1992 年。当时，我在武汉大学师从姚梅镇和余劲松教授攻读博士学位。姚先生主编一部著作《国际经济法成案研究》，我撰写了两个案例，其中之一就是 GATT 的泰国香烟案。为了撰写该案例，我仔细研读了专家组报告，并撰写了摘要和评论。1993 年在珠海参加中国国际经济法学会年会时宣读的论文也是泰国香烟案评析。该案涉及 GATT 第 11 条的适用以及第 20 条一般例外，该案专家组的推理给我留下深刻印象。1994 年留校后就以国际贸易法为主要研究领域。1995 年博士学位论文答辩时的题目就是《关贸总协定和世界贸易组织争端解决机制研究》。当时 WTO 刚刚成立，相关论文不多，研究重点主要是 GATT 争端解决机制的演进。记得余敏友教授也在 1995 年进行博士论文答辩，他的博士学位论文题目也是 WTO 争端解决机制。不过我们两位的论文视角不同，框架有别，结论也不尽相同。

以后在武汉大学和南开大学的教学生涯中，WTO 法始终是我授课和研究的重点内容之一。授课方面我比较强调判例运用和学生参与。目前自己主讲课程中唯一公开了完整视频的课程就是 WTO 法课。其中一个有趣的经历就是 2003 年指导武汉大学辩论队力夺首届"理律杯"全国辩论赛冠军。辩论赛的论题就是 WTO 的环境保护例外条款的适用问题。当时最后决赛的裁判就有杨国华教授，陈喜峰博士协助指导，蒋奰、廖诗评是武汉大学代表队的队员。记得曾令良院长特意来清华大学参加辩论赛颁奖典礼，我则捧着奖杯高喊着"德国队拿到了世界杯"。12 年弹指一挥间，喜峰、蒋奰、诗评三位都已经成长为有一定影响的学者了，本人也已经年近知天命了。在研究方面，多

---

[*] 南开大学法学院院长、教授、博士生导师。武汉大学法学院法学学士、硕士、博士。兼任中国法学会理事、中国法学会世界贸易组织法研究会副会长、中国法学教育研究会理事、天津市法学会副会长、中国国际经济法学会常务理事、中国法学会国际经济法研究会常务理事、中国审判理论研究会常务理事、中国国际经济贸易仲裁委员会仲裁员。

年来我撰写了关于WTO法的系列论文,内容涉及GATT争端解决机制的演进,WTO争端解决体制的性质、法律适用和实践运行,WTO幼稚产业保护条款,环境保护例外条款,WTO的现状与未来等。

我的两次出国都以WTO法为主要研究对象。1998～1999年我到荷兰阿姆斯特丹大学国际法系师从Friedl Weiss教授研究WTO法,听了他的国际经济法课程和James Mathis博士的WTO法课程。其间参加了Weiss教授主办的WTO争端解决机制国际研讨会,当时Petersmann和Hudec等一大批著名学者参与了该研讨会。在荷兰期间我还有幸听到奥地利霍亨维尔登教授为国际经济法硕士班的授课。1999年回国前还特意去了日内瓦WTO总部。2005～2006年我作为富布赖特教授到乔治敦大学国际经济法研究所进行研究,联系教师是John Jackson教授。我定期参加国际经济法研究所的系列午餐研讨会,也听了Jackson教授的国际贸易法课程,还遇到了一批中国学者和官员,如赵龙跃教授和单一博士。其间,我在马里兰州诺克维尔镇的寓所也一直在撰写关于WTO争端解决体制的论著。10年过去了,寓所旁高大茂密的橡树以及晨雾中偷吃橡果的松鼠如今仍在我的记忆中栩栩如生,同样历历在目的是与国华教授(时任中国驻美大使馆知识产权专员)在华盛顿哥伦比亚特区的一个西式餐厅的小聚。回国后我们邀请Jackson教授到南开大学演讲,并与赵龙跃和盛建明教授合作翻译出版了Jackson的名著《国家主权与WTO:变化中的国际法基础》。

2015年7月清华大学举办"庆祝WTO成立20周年国际研讨会",在张月姣法官的邀请下,5位WTO现任上诉机构成员、5位前任上诉机构成员以及一大批重要法律官员和著名学者到会,应邀参会的我切实感受了WTO20年来的成就以及世界WTO法研究之进步。其间,与各位参会者的交流特别是与Petersmann教授的讨论(尤其是关于WTO与人权、中国的历史、正义理念和康德哲学的交流)让我终生难忘。同样难忘的是国华教授邀请我们在清华园共赏荷塘月色。

我所理解的世界贸易组织

史晓丽[*]

一

说起与世界贸易组织法的结缘,还得归功于最初的专业选择。在中国政法大学(那时称作"北京政法学院")结束 4 年系统的法学专业本科学习后,我选择了在当时看来最为"时髦"、最急需专业人才也深陷于是否独立法律部门之争的经济法专业攻读硕士研究生。我们专业学习的课程主要是围绕经济法各个分支学科的[①],对"关贸总协定""多边贸易体制"这样的字眼没有一点儿认知。硕士毕业后,学校为充实教学力量,将我分配到专业对口单位——经济法系从事教学工作。那时,中国正处于改革开放初期,急需培养更多的涉外经济法律人才,于是,我被安排到了"涉外经济法教研室",从此走上了专攻涉外经济法律的道路。考虑到国际贸易法是涉外经济法律的重中之重,需要有足够的后备教学与科研梯队,我就选择了国际贸易法作为教学和科研主攻方向。正是这一选择,使我与世界贸易组织法相识、相伴,直到今天!虽不敢说,凡我在处,必言 WTO,但是,传播和研究世界贸易组织法的确是我义不容辞的责任和义务!在此期间,我也曾开过小差,但不是刻意逃避研究 WTO。一次是在香港回归前,我到香港的两家律师事务所学习一年,不仅见识了英美法系法院长袍假发的庄严,更见识了自由贸易的繁荣与物质生活的极大丰富。这次香港之行我还参与了港商投资内地的许多业务,我对

---

[*] 中国政法大学国际法学院教授、博士生导师,中国政法大学 WTO 法研究中心主任、国际经济法研究中心副主任,中国国际经济贸易仲裁委员会仲裁员,上海国际经济贸易仲裁委员会仲裁员,WTO 争端解决机构专家组指示性名单成员,中国法学会世界贸易组织法研究会副秘书长。中国政法大学法学学士、经济法学硕士、国际法学博士。

[①] 那时学的课程主要是经济法基础理论、经济合同与涉外经济合同法、对外贸易法、工业企业法和公司法、税法、工业产权法、破产法、外国商法、海商法、公司法与投资法、外商投资企业法、融资法等。

外国投资法产生了浓厚兴趣，以至于到现在还是割舍不下。还有一次是远赴美国加州大学伯克利分校法学院做一年的中美富布莱特项目（Fulbright）研究学者，研究和学习我国当时急需建立的电子商务法（尤其是跨境电子商务法，当然也包括 WTO 中的电子商务问题）。在美国学习期间，我还专门去了位于华盛顿的乔治城大学（Georgetown）国际经济法研究中心，参加了一次由 John H. Jackson 教授主持的学术沙龙，实务部门的出席和参与让我充分领教了 WTO 之父的强大号召力。虽然香港和美国之行没有专注 WTO 法的学术研究，但也可以权当是对这两个老牌 GATT/WTO 成员的实地考察与体验吧！回国后，各种研究项目和博士论文的写作又使我很快回归到了 WTO 法，以至于当初雄心勃勃的电子商务法研究计划未能结出更多的果实，至今仍留有遗憾。不过现在想来，我应该由衷的庆幸和自豪。正是借助世界贸易组织法这扇窗口，使我能够从不同于寻常百姓的专业角度见证了中国的改革开放之路、融入国际规则之路、贸易大国之路、走向世界之路！因此，我要感谢这个时代赋予的机遇，更要珍惜这样一个天赐良机，以己之长，为我国更好地利用世界贸易组织规则、参与和推动多边贸易规则的制定与完善贡献自己的一份绵薄之力！❶

尽管我是世界贸易组织法的传播者和研究者，但对世界贸易组织及其规则的理解同样经历了一个从理论到现实、从现象到本质的逐步感知过程。当然，这个感知不见得十分准确和恰当。在世界贸易组织于 1995 年 1 月 1 日成立之前，也就是"关税与贸易总协定"时期（1948～1994 年），由于国际互联网的发展刚刚起步，GATT 还没有建立起自己的官方网站❷，国内对 GATT 的了解主要来自图书和其他纸质资料。那个时候，我们实行的是社会主义计划经济，GATT 则是一个主要由资本主义国家组成或主导的"富人俱乐部"，其倡导的自由贸易和市场经济与我们的计划经济体制背道而驰。因此，国内有关 GATT 的文献多是从"知己知彼"的角度介绍 GATT 的基本框架和基本知识。对于 GATT，我们更多的是"雾里看花"。但是，在我国政府于 1986 年 7 月 10 日向 GATT 提出"复关"（即恢复中国在"关税与贸易总协定"中的创始缔约方地位）申请之后，尤其是在 20 世纪 90 年代初，国内掀起了一

---

❶ 还要特别感谢商务部条法司、世贸司、贸易救济调查局、其他相关司局、中国常驻 WTO 代表团以及中国法学会世界贸易组织法研究会、相关律师事务所等机构为包括我在内的 WTO 学者提供的鼎力支持！正是有了他们的指导与帮助，我们的 WTO 研究才接了地气，才做到了理论联系实际，才实现了研究成果的有效转化。

❷ 现在，WTO 与一些机构合作，陆续将有关信息发布在官方网站上。

股宣传和普及 GATT 的热潮。因为"狼要来了",各地、各行各业开始琢磨和研究"复关"带来的影响和挑战以及"复关"的利弊,大有"山雨欲来风满楼"的架势。在那一时期,有人将中国的"复关"之路形象地称为"闯关""叩关""重返经济联合国""重返经济奥林匹克",将"复关"对中国可能带来的影响形容为"贸易大风暴""大冲击"。尽管如此,由于我们何时能够被GATT"迎进门"不得而知,国内对 GATT 依旧停留在宏观介绍层面,对GATT 具体制度和具体案件的关注和研究比较少。在 GATT 乌拉圭回合于 1994 年 4 月达成一揽子协定,并紧接着在 1995 年 1 月 1 日建立 WTO 之后,中国的"复关"之路还没有来得及完成登顶,就又转向更高难度的"入世"攀岩,国内这时又开始将目光转向 WTO 这一新的国际组织,着力研究 WTO 的具体协定、具体制度和具体案件。这些研究为我国"入世"谈判和日后更好地执行 WTO 规则奠定了基础。在 2001 年成功拿下 WTO 成员身份,并在 WTO 经历多起贸易争端案件之后,我国对 WTO 及其规则和案件的研究与关注达到了空前的广度、深度和高度!中国有关 GATT/WTO 的研究成果、媒体报道以及研究人员之多,可能没有任何一个国家能够与之相比!毫不夸张地说,如果在"入世"10 年后的今天提起"WTO""关贸总协定""反倾销""反补贴"这些字眼,相信很多国内企业和国人并不陌生。有时我甚至觉得,恐怕世界上没有哪一个国家的政府、企业和国民能够像中国这样深切地感受到 WTO 对其产生的长期而全面的影响!这种影响不仅体现在对外贸易管理领域,还体现在法治环境、行政管理方式等诸多方面。而且世界上也没有任何一个国家像中国这样将"复关""入世"当作一项全面推动改革开放的重要政治任务,一项关乎国家未来经济发展方向和经济体制改革成败的大事!可以说,中国"复关"和"入世"的过程就是中国经济体制改革开放的过程!GATT/WTO 建立的是一套以自由贸易和市场经济为基础的行为准则,吸纳的是实行市场经济或转型经济的经济体。为了适应这套陌生和全新的要求,中国政府先后进行了一系列重大经济体制改革以及史上最大规模的法律法规清理工作,耗费了大量人力和物力甚至是政治资源和外交资源。在历经长达 8 年的"复关"冲刺失败和 7 年的顽强"入世"征战之后,最终在 2001 年 12 月 11 日圆了多年的梦想,成为 WTO 的正式成员。由于中国有着巨大的国内市场和无限的开放潜力,以至于这场横跨"复关"与"入世"两大阶段的举世瞩目谈判涉及范围之广、复杂性和难度之高,堪称 GATT/WTO 历史之最。❶ 其中的艰辛与困难,不仅中国政府有着切肤之痛,恐怕当年那些十分难缠的谈判对手也感同身受吧!

而今,中国加入 WTO 进入第 14 个年头,WTO 自己也已运行 20 年。在 WTO 成立之初,人们欢呼雀跃,称这是多边贸易体制的伟大胜利!但是,随着 WTO 多哈回合谈判的久拖不决以及区域经济一体化的风起云涌,20 年后的今天,另类声音开始刺耳:多边贸易体制失去了活力、面临崩溃,继续进行多哈回合谈判是否还有必要,等等。那么,WTO 内部和外部到底发生了什么?是什么原因导致这种评价?我想,在 WTO 成立 20 周年这样一个既值得庆祝又需要深刻反思的时刻,有必要再次审视 WTO 这个多边国际组织及其多边贸易体制,尤其是如火如荼的区域经济一体化给 WTO 带来的积极影响和消极影响。

二

从规模上看,尽管 WTO 已经拥有 162 个成员方,但秘书处仅有 600 多位职员,与联合国、国际货币基金组织、世界银行、经济合作与发展组织等巨型国际组织雇佣的工作人员数量相比,属于体格较小的级别。而且其管辖的范围并不是所有的经济领域,而是仅限于国际经济的核心问题——国际贸易管理,那些与国际贸易管理无关的问题不在 WTO 的谈判和约束范围之内。所以,WTO 不是解决各经济体之间所有经济问题的场所,它不是万能的救世主。

WTO 在 1995 年 1 月 1 日的成立并不是空穴来风,它脱胎于 1948 年 1 月 1 日生效的《关税与贸易总协定》以及由此形成的事实上的国际组织。同时也是 1944 年提出建立"国际贸易组织"(ITO)这一设想的最终落地。因此,WTO 作为一个正式的国际组织,并不是要推翻 GATT 用 40 多年时间辛辛苦苦建立起来的多边贸易体制,而是全面继承和夯实这一来之不易的成果,并进一步发扬光大。

作为国际组织的 WTO,主要承载着两项功能:一是组织各成员方进行贸易自由化谈判;二是解决各成员方之间发生的国际贸易争端。

关于 WTO 的争端解决功能,它是在 GATT 第 22 条和第 23 条的政治解

---

❶ 中国"复关"和"入世"花了 15 年时间,俄罗斯虽然用了更长时间(19 年)加入 WTO(1993 年提出"入关"申请,2012 年 8 月 22 日成为 WTO 成员),但谈判难度和广度远不如中国。

决方式基础上,结合 GATT 时期的争端解决实践发展出来的一套统一和完整的争端解决规则。该规则不仅延续了 GATT 的政治解决途径,而且还固化和完善了 GATT 在多年的争端解决实践中形成的准司法方式。更为重要的是,WTO 建立了一套严密和有严格时间要求的争端解决程序,尤其是创造性地建立了独一无二的上诉机制以及裁决执行和报复机制,使得 WTO 规则落到实处,得以执行。而且专家组报告和上诉机构报告充分而缜密的说理往往使得争端各方回归理性的思考,并为各成员方的国内司法树立了榜样。可以说,WTO 争端解决机制的建立和良好运转对于 WTO 规则的有效实施起到了巨大的支撑作用。根据 WTO 的统计,到 2015 年 6 月 30 日,WTO 已经受理了 496 起贸易争端案件,平均每年受理 25 起。这远远多于 GATT 存续 47 年的受案量。这说明,各成员对 WTO 争端解决机制是非常认可和依赖的。此外,发展中国家成员对 WTO 争端解决机制的利用率大幅度提高,而且很多案件是由发展中国家成员向发达国家成员提出指控。即便是最不发达国家成员例如孟加拉,也拿起了争端解决这一强有力的武器争取自己在 WTO 的权利,并取得了可喜的胜利。❶ 这在单纯依靠政治磋商方式而无司法或准司法程序解决贸易争端的强权时代是无法想象的。在裁决的执行方面,诉诸 WTO 争端解决机构的案件大部分通过磋商得到解决。进入专家组程序或上诉程序的,大部分裁决也得到了很好的执行。正是 WTO 争端解决机制的成功运作,才确保了各成员方之间国际贸易关系的正常化和持久的稳定,阻止了各国之间贸易战的爆发,避免了任意和武断的单方贸易制裁,维护了多边贸易体制的权威性和一致性。因此,有人将 WTO 争端解决机制比喻为"锋利的牙齿",还有人将它形容为"皇冠上的明珠"!从这些溢美之词可以看出,"WTO 争端解决机制取得了了不起的成功"❷。WTO 的具体规则及其具有自动性和约束力的争端解决机制使得其成为世界上最具法治化的国际机构。❸

WTO 的另一个重要功能就是组织各成员方进行贸易自由化多边谈判,并达成具有约束力的多边协议。虽然这是对 GATT 谈判功能的继承,但在谈判

---

❶ 参见 WT/DS306,India — Anti-Dumping Measure on Batteries from Bangladesh, 2004。在该案中,针对印度对其产品采取的反倾销措施,孟加拉于 2004 年 1 月 28 日向 WTO 争端解决机构(DSB)提出磋商请求。2006 年 2 月 20 日,双方通知 DSB 其已通过达成和解协议解决该争端,印度政府将取消被指控的违规措施。

❷ 参见 WTO 总干事顾问委员会著,商务部世界贸易组织司译:《WTO 的未来——应对新千年的体制性挑战》,中国商务出版社 2005 年版,第 98 页。

❸ [美]约翰·H. 巴顿、朱迪思·L. 戈尔斯坦、蒂莫西·E. 乔里林、理查德·R. 斯坦伯格著,廖诗评译:《贸易体制的演进》,北京大学出版社 2013 年版,第 1 页。

方式、谈判领域等方面有了很大发展和完善。客观而言，GATT时期的多边谈判功能是富有成效的。从1948年1月1日GATT生效到1995年1月1日WTO成立，GATT共组织了8轮谈判并达成相关协议，平均每隔6年进行一次谈判。WTO这一国际组织的诞生就是GATT第8轮谈判（乌拉圭回合）的辉煌成果，从而足以使乌拉圭回合在GATT历史上留下浓重的一笔，永载史册！WTO成立后，多边贸易谈判的功能依旧延续。一方面，各成员方根据授权继续进行乌拉圭回合未能完成的各项谈判，例如，金融服务谈判、自然人流动谈判、基础电信谈判、信息技术协定谈判、修改《政府采购协定》等。另一方面，为进一步推动贸易自由化，WTO在2001年11月9日至13日在卡塔尔首都多哈召开的第4次部长级会议上启动了WTO成立以来的第一轮多边贸易谈判（即多哈回合），并计划在2005年1月1日前结束。但是，由于谈判的复杂性，尤其是敏感的农业谈判分歧严重，而工业品谈判又与农业谈判息息相关，从而导致已耗时13年之久的多哈回合走走停停，至今没有完成。于是，国际上出现了WTO已沦为聊天场所，WTO已经没落，甚至WTO已"死"的负面声音。在这种多边谈判停滞不前的背景下，以美国为首的某些WTO成员开始抛开多哈回合这个多边谈判场所，另辟战场，转向在区域平台尤其是涵盖众多国家的大型区域平台进行贸易自由化谈判，并且还纳入非贸易议题。根据WTO的统计，截至2015年4月7日，GATT/WTO共收到了612个与区域贸易协定有关的通报，其中，406个区域贸易协定正在生效执行。此外，美国还在2010年启动了与11个国家的TPP谈判（即《跨太平洋伙伴关系协定》），在2013年启动了与欧盟28个成员方的TTIP谈判（即《跨大西洋贸易与投资伙伴关系协定》）。与各国先前所谈区域贸易协定不同，正在进行的上述谈判不仅拥有众多的参加方，而且在谈判范围和要价水平上也是雄心勃勃的，谈判内容不仅涉及货物贸易、服务贸易、投资、透明度、争端解决，还涉及劳工标准、环境保护、知识产权、竞争规则等非贸易问题。作为谈判主导者的美国希望，最终达成的这些巨型协定应是全面适应21世纪经济一体化要求的新一代区域贸易协定。

对于大量涌现的区域贸易协定对WTO及其多边贸易体制的影响，许多人表示担忧，WTO在2004年发布的"八贤人报告"（即《WTO的未来》）就是这种观点的典型代表。该报告认为：在GATT成立近50年的今天，最惠国待遇不再是原则，而几乎沦为例外。关税同盟、共同市场、区域和双边自由贸易区以及优惠的和无数的各种贸易协议，形成了意大利"面条碗"现象，这对WTO的未来影响巨大。GATT第24条规定，优惠贸易协定成员间的

"实质上所有"贸易障碍应该被消除。这是一条空洞的纪律,不仅没有界定清楚,而且也始终没有得到良好的执行。优惠贸易协定毫无节制地激增创设了许多既得利益,使得获得有意义的多边自由化更加困难。尽管所谓的自由化程度超过 WTO 的优惠贸易协定可以充当新的多边贸易政策纪律和规定的试验田,但是,优惠贸易协定成员方在设计此类管理体系上所享有的自由裁量权会对多边贸易体制造成不利后果,削弱 WTO 的作用。过多的有经验的宝贵谈判资源转到优惠贸易协定上,将无法保证对多边领域的足够投入和关注。而且非贸易目标被纳入优惠贸易安排中,将为在 WTO 提出新议题开了绿灯。❶ 因此,"八贤人"建议:各成员应当有所节制,对 GATT 第 24 条应审慎并尽可能少的使用,否则,多边贸易体制将遭到更多的破坏。❷

三

那么,如何看待区域经济一体化的发展及其对 WTO 的影响?事实上,正是由于 WTO 本身的规定赋予了其成员方谈判和签署区域贸易协定的权利,成员间的区域经济一体化才得以生存和发展。虽然 WTO 规定了货物贸易和服务贸易的非歧视待遇——最惠国待遇,但考虑到各成员的经济发展水平不同,客观上存在在 WTO 基础上进行更高水平贸易自由化的现实需求,GATT 第 24 条,《服务贸易总协定》第 5 条以及授权条款明确规定,不阻止各成员方在 WTO 这个大的多边国际组织内部另立"小团体",通过区域贸易协定谈判建立以进一步自由化为目标的自由贸易区、关税同盟或者其他类型的经济一体化组织。❸ 尽管这些概念模糊的条款和规则使得 WTO 对区域贸易协定的监管未能落实到位或者未能发挥有效作用,从而在一定程度上导致区域

---

❶ WTO 总干事顾问委员会著,商务部世界贸易组织司译:《WTO 的未来——应对新千年的体制性挑战》,中国商务出版社 2005 年版,第 26 页、第 32 页、第 35~37 页。2003 年 6 月,WTO 总干事素帕猜设立了一个由 8 位国际贸易专家组成的顾问委员会,主席是彼得·萨瑟兰(Peter Sutherland),他在乌拉圭回合的最后阶段以及从 GATT 到 WTO 的过渡时期担任 GATT/WTO 总干事。委员会的任务是对 WTO 这一机构的运作和现状、WTO 多边贸易体制面临的体制性挑战以及如何通过加强和巩固 WTO 的作用应对这些挑战进行分析。顾问委员会的其他 7 位成员包括 Jagdish Bhagwati, Kwesi Botchwey, Niall FitzGerald, Koichi Hamada, John H. Jackson, Celso Lafer, Thierry de Montbrial。

❷ WTO 总干事顾问委员会著,商务部世界贸易组织司译:《WTO 的未来——应对新千年的体制性挑战》,商务出版社 2005 年版,第 31 页、第 161 页。

❸ 授权条款是 WTO 发展中国家成员之间签署区域贸易协定的法律依据。在 1979 年进行 GATT 东京回合谈判时,发展中国家认为,其经济发展与竞争地位相对于发达国家处于弱势,为使发展中国家更好地发展,应该获得特别优惠待遇。因此,东京回合通过了一项决议——《差别和更优惠待遇:互惠与发展中国家的充分参与》,该决议即是通常所称的"授权条款"。

贸易谈判和区域贸易协定的迅速扩张，进而危及 WTO 多边贸易体制的权威甚至生存，但这并不是根本原因或者全部原因。即便上述条款在日后得到进一步完善和明确，各成员之间的区域经济一体化活动也不会就此停止或者完全让位于 WTO 多边贸易体制。

与 WTO 多边贸易体制相比，区域贸易体制有其固有的特点和优势：第一，从参加方的数量上看，区域贸易体制的谈判和参加方相对较少❶，通常是同一或相邻地理区域的经济体，有时是跨区域的经济体。谈判方数量的多少对于谈判进度和协议的达成具有一定影响，较少谈判方这一特点使得区域贸易协定更加容易和更加迅速地达成。在多边框架下，同样也存在这样的规律。在 GATT 前 5 轮回合中，谈判内容仅涉及关税减让，谈判方最多时达到 38 个，基本上是在 1 年内完成谈判，速战速决。第 6 轮回合在关税减让之外增加了反倾销问题，谈判方猛增到 62 个，谈判持续 4 年。第 7 轮回合在关税减让之外增加了 9 个非关税议题❷，谈判参加方高达 102 个，谈判耗时 7 年。到了第 8 轮回合（乌拉圭回合），由于是对多边贸易体制进行全面改革，谈判参加方从最初的 86 个增加到结束时的 124 个，谈判耗时 8 年。WTO 成立后，成员方数量从最初的 127 个增加到 2015 年 7 月 27 日止的 162 个，涵盖了全球 80％的国家和地区，并且这个数字还在继续增加，WTO 已然成为一个大家庭。而且进一步自由化的谈判往往是最为敏感和最为艰难的部分，多哈回合至今难以有实质性进展也就不难理解了。第二，从参加方的国别构成上看，WTO 这个大家庭比较复杂，162 个成员囊括了发达国家、发展中国家和最不发达国家经济体，而且发展中国家成员占了绝大多数。区域贸易体制的参加方则因情况而异，南南型和北北型的协定由经济发展水平类似的国家签署，南北型的协定则是由发达国家与发展中国家签署。通常情况下，谈判各方的经济发展水平差距越大，就越难以达成一致，从而影响整体谈判进展。很显然，WTO 成员经济发展水平的巨大差异使得 WTO 多边谈判举步维艰是不难预料的。第三，从谈判和决策方式上看，WTO 采取必须全盘接受、不能保留的"一揽子协议"方式，在开放水平上强调各成员方齐头并进，因此难免出现有的成员还未来得及适应自由化承诺就又进入新一轮谈判的情况，缺乏谈判动力是必然的。而且 WTO 在实践中一直采取"协商一致"的决策方式，

---

❶ 当欧盟（28 个成员）、东盟（10 个成员）等较大型区域贸易组织相互之间或者与其他国家进行区域经济一体化谈判时，通常涉及较多的谈判方。目前，欧盟和东盟还未进行区域经济一体化谈判。

❷ 9 个非关税议题包括：反倾销、补贴与反补贴、政府采购、进口许可证、海关估价、技术性贸易壁垒、民用航空器贸易、牛肉贸易和奶制品贸易。

任何提案都可以因一个成员方的反对而无法通过（即一票否决），这无疑提高了谈判难度，影响了谈判进度和效率，尤其是随着WTO成员的数量、谈判议题的广泛性和敏感性日益增加，这种难度越来越大。区域贸易体制的谈判和决策方式则没有统一模式，有些谈判根据自身情况采取灵活做法。例如，东盟由东南亚的10个国家组成，涵盖了发达国家、发展中国家和最不发达国家。因此，《东盟宪章》在规定"协商一致"这一基本决策方式的同时，还照顾到了不同成员国的经济发展水平，允许各成员国根据自身能力选择所参与的东盟经济一体化计划。也就是说，东盟在自由化安排上不强求各成员国同步前进，先进的成员国可以走在开放的前列，落后的成员国可以日后跟上，这充分体现了东盟决策机制的务实性。同时，这种机制也不会影响那些已经获得大多数成员国支持的提案获得通过。第四，从谈判对象的选择和目的上看，WTO的目标是全球贸易自由化，没有很强的政治性，它是一个海纳百川的多边国际组织，凡是具备条件的经济体都可以提出加入申请，许多政治上分歧较大的国家和地区都是WTO成员。区域贸易体制虽然也是旨在实现贸易自由化，但谈判的启动往往具有浓厚的政治外交背景和目的，在谈判对象的选择上通常是其友好国家或者希望建立友好关系或者战略合作关系的国家，而不是贸易往来的大小，这就使得区域经济一体化谈判在各方政治愿望的强大推动下可以尽快完成。

总之，WTO就好比一架拖着众多复杂零部件的庞大成套设备，每一个大大小小的零部件都不可或缺，而且所有零部件都要实现整体配合，任何一个零部件出现问题或者不能协同运转，都会影响这个庞大成套设备的工作状况和工作效率。因此，我们要正视WTO的这一特点。作为这台庞大设备不可或缺的零部件，各个成员方有义务积极推动这台机器的有效运转。仅仅由于多哈回合谈判遇阻和缺乏实质性进展就否定WTO推进全球贸易自由化的能力和潜力，这是片面的、不客观的。

我们必须承认，WTO是当今世界最为成功的国际组织，其统一全球国际贸易政策和解决国际贸易争端的作用无可替代，其与国际货币基金组织和世界银行并驾齐驱维护世界经济稳定发展的三驾马车地位无可替代！即便是已经成功运作多年的欧盟、北美自由贸易区、东盟、南方共同市场等区域经济组织以及日后可能达成并生效的TTP、TTIP这样的巨型区域贸易协定，也不会改变这一事实。成立20年来，WTO对世界经济的发展做出了巨大贡献。在WTO成立前一年（1994年），世界进出口贸易总额只有近11万亿美元，2013年则超过46万亿美元。WTO成员的数量也从GATT缔约时的23个发展到现在的 162 个,囊括了发达国家、发展中国家和最不发达国家,并且所有贸易大国(包括美国、中国和俄罗斯)都加入了 WTO。❶ 这些成员的贸易量占到了全球贸易量的 98%。这说明,GATT/WTO 确立的多边贸易体制得到了国际社会的广泛认可。而且透过 WTO 这个多边平台,发展中国家在国际舞台的话语权得到了极大提升。过去,GATT 的签署以及 WTO 的建立是由以美国为首的发达国家和地区主导的,这些国家在国际贸易规则的制定中享有绝对的发言权。但是,随着中国在 2001 年和俄罗斯在 2012 年的加入以及巴西、印度、南非等其他新兴经济体对世界贸易贡献度的逐步提高,这一力量对比正在发生显著改变,2001 年 11 月开始的多哈回合谈判出现胶着状况就充分反映了这一点。可以说,欧美等发达国家在多边贸易谈判中一家独大的局面一去不复返。此外,WTO 还与国际货币基金组织、世界银行等许多国际组织建立了合作关系,WTO 可以参与这些国际组织与贸易有关的政策制定,而且国际货币基金组织还向因受贸易伙伴履行多边贸易谈判承诺影响而面临国际收支短缺的 WTO 成员提供援助。❷ 这种广泛性合作在区域经济一体化组织是很难实现的。

尽管 WTO 及其多边贸易体制在多哈回合后遇到了许多困难和挑战,但是,我们也欣喜地看到,2013 年 12 月初在印尼巴厘岛召开的 WTO 第九次部长级会议经历了通宵谈判后,在会议结束的最后一刻达成了旨在便利贸易、粮食安全方面给予发展中国家更多选择权、促进最不发达国家贸易以及有助于发展的"巴厘一揽子协议"。❸ 尽管这些文件仅仅是多哈回合众多谈判议题的一小部分成果,但它对多哈回合谈判的影响是积极和深远的。正如 WTO 现任总干事阿泽维多所言,"巴厘一揽子协议"是 WTO 成立以来达成的第一份主要协议,它让 WTO 的工作重新走上了正轨,这是一个非常好的信号!❹ 这次的部长级会议主席印尼贸易部长 Gita Wirjawan 更是给予高度评价:"巴厘一揽子协议"的达成向多哈回合谈判的完成靠近了一步,2008 年以来停滞不前的多哈回合谈判起死回生、重见曙光,它赋予了各成员方以新的能量和完成多哈回合谈判的信心。协议的达成再次证明,WTO 是多边贸易谈判的卓

---

❶ 从 GATT 于 1948 年生效至今,没有一个缔约方或成员方退出 GATT/WTO。

❷ WTO 总干事顾问委员会著,商务部世界贸易组织司译:《WTO 的未来——应对新千年的体制性挑战》,中国商务出版社 2005 年版,第 70 页。

❸ 2014 年 11 月 27 日,WTO 总理事会通过了在巴厘岛达成的《贸易便利化协定》、与公共储备有关的决定以及后巴厘岛工作计划。

❹ Director-General Roberto Azevêdo, World back in WTO, WTO: 2013 NEWS ITEMS, 5-7 December 2013, Ninth WTO Ministerial Conference.

越论坛！[1]

的确，多哈回合谈判的久拖不决和区域经济一体化的政治经济需求在一定程度上造成了区域贸易体制与多边贸易体制的竞争态势，而且这一竞争将会成为常态，一直伴随着多边贸易体制的发展，我们必须清楚地认识到这一点。尽管如此，WTO与区域经济一体化是相辅相成、互相促进的，互为"奠基石"和"垫脚石"。因为当今绝大多数区域经济一体化是在WTO贸易自由化水平上的进一步开放，很多贸易自由化的"硬骨头"是WTO这个多边贸易自由化谈判平台啃下来的，是WTO奠定了区域经济一体化的谈判基础，成就了高水平区域贸易协定的签署。反过来，众多高水平的区域经济一体化有助于WTO多边贸易自由化的早日实现。但是，这不是自动实现的，它需要WTO及其所有成员把握机会，借力区域经济一体化，及时推动多边贸易谈判，将区域贸易自由化成果转化为多边成果。只有这样，才能避免多边贸易体制被瓦解的风险，才能实现多边贸易体制与区域贸易体制的互利双赢。WTO是由成员驱动的国际组织，维护多边贸易体制是WTO各成员方应尽的义务，在多边贸易体制遭遇困境时，尤其是当前的多哈回合陷入僵局的情况下，各成员方应该站在维护全球多边贸易体制的高度，拿出政治上的勇气化解危机，尽快落实"巴厘一揽子协议"，尽快推进多哈回合的各项谈判。同时，WTO作为一个国际组织本身应该加强机构和能力建设，在"成员驱动"的基本原则下，强化总干事和秘书处对多边谈判的推动和促进作用，更好地在各成员方之间进行有效协调。同时，WTO也应完善和改革传统的谈判机制和谈判功能，以适应区域经济一体化等新形势带来的挑战和变革。

还需要特别指出的是，随着全球贸易自由化的进一步深入，国际上出现了一股反全球化的声音，以至于在日内瓦WTO总部和WTO部长级会议召开时，经常会有一些反WTO和反全球化的示威者聚集。因此，在全球贸易自由化过程中，以什么样的速度和节奏推进贸易自由化，以什么样的程度开放各成员方的贸易市场，尤其是WTO及其成员方如何化解贸易自由化引起的负面影响以及如何将贸易自由化成果普惠于民，是值得深入思考的问题。

最后，让我们以WTO现任总干事阿泽维多在庆祝WTO成立20周年时的讲话对WTO做一个总结：20年前，也就是1995年1月1日，WTO开启了商业之门。从那时起，WTO及其透明和多边的贸易规则对世界经济的增长

---

[1] The concluding remarks, Chairman Gita Wirjawan, Indonesia's trade minister: "We did it!", 7 December 2013, Ninth WTO Ministerial Conference.

和稳定做出了重要贡献。多年来，WTO 推动了贸易发展、解决了大量贸易争端，并为发展中国家融入世界贸易体制提供了支持。WTO 抵御了保护主义的发生，各成员方为应对 2008 年危机在制定贸易政策方面表现出来的镇定和自制，与先前历次危机发生后出现的保护主义恐慌形成了鲜明对比。在世界经济比以往任何时候都更加紧密联系的今天，很难想象，没有 WTO 的世界是什么样子！❶

---

❶ The WTO at 20 — a message from DG Azevêdo, WTO: 2015 NEWS ITEMS, 1 January 2015.

我与 WTO 案例研究的不解之缘

朱榄叶[*]

在微信群里,杨国华教授发了个稿约,让大家写写"我与 WTO 相识、相知与相爱"。这个"命题作文"让我有机会回顾这些年来的点点滴滴。研究 GATT 和 WTO 争端解决案例已经 20 多年了。作为非法学科班出身的我,开始研究 GATT 案例纯属机缘巧合。

我本科学习的是国际政治,从复旦大学国际政治系毕业被分配到华东政法学院(现在已经更名为"华东政法大学")教国际关系史。当年有一位 40 多岁的老师教这门课,只有国际法一个班 50 来名学生有这门课程,有一个老师教就足够了。我的任务就是当这个老师的助教。我记得帮她画了不少第二次世界大战形势图。半年后,学校送我参加了教育部举办的经济法教师进修班,由此开始接触法律。后来,由于我的外语比较好,为来华东政法大学访问的不同专业的外国老师担任翻译,逐渐了解了不同法系的法律制度。我有时开玩笑说,我是"自学成才"的。

回想起当初动笔写 GATT 争端解决案件的缘由,竟然是由于"不想浪费时间"。1993 年秋季,我去美国旧金山大学法学院讲授中国经济法。每个星期 4 节课,这样的教学"负担"比起国内来可是太轻了。以前出国都是做学生,老师布置的阅读量极大,总是压得我不敢懈怠。回国后的教学任务也不轻,曾经有过一周上十几节的经历,基本没有"享受"过每周 4 节课的待遇。我一个人在国外,不会开车,又不想一个人乘长途车到旧金山附近去玩儿,为

---

[*] 现任华东政法大学国际法学院教授、博士研究生导师,从事国际经济法和知识产权法的教学和研究。曾以访问学者的身份分别在美国哥伦比亚大学法学院和哈佛大学法学院进修,作为客座教授在美国、比利时、荷兰、澳大利亚、新加坡和香港等多所大学法学院讲授比较知识产权法、中国司法制度和经济法、国际贸易公法等课程。发表《WTO 国际贸易纠纷案例评析》系列著作等十余部、论文 30 余篇。担任中国国际经济法学会副会长、中国国际法学会常务理事、中国法学会 WTO 研究会副会长。经中国政府推荐,2004 年被 WTO 争端解决机构(DSB)批准列入争端解决专家名单。

了利用这几个月的时间，我决定"做点研究"。当时关贸总协定乌拉圭回合谈判正接近尾声，我在旧金山大学图书馆看到了 Robert Hudec 教授写的关于 GATT 争端解决机制的著作，决定在这方面下点功夫。通过一个在明尼苏达大学法学院工作的老朋友，我向 Hedec 教授索要他的新作"Enforcing International Trade Law—The Evolution of the Modern GATT Legal System"，并以这本书为起点，开始了解关贸总协定的争端解决，搜集案例。

那个时候，我对 GATT 争端解决机制可以说是一无所知，除了 Hudec 教授的那本书，还有图书馆的刊物中论及 GATT 争端案件的少量论文，我甚至不知道 GATT 出版的 BISD 里可以找到各个案件的专家组报告全文（当然，美国大学法学院的图书馆也没有 GATT 的 BISD），而是试图从过往的报纸中找到对某个案件事实的介绍，其结果当然可想而知——一无所获。就这样，我还是在 1993 年 12 月底回上海之前完成了《关税与贸易总协定国际贸易纠纷案例汇编》的初稿。当时，中国申请恢复在 GATT 的席位已经 7 年，乌拉圭回合谈判也在 1993 年 12 月成功结束，一个新的国际经济组织——世界贸易组织即将诞生。在这样的背景下，回国后联系出版并没有太大困难。1995 年 6 月，薄薄的一本案例汇编出版了。

在那本书里，我将自己的一篇论文作为它的前言❶，其中写道，"看来，世界各国的专家们已经为即将诞生的世界贸易组织的争端解决机制开了一帖治病良方。这一药方能达到药到病除的效果吗？关贸总协定所有缔约方都希望维持这个组织的存在，因此总会找到一个各方都可以接受的方案。虽然各国间有矛盾，但也有共同点，发展世界贸易使各国能共存是大家的目标。我们希望这个目标能使各国在贸易纠纷中相互让步，希望世界贸易组织的争端解决机制能发挥促进世界贸易发展的作用"。

虽然出了一本 GATT 案例书，但在后来的几年里，我并没有就此开始关注 WTO 的争端解决。回国后，工作日程一下子排满。直到 1999 年，我再次到美国讲学，再次有了比较多的"自由支配"的时间，接着写 WTO 的争端解决案件就成了顺理成章的选择。几年前开始着手写《关税与贸易总协定国际贸易纠纷案例汇编》时，最大的问题是难以找到资料。GATT 专家组的报告虽然出版，旧金山大学或法学院的图书馆都没有收藏。几年之后，当我开始收集 WTO 争端解决案件时，遇到的问题与以前恰好相反。1999 年使用网

---

❶ 那篇同时完成的论文是《贸易战能被遏制吗？——关贸总协定争端解决机制回顾与展望》，发表在 1994 年第 3 期《法学》杂志上。

络已经很普遍，信息技术的进步使任何人都可以从互联网上得到需要的信息。专家组和上诉机构的报告在通过之后不久就在网上公布了。有了如此丰富翔实的资料，要写出一本案例汇编看来是没有问题了。然而，当我真的坐下来准备动手时，才发现每个案件的篇幅之大是我没想到的。几乎每个专家组报告都在 200 页以上，那几年最长的专家组报告可以达到 600 多页。面对如此"巨大"的工程，我开始考虑如何来编写。起初我想沿用 1993 年写 GATT 案例汇编时的方法，对每个案件只作介绍，但当我读到一个个报告，不禁为专家组和上诉机构那逻辑严密、说理透彻的精辟分析所折服。比如美国汽油案，美国提出汽油规则对进口汽油的待遇总体上不低于给予国产汽油的待遇，专家组在分析美国的说法时指出，GATT 第 3 条第 4 款的措辞中并没有"总体上"不低于的说法，只要有一批进口汽油的待遇比国产汽油差，就是违反了国民待遇的原则。看到这样的分析，我又曾经想把报告全文都翻译出来，让读者看到法律专家们"原汁原味"的论述。我也真的动手开始逐字逐句翻译，可是才完成了一个报告中专家组结论部分的 60%，就已经有 7 万中文字。这时我犹豫了。当时已经有了 33 个专家组报告和 26 个上诉机构报告，如果全部翻译出来，至少要 1000 万字。任何一个普通读者都不会对这样的"案例汇编"感兴趣的，出版社也不会采用。最后我决定不用全文翻译的方法，而是把专家组和上诉机构的报告综合编译，但要全面反映专家组和上诉机构的分析和结论。这时说起来容易，做起来却并不简单。在通读了几个报告之后，我决定把专家组和上诉机构报告中涉及的法律观点和分析论据按程序和实体问题分开，保留专家组和上诉机构的分析，基本略去各方的论证，除非必须要写出各方的观点才可以看懂专家组和上诉机构的分析。于是就有了 2000 年 11 月出版的《世界贸易组织国际贸易纠纷案例评析》，这可能是当时国内第一本全面介绍 WTO 争端解决案件的专著。

通常在学术界都不把案例汇编一类的书作为学术论著，在评职称时的作用甚微，在同行中也不会太重视。看数百页甚至上千页的英文原文，将其浓缩为 15 000 字左右的案情介绍和评析，花这么多的精力去编写这样一本书，是不是值得？我考虑再三，认为有了这样一本书，让那些从事对外经贸活动，但对法律英文不十分熟悉的人可以系统了解世界贸易组织解决的贸易纠纷，同时又节省了很多时间，对我个人可能没有什么太大价值，但这件事还是值得做的。

从那时起，我就决心把 WTO 案例研究作为自己的一个研究方向。这样做，不仅发挥了我英语比较好的长处，也避开了我法学理论比较弱的"短板"。从此以后，我"一发而不可收",2004年、2008年、2010年、2014年，每隔三四年，就有一本《世界贸易组织国际贸易纠纷案例评析》出版。至今已经出版了5本，正在撰写2013~2015年的案例，准备出版第6本。

在撰写WTO争端解决案例书的过程中，我感觉到，WTO专家组和上诉机构报告篇幅长，法律分析严谨，不要说一般人不大看得懂，也不太会有兴趣，就是研究国际法专业的，也不容易懂。我越来越想写一本给普通人看的WTO案例书。2007年夏天，在WTO的官网上看到WTO秘书处编写的"World Trade Organization: One Page Summaries"。那时我正在新加坡国立大学法学院讲课，也有大把的时间可用。用了两个星期的时间把这本书翻译出来，一年后就出版了。翻译之前，我以为这本书可以给普通人看了，但做了两个案子的翻译，才发现实际上那本书更像是案件专题索引，除了对专业人士有一定的引导作用，外行看了肯定是"一头雾水"。后来我在网上看到有人评论这本书是"简单得丑陋"。作为译者，虽然简单不简单与我没有什么关系，看到这样的评论当然高兴不起来，但这也更加深了我要写一本自己的"WTO案例故事书"的想法。2012年，法制出版社的王佩琳找上门来，问我有什么写作计划，他们出版社可以为我出书。我跟她沟通了自己的想法，她表示很感兴趣。我挑选了一个案子做了一个范例，表明我要写的案子大概是个什么样子。我怕自己花时间写出来，跟出版社的意图不一致，那我不是白忙了？没有想到，几个星期以后，经过出版社主编会议讨论的反馈意见是，光把案件介绍清楚没有意义，希望能把中国企业可以从这些案件中吸取的教训和经验写出来。这可与我当初的设想"南辕北辙"了。我很明确地告诉出版社，WTO只规定了政府的义务，如果要讲经验教训，也是政府的，我就是想写一本"讲WTO案件故事的书"。比如美国汽油案，我就想说美国曾经有这么一部法律，规定汽油要达到一定的清洁标准，美国说这部法律的制定和执行是为了减少大气污染，巴西和委内瑞拉认为美国的法律对进口汽油和国内汽油的待遇不同，违反了WTO的国民待遇原则，就把美国告到了WTO的争端解决机构。专家组说美国错了，美国不服，提出上诉，上诉机构也说美国错了。我只想把案件讲清楚，刻意避开深奥的法律分析，也就是说，我要写一本WTO争端解决的"普法读物"。出版社被我说服了，同意按我的想法写。2013年4月《WTO争端解决案例新编》出版，我多年的愿望总算实现了。

2003年5月，在新西兰驻沪总领事官邸，我见到了WTO总干事Mike Moore。我们聊起了WTO争端解决机制和那些案件。我说，WTO争端解决的案子很有意思，他看着我，说了一句，"只有你和我这样的人才会觉得有意思，一般的人只会觉得无聊"。WTO 争端解决的案子真的有意思吗？回想起来，有些案子是挺有意思，做到那些案子，眼前会出现自己假想的情景。比如美国海龟海虾案，在网上查到了海龟隔离栏 Turtle Excluder Devices（"TEDs"）的样子，设想着一只海龟从虾网中逃离；美国原产地标签（COOL）案，仿佛看到带着不同耳标的猪、牛被分别驱赶进不同的牲畜栏……但并不是所有的案件都有趣，说实话，很多案件不仅没有趣味，还很难懂。比如巴西飞机补贴案和加拿大飞机补贴案，专家组报告里有许多金融专业词汇和银行实际操作的步骤，我对金融一窍不通，写那几个案子就很费了一番功夫。加拿大奶制品案，加拿大政府特意设计的复杂体系，经过专家组一层层地"剥皮"，才露出"真面目"，做那个案子的时候有点抓狂。我想，如果还可以说那些案子"有趣"，是在反反复复读了几遍，总算搞懂了某个问题的时候，那种由衷的高兴。

除了写案例，我还做"WTO 争端解决情况综合统计"。起初，只是为了给学生上课需要一些统计数据，自己设计了一些栏目，形成了一个文件，也就 30 来页。后来，不断有朋友需要某个数据来问我，当时的统计表上并没有，但基础数据有了，要满足某个具体要求并不难。比如，本来只有各成员申诉和被诉的数据，某个成员申诉过几次，被诉过几次。后来发现，从这个表格中无法了解哪些成员只提出过申诉，没有被诉过；哪些既提出过申诉也被诉过；还有哪些完全没有参与过 WTO 的争端解决机制。我就逐一归类，一归类就发现从来没有利用过争端解决机制的有 59 个成员，其中除了个别发达国家，都是发展中国家。再如，我原来的统计中有初始专家组报告得到上诉机构支持的情况，有同行要想知道争端解决专家组/上诉机构报告通过后，进入执行审查阶段（DSU 第 21.5 条）专家组报告得到上诉机构支持的程度，我逐一核对，很快就有了数据。中国"入世"后越来越积极地利用争端解决机制，对涉及中国的案件，就专门统计出几个表格。有了基础数据，这些"衍生产品"就一一出炉。我每天到 WTO 官网上关注 WTO 争端解决机制的最新进展，慢慢地，这个资料发展到了 140 多页的篇幅。从这些统计中，可以看出一些倾向性的现象，比如，美欧之间的互诉，在 WTO 成立之初占了其当年申诉的 25%～100%，但从 2010 年起（除了 2011 年欧盟对美国的一次申诉）至今的数据为 0。有了这样的跟踪研究，只要是涉及 WTO 争端解决机制数据方面的问题，我可以提供截至几天前的最新数据。对此我也有点小小的得意呢。

写这篇短文还有个小插曲。2015年7月3日,"WTO20周年:多边贸易体制、争端解决与发展中国家"研讨会在清华大学举行。上午大会休息期间,国华再一次说起了"我与WTO"稿约的事情。看着台上坐着的WTO争端解决上诉机构的"大佬"们,想起这些年研究WTO争端解决案例的点点滴滴,我脱口说出"WTO,想说爱你不容易",没想到国华接过话头,"好,你的文章就这个标题了"!更没有想到的是几分钟后,国华就把这个题目发到微信群里。小莲很快发来了回复"朱老师的题目暴露年龄啊",我怎么也看不懂什么意思,为什么这个题目跟我的年龄有关?下午休息时,小莲告诉我,原来这是1994年热映新加坡电视剧《勇者无惧》片头曲的歌名。我根本不知道有这么一首歌,当然也不知道这是哪个年代的歌。由此可以看到,同一个词语或短语,在不同的人心中有着完全不同的含义。这让我想到,在WTO争端解决案件审理时,申诉方和被诉方往往会对同一个词语提出完全不同的看法。上面说的小插曲,就是一个很好的说明。

WTO成立了20年,我跟踪研究WTO案例15年。随着研究的深入,我发现WTO无论从程序还是实体法律方面都有新的问题出现,要不断研究新的问题和新的理论,这是表面看上去没有创新的创新。所以,要说爱它真的不容易。

怀念赵维田：我与 WTO 之缘

刘敬东[*]

2015 年，时值世界贸易组织成立 20 周年之际，我国 WTO 法理论的引领者、WTO 法律实务的实践者、清华大学的杨国华教授向国内同行们发出了撰写"我与 WTO"的征稿倡议，还专门就此事致电于我，这本是一件好事，但却令我深感为难。原因在于，2015 年 4 月到最高人民法院挂职后事务性工作较多，而且生怕给人家误事，因此，脑子总是安静不下来，加之最近一次出差偶感风寒，身体不适，卧床几天，于是总想借故将此事推辞掉。可国华兄偏偏锲而不舍，听说我病了就说可以等着我，这就让我惴惴不安了——即便躺在病床上，此事也总萦绕在心头，今天身体刚刚见好，就不敢怠慢地拿起了笔。

实际上，这个话题一经国华兄提出，就让我陷入了一种深深的思念，思念已离开我们近 10 年的我国著名 WTO 法学家、我的博士后导师赵维田先生。

谈起我与 WTO 之缘，离不开赵老。是赵老的独特学术风采和其著名的《世贸组织的法律制度》一书引领我走进了一个崭新的国际法世界——WTO 法，虽然历经多年努力，自己在这个领域至今仍无建树，但对 WTO 法初心不改，始终为它的学科魅力所吸引，不能自拔。

记得在 2009 年，国际法学前辈刘楠来教授让我为赵老写一篇纪念文章，以供"中国社科院著名学者纪念文集"出版，当时我正在纽约哥伦比亚大学访学，不敢怠慢，放下手头所有事情，每天都在回顾与赵老共处的时时刻刻，用心写下了一篇纪念文章，我想我再也不能写出比这篇文章还好的、用作

---

[*] 中国社会科学院国际法研究所国际经济法室主任，研究员，研究生院教授，最高人民法院特约咨询员。2015 年 4 月被全国人大常委会任命为最高人民法院民四庭副庭长。中国法学会 WTO 法研究会副会长。国际法学博士，美国哥伦比亚大学、瑞士苏黎世大学访问学者。该文写于 2015 年 7 月 20 日。

"我与WTO"的主题征文了,故将该文章稍加修改,以飨读者。如果还能激励看过此文的后来人,那真就是意外之喜了。

我国著名国际法学家、中国法学会WTO法研究会第一副会长、原对外经贸部法律顾问、中国社会科学院赵维田教授离开我们已经10年了。作为赵老的学生,我至今仍无时无刻不被赵老那种既勤勉、严谨而又充满感情色彩的学术大家风范感动,他走过的一条披荆斩棘的探索之路给后人留下了一笔十分宝贵的精神财富。

一、青年运动的人生启迪

赵维田教授出生在一个普通的农民家庭,家境贫寒,但他自幼学习十分刻苦、成绩优异,高中毕业后竟同时收到了七八所大学的录取通知书,最终他选择了当时中国最好的大学之一中央大学。同当时许多追求进步的青年学子一样,在大学期间赵老接受了马克思主义,并参加了中共地下党领导的南京学生运动,后成为其中的领袖之一,期间曾一度被国民党关进监狱,但他却始终矢志不渝、坚持斗争,以实际的革命行动迎来了南京的解放和共和国的诞生。

新中国成立后不久,他即被调至共青团中央工作。每当谈到共青团中央这段工作经历,赵老都会由衷地发出感慨:"当时在胡耀邦同志领导下的团中央,我曾担任耀邦同志秘书写作班子的成员,这段经历使我终生难忘。"共青团中央的工作经历对赵老这样的青年知识分子十分难得,成为影响其人生历程的最为重要一幕,但也正是这段经历又使其蒙受了"文革"带来的巨大痛苦和精神创伤。"文革"开始后不久,他就被下放到河南干校劳动,期间他的大女儿因忍受不了残酷的生活现实而精神失常,对此事,赵老从不愿谈起,是他的老伴儿姜阿姨向我诉说的,姜阿姨还特意强调说,还是耀邦同志作出的批示才使得他们的大女儿回北京治疗并得以安置。

二、弃政从学的人生抉择

"文革"结束后赵老得以恢复工作,原来的老领导胡耀邦同志当时已进入中央最高领导层。赵老回忆道:有一次,耀邦同志专门召集包括赵老在内的几个团中央老部下聚会并问及今后的打算,几位同志表达了从政的愿望,后来他们都走上了党和国家重要领导岗位。令人想不到的是,赵老却向耀邦表达了从事法学研究工作的愿望,耀邦指示有关同志请中国社科院负责法学所工作的张友渔落实此事,就这样,赵老于1980年初来到了法学所开始了研究生涯，此时的他已年过半百。

当赵老说起这段人生抉择时，我曾经问他："有那么好的从政基础和发展前景为什么不继续从政，却转到十分清贫、辛苦的研究工作上？"他总是淡淡地回答说："当时就是不想再从政了，想真正搞点研究、自立其身。"联想到几十年来中国政治历程的变迁，赵老平添了几分感慨。

当我问到他是如何对国际法产生兴趣时，他提到了两个人对他的影响，其中一位就是赫赫有名的远东国际军事法庭唯一的中国籍法官梅汝璈先生，他回忆道：抗日战争胜利后国际上成立了审判日本战犯的远东国际军事法庭，并要求战胜国之一的中国派出法官、检察官参加，当时的中国积贫积弱、百废待兴，从事国际法研究的人更是凤毛麟角，经多方筛选，时任复旦大学教授的梅汝璈先生脱颖而出被选派到远东军事法庭出任法官。赵老回忆说：当年梅先生正值不惑，在南京政府举办的欢送会上精神抖擞、英姿勃发，无数民众兴高采烈自发上街欢送梅先生赴任，整个南京城为之轰动，这一生动的历史场面深深触动了青年时期的赵维田。

说到对国际法的认识，另一位使赵老受益终身的伟人就是陈毅元帅。赵老回忆道：解放初期，抗美援朝战争刚刚开始，时任华东地区负责人的陈毅元帅在一次南京动员大会上发表讲话，陈毅元帅声音洪亮、气宇轩昂："三八线是国际界限，也就是国际法律，不得侵犯！"陈毅元帅的这次演讲让赵老至今记忆犹新。他曾多次感慨道："陈毅元帅在当时的历史背景下就对国际法有如此高的认识真是令人钦佩！"

梅先生的飒爽英姿、陈毅元帅的慷慨激昂都令青年赵维田久久不能平静，引领他走上了国际法研究之路。

新中国成立以后，由于中国所处的特殊国际环境，特别是十年"文革"动乱的破坏，中国的国际法研究工作长期陷于停滞、瘫痪状态，是改革开放伟大战略给中国的国际法学带来了勃勃生机，赵老进入社科院法学所之际正是中国国际法学百废待兴之时。可赵老清醒地意识到，尽管他有中央大学法律系的扎实功底，但由于长期从事团的工作，脱离法学领域很久，应当首先着手恢复法律理论基础，他并没有急于开展具体的课题研究，选择的第一项工作是翻译著名国际法学家斯塔克的《国际法导论》，此书在1984年出版，其本意正是借此复习和掌握国际法基本知识和发展动态，同时提高英语水平，为进入开展国际法研究做理论准备。实践证明，赵老从基础着手、不急于求成的严谨学风为他日后取得巨大成就打下了牢固根基，据中国社科院荣誉学部委员、著名国际法学家刘楠来教授回忆，赵老曾不只一次地同他谈过这方面的体会，并感慨道：这就是所谓磨刀不误砍柴工的道理吧。

在研究工作中，赵老秉承了中国国际法学者急国家之所急、集中精力研究国家需要解决的紧迫国际法问题的优良传统，而且这一传统在赵老的身上显得尤为突出。据刘楠来教授回忆，赵老的国际法研究是从反劫机公约开始的，出版的第一本专著就是《论三个反劫机公约》（1985年），主要是因为1983年卓长仁等将民航296号班机劫持到韩国，引起举国上下震动，各方面对如何才能把他们引渡回国加以惩处问题十分关注，而当时我国却没有这方面完整的理论，而赵老的研究成果恰恰弥补了这一缺憾，这也促使他本人深入开展了国际航空法的研究，出版了在亚洲都颇具影响的力作《国际航空法》。赵老在国际法领域的另一项成就——GATT、WTO法研究也与我国当时的历史背景密不可分，他开始着手之一课题是20世纪80年代后期，此时正值我国政府谋求恢复GATT的合法席位的关键时期，当时国内法学界对于GATT的研究几乎为零，正是赵老这方面的研究成果填补了这一空白，为我国政府的"入世"工作提供了理论支持。

三、执着、刻苦、严谨的治学精神

"功夫不负有心人"，尽管赵老进入法学所时已年过半百，但他执着、刻苦的钻研精神以及严谨的学风使他后来居上，取得了有目共睹的成就。在我国国际法学界，尤其在WTO法学研究领域，赵老可谓独领风骚，《世贸组织（WTO）的法律制度》一书以深厚的法学功底、敏锐的洞察力、丰富的语言和独特的视角为人们掀开了WTO法律的"神秘面纱"，在众多著作中独树一帜，令人耳目一新，至今仍被奉为WTO法学研究的圭臬。随后，赵老又先后发表了WTO的司法机制、《中国加入议定书》条款解读、"美国海龟案"、WTO与条约解释等多方面的WTO法学专著和文章，洋洋洒洒、精彩纷呈。赵老的这些著作一改国内法学界在WTO研究领域中那种令人乏味的重复和教科书式的拼凑之风，在这个被德国著名国际法学家彼得斯曼称为"法律迷宫"的科学领域，赵老以近80高龄徜徉其中、执其牛耳。国家商务部负责WTO事务的一些同志曾多次表示：在这个领域中，他们最为佩服的就是赵老。赵老以其在WTO法领域所取得的斐然成就被誉为中国的"杰克逊"，这一称号当之无愧。

谈起赵老的文风，读过赵老著作的人都会产生这种感觉：语言流畅、文风俊朗，对法学理论完美诠释，并且充满智慧和理性思维。笔者虽然从事法学研究多年，但早就对那些枯燥、乏味、机械式的东拼西凑感到厌倦，而正是赵老的著作才使我真正感受到国际法学的魅力,一下子豁然开朗了。2002年中国社会科学院法学所招收博士后研究人员,我毅然报名,开始了与赵老的师生经历,而此时赵老已年届78岁高龄。

博士后研究并不像大学里那样正式授课,只是在合作导师的指导下完成研究任务。但作为赵老的学生,同他一道进行讨论、研究专业问题自然必不可少。在讨论专业问题时,我曾多次向赵老请教,他是如何将极为复杂的法律理论乃至枯燥的条文本身阐述得如此清晰而又深刻的呢?WTO领域的资料和案例极为繁多,而又大多是外文,又是如何掌握和提炼的呢?对此,他回答得非常实在:"搞学术研究必须脚踏实地,不能偷懒,要把问题真正搞清楚后再下笔成文,切忌人云亦云或一知半解。"他多次和我谈道:"人在一生中应当有点创造性,我既是这么想的,也是这么做的,重复别人的东西没有意思。"

赵老的学术风范离不开他的治学严谨。坦率地讲,赵老的著作虽不像法学界一些名家那样高产,但赵老的著作却堪称精品。赵老在国际航空法、WTO法这两个国际法领域所取得的成就都是他"十年磨一剑"的结晶,北京大学著名国际法专家赵理海先生曾对赵老的著作赞叹不已。但即便如此,2004年国际空间法大会专门邀请赵老与会发表演讲,这是一份很高的荣誉,赵老却回绝了,他说:"我这几年把全部精力都投入到了WTO方面的研究,航空法有一段时间没搞了,最新的资料我也不掌握,去了说什么呢?"这句很朴实的话语与当前极为浮躁的学术空气形成鲜明对比,赵老的严谨治学态度令人肃然起敬。

每当发现有问题需要解决时,赵老总是不顾年高,自己乘公交车到图书馆查阅资料,有时还特意邀请一些有独到见地的海外青年学者到家中虚心求教。为了搞懂一个英语单词的真正含义,他甚至能查遍所有能找到的法律英语辞典,以求其精准,就这样他独立完成了百万字的WTO美国"海龟案"裁决翻译工作,这篇译作是我国迄今最为完整的WTO案例中文译稿,极具学术价值。

赵老不但自己治学严谨,还要求学生做到这一点,我曾多次向他谈起想搞一搞国际航空法研究,但他却坚定地表示不同意,告诫我一定要集中精力搞好WTO研究,因为这是目前国家急需的。航空法过几年再搞,而且也要花大功夫、集中精力搞,只有这样才能做出成就,赵老的谆谆教诲犹在耳畔,使我受益终身。

四、饱含情感的学术人生

通过两年多的交往,我发现赵老在他所钟情的国际法事业中融入了丰富的感情色彩。他经常和我提起他曾在北京谋过一次面的著名国际法学家、英国的郑斌教授,他说:"郑斌是一名中国人,在国际法大师云集的英国乃至国际上都享有崇高的地位,他的博士论文《论国际法院和国际法庭适用的一般国际法原则》经常为国际法院、WTO 在判决中引用,但就是这样一位世界公认的国际法权威,在英国生活了几十年却始终不加入英国国籍,如果他加入英国国籍,英国女王一定会向他授予爵位,但郑斌一直不为所动,他的这种精神实在令人钦佩。"还有一次,美国杰克逊教授在华的演讲后亲口对赵老说:"发展中国家在 WTO 领域中出现了许多杰出人才。"此时,赵老却对我国的 WTO 人才现状黯然神伤。

赵老对国际法的丰富情感至死不渝。《中国加入 WTO 议定书》有一个对我国十分不公平的"特殊保障条款",每当谈起这个条款时他都显得颇为伤感,有时不禁潸然泪下,令听者动容。他多次激动地说:"现在中国要和美国打国际贸易官司不得不请美国的律师,我们的人才还不行啊!"急迫之情溢于言表。曾记得在他病重时,中美、中欧之间的纺织品贸易争端正愈演愈烈,为了掌握最新动态,赵老不顾病痛折磨坚持每天阅读相关报章,时刻观察事件发展动态,还不时提出一些问题与我讨论,不时发出感慨,"中国这么大的一个国家,这么一个贸易大国,对于国际贸易体制、国际贸易法律制度的研究还远远不够啊,真正能搞懂、搞通的人还不多。如不能尽快改变这一状况,就难免在国际贸易领域的竞争中处于被动挨打的地位"。当说到此时,赵老眼中总是浸满泪水,令人终生难忘,而正是这种对国际法的丰富情感激励着赵老徜徉在国际法浩瀚的海洋,到达成功彼岸,并伴随他走过了最后的人生历程。

鲁迅先生曾在一篇名为《生命的路》的杂文中写道:"什么是路?就是从没有路的地方践踏出来的,从只有荆棘的地方开辟出来的。"在广袤的国际法领域,赵老以执着的精神、严谨的学风、融入丰富情感的学术风格开辟出一条科学之路,取得了辉煌成就,赵老的这种精神风范在当前我国改革开放的关键历史时期显得更加弥足珍贵,值得我们每一个人学习、光大。

我与 WTO：久违的雷蒙湖畔

李晓玲[*]

2015年7月3日至4日，在清华大学法学院参加"WTO20周年：多边贸易体制、争端解决与发展中国家"研讨会，看着众多WTO秘书处职员出席，听着他们的发言和语调，我有一种空间与时间上的错乱感，好像回到了2006年在日内瓦WTO总部做博士论文的时光。那里也是我一个月后，将再次造访的地方。与WTO法的缘分，似乎是自然而然的。在华东政法大学读书时，硕士生阶段的导师是刘晓红教授，主修国际商事仲裁法。那时的学习与研究，对理解国际争端解决与国际仲裁，打下了基础。2004年开始攻读博士学位，师从朱榄叶教授，主修WTO法。读博期间，获得朱老师推荐，前往WTO总部参加博士生支持计划，在那里完成了博士论文的主体部分。WTO秘书处指定了Johann Human先生作为我的指导老师，他目前担任秘书处规则司司长。2007年到2008年间，在上海WTO事务咨询中心工作，冯军教授是我的"老板"。2008年到2010年间，在北京大学法学院做博士后研究，合作导师是邵景春教授。在家里，我先生也是一位WTO实务界人士。在厨房里，饭桌上，或是书桌边，常不经意间聊到某个WTO案子；当然，更多的是与之相关的某些趣事。譬如，我们调侃说，就好比金庸先生《射雕英雄传》里的郭靖，即便再愚钝，但有了柯镇恶、哲别、马钰、老顽童、洪七公等纵横江湖的诸位师父各有侧重的指教与点拨，勤恳踏实，也胜过上帝多分了一勺聪颖的杨康。

母校华东政法大学对WTO法的教学与研究是很重视的。中国刚刚加入世贸组织时，我刚刚读硕士，国际法学院就为国际法学专业的硕士研究生开设了WTO法。但真正入WTO法门槛，还是始自读博士研究生后，跟着朱榄

---

[*] 华东政法大学法学博士，中国青年政治学院法学院副教授，著有《WTO框架下的农业补贴纪律》(法律出版社，2008)、《WTO争端裁决的执行机制研究》(中国社会科学出版社，2012)等。曾在日内瓦WTO秘书处参与博士生支持计划。

叶老师做 WTO 案例的编译和评述，逐字逐句地阅读 WTO 专家组和上诉机构报告，并因折服于其细致和缜密的说理（当然，这并不是说 WTO 裁决都是完美的），而最终端起了这个领域的"饭碗"。当时，朱老师分配给我的是 2003～2006 年间的 8 起补贴与反补贴案，包括两起农业补贴案：欧共体食糖出口补贴案和美国棉花补贴案。由于博士论文写补贴的已经较多了，老师建议我写农业补贴，并推荐申请 WTO 总部的博士生支持计划。就这样，来到了日内瓦雷蒙湖畔。

在 WTO 总部的时光是很纯粹的。在 2015 年 7 月 3 日的清华大学会议上，遇到了在 WTO 总部结识的商务部世贸司穆忠和先生。那时常在秘书处图书馆遇到他。参与博士生支持计划的博士生们专业背景和研究领域各有不同，研究方法也各有不同，彼此之间常相互借鉴。比如，有位国际政治专业的博士生，用定量而不是定性的方法，研究 WTO 争端解决实践中的早期和解问题。我们后来合作，尝试从法学和国际政治两个视角，分析中美执行 WTO 裁决问题。也有经济学背景的博士生，也是用定量的方法，通过各种模型，研究金融服务市场的开放问题。我们常趁着"阳光、草地与午餐"的时间，探讨经济学与法学研究 WTO 视角的差异。我那时正在研读 WTO 农业补贴案，一些问题经过经济学视角的解读后，都有一些收获，譬如《农业协定》第 10 条规避出口补贴承诺与经济资源转移、补贴的市场基准等。休闲生活与研究浑然一体，同样兴致盎然。经济学的那位博士生对雷蒙湖里的鸭子和天鹅颇感兴趣，发现了它们势力范围的划分，越界侵犯"主权"的行为将遭到无情打击，进而羡慕起它们衣食行居安然适意无须费心的自在生活来。还有一位来统计司实习的中国女孩，在一位特别友好的柬埔寨老先生的手下干活，常常下班后来到我的办公室，坐在一张空桌子上，边做眼睛保健操边听京剧和相声。在铿锵声中，我写着我的农业补贴。后来我们送她暂时离开日内瓦时，在机场竟然看见一个特别"像"霍金的人。其实，他就是霍金。在征得同意后，我们 3 个中国女孩和霍金拍了张照片。后来在北京大学做博士后时，拿着这张照片，跟物理学的博士后炫耀了一番。这应该是迄今为止唯一一次"追星"行为。

在 WTO 秘书处强大资源支撑下，离开那里时，已经完成了博士论文的绝大部分。Johann Human 先生对农业补贴很有兴趣，邀请和引荐其他律师，一起讨论农业补贴问题。在秘书处王晓东先生的介绍下，访问了秘书处更多谙熟农业补贴事务的职员，如出席 2015 年 7 月 3 日清华大学会议的 Gabrielle Marceau 女士，后来拜读了她很多文章。也是在这里，认识了当时在法律司工作的雪薇女士。出于对农业补贴，以及《农业协定》与《补贴与反补贴措施协定》关系的兴趣，上诉机构秘书处、法律司、规则司等很多职员出席了我结束研究的总结性的学术报告会。国际上对农业补贴的关注，与回国后发现的，很多人仅将农业补贴视为春节时的新闻联播应景节目，形成鲜明对比。在当年的 WTO 论坛上，见识到了欧美为其农业补贴政策游说的强大专业团队。直到现在，每次想到农业补贴，都忍不住想什么时候，我们的农民与农业，才能有自己的，而不是政府组建的，像欧美那么专业的团队，阐述和争取自己的利益。

　　博士毕业后，在上海 WTO 事务咨询中心工作了一年，之后来到北京大学做博士后。那时，博士论文《WTO 框架下的农业补贴纪律》在母校的资助下，即将由法律出版社出版，而多哈回合谈判短期内不太可能结束从而修改《农业协定》，于是决定开始一个新的题目。后来，选定了"WTO 争端裁决的执行机制"，并经历了最初研究上的迷茫，以及对执行机制认识上的转变。特别是，多哈谈判中，一些成员和学者主张强化执行力度以解决 WTO 裁决执行之难，但从香蕉案、荷尔蒙案的执行进程和结局来看，似乎外交谈判与妥协精神起到了更为关键性的作用。与此同时，也令我"迷"上了 Robert E. Hudec 教授的著作，以及他的深刻观察与思想。写完博士后研究报告并交付出版后，斗志昂扬，对仅作为一部分的贸易报复仲裁程序仍感意犹未尽，单独就贸易报复机制申请了一个课题。然而，有意思的是，自从 2010 年出站至今，WTO 再也没有产生过一个 DSU 第 22.6 条仲裁裁决。令我一想起即将面临结项的课题，就有无米下炊之忧。相比之下，尽管被观察者批评为"Settling WTO disputes without solving the problem"，这些年里一个一个的案子纷纷就执行达成了补偿性安排。而在早些年里，补偿甚至被视作争端解决机制的一个装饰。这也印证了 Robert E. Hudec 教授所认为的，不能过于看重报复的作用，裁决的执行是个比报复复杂许多的过程。

　　博士后出站后，来到中国青年政治学院任教，为本科生、法学研究生和法律硕士讲 WTO 法。在三种课堂上，本科生是积极而热血的，觉得 WTO 法是关乎"侠之大者，为国为民"；本科为法学专业的研究生，他们的思维是经过训练的，自然而然地考虑协定解释等问题；而本科为非法学专业的硕士生，他们的思考，则常越过规则解释，对政策性和哲学问题更感兴趣。有个学期，专家督导组的某位老先生（非法学院教师）听完两节课后，问我 WTO 法的相关就业。我不愁给他一个满意的答案，但也问自己，为什么会不自觉地把大部分精力放在 WTO 协定上。细想来，应该是因为有很多有趣的 WTO 争端解决报告可以看，总是很好奇这回专家组和上诉机构又要说什么。实践不断地向前发展，也不断地推动着我的好奇心。

即将再赴日内瓦，再回到雷蒙湖畔。希望再有一段宛如湖中鸭子般宁静、自由、放松的时光，远离熙熙攘攘，静下心来做更多的阅读、更多的交流、更多的思考与探索。

秋水天际：观 WTO 之汪洋

李居迁*

才华横溢的宋代大诗人苏轼曾言：春江水暖鸭先知。固然，得风气之先者，往往是少数。但是，近江习水者，不会总是茫茫然不知水暖，终归有一天，大家都会知道：这水，是已经暖了，春天来了！

中国放眼世界、纵横六合的气度，不知从何时起，演变成了闭关锁国、躲进小楼的传统。600多年前，一个原本不起眼的宫廷内官郑和，忽然大展雄风，率领浩浩荡荡的船队，从太平洋到印度洋，七下西洋，万里贸易，史不绝书。但是，改革开放前的中国，却是经济低迷，对外贸易不振，1979年中国外贸总额293.3亿美元，在世界贸易中微乎其微，与占人口1/5的泱泱大国地位很不匹配。改革开放改变了这个局面，30多年发展使中国成为美国的最大债权国，2014年中国外贸总额43 000亿美元，占世界第一。

中国外贸发展史，其实就是改革开放发展史，就是中国经济融入世界经济的发展史，就是中国贸易法治、全球贸易法治的发展史，也是GATT/WTO发展史。

1986年，中国发生了一件影响至今的大事，中央政府向彼时的GATT提交"复关"申请。而那时，这件事与声势浩大的反对"精神污染"相比，几乎没有什么人关注。

迟钝如我，那时也没有料到，GATT，对我来说，就是"给她"。她今后就要与我红尘做伴了，陪我许许多多不眠的夜晚，伴我心潮澎湃悦读的岁月。从GATT到WTO，我人生中最好的时光，青春、壮岁，都奉献给她。

---

* 中国政法大学教授，国际法学院副院长。兼任中国国际法学会理事、中国空间法学会常务理事、北京市国际法学会常务理事、中国政法大学国际法研究中心常务副主任、世界经济论坛空间安全理事会理事。在国内外发表、出版中英文WTO法、国际空间法论文、著作多篇（部）。曾在韩国讲学两年、冰岛讲学一月，多次参加联合国磋商会议，并在联合国日内瓦总部做大会发言。西南政法大学法学学士，中国政法大学法学硕士、法学博士。曾参加2014年6月中国稀土案在日内瓦的上诉庭审。

一、求学：为伊消得人憔悴

初识 GATT，是在中国递交"复关"申请的五年之后，因为准备研究生入学考试。此前的大学期间，"复关"谈判对我们的生活没有什么影响，也就是在纸面上知道有这么一个听起来比较怪异的国际组织，"关税与贸易总协定"。这么前卫，这么另类！为什么叫"协定"而不叫"关税与贸易组织"呢？这个疑团直到读了 GATT 第一位法律顾问 Petersmann 教授主持编写的《分析索引：GATT 法律与实践指南》（Analytical Index: Guide to GATT Law and Practice）才解开。

然而，刚刚读了 GATT 前总干事 Oliver Long 的《GATT 的局限》一书，正在熟悉"邓克尔文本"（Dunkel）的相关材料，未及反应，WTO 便来势迅猛。1993 年，由于 WTO 成立已成定局，中国"复关"的关键时刻便来临了。遗憾的是，中国谈判没有成功。我们眼睁睁地看着"复关"变成了"入世"。

乌拉圭回合谈判最后文件，成了我们案头、书架上必备资料。厚厚的大本，虽然有中英文对照，但研读起来着实不易。北京的各个学术机构所举行的国际会议，突然一下子变得多起来，专业翻译们也头疼于其复杂的内容与晦涩的术语。曾记得有一次参加会议，欧洲来的专家介绍反倾销制度的变化，两个翻译轮流上阵、互相补台、憋得脸红，却依然翻译得磕磕巴巴。但是，我听得十分过瘾，因为，没有她们的翻译，要听懂那些专业知识，简直比登天还难，"mission impossible"。当然，回来后要将现场笔记与资料对照起来看，如同下棋"复盘"一样，才能慢慢理解那些复杂、有趣的精妙之处。

乌拉圭回合谈判后，各种著作也像雨后春笋一样，一下子充斥了大街小巷的书店报摊。资料不足，难以下手；资料过多，更难以下手。读得多了，便有了阅读偏好，赵维田教授的论文，以其深入浅出的文笔和准确精当的内容，成了必读的妙文。那时赵教授的文章，多发表在《国际贸易问题》上。每篇一出，洛阳纸贵。那时没有什么电子版，复印文章不仅不便，而且价格昂贵，于是，摘抄文章就成为最佳选择。当然，从蓟门桥骑自行车几十分钟到对外经济贸易大学书店去买旧杂志也是一个不错的选择，虽然常常扑空。

GATT/WTO 法律制度十分复杂。不仅有旧规则，还有新协议；不仅有一般例外，还有各条的例外；不仅有实践发展起来的争端模式，还有专门的争端解决谅解。几十年的实践所发展起来的种种做法，都需要花大量时间研究，才能逐步了解、熟悉。

当然，这一制度的复杂性，是与 GATT 当初发展过程中外交官占主导地位、妥协解决问题的风格密不可分的。因为没有一个一以贯之的法律框架，所以 GATT 制度十分难以把握。据说 Hudec 教授说，美国政府最初遇到问题的时候，其检索资料的方式，也只能是打电话向参与 GATT 谈判的某位资深律师请教。多亏大名鼎鼎的 John Jackson 教授数年努力，其皇皇巨著《国际贸易与 GATT 法》一书建立了理解 GATT 文件的逻辑框架，从一片混乱中创造出秩序，才使得后人理解、研究 GATT 制度成为可能。也正是在这样的架构基础上，WTO 制度才得以发展。然而，即使如此，其复杂性依然超出其他制度，几乎 GATT 每一个条款和 WTO 每一个协议的理解和研究，实质上都成了一个专门的学问。条款、协议之间的差异性，远远大于其相似性。想要真正掌握这一制度，仅仅熟悉一般国际法知识，是远远不够的。

所以，研究这一制度，不仅需要热情，还需要耐心、专注、细致、敏锐。换言之，研究任何一种精妙学问所需要的智力和情感投入，在研究 GATT/WTO 体制之时，都是必需的，甚至需要更多。如此，怎么能不为伊消得人憔悴呢？

二、研究：不知春去已多时

研究总需要选择一个入处，便于突破。一旦突破了一点，其他相关内容都会一步一步通过某种关联，逐渐地展现在眼前，研究便会逐步深入，越来越有趣。当然，GATT/WTO 体制的多种复杂性，就意味着突破点很多。可以选择基本原则作为突破点，从宏观着手全面把握各国的法律义务根本；可以选择争端解决作为突破点，反推回来研究规则及其所体现的各国法律义务的特质；可以选择热门的话题作为突破点，从矛盾集中的地方着手分析规则；也可以从例外规定作为突破点，倒回来研究法律规则的边界。

我选择从例外规定着手，而且是一种特别规定的例外情况：保障措施（safeguard）。这是一个所谓的"保险阀"制度，考虑的是特殊情况下如何处理对已承诺义务的背离。同时，它也是一种贸易救济措施，属于热门话题中的问题。我设定的目标很清楚，究竟保障措施从法律制度上看有什么突出特点？GATT 第 19 条和 WTO 保障措施协议之间的进展和变化是什么？可能的话，能否与典型的国家，例如美国的法律规定做一个对比，以便清楚地观察到国际制度与国内制度之间的互动关系？实际上，这是从三个维度来认识保障措施，第一个维度是本体论，即制度设计是什么，探究其法律本质；第二个维度是纵向观察的时间维度，即从制度规范的分析中探究其历史趋势，以便有助于对未来的理解；第三个维度是关系论，或者说横向的对比维度，将国际图景和国内图景相结合,更清楚地认识该制度。

为什么不考虑将保障措施的国际规则与中国的规定相对比呢,这不是更有针对性、更现实吗?因为,那个时候,我国1994年《对外贸易法》中虽然有保障措施的条款,但相关的制度设计是没有的。不仅如此,反倾销、反补贴条款的情况也是如此。也就是说,在缺乏权限规定和程序规定的情况下,没有哪一个机构会启动这三种措施。三年以后,才有了第一个《反倾销反补贴条例》,反倾销措施在我国才第一次启动起来,指向了新闻纸的倾销。保障措施制度的详细规定,则要到七年以后的2001年。也就是那一年,我国终于加入了WTO,旷日持久的谈判尘埃落定。

保障措施制度的研究后来成为我硕士毕业论文的题目。为了深入研究,实际上,涉及这三个维度的资料,我进行了较为全面的搜集,几乎在北京的书店、图书馆能够找到的所有公开出版物,无论中文还是英文,无论大陆出版的还是港台出版的,我都进行分类研究。结果,等到论文撰写完毕,发现篇幅远远超出限制,只好删除了第三个方面的内容。而第一方面的内容,后来经过修改,发表在国内较有影响的学术刊物《比较法研究》上。

研究的乐趣,是在研究之后才能更深地体会的。

于是,攻读博士学位的时候,继续进行WTO制度研究。只不过,这次换一个角度,从争端解决这一侧面进行深入探究。说来巧合,就在我硕士学习毕业前夕,WTO的第一个专家组报告、第一个上诉机构报告出台了。这为具体研究争端解决制度,提供了很好的文本参照系。

多么难得的一个机会去观察、研究这样一个新制度及其运行情况!于是,经过一段时间研究,我就把观察和心得撰写成文,以介绍、分析国际法治发展的方式,发表在1997年某日的《检察日报》上。这事显得十分奇特。因为,无论如何,"汽油规则案"是与公诉案件没有任何关系的,何况,这还是一个中国当时还没有加入的国际组织所处理的案件。不过,多亏《检察日报》的开放眼光和国际视野,让中国的检察官们在繁重的工作之余,能够瞥一眼当时已经成为"显学"WTO法,是如何在一个具体的案件中得以展现的。而那个案件,其重要性无论如何强调都是不过分的,它不仅涉及第一份专家组报告和第一份上诉机构报告,而且,涉及环境与贸易关系这样一个敏感的热点问题,涉及第20条例外的具体适用,还考验着WTO争端解决制度实际运行的效果,从这个意义上讲,虽然案件受理序号上排在第二,但这个案件的的确确是WTO第一案。

由于书面资料传递的滞后性和研究周期的问题,当时公开发表对这一案件分析的文章并不多，虽然新闻报道的简介还是有几篇的。这也让人痛感资料、信息的不对等给中国学者所带来的研究劣势。好在这种情况很快就发生变化了，而且变化的速度惊人。这就是国际互联网的出现。

大约在1998年初的样子，一个北京大学读研的朋友应我要求带来一份材料，是WTO官方网站上关于争端解决案件的简介，包括受理时间、投诉依据、基本进展等案件概况。虽然简单，但我如获至宝。对我而言，这是第一次几乎与国外的研究者们同步得到信息资料，不需要等到书面印刷流程和书籍刊物进口流程完毕后，才能在图书馆的书架上看到材料。紧接着，中国政治大学图书馆也开始有了互联网接口，但速度非常慢，通过电话拨号上网，大约是27k/s。电子阅览室常常是除了管理员外只有我一人，静静地等着，看着屏幕上WTO网站首页分成不同栏目的红色和蓝色方块慢慢地出现，像是电影上慢镜头播放花开过程一样，然后再慢慢地进入相关网页，慢慢地下载资料。往往一个小时之后，才打印出来几张纸的材料。但这已经是神速了，远远快于原来那种传统途径等数个月之后才能得到书面资料。

变化速度超出我的想象。后来，网速变成54k/s，接着有了ISDL上网，又有了宽带，数年之间专业资料的传输变得极其便捷。记得当时跟几位博士毕业留校的青年教师聊天时，我兴奋地说，中国学者的时代来了，资料瓶颈问题扫除了！等到1999年开始给本科生讲授WTO案件时候，我已经拿着几本厚厚案件英文报告。当然，给他们用的材料，不是全文报告，而是经过挑选的关键段落。据我猜测，1999年当年开设法律课程直接用WTO英文专家报告和上诉机构报告作为讲义的中国大学，并不会太多。能够把报告全文读完的大学生，更是寥寥。因为大多数时候，我们倚重的案件资料，是朱榄叶教授精心撰写的GATT案件汇编。七年后（咦？为什么七年，难道是sabbatical周期？）的2006年，我在中国政法大学开设专门的"WTO案例精选"（Selected Cases：WTO Dispute Settlement，中英双语）课程，英文资料已经是十分丰富了，既有全文报告，又有英文摘要。

这些法律报告，完全不同于我们熟悉的中国法院判决，也不同于国际法院的判决。它们是那样的详细，那样的条陈缕析、丝丝入扣，那样的富有逻辑性和说服力，让人疑心这是世界上最好的法律报告。的确，从法律技术上看，这是世界上最好的法律报告，诉诸双方同意的事实和规则，按照严密的逻辑对法律问题进行深入分析，从而得出结论。你可以不同意其中的观点、结论，但是，请用同样严密的逻辑驳倒它们。如果不能，就放弃偏见，开始研究它、融化它、吸纳它吧。当然，研读它不是为了顶礼膜拜，不是为了俯首帖耳，而是为了掌握国际法义的精髓，全面提高自己解决法律问题的能力，以便在需要实现正义的时候学以致用。

这样的研究是多么的有趣、多么的激动人心啊！沉浸于其中，不知不觉，一天、一周、一月、一年就过去了。

古人云：双双瓦雀行书案，点点杨花入砚池。闲坐小窗读周易，不知春去几多时。埋头卷帙研究，个中真趣诱人，不觉忘时，顿然忘我，会心处淡然一笑，这种情形想必很多研究者都心有戚戚焉。

三、互动：杖藜扶我过桥东

进入21世纪之后，人类开启了加速模式。全球化进程明显加快，国际互联网建设进展神速，信息传递速度前所未有，交通便捷性大大增加，就连欧洲拆除国家边界的法律进程也变得日新月异。这是否意味着，人类面临的挑战也开启了加速模式？

2001年，美国发生了一件大事，"9·11"恐怖袭击摧毁了纽约双子座世贸大厦。中国发生了一件大事，经过长期艰辛谈判，终于"入世"了。我本人也发生了跟这两件大事都相关的几件小事。其一，出版了博士论文《WTO争端解决机制》，算是对几年来研究工作的初步总结。其二，出版了译著《世界贸易体制下的中国》，主要是美、欧学者眼中的中国"入世"问题。其三，按计划2001年9月12日赴美参加WTO争端解决机制培训，这是司法部和外国专家局为了储备人才所组织的第一次专门出国进行WTO培训，参加者当然都是经过精心挑选的专业人士。其四，按计划2001年10月将赴韩国以访问学者的身份，进行为期一年的"WTO体制下贸易与环境法律问题研究"。

前两件小事进展顺利，但后两件小事却因为中、美两国的大事而受到影响。

首先是赴美培训受到影响。当我们2001年9月12日晨赶到北京首都机场准备赴美时，却得知就在几个小时前纽约发生了恐怖袭击，双塔摧毁，五角大楼被撞，美国领空封闭，航班取消。纽约是世界贸易刺激下发展起来的国际大都市，我们进行WTO培训的重要基地，竟然发生这样一件震惊世界的灾难。无奈，只好折返宾馆，等待消息。结果，第二天得到确切消息，行程必须调整，暂时中止。经过多方协调，这一中断，直到2001年11月9日才重新续上。到达洛杉矶，看到机场上美国士兵荷枪实弹，巡警往来不断，安检严格。虽然事件已经过去近两个月了，但人们的表情，依然显得凝重。这一影响十分沉重，在一个多月的培训中，很难再见到轻松开朗的美式幽默。

当我们到达美国首都华盛顿时，五角大楼的残垣断壁还没有修复，高高的施工吊架仍在忙碌。

美国，这个一贯宣传自由贸易的大国，会不会因为恐怖袭击事件而改变自己的立场？会不会倒向保守而影响到WTO的运行？

John Jackson常说两句话，一定程度上回答了上述疑问：All economics are international, all politics are domestic. 是的，所有的经济都是国际的，所有的政治都是国内的。自由贸易是一种必然，是谁都无法回避、无法逃避的。回避它的国家，会在国际竞争中处于劣势；逃避它的国家，会在国家发展中处于困境。

刚到美国两天，中国"入世"谈判完成了。于是，一夜之间，我们就拿到了之前还处于保密状态中的"入世"议定书和工作组报告的全套文件，开始了对中国未来发展和贸易争端可能出现的领域的探究。回国后，我们很快完成并出版了培训报告，让更多人分享我们的学习收获。

虽有恐怖袭击的阴影，但美国学者和律师在培训中表现出来的专业素养和认真精神，丝毫不受影响，让人赞赏。甚至，还专门为我们组织了一场WTO模拟法庭论辩，依据的就是中国的"入世"议定书。其评论的针对性和对议定书条文的熟悉程度，让我们这些中国来的专业人士自叹弗如。我们更加感觉到，中美在这一领域的差距不仅仅体现在资料上，还体现在研究的深入上。须知，"入世"后中国的贸易争端对手，一定有美国，而且一定是棘手的对手。

其次是在韩访学计划要做调整。一方面，需要进行WTO贸易与环境法律问题的课题研究，探究其关系究竟怎样，WTO体制下是否会在争端解决上有所变化。这是一个十分热门的话题，当时尚没有专门著作出版。另一方面，需要进行中国"入世"法律文件的研究，总结经验教训，分析利弊，探究中国承诺的法律义务中有哪些可能的漏洞，需要在今后的国际交往和争端解决中予以防范。

其时，一些发展中国家也在考虑或进行加入WTO的谈判中。于是，我就在韩国给发展中国家的贸易官员们，进行了多场演讲，从中国"复关""入世"的历程和法律文件入手，总结经验教训，供其借鉴。其中引人注目的是越南。越南不仅是中国邻国，长期受中国影响，而且，也是一个社会主义国家、发展中国家，对于中国的经验自然十分重视。越南代表团庞大，听讲认真，并且在团长带领下很有秩序地提问。至于这些经验教训是否反映在了越南的"入世"谈判中，因为没有后续联系，不得而知。

仿照美国的WTO模拟法庭竞赛模式，韩国也举办了全国WTO模拟法庭竞赛。由于韩国早就是GATT的缔约方、WTO的原始成员方，加上贸易立国的思想影响，所以，韩国学者研究WTO法律制度的知名专家颇多。他们不是照搬美国或者后来欧洲的EMCC竞赛题目，而是根据自身的关注自己命题，组织起规模十分庞大的竞赛，每年有三四十支队伍参赛，决赛邀请WTO第一任上诉机构日本专家松下满雄参与。我也曾有幸参与决赛的裁决。韩国学者建议，是否可以考虑组织中韩国际赛？好主意！然而，中韩国际赛的基础，是中国先有自己的国内赛。

这一姗姗来迟的中国国内赛，在商务部条法司、中国政法大学、西南政法大学三方的积极努力和推动下，终于在2012年冬季于中国政法大学举行了首届比赛。这是在中国入世之后整整11年才有的进展。作为竞赛活动的主要参与者之一，同时也是模拟竞赛案件的执笔者，我见证了8个国内一流大学高水平队伍在唇枪舌剑中体现出来的专业素养和勤奋精神，见证了经验丰富的处理WTO实际案件一线官员和律师的卓越风采，也见证了这些年焚膏继晷、辛勤耕耘的学者们的骄人业绩。为求法义，每词必争，每问必答；维护权利，每秒必用，每事必详。流利的英语，专业的提问，不懈的努力，认真的回答，从参赛队员到法官，无不体现着精妙务实和直截了当。竞赛结束，我不禁向全程指导、参与竞赛活动的杨国华感叹道："国之英才尽在于斯！"毫不夸张地说，如果没有国华的努力和推动，WTO研究的活跃程度、教育教学手段和模式的更新，恐怕要损失半壁江山。那时，他是一位工作繁忙、笔耕不辍的专家型官员；如今，他是一位著作等身、桃李天下的清华教授。

说来遗憾，学习、研究GATT/WTO体制20多年，基本上是从文件到著作，从国内研讨会到国际研讨会，竟然一直没有能够参与到WTO争端解决案件的日内瓦实际庭审活动。这个遗憾在2014年6月得以弥补。我和廖诗评教授应邀以顾问身份，参加了稀土案上诉庭审的全程。从参与商务部条法司一线官员与律师事务所中外律师的案件讨论、策略选择，到连续数日的案件审理、问题回答，积累了几十页的笔记。惭愧的是，曾答应国华把这一段经历的所思所感写出来分享给未能参与的同仁、同学，但至今尚文债未偿，法索（obligatio）未解。

四、回归：万物静观皆自得

由于改革开放对中国具有特殊的意义，因此，促进对外开放的任何一次重大举动，中国民众的关注程度都很高，影响也很大。2001年，一个虽是调侃但却不无道理的说法是:在中国,不知道联合国秘书长是谁的可能不少,但是,不知道WTO是什么的人可能不多。报纸、电台、电视台、网络等各种旧式、新式大众传播媒介,已经将中国"复关""入世"一事,宣扬得家喻户晓、妇孺皆知。

然而,究竟有多少人知道,简称WTO的其实有3个组织?除了世界贸易组织,还有联合国的专门机构"世界旅游组织"(World Tourism Organization,WTO)和"世界厕所组织"(World Toilet Organization,WTO)。世界旅游组织又叫世界观光组织,在"世界贸易组织"的巨大光芒下,常常简称为UNWTO。实际上,它是一个十分庞大的组织,拥有156个正式成员方、6个联系成员和450个附属成员。而知道"世界厕所组织"的人,当然更少了,因为它还只是一个非政府间国际组织。"世界厕所组织",成立于2001年,致力于改善卫生设施,促进人权进步。联合国还在2013年通过了一项由新加坡提议、122个国家复议的"人人享有环境卫生"决议,确认每年11月19日为"世界厕所日",是联合国官方纪念日。

信息轰炸式的广泛传播本身,其实,是将人们的眼光聚焦于一点,导致人们的观察角度和结果不无偏见。

是时候从举国狂欢到回归专业了。毕竟,WTO已经20岁了,中国加入WTO也15个年头了。

当然,远离那些热闹和笑谈之后,冷静观察,中国"入世"的意义,仍是十分巨大的。不管是对中国经济发展,还是对政府管理模式,以及规则制定和学术研究,其积极影响十分明显。

中国加入WTO这一事件本身,既是积极接受、融入国际贸易规则的大事,也是促进中国法治进步的大事。法律法规的清理,改变了规则之间的叠床架屋和矛盾冲突;透明性的要求,使仅凭内部命令和抽屉里文件做出决定的官僚主义做法得到改变;各行业制定规则,不能仅凭自己的好恶,而要进行国际义务的考量,以免违反WTO义务而被投诉到日内瓦。中国WTO领域研究成果丰硕,也是得益于中国"入世"。政府机构设置、各类WTO研究会成立、学术刊物专门栏目开设、高校WTO课程教学,凡此种种,都是中国"入世"的直接结果。此外,WTO涉华案件层出不穷,甚至2009年因一半案件涉华而被称为"中国年",这些实际需求,也有力推动了WTO的研究。

经过了当初"入世"的全民狂欢,喧嚣过后,"黄鹤知何去?剩有游人处。"作为时代"显学"的WTO法,其实,本质上是十分小众的。这一点,只要看一看作为"游戏老手"的欧美大国情况,就会知道,在民众和媒体的眼里，没有故事的专业法律问题，不会引起公众关注。即使因荷尔蒙牛肉案（Beef-Hormones）而影响到日常生活的欧洲民众，有多少人关心过"based on"这一关键用语的法律解释与其生活的关联？与其说他们关心欧盟的WTO法律义务，不如说更关心日常的食品安全和价格高低。也许，不需要懂得专业知识去鉴别真伪而能够安全生活的百姓，才是幸福的。

散去繁华后，WTO与中国法治的关系，变得单纯而直接。一个个涉案的法律问题，显得专业而具体。而这一切，需要的不是热闹和热议，而是冷静的分析和字斟句酌的研判。从GATT/WTO汗牛充栋的文件中找到关键的寥寥数语，从浩如烟海的专家组报告和上诉机构报告中找到有利的逻辑分析和法律解释，从中国"入世"文件和以往的实践中找到有力的支撑，然后，诉诸逻辑，借助《维也纳条约法公约》（VCLT），形诸文字，形成一篇篇法律文书，在日内瓦慷慨陈词；写成一篇篇学术文章，在国际国内会议、刊物上扬波作歌。

这才是真正WTO法的时代。

面对全球学术界数十年来的研究成果、GATT/WTO数十年来的丰富实践和案件报告，不能不说我们的任务是极其繁重的。

庄子在《秋水》篇中描绘的望洋兴叹，正是我们所面临的研究难题："秋水时至，百川灌河；泾流之大，两涘渚崖之间不辩牛马"，我们以为资料信息、专业新知已经足够多了，然而，这只是开端。世界的发展还在对WTO提出新的挑战，环境的变化还在对WTO的贸易与环境关系问题带来新的冲击，服务贸易的发展和知识产权保护时的公众利益平衡让WTO规则捉襟见肘。毫无疑问，新问题的研究，永无止境。

何况，中国还雄心勃勃地要成为规则的制定者，而非仅仅是规则的遵从者。于是，当我们"顺流而东行，至于北海，东面而视"时，才发现"不见水端"，汪然天际。

那么，向天际出发，纵然吾生也有涯。好在同好者众，必有邻。

穿过那道门

池漫郊*

故事并不遥远,但要从头说起。2009年底到2010年初,我在国际私法统一协会(UNIDROIT)做访问研究员。虽然那段日子不长,但我以UNIDROIT工作人员的身份参加了一场多边国际条约的谈判会议。负责这场谈判的协调官员和我关系不错,在好几个阴雨连绵的冬天的傍晚,在咖啡店、小饭馆和酒吧里热心地给我介绍了这个条约的谈判背景,甚至还和我聊了不同国家的谈判代表的水平高低,最后还不忘给了我厚厚的一摞材料去准备。

这个条约所涉及的法律领域并非我的研究领域,但参加这场长达一周的谈判让我感触颇深。这场谈判给我留下的最深印象并不在于法律问题,而在其过程。我注意到英国和美国代表团在这场谈判中表现得非常积极,他们除了相关部门的政府官员之外,还有律师和学者,而两国代表团在会议中的绝大多数发言恰是这些学者所作出的。这些发言不仅表达了两国对于某个法律问题的立场和态度,很多时候甚至是解释性的——他们向其他国家代表团分析并解释某个法律问题以帮助大家理解问题、形成立场乃至达成共识。相比而言,很多国家,特别是发展中国家则显得沉默得多。中国也派出了数人组成代表团参加了此次谈判,但并没有学者参与,在整个谈判过程中也不如英美代表团踊跃。

学术之外的"八卦"让我开始对国际条约的制定有了感性认识并产生了兴趣。我觉得一个国际法学者如能亲身参与条约制定的过程,会是一件很有意义的事。机会似乎很快就来了。2010年春天,我收到陈安老师发来的一封邮件。邮件说商务部条法司希望能有国际法专业的教师去北京挂职工作一年,

---

* 法学博士、厦门大学法学院国际法专业教授、德国杜伊斯堡—埃森大学全球合作研究中心高级研究员。主要研究领域为国际投资与贸易法律与政策制定,比较仲裁及国际争端解决,并在这些领域发表个人专著两部及论文数10篇。2010~2011挂职工作于商务部条法司WTO法一处及投资法处,主要处理中美WTO争端及投资仲裁争端及相关政策制定。

主要是处理WTO争端解决工作及参加贸易政策制定,问我是否有意去北京。正因我不久前的那段参加国际谈判的体验,我很想亲身体验一下政府是怎样制定贸易政策及参加贸易争端解决。对于很多人而言,这个决定可能未必明智,因为在北京工作意味着整整一年我将无法授课和写作,也无法参与学校各项考评,这似乎将我和教授职称之间的距离拉远了一年,如果不是更久的话。但对我而言,这却是一个期待已久的机会,我终于可以"亲身体验国际法"。为了更好地做决定,我甚至写信给一个美国朋友,征求他的意见。他本在一所著名法学院担任教授,后"停薪留职"去国务院工作。他也认为,有机会在政府机构从事政策制定及争端处理对自己的工作、研究乃至人生阅历都是大有裨益的。

我下决心去北京工作一年。厦门大学和法学院也都支持我的决定。办理好各种手续以后,我于2010年8月15日赴京。北京仍然酷热难当,并无秋意。到达商务部条法司时已是下午4点左右。办公室主任邢处长热心接待了我,我拜会了两位司长,也自此结识了WTO法处乃至条法司各处的同仁——这是将和我朝夕相处一年的同事们。在办理了报到手续之后,秀强热心地开车把我送到了位于隆福寺的商务部公寓。傍晚时分,商务部大门的小草坪上那几株随风摇曳的颀长的银杏树让这个被钢筋水泥覆盖的"大院"多了一丝温情。从此,我就将在偌大的北京城里安顿下来了。

我在条法司的工作大致可以分为两个时期,前8个月在WTO法一处工作,主要处理与美国的WTO争端并参与贸易政策审议及制定;后4个月则在投资法处,主要处理中国第一起国际投资争端解决中心(ICSID)被告案("马来西亚宜家兰公司诉中国案")及其他投资法律事务,幸运地成为在中国投资仲裁第一批"吃螃蟹"的人。出于众所周知的原因,直到今日,WTO争端解决仍是中国体制性参与国际争端解决的最重要的途径,几乎所有人都对WTO争端解决团队寄予厚望。在WTO法处的那段时间确实是严格意义上"与WTO相伴"的日子。更确切地说,那时的生活完全是围绕着WTO争端解决转的。我参与了好几个争端的处理,涉及WTO争端解决的几乎所有阶段:有的处于磋商程序,有的处于专家组程序,有的处于上诉程序,还有的处于执行程序。每个争端都有各自的难点和重点,有些争端甚至牵涉到很复杂的科技问题而更显复杂。

WTO法及争端解决机制本身也绝非"善类"。WTO法是一个庞大的协议群,比很多条约更为复杂。不仅同一协议的很多条款之间存在关联,不同协议的规则之间也可能存在关联,有些规则还与非WTO涵盖协议存在关联。

由于各个争端往往援用不同的 WTO 协议的多个条款,加上涉案措施五花八门,而磋商请求往往并不细致,我们需要花不少时间去仔细辨析,才能搞清楚到底是什么措施、以什么方式、涉嫌违反了哪条 WTO 规则,并在此基础之上对争端进行法律分析。在那些焦头烂额的日日夜夜里,我很快熟悉了不少 WTO 规则(主要是争端所涉及的规则)和 WTO 争端解决的程序。一个有意思的观察是,DSU 和书本上所记载的 WTO 争端解决似乎总是"始于某时,终于某时",而现实工作中的 WTO 争端解决却并非如此——开始是一个复杂的过程,结束又是一个复杂的过程。

每一个争端都似乎非常不同,以至于处理完一个争端,你甚至可以成为某个问题的专家。比如,我从没关注过银行卡是怎么运作的,我所知道的只是今日在商场刷卡消费,月底在银行还钱,这一切对我而言不过是银行数据的加减法而已。但在处理"电子支付案"的过程中,我不得不恶补关于银行卡的知识——这些并非法律知识,而是商业乃至技术知识。在处理案件的过程中,还有机会听到这个领域的专家和产业界人士的介绍和解释。我头一次知道银行卡原来有那么多种,很多种银行卡我从来都没有见过;我也头一次知道从刷卡到账户数字变化之间,原来还有好几道复杂的处理流程。这些一直未曾认真思考或留意的知识突然变成了必需,这个过程虽然增大争端解决的难度,但也增加了其趣味性与挑战性。

WTO 的作用与成就不必多言,这方面的论著汗牛充栋。中国学者对 WTO 似乎格外赞美有加。从这个角度看,作为中国极少有机会亲身参与 WTO 争端处理的学者之一,我似乎更有理由甚至义务为 WTO 欢呼。然而,这并非我内心所想——我对 WTO 持有一种"又爱又恨"的态度。在我看来,WTO 体制太庞杂、太精密、太技术化,仿佛是一个精心设计的集成电路。它是一个"对用户友好"的体制,而不是一个"以人为本"的体制,无论将"人"理解为个人或人类。这是 WTO 法的生成及运作机制决定的,似乎无可厚非。在捍卫贸易自由、促进贸易法治的名义及光环之下,WTO 对各成员方在经济治理的诸多方面进行了高度整合,在规则乃至理念层面都莫不如此。这种整合在本质上是统一(尽管这种观点也常遭反对),潜在地抹杀了成员方在政策制定及执行方面曾经极可能拥有的多样化与区别化。统一恰是我内心最为抵触的理念,尽管我并不当然反对统一所能带来的便利。在符合普世价值的前提下,每个地区乃至个人应都有自己的语言、风俗、习惯、规则、理念、模式。这种多样性不应只因便利性或营利性而被剥夺——即便是通过具有合法性的国际造法或司法过程而被剥夺。统一只应作为底线标准,不应成为理想化或目标化的取向。

今天的WTO虽然面临各种挑战，但其法律体系却仍显太过圆满与充盈，以至于无法容忍更多的价值取向与审美想象——好比维纳斯的残臂被接上。相比而言，WTO争端解决则不免被人们过高赞誉，其高度专业化的运作机制和良好的执行结果似乎总可以将对其的批评都偷偷地变成"另一种赞美"。这种感觉好比是小心翼翼地捧着一朵美丽逼人的玫瑰，到头来却没有发现扎手的刺，你不知该欣喜还是遗憾。

这一年的经历所带给我的影响是深远和持续的，有些甚至是很久以后才体会和领悟的。在学术方面的收获不容置疑：这些经历极大地加深了我对WTO法及争端解决机制的理解，向我展现了深藏在枯燥冗长的案卷背后的暗流涌动，或者用更时髦的说法——"WTO争端解决的政治经济学"，比如起诉时点、诉点选择、磋商回答、专家指定、立场确定、执行安排、部门协调等。这些知识并未体现在具体的WTO规则之中，也无法在书本和课堂学到，甚至只是不得不采取的因势而为的做法，却是参与国际贸易治理的实践与内容。即便从功利的角度看，这段经历也对论文写作、课题研究等方面起到了很大帮助。此外，我还有机会结识这个领域里优秀的官员、学者、律师，每每和他们交流及聊天都令我如沐春风。我和他们中的很多人成了朋友，并一直保持联系。与我一样，大家也有了诸多新变化：升职了，跳槽了，常驻了，回国了，或如多年前那样生活和工作着。偶尔电话闲聊，依旧是热情的互邀，却依旧鲜有机会再见。

离开条法司已有数年了。对于WTO的各种私人情绪已渐渐褪去，听到的各种八卦也越来越少。我对WTO的"感情"——如果真有的话——正越发变成纯粹的学术兴趣之一。虽然我现在的研究也常会涉及WTO法问题，但我已不再围着WTO转了：不再将WTO网站设为我的电脑的默认网页，两本磨破了边的"绿宝书"也被我从桌边挪到了书柜，曾经脱口而出的争端也偶尔会弄错它们的案号。更多的时候，我则是在读完几页DSB报告或学术论文之后，回想着曾经和同事们在那间巨大却拥挤的办公室里为了某个似曾相识的问题而面红耳赤地争论不休。

杨国华教授要求我写一则短文讲述"我与WTO"的故事。我认为，这个要求的核心在于"讲故事"。这勾起了我对在条法司工作那一年的回忆。事实上，尽管我不否认那年与WTO的"亲密无间"的接触给我带来的学术启发，但我更偏爱这段时间里所获得的人生体验。由于中国还没有在学术界、政府部门和实务界建立起完善的"旋转门"制度，鲜有学者能有机会在三个不同的领域都有所涉猎。我能成为极少数有幸走过这扇"旋转门"的人之一，是这段经历赋予我的最深远的意义。对这段经历，对很多人，我将长久地心存感激。

我记得很清楚，从隆福寺到商务部并不远，只需沿着著名的王府井大街走一段不太远的距离即可，也有公交车直达，不过打出租车却往往是不易的。在那些日子里，我常在附近嘈杂的小饭店吃羊肉串喝啤酒，听对面廉价面馆的老板聊他远在山西农村的破败的故乡，在街角的三联书店看看空洞的杂志，实在无聊透了就去附近肮脏的电影院看场孤零零的电影。我也常在王府井大街的某个咖啡馆买杯咖啡慢悠悠地边走边喝，在进口食品商店买德国葡萄酒和意大利蔬菜，我甚至遗憾一直没舍得买个高级点的葡萄酒杯——我用公寓里豁了口的瓷杯喝了一整年葡萄酒——节操碎了一地。有意思的是，我对这些近乎"无聊"的生活细节的记忆，远比我对从事WTO争端解决工作的回忆更为清晰，也更为深刻。

今天，在这个异乡的阳光灿烂的午后，我在电脑上敲打着这段回忆。从一个夏天到另一个夏天，常有一种大学毕业的错觉。倘若说这一年算是读了一次大学，我希望自己算是一名合格的毕业生。恰似一场私奔，虽感伤却美好，在那条被称为生活或是学术的路上。

与其说这段短短的文字是在感怀自己和WTO之间的那段"情缘"，不如说是我对那一年"北漂"生活和那些日子里朝夕相处的朋友的怀念吧。

副业之乐

师 怡[*]

我与 WTO 结缘尚浅，好像墙里的秋千与巧笑，徒然艳羡许多年，其实没有多少故事。我俩的全部交集只有几件小事：讲了 9 年课、指导过一次模拟法庭竞赛、参编一本教材、误入一个名为 AC WTO 的学术团体。混迹于这个群体，我一直心有不安，因为我从本科至博士阶段，研究方向并不在此，WTO 于我始终是个副业。

一、教 学

2006 年，我成为西北政法大学国际法学院的教师，开始讲国际经济法。WTO 只是其中一章，占 12 学时，3 周讲完。时间短就讲个皮毛，重头戏是介绍基本规则，再辅以一两个经典案例点缀。初登讲台的感受都忘了，犹对某次挫败记忆犹新。当时选了个海龟海虾案，二三百人的大课堂越讨论越深入，使我陷入一种无法圆场的尴尬。学生的提问，超出我的预设，台下的情绪从专注转为躁动。我对教学一直怀有敬畏之心，备课很是费劲，每日在教学楼前拾级而上，一步一惶恐。那个学期，每天平均睡 3 个钟头，剩下的时间被上课与备课占满。即便如此，案例分析仍然是我难以驾驭的，为了藏拙，我常常在讨论课后端个杯子夺门而去，借打水逃避学生天马行空的提问。我那时还不懂得一种"打死也不说"的姿态。

数年过去，我已无须像个新入职的年轻人，急于表现自己，我开始平心静气面对自己的短板。答不上的问题，我就老实承认，留下提问者的联系方式，查清后回复。有时干脆教给学生寻找答案的途径，约好分头去找，再次上课时互通有无。教学模式也逐渐随意：90 人的大班，[1] 就讲得多一些；50

---

[*] 西北政法大学国际法学院教师，吉林大学法学博士。

[1] 校内教学改革后，必修课的规模被压缩，二三百人的盛况不再。

人的小班，就讨论多一些。经常也请学生自己预习和演讲，或者从 WTO 官网下载一些视频分享。课怎么上，全凭察言观色，低头的学生比仰脸的多了，就换个讲法。好在课堂教学和话剧舞台相似，反馈即时，修正也及时。

我没有单独开过 WTO 法这门课。今年 6 月的 WTO 法教学研讨会上，王衡老师的一句话点醒我——他说他的国际贸易法双语课，一直用来从事 WTO 案例教学。我也教这门双语课数年，年年讲《联合国国际货物销售合同公约》(CISG) 或者贸易术语，重复多了味同嚼蜡，正好换个主题。

二、参　赛

2014 年，学院安排我指导 WTO 模拟法庭竞赛。承担这个工作比较吃力：一方面，我从未观摩过 WTO 的审判实践，所知限于文字；另一方面，我同时承担了国际航空法的国内赛段和国际赛段的指导工作，有点首尾难顾。备战过程中，完全是学生主导，我讲讲资料检索的路径，或者答疑。尽管成绩平平，也拿了三等奖，因为主办方给所有的参赛队都设了奖项。这个奖很有中国特色，图个皆大欢喜。

比赛热热闹闹地落幕，但我总觉得少点什么。自始至终，评委与选手的距离感给我留下了负面印象。我参加一些国际比赛，评委在每一场次的开场前，都用简短的时间做自我介绍；退场合议后，也会邀请学生返场，对选手逐一点评。我觉得这是个好办法，使比赛不限于比赛的意义。开场介绍使学生了解这个圈子，返场点评则使学生引以为鉴。这种效果，是赛后看评分表所达不到的。

第 2 年的比赛，我没有参加，因为我们学院专门讲 WTO 法的教师已经从国外回来，而我也领了别的任务，在国际航空法辩论赛的国际赛段和 Willem C. Vis 国际商事仲裁辩论赛中担任指导老师，这些工作更接近我的本行。分工的缘故，我估计日后参加 WTO 比赛的机会也不多。莫名地怅然，错过一个看看老朋友的机会。

三、入　伙

2012 年 12 月，我被派到西南政法大学开会，说是内容与双语教学有关。去了以后非我所想，是一场关于 WTO 教学法的 PK。杨国华老师（彼时还是杨司长）邀请数名高校教师及律师上了五堂示范课❶，让旁观者评判讨论式教学法与讲授式教学法的优劣。这场比试，让我接触了杨氏讨论法，也误入 AC WTO 这个学术团体。我长期在这个群体里闷不做声拾便宜。我的电脑里有一个名为 AC WTO 的文件夹，分门别类地收藏群邮件，作为丰富的教学资源，我也在大家的笔伐中了解到行业动态。杨老师几次提起这个邮件群已名存实亡，说大家兴味索然，其实很多人在沉默中关注。

  我的主业是国际经济法、国际贸易法与国际航空法，副业关注多了，也开始琢磨两者的交集，比如 WTO 中的航空法律问题、航空器补贴问题。上次参会没写完的，下次补上。AC WTO 是个紧箍咒，戴上难偷懒。

---

  ❶ 开展示范课的，除了杨国华教授，还有冯雪薇律师以及石静霞、陈咏梅和王衡 3 位长期从事 WTO 法教学的教授。

我与 WTO 的法律奇缘*

余敏友**

相识于争端

从 WTO 的前身——关贸总协定开始，我接触 WTO 快 30 年了。1983 年，我考取武汉大学国际公法硕士研究生，导师梁西教授给我初步确定的研究方向是国际经济组织法，当时国际经济组织主要涉及国际经济秩序的三大支柱——世界银行、国际货币基金组织和 GATT。记得王传丽老师给我们 83 级国际法硕士研究生上国际贸易法时，我提交的课业论文就是关于 GATT 第 22 条和第 23 条，也就是 WTO 争端解决机制的前身的两个核心条款。当时，我在武汉大学图书馆能找到的两本英文书，一本是 1969 年出版的 John H. Jackson 的 World Trade and the Law of GATT，另一本是 1975 出版的 Robert E. Hudec 的 The GATT Legal System and World Trade Diplomacy。不过，我的硕士论文写的是联合国系统发展援助制度。当时正值国家实行对外开放政策，政府也有意愿就恢复 GATT 席位进行谈判，所以那个阶段，对国际法研究生而言，研究 GATT 也是很有意义的。由于有其他同学在进行这方面研究，为免冲突，我当时就没有研究，但后来一直关注 GATT 和 WTO 的发展。

我 1986 年夏硕士毕业以后留在武汉大学法学院教书，1988 年在职考取了国际法博士研究生，在恩师梁西教授指导下，继续从事国际经济组织法研究。当时我的研究题目比较大，涉及全球性国际经济组织的法律秩序，主要着眼

---

* 本文系作者应杨国华教授之约、在博士研究生曹雅闻对我访谈录音整理稿的基础上修改而成。作者非常感谢杨国华教授的邀请和博士研究生曹雅闻的大力协助。

** 武汉大学中国边界与海洋研究院常务副院长、教育部 2011 计划国家领土主权与海洋权益协同创新中心副主任，教育部人文社科重点研究基地武汉大学国际法研究所副所长，武汉大学法学院教授、博士研究生导师，武汉大学 WTO 学院（2003～2014 年）院长；中国法学会世界贸易组织法研究会副会长、中国世界贸易组织研究会常务理事、中国国际法学会常务理事、中国海洋法学会常务理事。

于中国如何参与这些国际经济组织活动的法律问题，而 GATT 正是其中的一部分。1990年8月至1994年初，我受国家公派以联合培养博士生身份前往澳大利亚墨尔本大学留学，在导师 Malcolm Smith 教授指导下，为加强（联合培养）博士学位外，我申请并获得了澳大利亚联邦政府奖学金和墨尔本大学奖学金，得以在墨尔本大学法学院攻读研究型法学硕士学位，当时的学习与研究侧重点是中澳商品贸易关系中的法律问题（其中初级产品贸易涉及双边协议、多边条约、两国国内法律等），期间正逢乌拉圭回合谈判，我在墨尔本大学的导师经常给我看澳大利亚代表团参加谈判的可公开资料，内容非常复杂。在查找和研读材料的过程中，我发现一个特点，就是与 GATT 有关的英文材料中，法律性最强、讨论最多的问题是争端解决方面的，所以在澳大利亚期间我有意搜集了 GATT 及其乌拉圭回合谈判时期与争端解决有关的所有资料，几乎找了当时在墨尔本能找到的涉及 GATT 争端解决的所有英文资料，并复印装订成册。

1994年初回国后，基于前些年对 GATT 争端解决的跟踪，鉴于乌拉圭回合谈判的结束及其后国内"闯关入世"的阵势，征得梁先生同意，我将博士论文选题从1990年出国时拟定的"全球性国际经济组织的法律秩序与中国的融入"最终聚焦在"世界贸易组织争端解决机制"上。1995年5月，我博士论文答辩，世贸组织成立不久，当时争端解决实践不多，此后我继续搜集资料，对论文进行进一步的修改、更新。

1998年4月武汉大学出版社出版了我的专著《世界贸易组织争端解决机制法律与实践》。该书作为大陆第一本公开出版的 WTO 争端解决机制方面的法学著作，在国内外产生了出人意料的反响，还获得了湖北省政府首届优秀人文社会科学成果二等奖（2000年）。由于该书学术性较强、一些地方晦涩难懂，甚至存在个别错误，因此亟待更新。早在该书出版之时，我就有意撰写一部尽可能通俗易懂的有关 WTO 争端解决机制的著作，为此在教学科研和出国研修中积极准备。1998年以后，我先后获得了教育部优秀年轻教师基金项目"中国对世界贸易组织的法律对策研究"、中欧高等教育合作项目"WTO 争端解决机制与未来中欧政府间贸易争端的解决"、武汉大学社科项目"欧美日执行与实施 WTO 法的政策与实践及其对我国的启示"和"我国实施与执行 WTO 协议的法律与政策依据"，得以继续深入研究 WTO 协定的实施与争端解决。在中欧高等教育合作项目资助下，我于1999年2月至8月在德国海德堡马克斯—普朗克外国公法与国际法研究所从事"WTO 争端解决机制与中欧贸易争端的解决"的专题研究。2000年8月27日至9月8日，我作为教育部组派的"中国大学教授代表团"成员，赴日内瓦 WTO、联合国贸易发展会议、世界知识产权组织、国际电信联盟、国际劳工组织、世界经济论坛、日内瓦大学国际高级研究院等机构访问交流，不仅"直接感受了一下"WTO，而且聆听了 E-U. Petersmann、Frieder Roessler、Petros C. Mavroidis、Thomas Cottier 等著名 WTO 法专家的讲演。在教学方面，1996 年以来，我在武汉大学法学院多次为国际法本科生讲授"世界贸易组织法"，并为硕士研究生讲授过"世界贸易组织法专题"和"国际法专题"等课程，2001 年上半年又为武汉大学"WTO 强化班"讲授"世界贸易组织争端解决与案例分析"。在上述这些活动的基础上，应上海 WTO 事务咨询中心及其《世界贸易组织案例丛书》编委会之邀，与当时的武汉大学法学院副教授左海聪博士和博士研究生黄志雄一起，撰写了《WTO 争端解决机制概论》，并由上海人民出版社 2001 年 6 月出版。2002 年《WTO 争端解决机制概论》荣获司法部法学教材与法学优秀科研成果三等奖。该书是上海 WTO 事务咨询中心资助的《世界贸易组织案例丛书》中的第一本，据说这套丛书对上海 WTO 事务咨询中心初创的贡献之大，堪同奠基石。

《世界贸易组织争端解决机制法律与实践》还获得了教育部普通高等学校第三届人文社会科学研究成果法学三等奖（2002 年）。可以说，正是这两本书，奠定了我在国内 WTO 学术圈的地位。2001 年中国加入 WTO 以后，我更加关注和跟进 WTO 争端解决的相关案例，尤其是与中国有关的案例。针对其中比较重大的案例（如汽车零部件案、知识产权执法案、原材料案等），我几乎都发表文章或提供内部咨询报告。之后，我的研究也是以 WTO 争端解决机制为主，但不限于此，同时也关注其他法律性比较强的领域，如贸易救济、《与贸易有关的知识产权协定》（TRIPS）、WTO 对中国法制建设（尤其是对外贸易法）的影响等。

相伴二十年

自 1995 年至今 20 年，WTO 对我职业生涯而言，可以概要总结为两个方面。

第一，从事 WTO 法律研究与咨政服务。从事 WTO 法律研究，既是为了生存，也是学术兴趣，更是个人谋生的职业转向自我陶醉的事业使然。我的研究重点是法律性较强并与中国利益攸关的 WTO 问题，如争端解决、能源与原料贸易问题、知识产权执法、贸易救济、贸易法治与全球贸易治理等。我除了自己研究，还带着学生，紧扣中国实践，研究 WTO 法律问题，并注重成果转化。我作为中国外贸法修改咨询专家,参与了外经贸部组织的中国外贸法的修改讨论活动;作为国内最早介绍国外(主要是欧盟)贸易壁垒调查制度的学者,对商务部有关部门"对外贸易壁垒调查条例"的起草和制定做出了应有贡献;对 WTO 争端解决机制和 DSU 修改完善的谈判,我曾受商务部有关部门的邀请参加过商务部一些内部讨论,提供了相关咨询意见;还应商务部邀请在商务部 2006 年夏季研讨会就"当前贸易摩擦形势和对策研究"做了专题报告。此外,还为国务院法制办、国家知识产权局等提供过 WTO 法律问题的咨询报告或意见。在此基础上撰写并由武汉大学出版社 2006 年出版的《中国外贸法》(与王追林合著),还获中国大学出版社图书奖(优秀教材)一等奖(2010 年)。除了向中央政府有关职能部门提供智力支撑服务外,我的研究也为地方政府服务。例如,我和刘瑛教授曾受湖北省商务厅委托主持编写了湖北省进出口公平贸易案例选集,承担了湖北省商务厅有关中国加入政府采购协议的相关研究,受湖北省委办公厅和商务厅委托对湖北省有关地方行政法规和发展规划的合规性审查提供了专家意见。在湖北省外,我曾担任深圳 WTO 事务中心高级顾问长达十年。如前所述,上海 WTO 事务咨询中心资助并组织出版 WTO 案例丛书中,先有 2001 年的《WTO 争端解决机制概论》,后有 2006 年的《巴西——飞机出口融资计划案》。特别值得一提的是,在公共外交方面,我还在重大国际会议上发表演讲和发表评论,如在 2005 年 8 月第 22 届世界法律大会"世贸组织规则的发展与完善"专题研讨会上,就"WTO 争端解决机制的改革谈判与中国的对策"发表演讲;在 2005 年 12 月 13~17 日香港召开的 WTO 第六次部长级会议期间,在香港贸易及发展研讨会就"中国实施 WTO 协议"发表演讲;在 2010 年 10 月 20 日由商务部、国务院法制办、美国商务部、湖北省人民政府主办,湖北省商务厅承办的围绕"出口促进和贸易救济法律制度"中美法律交流 2010 年度研讨会上,应邀作为中方专家就"美国《国家出口倡议》与出口促进的法律框架""美国贸易救济法程序"两个专题做了评论,与美国贸易法律官员进行了"有理、有力、有节"的交锋,促进了美国商务部法律官员对中国学者有关美国贸易救济措施看法的了解。赢得了与会代表的共鸣,得到了中国国务院法制办、商务部、湖北省商务厅等政府部门的高度评价,给美国商务部克里法律总顾问及其他随行官员留下了十分深刻的印象。

第二,专注 WTO 教育与人才培养 12 年。2001 年中国入世前后,武汉大学领导高瞻远瞩,2001 年上半年面向武汉地区各大学开设"WTO 强化班",而后开始正式筹建 WTO 学院,2003 年 4 月我接任筹建 WTO 学院工作组组长，2003年7月武汉大学WTO学院正式成立，我非常荣幸地出任院长，直至2014年10月底WTO学院与武大留学生院合并成立国际教育学院为止，我任院长3届将近12年。可以说，武大WTO学院是武汉大学为迎接中国入世后高等教育服务全球性竞争和探索培养精通WTO事务与跨国商贸业务的专门人才的需要而成立的新型学院，是新形势下武汉大学进一步改革开放的产物。在近12年间，武汉大学WTO学院取得了下列成绩：（1）积极探索高等教育国际合作，主动应对入世以来高等教育服务市场开放的新挑战，充当武汉大学参与高等教育服务全球性竞争的"试验田"。（2）实行开放办学，积极了解国内外WTO法发展与研究动态以及相关法律人才培养教育情况，开展武汉大学WTO法学、商学和管理学本科实验班，WTO法方面的硕士生教育，基本形成了WTO事务跨学科人才培养的武大特色。（3）形成了开放性、国际性、实用性的跨学科教育项目和多层次的人才培养体系。（4）积极与国际民间组织合作，开展中国WTO事务的能力建设，探索中国WTO人才培训的新途径。（5）依托国家重点学科，与国际法研究所合作，深入持久地开展WTO研究，有力地支持了国家重点学科国际法学的建设，从而使武汉大学WTO法研究和人才培养处于全国领先地位。当然，武大WTO法教育与人才培养一直主要依托有着更宽厚的基础和更深远的渊源的国际法研究所。30多年来，武汉大学国际法研究所培养了大量GATT/WTO法专门人才（硕士和博士）。现在武大WTO法领域师资10余人，其中教授8人，每年与WTO有关的硕士、博士研究生论文不少于10篇。因此，武大在这个领域一直是中国最重要的力量之一。我1995年开始招硕士生，2001年开始招博士生，至今20多年间，自己带的硕、博士生中，以WTO法为学位论文选题的学生至少有一半，其中不少学生现在都成为国内从事WTO法研究的青年才俊，其中教授有：田曼丽、钟立国、孙立文、陈卫东、黄志雄等，副教授有：唐旗、陈喜峰、马冉、张晓京等，他们都在继续从事WTO法研究。毕业后投入WTO实务第一线者，大有人在，他们在政府机关、公司企业、律师事务所甚至国际组织，都有十分出色的表现。此外，我还带过从事WTO法研究的一些留学生，如老挝学生沙伦赛（硕士到博士）、伊拉克学生默罕穆德（博士）等。

最愉快的体验就是，武大设立WTO学院12年，有人开玩笑说，这个学院就是为我而设立的。在中国，能有这样一个学院让我去实践一下，把我对WTO法的研究与理解体现在教学科研和人才培养中，实属难得。在校园外，我还参加了国内WTO事务的各种团体的"学术交流"和相关政府部门的

"参政议政"。这些经历扩大了我的知识面和活动面，给自己带来了提升学习与研究能力的时间和空间。因此，对我个人来说，武汉大学 WTO 学院的 12 年，不仅是我本人 WTO 研究成果服务于教书育人的"愚公移山"，而且是中国入世后高等教育改革与开放浪潮中的"珞珈 style"，更是 21 世纪中国国际法能力建设全景图中的"缤纷珞樱"。

相思有七点

抚今追昔，我与 WTO 的法律奇缘，使我对 WTO 产生了七点私人想法：

第一，WTO 给我们带来了新饭碗，因为 WTO 研究是一门新学问。世贸组织法律秩序是三维（一套法律规则、一个贸易体系、一个世界贸易共同体）一体的国际法律秩序，是国际法一般原则（特别是国家主权平等、善意履行义务、国际合作、和平解决国际争端、条约解释的习惯规则等）运用于政府间国际贸易实践的结晶，有效的规则和强制执行机制是其两大特色。其法律规则是开放性与自足性、动态性与稳定性、专门性与多学科性、政策性与法律性的矛盾体。其贸易体系是一种贸易实力与法律规则、原则与例外、强行性规则与任意性规则、对等规则与不歧视规则等组成的刚柔相济的规则取向的多边体系。作为世界贸易共同体，它目前由 160 多个成员组成并继续向世界合格的候选者开放。其法律化进程曲径通幽、崎岖不平，规范化、法学化需要逐步推进。围绕世贸组织法的名称和定性，国内外称谓繁多：世界贸易法、国际贸易公法、世贸组织法、全球贸易一体化法、超国贸易法、跨国贸易法。研究世贸组织的方法众多：从政治分析、经济分析、政治经济学分析、理性选择理论、公共选择分析、国际体制分析、国际政治经济学分析、法学方法，到法与经济学方法、多学科或交叉学科方法。其中，法学、经济学和政治学及其交叉学科的协同研究，日益成为一种主要的研究趋势。结合经济、法律和政治三个学科并以世贸组织为主要研究对象的一个新的国际贸易管制学（International Trade Regulation），正在欧美学者和国际组织的推动下兴起。

第二，世贸组织及其多边贸易体系的物质基础是经济相互依赖和列国并存的国际社会。世贸组织多边贸易体系是建立在对等权利与义务基础上的国际法制度在世界贸易领域的具体表现。各成员在对外经济贸易方面的独立权及其在行使权利和履行义务方面的相互合作，是保证平等互惠、公平竞争、面向市场、规则取向的世界多边贸易体系正常运行的前提。WTO 法把对等互惠与国家加强自我竞争实力相结合，在制度运行方面，WTO 通过争端解决机制、贸易政策审查机制，甚至 WTO 部长级会议、总理事会、部门性理事会等常规会议机制，来推动贸易法律制度的发展。WTO因没有强制执法的权力而强调相互合作和善意履行义务，但强制行使权利和履行义务的最后手段是实行贸易报复，只有具备强制执法能力的成员最终才可能采取贸易报复。这只会有利于贸易实力雄厚的成员而使弱小成员处于不利地位。WTO对成员不履行义务规定了很高的成本，所以真正采取贸易报复的情况很少，报复对双方都会受损。因此，WTO法才会成为多边国际法律制度的宠儿，令人羡慕。但这个制度的可复制性很低，尤其是在对等性、互惠性比较遥远、不直接的领域，如国际人权法、国际环境法领域。WTO体制把政府与政府之间的横向合作与较量同成员政府与其境内人民之间纵向的公仆与主人、统治与忠诚之间的国际平行与国内垂直关系较好地制度化了。国内贸易法和国际贸易法的互动，行业协会团体与政府的公私伙伴关系，成员政府彼此之间的较量等，WTO体制不仅允许而且正在不断扩大发展空间。

第三，世贸组织及其多边贸易体系的重心在于向商人提供进入并能在外国市场竞争的必不可少的国际法律保护。正如WTO所言，在一定意义上说，世贸组织协定实际上是保证商人在外国市场获得公平待遇的权利和保护其进入国外市场的权利的唯一世界性法律架构。因为，"世贸组织协定"尽管需经有关国家政府与立法部门谈判、签署和批准，但是其所希望实现的最终结果是：货物与服务的消费者与生产者享有安全的供应和较大的选择，货物与服务的生产商和出口商拥有开放的国外市场。世贸组织协定是一种规定世贸组织各成员政府在制定与实施国际贸易立法和规章方面的具体权利和义务的国际条约。目前，世界上160多个国家或贸易实体批准或加入了世贸组织协定。这不仅使它们重要贸易权利获得了保障，而且为了世贸组织各成员的利益，在所同意的范围内，其政府的贸易政策行为也受到了约束。世贸组织协定可谓由多项国际贸易协定组成的一个多边条约体系。作为一种条约体系，不仅得到广泛接受而且涉及国际贸易关系的广阔天地，还建立在一套核心原则的基础之上并拥有一个统一的强制实施和解决争端的机制。这种统一性和世贸组织成员的广泛性，有助于保证全世界各种贸易法规的统一性。这反过来有助于降低国际贸易的某些成本。

第四，世贸组织不是"经济联合国"，而是一个由成员驱动的政府间国际贸易组织。它既是成员的一种贸易政策工具，又对成员的贸易政策行为有一定的制约和规范作用。但是这种互动作用会因成员的不同和规则的不同而大相径庭。首先，它不像联合国那样不问各国的政治经济制度，其多边贸易体系是市场经济的贸易大国主导的面向世界的开放而无歧视的自由贸易体制，对非市场经济国家的歧视牢牢镶嵌在世贸组织体制内。如何向不同经济体制国家提供平等的贸易机会和包容性的发展空间，而不是歧视甚至围堵非市场经济国家是世贸组织的一个体制性问题。其次，世贸组织关注的是国际贸易而非世界经济的所有问题。尽管"国际贸易"是一个动态的概念，但仍然只是"世界经济"中的一个方面。最后，它对贸易弱国、比较优势少或者小的成员的照顾是有限的和临时性的，它不是一个慈善机构，也不是一个发展援助机构。它更多的是推动成员通过相互削减贸易壁垒来提高贸易竞争力，促进贸易繁荣。相对于其他国际法律制度，WTO 体制更强调，发展中国家应该通过所谓的过渡期、特殊与差别待遇等来提高自己的贸易竞争能力，而不是使它们对这些优惠制度产生依赖而不能发展壮大。

第五，世贸组织及其多边贸易体系是国际公法原理在国际经济贸易领域的一个创造性运用，体现了贸易实力和法律规则的相互影响，目的是实现贸易问题的非政治化。尤其是使贸易这个易于高度政治化的敏感问题通过国际法律程序的技术处理，实现 WTO 成员之间贸易关系的互惠互利、相对公平和国际法治。WTO 有一个很大的特点，即把各 WTO 成员的贸易实力和贸易的可持续发展所需要的互利和不歧视待遇结合起来。虽然世贸组织是旨在使国际贸易关系非政治化的一种工具，但是又受国际贸易关系演变的影响。各 WTO 成员贸易实力的变化和贸易问题日益政治化，使世贸组织陷入了一种进退两难的困境。尽管政治问题还需政治方式解决，但是，世贸组织必须采取各种有力措施来迎接贸易问题日益政治化的挑战，为维持世贸组织成员之间和平稳定的贸易关系而不断改革创新。

第六，世贸组织及其多边贸易体系是一个渐进演变和发展的过程，各项协定与制度在这一过程中将会不断得到进一步改进、加强和完善。只有广大弱小国家及世界劳苦大众认为自由贸易真正有助于繁荣、有助于消除贫困、有利于保护环境、有利于维护基本人权，世贸组织才能在全球化的进程中成为全球治理的样板而不是弱肉强食的工具，才能真正促进人类的和平、安全、正义与福利。

第七，世贸组织及其多边贸易体系的法律与实践促进了国际法治。特别是在 WTO 争端解决领域，案件在经过磋商阶段以后，就交由专家——通过专家组和上诉机构等处理。这些专家必须按照准司法体制来调查、听证并写出报告。他们首先要运用 WTO 现有规则，在 WTO 规则不够的情况下，还要寻求 WTO 法以外的国际法规则，写出有说服力、说理性强，能为争端当事方所接受，并能推动 WTO 体制的可预见性、稳定性、安全性，又能维护

WTO 成员之间权利和义务的平衡的报告。国际公法上的抽象原理和原则必须适用于 WTO 解决争端的具体实践。WTO 争端解决机制对 WTO 体制的法律化、制度化作出了贡献，为国际法的研究和教学提供了非常好的素材。尤其对中国而言，中国目前唯一接受的多边争端解决机制就是 WTO 争端解决机制。加入 WTO，开创了中国国际争端解决的先河，开辟了我国国际法学发展的新时代。所以，它对中国的国际法研究和人才培养提供了一个前所未有的机会。

这些年来，WTO 法给我个人提供了难得的提升自己学习能力、研究能力并服务社会能力的机会，带来了许多乐趣，是一种独一无二的体验。我对 WTO 法律与实践的兴趣尽管没到痴迷的地步，但是恒久远。我曾有幸数次到日内瓦参加 WTO 研讨培训活动。犹记 2000 年夏天，教育部派了 20 人去日内瓦参加培训，其中只有 3 个法律专家，我就是其中之一。在培训期间，我们不仅去了 WTO，还前往世界知识产权组织、国际电信联盟、国际劳工组织、联合国贸发会议和世界经济论坛进行了现场参观和学习，和当时的 WTO 总干事 Mike Moore 进行交流。2001 年 6 月至 12 月，正是中国入世谈判的最后关键时期，我再度有幸受国家公派到日内瓦大学国际高级研究生院从事半年的研究，与相关人员有深入的接触。当时，我研究的领域就是中国入世后履行 WTO 义务的能力、挑战和问题。我还在 WTO 的书店买了不少 WTO 法方面的书籍和纪念品，那些带有 WTO 图案的纪念品在别的地方是买不到的。现在回忆起来，非常愉快。2005 年 12 月 13～17 日 WTO 第六次部长级会议期间，我亲眼目睹了会场外韩国、东南亚农民和其他反全球化团体的游行示威，耳闻会场内 WTO 成员及其有关的各种不同谈判小组的贸易外交，亲历各种非政府组织（NGO）、媒体和学术团体的擂台赛，置身于围绕自由贸易与公平贸易、贸易与人权、贸易与环境、贸易与减贫、贸易与其他非贸易问题等的大辩论，正是这些亲身经历给我的学术研究产生了深刻的影响。

住在珞珈山下，过去，我喜欢宅在书斋，注重的是基本理论的学习；现在，我越来越注重从实践中发现问题，寻求理论和实践的结合，找到既有理论价值又能解决实际问题的有法律技术含量的研究课题。我对国际法的学习、研究和运用可以说是有了很大的改变。尽管我现在的研究重点逐渐转向中国面临的领土主权和海洋权益争端，以海洋法、领土法研究为主，但研究 WTO 法律与实践的经历给我提供了很好的历练。我认为，WTO 及其多边贸易制度的规则取向和灵活务实精神，对于"一带一路"战略、中国与周边国家的领土与海洋争端，都很有启发性和借鉴意义。从国际法角度去解决实际问题，最重要的是，如何使敏感复杂的国际问题最大可能地"去政治化"，实现法律化、技术化，这需要我们不断探索。我们法律学人所追求的是，在人与人、国与国、人与自然的关系中，创造一个公正、持久、共赢的法律环境；帮助为WTO守门护院的两位女神，通过可持续的自由贸易，将和平、安全、幸福感和永不消逝的希望撒向每一个人的心田！

千言万语汇成一句话，中国改革开放的大时代，成就了我个人与WTO的法律奇缘，改革开放成就了中国，成就了WTO。只要改革开放的动力不枯竭，精彩华章、趣闻逸事就会层出不穷！愿改革开放精神永放光芒！

我在美国开始研究 TRIPS 协定

张乃根[*]

《与贸易有关的知识产权协定》是与《货物贸易多边协定》《服务贸易总协定》并列的 WTO 三大实体法条约之一。20 多年前,我开始在美国研究 TRIPS 协定的经历,似乎还是昨天发生的事,记忆犹新。

1993 年下半年,我作为中美法律交流项目为数很少的再访学者赴美国乔治华盛顿大学法学院知识产权研究中心进行《国际与比较知识产权法》课题研究。说实话,当时我对知识产权知之甚少。1979 年 9 月考入首届恢复招生的华东政法学院,三年级分到国际法专业化班,1983 年 7 月毕业后进入复旦大学法律学系攻读硕士学位,并在留校后初期从事西方法哲学史的教学研究。1993 年因学校工作需要,我转向国际法和知识产权法教学研究,去美国,实在是从头学习。

当时担任乔治华盛顿大学知识产权研究中心主任的哈罗德·韦格纳(Harold C. Wegner)教授是一位德裔美籍人,身材高大魁梧,待人和蔼可亲,说话有点细声慢语,只是在上课、开会时才提高嗓门。他是美国鼎鼎有名的专利法学者,20 世纪七八十年代曾在德国慕尼黑的马克斯—普朗克知识产权研究所和日本京都大学比较研究专利法,后成为美国知识产权法研究会(AIPLA)派驻世界知识产权组织专家委员会的首位专家,并以美国代表团中唯一的非政府专家身份,参加《专利协调条约》起草谈判。由于该条约文本草案的部分条款后被纳入乌拉圭回合"一揽子协定"之一的 TRIPS 协定专利部分,而且主要反映了美国专利法的做法,因此,韦格纳教授对 TRIPS 协定专利条款特别关心。

1993 年 12 月初,韦格纳教授筹划在当月 16 日上午在乔治华盛顿大学法学院的椭圆形报告厅召开一个研讨会,邀请美国专利商标局、美国联邦上诉

---

[*] 复旦大学特聘教授,WTO 争端解决指示名册专家(TRIPS)。

巡回区法院、有关院校和华盛顿特区的一些著名律师事务所的知识产权专家讨论 TRIPS 协定问题。开会前几天,他在自己办公室(我作为访问学者,没有专门办公室。他让我放一个办公桌合用)对我说:如果乌拉圭回合"一揽子协定"能够成功草签,届时研讨 TRIPS 协定在美国的实施与专利法修改;如果未能,则研讨下一步美国推进乌拉圭回合谈判的对策。12 月 16 日一大早(美国华盛顿与当时举行谈判的日内瓦的时差晚 6 小时),他就赶到办公室,从传真机上收到了从日内瓦发来的 TRIPS 协定草签文本。当时,我也在场。韦格纳教授拿着文本,高兴地说:"成功草签了!"这是我看到的第一份 TRIPS 协定文本。过两天,印制的 TRIPS 协定文本在乔治华盛顿大学法学院图书馆的活页专题法律(反托拉斯法、知识产权法等)栏架上也出现了。我最初研读的 TRIPS 协定文本就是在图书馆里拿到的。

在乔治华盛顿大学访问的 10 个月期间,我最初研究了 TRIPS 协定,并通过旁听韦格纳教授的美国专利法课程和经他介绍在美国飞翰律师事务所(Finnegan, Henderson, Farabow, Garrett & Dunner, LLP)同时接受专利法律实务的培训,还去美国联邦巡回上诉法院旁听案件或参加每周五法官俱乐部的活动,较全面学习美国专利法制度。韦格纳教授将他当年出版的《专利协调:通过条约与国内改革》(Patent Harmonization by Treaty and Domestic Reform, London: Moris Press 1993)等书赠送给我。在他的学术指导下,我着手从国际与比较知识产权法的角度,较系统地研究 TRIPS 专利条款。

1994 年 9 月我回国后为复旦大学的国际法专业硕士生讲授《国际与比较知识产权法》,主要包括 TRIPS 协定和美国专利法。1995 年初发表于复旦大学法律学系主办的《当代法学研究》的论文《TRIPS 专利条款比较研究》就是初步研究成果之一。这就是过去 20 多年,我以 TRIPS 协定的研究为起点,涉足国际贸易的知识产权法之开始。

徐国栋教授把我拖进 WTO 的门

张桂红*

一、初识 WTO

要说我和 WTO 的相识和相知，实际上是误打误撞的。那应该是 1997 年的秋季，我正在联系到上海外国语大学进修德语的事宜，突然接到徐国栋教授（现为厦门大学教授，当年和我都在中南财经政法大学的前身——中南政法学院工作）的电话，说要我和他一起去河南南阳举办法学热点讲座，他讲民法热点问题，我讲世界贸易组织法热点问题。我说，老天，我是主讲海商法的，虽然偶尔也讲授国际经济法课程，可是，对世界贸易组织法简直是一无所知啊。徐教授说，这是人家邀请方指定的题目，你现在可以不知道，给你 3 周时间准备，你必须知道，并且还要讲得很好，只准成功不许失败。

为了徐教授的荣誉，为了中南政法学院的荣誉和我自己的荣誉（其实也是走穴，那时流行这词，因为，一天的课酬几乎和半个月工资相等），我开始了紧张而充实的 WTO 法启蒙学习。我把当时能买到的有关 WTO 法及其前身 GATT 的所有书籍几乎都买了，说实在的，因为时间太长了，现在已记不得当时买了哪些书了，但印象中当时的书的质量并不高，因为，当时买了很多书，可是回来看时，发现几乎都是雷同的，有些甚至可以说胡编乱造的（因为历史原因，那阵子好像 GATT 书籍挺时髦的，很多非 GATT 研究人士也在出版相关书籍）。因此，为了讲座只能把所有买到的书堆放在一起，然后从中寻找我认为值得讲的知识点在电脑上打出来，然后再进行整理，整理出了 25 页讲稿（感谢我的第一台价值 11 000 多元的 286 个人电脑，据帮助我购买电脑的微机教研室同事说是中南政法学院第一台个人电脑，未经考证）。

---

* 北京师范大学法学院教授，博士生导师。特别声明：本人曾经失去过记忆，文章里的时间、地点等肯定有不准确性。

记得当时自拟的题目是《中国与WTO》，6个小时的讲座在南阳是根据以下几个部分进行的：第一，WTO的前身——GATT；第二，中国与GATT；第三，WTO的成立及其机制；第四，WTO的基本原则；第五，中国加入WTO的展望。其中，第一部分主要是照搬当时关于GATT的各种版本的书籍上关于GATT的最基本的知识点，主要介绍了GATT历次谈判的内容。第二部分主要介绍了中国与GATT的历史关系，强调中国是GATT的创始成员方，指出当时各种书籍中把中国与GATT的关系界定为"闯关""入关"和"复关"中只有复关是正确的提法。第三部分主要介绍WTO成立背景及其与GATT的关系以及WTO法的体系和运行机制，主要介绍了WTO争端解决机制的特点及其与GATT争端解决机制的不同，特别是强调了反向协商一致的决策机制，介绍了WTO争端解决的强制管辖权问题，简单分析了WTO的争端解决的准司法性问题，此外，还简单介绍了WTO的功能及其组织结构。第四部分，WTO法的基本原则，实际上是建立在GATT的基本原则的基础上进行讲解的。我当时讲的WTO的基本原则有：（1）以市场经济为基础，以自由竞争为原则，主要介绍中国的商品经济与WTO市场经济的差距；（2）不歧视原则，包含国民待遇原则和最惠国待遇原则，就是最简单的概念式介绍；（3）公平待遇原则，主要介绍反倾销、反补贴和保障措施，也是概念式介绍，侧重点是结合自编案例讲解什么是倾销，记得我编的案例是三五烟和富士胶卷的倾销问题（其实，当时我都没有任何资料和数据支撑我的观点，只是为了形象地讲解什么是倾销而已，现在想起来都觉得可笑）；（4）一般性禁止数量限制原则，主要介绍配额制和许可证问题；（5）法律法规的全国统一和透明原则，主要强调法律法规的全国统一性问题，个人觉得当时的红头文件泛滥成灾，因此，法律法规的全国统一是个特别突出的问题，此外，就当时大家习以为常的"本法自公布之日起实施"的问题进行了解析，认为中国未来要加入WTO，必须就法律法规的统一和透明问题进行改革等。第五部分，中国加入WTO的展望，为了吸引听众，我强调WTO离大家并不遥远，WTO会影响大家的日常生活，特别是那些渴望购买电器的人要注意，一旦加入WTO，电器价格肯定会下降，但更要注意农产品价格肯定会上升。果然，听众对我的讲座真的开始感兴趣了，纷纷提问，WTO为什么会影响我们的日常生活？怎么样学习WTO？买什么样的书才能学习WTO？加入WTO后商品为什么会升降？中国什么时候能加入WTO？换句话说，中国家电什么时候会降价等不一而足（当时电器可是每个家庭的最大开支，一台国产21寸电视约4000多元人民币，即使一台160升冰箱也有惊人的价格，如果是进口电视,都是1万元以上的,并且你根本买不到,因为没购买指标没资格买)。接着,我就转入正题,中国何时加入WTO和加入WTO有什么利弊。我介绍了我个人观点,我认为中国在当时条件下不具备入世条件,因为,中国的经济体制不符合WTO的基本原则。但我的观点和当时的主流媒体的声音是相反的。因为当时的主流媒体包括国际经济法的教科书里都非常乐观地预测中国入世在即了(不相信,大家可以翻看当年的报纸杂志和国际经济法教科书,曾经我使用过的一本教科书上就很明确地写明中国最迟在1989年就能加入WTO,所以那时候我上课的时候老要跟学生解释教科书和权威有时候也不一定必须相信)。现在回想起来,还真有点年轻气盛,口出狂言啊!当时全国上下都在努力要尽早入世,且一片很快就入世的乐观之声!我竟敢胡乱猜测并断言中国不能在近期入世!并且在100多人的南阳政法干部培训班上讲出来,是何等的傻气(后来我举办过几十场中国与WTO的讲座,这个观点从来没改变过)!万幸的是中国入世果然没有按照当时的国家领导人和主流媒体的愿望而实现!其实,我个人就中国入世的观点是越晚越好!因此,潜意识里我就不希望中国早入世!现在看来,我仅凭中国当时的经济体制不符合市场经济要求就断定中国不会很快入世的想法实际上是很天真很大胆!就中国入世的利弊问题,因为我当时认为中国离市场经济差距还很大,所以,个人认为在当时条件下如果入世肯定是弊大于利,我不赞成当时条件下急于入世。而这个观点也是与当时主流媒体相悖的,因此,讲课时就有一个政法干部提问,张老师是中共党员吗?咋跟党中央不一致啊?妈呀,吓死我了,我说我没说什么反动的话吧,我只是跟大家分享我个人观点而已。大家可以不同意我的看法的。哈哈,就是这样,我认识了WTO,并从此与它结下不解之缘。说实在的,对那次讲座的效果我没抱希望,但后来徐国栋教授告诉我,我的讲座是成功的,因为,接送我的司机站在门口旁听了一天的课。呵呵,一个民法教授把我拖进了WTO之门,幸甚!

二、与WTO难解难分

因为河南讲座的成功,我便与WTO结了不解之缘。本以为河南讲座结束了,我与WTO法的缘分也尽了,毕竟我当时是主讲海商法的教师,没想到随后不久,中南政法学院主办武汉经济法年会,我应邀作《中国与WTO》的主题报告。当时,我有点忐忑,我一个副教授,还不是经济法学会的成员,去经济法学会年会做主题报告,似乎难以令人信服,何况主题还是我刚刚突击学习的内容,有心拒绝,但因为该会会长覃有土教授时任中南政法学院副院长，对我的工作给予过极大的支持，找我做讲座的又是著名的王全兴教授，我难以拒绝，只好再次准备，再次做了《中国与WTO》的主题讲座，这次讲座的提纲几乎与河南讲座是雷同的，但因时间较短只有一个多小时（主要是我不愿意讲太长，毕竟我要在真正的专家学者面前讲我并不特别有把握的WTO主题，内心有抗拒），所以，我侧重于WTO的基本原则和中国与WTO的关系，我的观点仍然是中国不会很快入世，同样地受到了一些专家的质疑。但也正因为如此，我的讲座引起热烈的讨论，并吸引了时任《科技与法律》的王曙光编辑的注意，他提出要我把讲稿整理后刊发到《科技与法律》上，但后来据说因为中国加入WTO利弊问题不宜公开讨论，王编辑让我修改观点，可是，后来我去瑞士比较法研究所访问一年，那时的通信主要靠手写邮件，我也就没有和王编辑沟通，所以，那篇文章最后的结局是啥我至今未知（当时我给自己定下过终身副教授的目标，所以，不关心文章的结果，这个目标很搞笑吧?!）。但因为这个讲座和生死未卜的文章，我和王曙光编辑（现在是律师了）成为多年的朋友。此是后话。

有时候真的是有心栽花花不开，无心插柳柳成荫。因为武汉经济法年会上有一些湖北人大和政府的官员出席了，他们听了我的讲座后认为我讲得不错，时值全国上下推广普及WTO知识，我就此与WTO结下不解之缘。自武汉经济法年会后，我应邀在湖北省人大、武汉市检察院、武汉商业学校、湖北武警总队、黄石市人大、咸宁市司法局、孝感中级人民法院、湖南司法厅、海南司法厅、广西司法厅等地举办的各类讲座和课程中做《中国与WTO》专题讲座，每场讲座都有100多位听众，其中，有些单位几乎每年都要请我去讲一次，有些单位把我的讲课录制成视频作为宣传资料播放，有些地方党委非常重视，要求当地地级市的全部科级以上的官员都要听我的讲座。最令我难忘的是我还应中国驻瑞士大使馆邀请，从我访问的瑞士比较法研究所洛桑专程到伯尔尼为使馆人员作了《中国与WTO》的主题讲座。这样一来，徐国栋教授把我拖进WTO门之后，我就没机会离开了，想离开也来不及了，因为，在1999年我从瑞士回国后，中国又进入更加轰轰烈烈的申请入世的时期，而我的讲座邀请就源源不断了，可以这么说，我不仅从讲座中逐步学习了WTO知识，WTO还把我从贫困中解脱出来！虽然我当时从不主动提讲课报酬的事情，但直到今天我仍然感谢那些邀请我去做讲座的人，他们和我素不相识，但给我的报酬居然和我尊敬的马克昌教授一样多！（那个年代挺逗的，你的第一次讲座课酬就是你后来讲座课酬的标准，到现在也不知道是谁把我和马克昌老师安排在同一个地方做讲座的，但真心的要感谢他或她！）最让我感动的事情是在我来到北京后,在中国入世问题已经不再轰轰烈烈的时候,武汉武警总队或是消防总队当年邀请过我的某政委还在给我发邀请,希望我能再去为他们作中国与WTO的主题讲座!WTO使我精神物质双丰收!所以,就这点而言,我得借机感谢徐国栋教授把我拖进WTO之门!因为,WTO与中国的讲座,我开始逐步对WTO法感兴趣,并主持了司法部课题《中国加入WTO后法律问题研究》(那时中国"入世"连影子还没有,我就开始选报了这样一个课题,并且居然获得批准,现在想想也挺怪的。为了完成该课题,我曾经写过一篇《加入WTO对中国法律的影响》的论文,发表在《中国法学》上)。有鉴于此,我第一次有机会申请去国外访学,就申请去瑞士,在黄进教授的推荐下我得到了去瑞士比较法研究所研修的机会,在瑞士研修期间,我申请到世界贸易组织总部研修一个月,很快得到WTO秘书处的批准,我获得在WTO图书馆研习一个月的机会,并得到Jeffrey Gertler先生的大力协助,他给了我一切我想要的文献资料并协助我获得WTO员工才能访问的网络资讯,和我讨论中国入世问题以及一直困扰我的market economy和planned market的区别等问题,让我分享了他的观点和主张。我和他每周一次的见面使我们结下了深厚的友谊,2001~2002年我在美国乔治城大学做富布莱特高级访问学者期间,他还主动发邮件邀请我去应聘WTO秘书处职务,可惜那时我14岁的儿子在美国读8年级,不能请假,我无法离开美国,所以,放弃了去瑞士面试的机会。虽然去了不一定能面试上,但至少可以再和Gertler先生见一次面,因为,后来他因病早逝了,这便成了我的终身遗憾。

三、喜欢并爱上WTO法

因为讲座的原因,我不得不一步一步地学习、研究WTO及WTO法,参加了中国WTO法研究会成立大会,我也因此认识了赵维田老师并和他成为忘年交(赵维田老师还特别介绍我黄东黎教授相识,感谢WTO,我又多了一个好朋友)。赵老师对我言传身教,希望我不要局限于海商法的教学和研究,而应该顺应历史潮流,学习研究世界贸易组织法,赵老师邀请我去他家做客并亲自把他已经校对过多遍的已经出版的著作《世贸组织(WTO)的法律制度》(2000年,吉林人民出版社)一书赠送给我,指导我要从阅读外文资料开始学习WTO法,我听从了他老人家的教导,开始真正地学习和研究WTO及WTO法,因此,我在2001年去美国乔治城大学做富布莱特高级研究学者期间专门选修了J. H. Jackson教授的课程。2002年回国后我做的至今还引以为自豪的一件事是将WTO法课程列入中南财经政法大学法学院国际法系本科生和研究生课程体系中,该课程开始一直由张晓东教授主讲(本科生中开设WTO法课程的,据我所知,当时并不普遍)。后来,我自己也在国际法系研究生中教授WTO法,再后来,我在法学院研究生公选课中讲授WTO法的理论与实践选修课,都取得了较好的教学效果,我教过的学生之一余盛兴现在已经是著名的处理反倾销反补贴案件的律师,还有很多学生也成为WTO法教师。随着讲课次数的增多,我对WTO法也越来越有兴趣,以至于我在攻读知识产权方向博士期间(虽然一直讲授海商法,但我其实本来是华东政法学院的民法专门化班毕业的,所以,我报考民法专业知识产权方向博士既是偶然也是必然,这我曾经在法学家茶座里写过一篇文章提到过),一直思考如何将知识产权与WTO法结合起来,最后,我选择了《与贸易有关的知识产权成案研究》作为博士毕业论文题目,在和导师吴汉东教授讨论后他肯定了我的选题,但没想到的是这个题目差点把自己害死了,我给自己定的目标是对当时所有的知识产权成案进行系统研究(以下简称TRIPS成案),然后找出一些共性的东西进行分析和论证。结果是截至我交稿时已经有了23个TRIPS成案,为了完整性,我还追加了中美知识产权争端案(即DS362案,因为该案提交的时间是2007年4月10日,而我的博士论文初稿是在2006年底完成并提交导师审阅,但后来2007年5月答辩前夕,我追加了该案,限于时间和资料限制,仅就该案做了最简单介绍,未作分析)。即便不加中美知识产权案,现成的TRIPS案例的资料也是非常庞杂的,而我当时工作任务非常繁重,行政事务和上课任务都特别重,因此,每天只有夜深人静才是我研习TRIPS成案的时候,而23个TRIPS成案的专家组报告和上诉报告打印出来后的数量是非常惊人的,我现在想起来还心有余悸。我每天强迫自己至少要看20页并写2000字才能睡觉,所以,有两年多的时间我几乎都是和衣而眠的。为了撰写毕业论文,我把23个TRIPS成案的磋商请求书、专家组报告、上诉报告、仲裁报告、和解协议等都通读了至少两遍,有的重要案例我通读的遍数更多,最后写就的论文虽然自己特别不满意,但也得到我非常敬重的郭寿康教授和曾令良教授的高度评价。后来《与贸易有关的知识产权成案研究》得到北京市社科联资助稍加修改于2010年在人民大学出版社出版了。从徐国栋教授把我拖进WTO之门开始认识WTO,到撰写博士论文,开始局部研习TRIPS及其成案,然后,通过给学生讲课,逐步喜欢上WTO法。

2006年我调到北京师范大学,我在北京师范大学开设的第一门课程是全校公选课《世界贸易组织法》,选课对象是全校的各个专业学生,都是没有法学背景知识的学生，最后学生评教的结果出乎我的意料，课程效果挺好。后来，因为我的长期慢性咽炎，我逐步减少本科生讲课，因此，将该课程讲授任务交给了廖诗评副教授，他果然不出我所料，把这门课讲得越来越好，当然，这也得归功于杨国华教授为我校本科生讲授 WTO 法的言传身教了。尽管把讲课任务交出去了，但我对 WTO 法的兴趣却一点也没减少，相信我会一直喜欢下去，现在的我，没有了教学任务的压力，就剩下对 WTO 法的真心喜欢了！

我的经历淡如水

张丽英[*]

我与WTO之交淡如水,除了学习就是教书。可杨国华说,这也是一个层次。与WTO的相识是30多年前的GATT时代,1984年,汪暄教授为我们研究生主讲了GATT,由于教材缺乏,汪教授给我们的是他自己组织的英文材料,和手写的中文教案。那时没有电脑,一个学期的学习,手抄的笔记和材料已有四五寸厚,阅读论文的记录卡片也有五六盒,那时大家都没有电脑,读论文看到有价值的东西都是写在卡片上,并注明论文题目、作者、出版社、发表时间等,以便写论文的时候引用,并能写个完整的注释。

2002年我开始在中国政法大学讲授WTO课程,学生一开始是法律硕士,后来本科生、国际法研究生、MBA的学生、博士生也开设了WTO法律制度,当然还参加过很多的讲座,于是也接触了各行各业的人。参加圈里的活动以听为主,因为圈里"大咖"众多,出声感觉是在浪费人家的时间,每每开会都是"顺差",吸取了很多的营养,又都转化为"生产力",融入自己的教学中,所以在此也想感谢各位。在中国入世的时候,我作了很多普及性的教学活动,感受颇多,多年的教学也积累了一些小小的感受,在此分享一下。

一、经济特区的说:特区不特了

从1984年到2000年,中国陆续设立了40多个国家级经济特区,因为入世对经济特区有很大的影响,在中国入世之际,我特地走访了一些经济特区的单位,其中还有负责深圳特区管理线的武警边防七支队。第一次去七支队是在1985年研究生实习的时候,当时没有什么经费,为了省钱,住在了边防七支队的招待所里。当时的特区管理线刚通过国家验收交付试行使用,管理

---

[*] 法学博士,中国政法大学国际经济法教授,博士生导师,国际教育学院院长;中国国际经济法学会常务理事,中国法学会世界贸易组织法研究会常务理事,中国海商法协会常务理事。

线的正式使用是在 1986 年,该线是 1982 年用铁丝网建的,称为"二线"。当时进特区都得办理通行证,进特区时的检查站很像是高速路的收费站,只不过里面坐着的是武警,武警检查完你的通行证后才能进入。检查站闸口的旁边停着大片的货运车等待检查,因为深圳特区加工区的进口的原材料、机器设备、交通工具和生活用品等都是免税的,所以要将其用高墙或铁丝网与内地分开,防止走私,另外,当时"关内"和"关外"企业的所得税率也是不一样的。那时的深圳人并不多,街上空荡荡的,只有罗湖那边有几座高楼。

中国入世以后再去深圳,是参加多次有关"特区不特"的讨论。特区的特点就是有很多的优惠政策,而依 WTO 的规则,经济特区比国内其他地区享有特殊优惠政策,造成地区之间的歧视或差别,不符合普遍国民待遇原则,依《中国入世议定书》第 2 条第 A 节第 3 款,地方性法规、规章及其他措施应符合在《WTO 协定》和议定书所承担的义务,意味着在中国关税领土内实施统一的贸易制度,《工作组报告书》第 222 段和第 225 段规定了取消特殊经济区域中国其他关税领土的地区差异。《入世议定书》第 10、第 11、第 15 条表明,特殊经济区的"政策优惠"很难存续。刚开始跟经济特区的人们谈到这个问题时,最多听到的就是"这个不行了?"后来慢慢大家了解了入世给特区带来的"特区不特"的效果。开始研讨"特区不特,我们怎么办?"大家明白了,中国入世后,经济开发区的任务将不再是单纯地吸引外资,也不是赚取外汇,而是要发挥既有的区域竞争优势,使中国企业同国际规则接轨,从着力引进外资向着力引进先进技术和管理转变,继续保持这些区域的活力。

二、国有企业的说:这个也错了

中国入世前后,陆续收到了很多国有企业的邀请,参与了大大小小的涉及中国入世的讲座。当时,企业的领导最爱说的就是他们得到了政府哪些方面的支持,得到了几大国有银行的优惠贷款,特区又有多少税收优惠等。讲座过程中,最常听就是这句话:"这个也错了?"他们没有想到,原来非常自豪的经济特区的优惠政策,国有企业的种种好处,在 WTO 的框架下,都可能成为贸易救济措施的打击对象。

以前,中国国有企业在重重保护政策环境下避开了直接的市场竞争,国有企业的人员也会自豪地谈自己可以得到的支持,当我们谈到世贸体制下的补贴与反补贴问题时,有些国企的领导还是第一次听到,常常不由自主地张大嘴,念念叨叨地说:"这个也错了?"在中国入世之前,司法系统常说的一句话是"为国有企业保驾护航",后来最高人民法院召开过一次工作会议,当时的最高人民法院副院长万鄂湘在会上说：我们不能再说为国有企业保驾护航了，什么企业都需要保驾，国企要保驾、私企要保驾、外企也要保驾。只为国有企业保驾护航的提法有违背"国民待遇"原则之嫌。习惯于重重保护的国有企业，整体而言在入世后，这样的政策保护环境正逐步趋于不复存在。加入WTO既给国有企业带来了空前的压力，也带来了动力，这是从外部推进国有企业改革的契机。

三、卖轮胎的企业说：我们没失业的

在美国对中国的轮胎动用特别保障措施的时候，我正好应莫世健教授的邀请参与一个国家社科基金项目，题目涉及贸易摩擦，我专门到长江流域的某生产轮胎的企业进行了实地调查。当时感觉已到了贸易摩擦的前线，企业的相关人员称那几天接到美国那边收货人的电话，称35％的税，货就不能要了，他们的轮胎当时正在运往码头的半路上，马上就退回来了。我就问那这个保障措施是不是对你们的影响很大，回答似乎没有那么严重，他们称自己是大企业，有很多的途径，损失并不是很大。我又问，你们是不是有很多人失业，他们笑答，说实话吗？没有失业的。后来这个案子打到了WTO，美方一说就是对中国轮胎的保障措施并没有导致中国相关工人的失业，他们有人也进行了调查。

这次调查才知道，美国有那么多的人在换胎时喜欢用中国的轮胎，每个胎差不多只有200～300元人民币的价格，而我们在中国用的都是外国的轮胎，每个轮胎得600～900元人民币。这次调查也第一次看到了解剖的轮胎，知道了如何判断该换胎了。最后，厂子还送给了我一个轮胎烟灰缸，虽然我根本都不抽烟。

四、外事工作的说：这个不能种

一次到外事部门讲动植物检验检疫，中午吃饭的时候，一位四川籍的外事领导说，因为爱吃辣椒，非洲的辣椒又不太符合中国的口味，他就带了辣椒的种子，后来这个种子长成了个小树，辣椒是取之不尽，用之不竭。看来是跨界移动的种子发生变异了。听完有关SPS的讲座，他才知道这是个违法行为！他也才知道："这个不能种！"

一次参加SPS谈判专家的讲座，一直不知道SPS协定下的疫区区域化是如何实施的，于是请教专家，专家以美国加州的橘子为例，解释他们是在疫区周边50公里布置捕害虫的灯，如果不能发现灯里有虫子就说明这之外已不

是疫区了，这之外的橘子还不让进口，就是一种零风险的处理，是违反 SPS 协定的。跟搞生物的 SPS 谈判专家一起吃饭也是一种体验，白嫩的鲜笋不吃，担心被福尔马林浸泡过；甲鱼不能吃，好像是跟避孕药有关；肉太瘦了可能有瘦肉精；无根豆芽可能用了植物生长调节剂……看来可吃的东西很少，大家戏称：越是腐败越是不安全，吃点便宜的东西被下毒的机会相对少一些。

在广州的曾城讲完 SPS 就不一样了，学员中有一位正好是管农业的曾城市委副书记，他马上安排去农村看看，这里的农村已不是当地人在地里干活，都雇用的是从中原来的农家，产品是销往香港等地的，要求非常严格。水果先用格筛子摇大小，小格掌控下限，把小水果先摇出去，大格掌控上限，把大水果再摇出去，再用色谱筛选，太红了不行，太青了也不行。整完的如同生产线生产出来的一般。各种检测也十分严格，稍有不慎就会碰到绿色壁垒。虽然当地农民都没在种地，但也不会轻易放弃农村户口，因为农村户口可以分到地，此点城市户口永远赶不上。

五、玩具企业的说：买家什么都管

另一次去广东地区的调查，涉及玩具企业，他们由于欧盟出了新标准，玩具的出口产生了困难。后来他们才知道那属于技术壁垒措施，很多中国玩具企业对欧盟的新玩具安全指令并不知情。他们还说外国买家什么都管。去工人的宿舍，看厕所的情况，问工人周末休息了没有？他们常说的一句话："买家什么都管？"后来我们安排进行了一次"蓝色贸易壁垒"的座谈，当时，我负责谈"买家主导型的商品链"，像当时的耐克、阿迪达斯、摩托罗拉等这样的跨国公司处于这个复杂供应链的顶部，可以用定单掌握着处于各国的生产商，必须达到相关的劳工标准，才能获得相应的订单。那个时候使用最普遍的生产守则标准是 SA8000（Social Accountability 8000），涉及劳工的方方面面，真是什么都管！

六、英国商人问：为何改那多法

2013 年 5 月 1 日，在英国班戈大学孔子学院工作期间，受利滋大学孔子学院邀请参加利滋大学和几家律师事务所合办的"在中国作生意"的研讨会，担任 panelist，上路前一天，谈话主持人 Peter Van Veen 先生给我来电邮商量话题，从他的信头纸发现他来自"透明国际"，顿时紧张得不行，本来接受这个任务是想顺便去利滋看看，没想到出现了躺着中枪的节奏。明天他要是提一些尴尬的问题怎么办？可别逼着我犯错误呀！现在撤退也来不及了，只能硬着头皮上了。搜一下"透明国际",发现透明国际是全球最大的民间反腐NGO,总部在柏林。每年由它发布的全球清廉指数(CPI)一出炉,总会在中国引发激烈讨论。看了这些,我更是紧张,再看下去,有点放心了,经过多年的努力,透明国际的"合法"的身份终于在 2009 年 9 月 18 日来临,透明国际中国分会在清华大学廉政中心成立,直管它的是北京教育纪检监察工作研究会,秘书处设在清华大学。还得请国华找找,是不是清华大学有这么个单位?

研讨开场,我发现利滋大学孔子学院英方院长 Peter J. Buckley（OBE）教授非常紧张地在下面看着我,不知他是在支持我呢？还是在看热闹。反正那表情是相当的紧张。中方院长王波说,Peter 是牛人,关键要看他名字后面的（OBE）,说那是大英帝国勋章中的第 4 级：官佐勋章（Officer）,简称"OBE"。没有几个人有这个,表明他是经济界的名人。可能他怕不好说话,所以自己不上台,大老远请我过来受罪。我准备以攻为守,因为几年前参加为中国高铁团队走出去的培训,我讲了"美国海外反腐法"的内容,使用了"透明国际"的全球清廉指数,于是在会上就感谢"透明国际"为中国的反腐作的贡献。这一招很有效,透明国际的主持人始终对我很客气,但是下面的听众不管那一套,问题十分具体,什么在中国碰到假发票问题,作生意必须要喝酒吗？在中国不行贿能做生意吗？

最后还是 WTO 救了我,当主持人换成了 CBBC（中英商会）的副主席,话题一下转到了经济问题,下面有人问："为什么中国的法律变了那么多？"我说因为中国加入了 WTO,不是我们想变,是美国、欧洲希望我们变。我发现普遍英国人都不太知道中国入世这点事儿,再说到在 WTO 涉及中国的几个官司,因为中国输了,又改了一些法律,发现他们更是不知道。他们发现欧美人等很会利用 WTO 开辟市场,图书电影不好进来,就去 WTO 打一场；整车要用零部件的税,也去 WTO 打一场；银行卡进不来,也去 WTO 打一场；原材料涨价了,也去 WTO 打一场；好歹改善了一点贸易环境。我看到 Peter 开始笑了,知道这一段谈得应当还可以。事后听王波说,Peter 本来没指望什么,后来还挺满意的,特别是涉及中国和 WTO 的那部分。实际上透明国际我还紧急准备了一下,而 WTO 的东西没有准备,就是因为平时教这个课,加上每次开会,从大伙儿那里吸收了很多的营养,才可以应付得比较自如。

我与 WTO：强扭的瓜也甜？

肖 冰[*]

自杨国华教授组建 AC WTO 学者研究群，特别是加入教师队伍以来，时时感受到他对我等长期自由闲散类学者的巨大压力。他不仅自己不断推出新品佳作，还不时策划些"集体作品"鼓动大伙儿响应。这不，2015 年 WTO 研究会北京年会刚刚开完，我马不停蹄地赶赴厦门参加另一个研讨会，人还没回到家，2015 年 6 月 25 日，就收到他发来的新任务："'我与 WTO'稿约：'我'与 WTO 的相识、相伴与相爱。相识：最初接触 WTO 的情况；相伴：这些年研究 WTO 的情况，包括领域和兴趣；相爱：对 WTO 的基本看法。也可以写一件有趣或难忘的事情。随笔、回忆录形式的，多故事，多趣事，多文采，多细节……每位贡献一篇？请于 7 月 15 日前交稿。"哈，真不知他是怎么想的，这简直就是高考"命题作文"的模式嘛！当了几十年教师，从来都是我们给学生命题，自己除了专业论文之外，基本忘了这种"文体、字数不限"的命题作文从何下手；更何况，写 WTO 也就罢了，还要写出"爱"来，这恐怕也只有像国华教授这样视 WTO 为法治理想、视工作为生命的学者才会预设的前提。7 月以来，他恨不得天天发出 12 道金牌，催促大家写文交稿。刚刚朱榄叶老师在群里说："国华，你不能把我们每个人都当作你自己那样要求啊"，真是道出了我的心声！假设国际法学界多几个他这样的教授，天天像领导一样给我们上紧箍咒，岂不是要疯了！吐槽归吐槽，看在国华教授以身作则的份儿上，还是坐下来沿着他的思路写作文吧。

WTO，想也不用想，与我来说，就是一份赖以生存的工作或职业对象，可以直接转换成"我的工作""我的职业"，从没与"爱"挂钩。我们这代人，

---

[*] 南京大学法学学士、经济法学硕士，厦门大学国际法学博士。曾任南京大学法学院教授、博士生导师，2014 年 11 月起任东南大学法学院教授、博士生导师。中国国际经济法学会常务理事，中国法学会世界贸易组织法研究会常务理事，江苏省法学会国际法学研究会副会长。主要研究方向是国际经济法（含 WTO 法等）、国际私法。

我与WTO——法律人的视角

工作岗位大多由组织分配而非凭个人兴趣或爱好来确定,"干一行爱一行"之类敬岗爱业的口号虽然励志,但好像也传递出些许无奈;钱钟书先生的"围城"定律,不止普适于婚姻和爱情,职业亦大凡如此。就我而言,我与WTO之间的关联如果可以姻缘比拟的话,那绝对属于"包办"范畴!因为,无论是当教师、以国际经济法为专业方向,还是读博期间专攻WTO并将其《SPS协定》作为博士论文的选题,一路走来,根本想不起是否有过那个神圣的、说"I do"的机会,所有一切,个人自由意志几乎可以忽略不计,主要都是外力推动的结果。

博士论文出版时,我在后记中详述过学术生涯所遭遇的一系列偶然,摘录如下:小时候,每当有人问我长大以后想选择怎样的工作时,我总是毫不犹豫地告诉对方:"除了老师,什么工作都可以!"而且,这种想法一直到毕业时也没有改变过。没曾想,1990年硕士毕业临近分配时,受当时大环境的影响,像我这样从中学直接进入大学又直接升至研究生的所谓"三门学生",除了学校之外,没有单位愿意接受⋯⋯我硕士专业是经济法,但毕业留校任教时,基于"先男后女"的原则,同专业男生优先进入经济法教研室,而国际法教研室刚好有一教授国际投资法课程的老师辞职去了国外,这个空缺就由我去顶替,并就此确定以国际经济法为我未来教学和研究的专业方向⋯⋯去厦门大学攻读国际经济法专业博士,本是心无旁骛直奔国际投资法方向而去的,一来,这是我任教之后苦心10年的主攻方向,意欲发扬光大;二来,厦门大学国际投资法的研究在国内处于领先地位,是个"淘金"的好地方;三来,符合我的惰性心理,不必再去拓展新的研究领域。由于当时南京大学国际法专业人手奇缺,自我任教之后,开新课已是"家常便饭",亦常常为此叫苦不迭。现在由自己选择,当然不愿再受"二茬罪";此外,多年来,我一直深知在自己的知识结构方面较长于"私法"领域,而"国际公法"是"软肋",研究国际投资法,特别是外资法,可更多与公司法、合同法等私法结合,自然是扬长避短的明智选择。所以,虽然当时WTO研究已日趋红火,但我总是貌似脱俗实为底气不足地宣称:绝不涉足于此!未曾想,第一次博士生上课,陈安老师就宣布:国际经济法研究所正在进行WTO系列专题研究,希望博士生都参加。尽管陈老师明确说是自愿参加,让大家充分认识其艰难程度后再慎重选择,并谆谆告诫我们:一旦上了这条"贼船"就再无退路!可是,陈老师说"自愿",就像长辈给晚辈敬酒说"你随意",谁敢真的随意?!纵然不情愿,也只好硬着头皮和所有同学一样报名加入研究行列。

"遭遇"WTO就是这样一个被绑上"贼船"的过程。用"遭遇"而非

"相识"更为贴切,一是源于那份意外与被动;二是在此之前也算相识,毕竟国际投资法与 WTO 有所交集(如《与贸易有关的投资措施协议(TRIMS)》),不过最多算是与"路人甲"的关系——途中偶遇,远远打个招呼而已;而此次遭遇,WTO 不仅成功"绑架"了我攻博 3 年的全部生活,也为我未来的学术发展打上了所谓"专业"烙印并由此形成无法摆脱的"路径依赖":攻博期间,全身心投入 WTO 课题研究、服从导师指令选题而撰写了《〈SPS 协定〉研究》的博士论文;毕业后,仍沿着这个方向展开 WTO 的相关研究……真正宛若一段旧式婚姻,一朝屈从,终生套牢!

与 WTO 相伴的 10 余年,可谓甘苦交织。首先想到的,是许许多多的苦涩。其一,作为国际法学中的一支,WTO 貌似"高大上",但与民法、刑法等法律部门及学科相比,显得"不接地气",因而往往在"知识报国"的理想使命与学生"于我何用"的现实追问中处于两难。其二,WTO 博大繁杂的法律体系及由此而构成的几乎无所不包的法律触角令人心存畏惧。研究时间越长、知道的越多,反而越发战战兢兢、如临大敌:生怕漏掉重要的文献、生怕错过可能的先例、生怕混淆协定之间的相互关系,甚至生怕忽略语词的大小写、单复数或其含义与语法属性……总之,在 WTO 面前,能否看清现象尚未可知,岂敢轻言本质或结论。"驾轻就熟"似无用武之地,少有"多年媳妇"自诩"熬成了婆",学术自信屡遭挫败。其三,《SPS 协定》研究在我国始终归入"冷门小众"一族,除 WTO 业内人士之外,知音难觅,自然也不为法学权威刊物所青睐,因而每每看到无情的退稿通知又面对不断加码的考核压力时,不免陷入"坚守"抑或"割舍"的诸多纠结之中。

当然,两难、挫败与纠结终究抵挡不过更多的惊喜和诱惑。WTO 如同一座巨大且取之不尽、用之不竭的学术宝库,守着它,于我们短暂的学术生涯而言,自然不至于为生计温饱发愁;那些被学者视为珍宝并孜孜以求的所谓"前沿问题""一手/经典资料",不论理论的还是实践的,无须念叨"芝麻开门"即已豁然呈现。盘点自己既往的学术成果,好像没有哪一个是为找不到问题而烦恼,倒总是眼睁睁看着"真金白银"大量闲置却无福享用而郁闷不已。文行至此,看上去怎么都有点"炫富"的感觉。实则不然,虽说长期相伴,难免日久生情,但更多的,是想与大家分享这份宝藏。于我看来,在法律/法学领域,WTO 独具海纳百川、有容乃大的可贵品质,既意图消除制度层面的壁垒,也有助打破法学门户之间的界限。在这里,伴随着国与国之间博弈的,还有着法与法之间的交融——公法与私法、国内法与国际法、实体法与程序法……在这里,不问出身,只要留意用心,都可有所斩获。以我自己的学生为例，他们中不少并无国际法专业背景，但凭借各自的兴趣和优势，加上不懈的努力，都开垦出了属于自己的WTO新天地。例如，闫瑞波博士因好奇GATT第4条的适用问题，撰写出颇受好评的《论GATT与GATS之间的关系》的博士论文；许多博士有感于2011年WTO有关PTA的报告而专门探索"WTO规制特惠贸易协定的改革路径"；王鸿博士作为知识产权学院的老师一直追踪TRIPS协议例外条款的解释问题；陈瑶博士擅长知识产权法但又不甘局限于微观，因而尝试探索"知识产权权利限制国际规制体系的宪法结构和功能"；还有郭文利博士，作为一名长期从事司法审判工作的一线法官，因执着于中国的司法改革，潜心挖掘"WTO争端解决的简约机制"之机理以力图借鉴。此类事例还有很多，无法详述，但大凡职业教书匠，都可体味其中近乎开枝散叶般的成就和满足。

也许上述"珍宝"角度过于写实，疑似"庸俗的实用主义"而可能为超凡脱俗之学者所不屑，那么，我想说，在WTO作为政策对垒、利益较量平台而存在的外形之下，其制度内核承载着国际社会变"以邻为壑"为"睦邻友好"的和谐追求，更承载着中国学者对于市场经济和法治理想特有的渴望和寄托。也许就是因为垂涎与眷恋着如此物质加精神的双重饕餮盛宴吧，WTO"围城"里的人未见减少，越来越多的年轻学者又冲了进来。不过，友情提醒一下，在我看来，这个家族里的大多数成员都有强烈的"自虐"倾向，终日为WTO操劳忙碌，不图回报却乐在其中，有的甚至已经背离了"工作"与"职业"初衷。难道，这就是传说中达致忘我境界的"奋不顾身的爱"？

最后，必须隆重地感谢一下国华教授，并对开始不友好的吐槽予以忏悔！感谢国华教授布置命题作文，感谢国华教授"黄世仁逼债"式的督促，否则，一向随性、偷懒的我，哪里有机会回溯既往的得失，哪里有耐心梳理职业与人生，哪里有闲暇体味"包办婚姻"中的浓情蜜意，哪里有勇气质疑传统名言：强扭的瓜，也甜？

我与 WTO：共同度过

陈咏梅[*]

接到杨国华教授发来的"我与WTO"稿约，我的第一反应是：这看似要写回忆录了！每天繁忙的琐事似乎已让我没有时间去回忆过去，一个又一个的任务已让我负债累累。但每每瞬间回想起过去的人或事，仍有一股暖意涌上心头。想想我与WTO，是怎么的一段情缘呢？

一、识

1999年我拿到经济法专业硕士学位后从西南政法学院外语系调至法学二系，回到了我本科毕业的院系❶，算是在外语系游荡了9年之后回归法学专业。鉴于我在外语系任教的历史，我被分配到了国际经济法教研室，教授国际贸易法、涉外投资法等课程。即便我教授国际贸易法，当时讲授的课程内容也很少涉及GATT，更不用说WTO了，而主要是讲国际货物买卖、运输、保险、支付等横向的国际贸易法。稍年长的老师一定记得2000年左右神州大地发生了什么，那便是轰轰烈烈的入世学习热潮。我本逍遥人士，没有踊跃参与入世"利与弊"的大讨论，但在不知不觉之中，还是被这股热潮半推半就地认识了WTO。记得那是在2002年左右，中国刚入世，西南政法大学承办了一场全国性的WTO争端解决机制培训。我新到教研室，讲授国际贸易法，培训又在西南政法大学进行，当时的学院副院长邓瑞平教授推荐我参加了培训。我已不记得前来做培训指导的国外专家名字，只清楚地记得国内讲

---

[*] 西南政法大学国际法学院教授，国际经济法教研室主任，中国国际经济法学会理事，中国法学会世界贸易组织法研究会理事，中国—东盟法律研究中心理事，重庆市仲裁委员会仲裁员，海南仲裁委员会仲裁员。

❶ 法学二系在我入校时原名为"经济法系"。我之所以毕业后留校于外语系，是因为接受了司法部的资助在华东政法学院学习了3年法律英语，按照我与西南政法大学的合同约定，需要在外语系任教不少于5年。现在每当我听到上海的曹家渡、长宁区、中山公园和华东政法学院的韬奋楼等名字，总是会备感亲切。

习教授有华东政法学院的朱榄叶老师和丁伟老师,同学中记忆深刻的是清华大学美女教师吕晓杰,在今年 WTO 年会结束后国华导游清华园途中又得知中国人民大学帅哥韩立余老师也是那次培训班的同学。就这样,我从参加 WTO 争端解决机制培训开始,认识了 WTO。

二、恋

那时我对 WTO 的认识相当肤浅,即便是对素有"皇冠上明珠"之称的 WTO 争端解决机制,认识也是肤浅的。只知道其外表高大上,尚不知其"心灵"如何。但既然已经经人介绍接触认识,顺理成章下一步该"恋"一段。这正如恋人的出现并不是因为那个人有多重要,而是因为那个人出现在了你人生"恋爱"的阶段。

从此之后,我开始为在国际经济法课程教学中注入新元素而学习 WTO。较早阅读的书籍有赵维田教授著作的《世贸组织(WTO)的法律制度》、于安教授编著的《WTO 协定国内实施读本》,记得还有一套湖南科技大学出版社出版的系列 WTO 法律制度解读性书籍。最早接触的外文书籍是 John H. Jackson 教授的著作 The Jurisprudence of GATT and the WTO,该书对于深入理解 GATT 和 WTO 的内容、实质、相关制度的理论思考、未来的发展趋势有极其重要的参考价值,对于我国入世后的法制建设亦有很大借鉴作用。就这样,一本又一本有关 WTO 的书籍,也不知看了多少,然后发现,这个"恋人"太高深,把控不了,一会货物贸易,一会服务贸易,一会知识产权……完全不好玩;但也正是因为它的高深,又总是吸引着我去探究它的神秘。这真好比谈恋爱一样,一切都了解透了,似乎吸引力反而会大减,猎奇应该是正常的心理吧?就这样,我与 WTO"恋"上了。"恋"的结果便是 2007 年我博士论文《WTO 贸易政策评审机制法律问题研究》的出炉。选择这一题目主要是因为当时 WTO 各类书籍如雨后春笋,各路武林大侠都已抢占研究领地,我需要避免开题委员会给我下一个"同类研究太多,不具研究意义"的评语。

三、爱

"恋"生"爱"的过程无法用准确的时间来判断,但应该还是有一些决定性的因素。这一因素产生于我第一次读完 WTO 争端解决上诉机构的一个报告。那是在 2007 年,我刚完成博士答辩后便访学澳大利亚邦德大学法学院,全程旁听了 Laurence Boullde 教授负责的两门课程,一门是 Law of Globalization,另一门是 WTO—the Legal Framework,并且还在后一门课程中受邀做了几次 Presentation。大家都知道，国外教授讲课一般都会涉及案例讨论，我虽是旁听，没有硬性的阅读任务，但自觉性还是让我跟随授课进度按 Laurence 教授对学生的要求阅读了每一个讨论案例。记得当时我阅读的第一个 WTO 案例是欧共体和日本诉美国 1916 年反倾销法案（DS136，DS162）的上诉机构报告。在上诉机构报告中，上诉机构结合《反倾销协定》第 9 条，详细地解释了 GATT1994 第 6 条第 2 款"为抵消或防止倾销，一缔约方可以对倾销产品征收数额不超过此类产品倾销幅度的反倾销税"中"可以"（may）的含义……记忆深刻的是，当我阅读上诉机构结合该案对"may"进行解读时，真可谓大开眼界，原来除了摆事实、结合法条得出结论之外，还有如此细腻的分析和解释，这样的裁决不得不让人信服啊！从一开始学习法律，一直在思考法律的真谛，直到接触 WTO 案例，才如同收获了自己多年寻找的珍宝，顿有令人亢奋之感。原来法律的趋同是可以实现的、裁决报告应该是具有严密法律推理的、有说服力的裁决是能够在世界各国得到执行的。利用那段访学时间，我又阅读了一个又一个的 WTO 案例，逐渐认为，虽然 WTO 的强制管辖权使得每一成员必须接受 WTO 的管辖，无论被诉方情愿与否，但缜密而精细的裁决闪现着法治的曙光，我更相信成员是信服 WTO 才愿意将争端提交 DSB 裁决。WTO 争端解决机制的成功说明在国际法层面，是可能存在国际法治的。

就这样，从阅读 WTO 裁决报告开始，我爱上它了，爱得不忍心看到现实对它的伤害。众所周知，WTO 新一轮回合谈判履步艰难、WTO 内生问题不断呈现，在此背景下，区域贸易协定/自由贸易协定（RTA/FTA）近年呈井喷态势，在 GATT1994 第 24 条合法外衣的旗帜下，屡见违反程序上通报要求和实体性上"实质上所有贸易自由化"要求的现象发生。更为甚者，无一起违法行为得到有效纠正。为此，不少人对 WTO 忧心忡忡，认为其已经过时，甚至"死亡"，RTA（FTA）才是"时髦"。而我坚持认为，从 WTO 运行二十年的表现来看，其提供贸易谈判场所、监督成员贸易政策等功能发挥正常，其处理贸易纠纷的功能更是表现得淋漓尽致、备受瞩目，WTO 仍然是国际法治成功的范例、仍然是对世界经济影响最深入的国际法、仍然是对各成员贸易政策影响最全面的国际法、仍然是国际法人追求"法治社会"的内心标杆。我们不能因为谈判的暂时停滞就否认已经取得的谈判成果，不能因为成员的违规行为没有得到及时纠正就认为 WTO 功能丧失，不能因为个别案例的未予执行就否认 WTO 争端解决机制的有效性，不能因为众多成员同时选择 RTA（FTA）就认定它们将离 WTO 远去。人无完人，任何机制也不可能尽善尽美。WTO呈现出来的一系列问题是任何机制在运行过程中问题呈现的正常体现，大可不必对此信心丧尽，当然也不可高枕无忧，而是应面对问题，群策群力，为多边贸易体制的进一步完善贡献大国乃至大国国际法人的力量。虽然RTA（FTA）可能成为各国短期利益的选择，即便如此，实际上，WTO已经成为或将会成为RTA（FTA）立法及其实践的重要参考。如果说自由贸易乃是我们共同的价值追求，法治乃是我们共同的价值取向，那么，WTO终将成为世界贸易各国的最终选择。❶

四、伴

虽说喜爱，但由于不够勤快，我对WTO的研究很是有限。除了将博士论文修改出版外，随后的研究随兴趣使然，基本围绕WTO争端解决的参与问题而展开，如论文《发展中成员利用WTO争端解决机制的困境及能力建设》《析WTO对发展中成员的技术援助和能力建设》《对企业参与WTO争端解决机制的技术援助和能力建设——以发展中成员为视角》《"法庭之友"参与WTO争端解决程序历史考察述评》等。近期的研究则围绕WTO与RTA/FTA的关系而展开，如论文《美国FTA范式探略》《WTO法在区域贸易协定解释中的适用探究》《国际知识产权协定之间的冲突与协调——以世贸组织和自由贸易区的知识产权协定/条款为视角》等。其中最能体现我对WTO的爱的论文是《WTO法在区域贸易协定解释中的适用探究》。因为在该文中我认为，目前的区域贸易协定常常借鉴、模仿WTO条约语言。在对这些纳入了WTO条约语言的RTA进行解释时，WTO判例法可能会起到一定的作用。我甚至认为，如果WTO法及其判例中的某些解释满足了习惯国际法形成的条件，它们则有可能发展成为习惯国际法，从而被RTA仲裁庭适用。即便WTO法及其判例中的某些解释形成习惯国际法存在困难，一些国际仲裁庭（例如北美自由贸易区（NAFTA）仲裁庭）在解释RTA条约语言时，已将WTO判例作为《国际法院规约》第38条第（1）款第（d）项下的"司法判例"加以考虑。因此我认为，鉴于中国签订的双边或区域自由贸易协定有不少纳入了WTO条约用语，中国应当立足于《维也纳条约法公约》的解释原则，把WTO解释和类似WTO条约语言的协定解释联系起来加以研究。

WTO也一直与我的教学生涯相伴。在2007年出国访学前我已在国际经

---

❶ 我在2015年1月17~18日西南政法大学举办的"纪念WTO成立20周年学术高端论坛"上也表达了此观点，此次论坛内容已载《中国社会科学报》2015年3月23日A08版。

济法课程中讲授 WTO 法，讲授的内容基本是一些基础性的知识，包括规则的介绍，充其量以案说法，但没有在课堂中让学生对案例进行讨论。我对自己 WTO 法课程教学的反思始于我利用完整的两个学期全程跟踪了邦德大学的 8 门课程之后，我被国外课堂的讨论氛围深深触动，这与国内讲授式课堂的"死气沉沉"形成鲜明对比，引发了我的思考：这样的讨论式教学能够移植到中国吗？所幸的是，在张晓君院长的大力支持下，国华教授（当时还是商务部条法司副司长）将西南政法大学作为了讨论式教学法的试验田，再一次促发了我对 WTO 教学法的思考。ACWTO 的群友们一定还记得国华在 2013～2014 年期间曾连续不断地发送给我们一些关于教学法的论著，以致我专门建了一个"教学法"的文件夹来收藏这些资料。我很赞同"人本主义教育"的理念，因而积极参与了国华推动的讨论式教学法在西南政法大学的破土发芽。2012 年 4 月 13 日，西南政法大学国际法学院主办了第一届"WTO 案例教学研讨会"，我观摩了国华主持学生讨论的"中国原材料出口限制案"（DS394）中"中国关于出口税承诺无权援引 GATT 第 20 条例外"的问题，并就"卓越涉外法律人才培养的案例教学模式"与来自清华大学、对外经贸大学、复旦大学、中国政法大学、西北政法大学、武汉大学以及重庆部分高校的老师进行了探讨、交流。2012 年 4 月 14 日，我主持了陈雨松处长与西南政法大学国际法学院师生的座谈交流会，探讨"WTO 案例教学"在培养卓越涉外法律人才方面的必要性及其实务需求。2012 年 5 月 18 日和 19 日，我与王衡、全小莲、李满奎老师示范了各自理解的讨论式教学课，我们主持 4 组学生讨论了"美国反倾销和反补贴案"（DS379）中的"双重救济"问题，通过对不同组授课模式的比较、分析，以探寻最能发挥学生思辨潜能的教学模式。2012 年 12 月 22～23 日，我参加了西南政法大学国际法学院主办的第二届"WTO 案例教学研讨会"，并与冯雪薇律师、杨国华教授、石静霞教授和王衡教授一道进行了 5 场教学示范，示范后由授课者、参与学生及与会者进行讨论，专门探讨将"纯粹案例教学"模式推广适用于卓越涉外法律人才培养实践的可行性及其障碍。2014 年 12 月 30 日，我又负责组织了我院主办的"卓越涉外法律人才培养研讨会"，同与会老师交流各高校涉外法律人才培养基地建设的经验，希望通过大家的共同探讨，形成一个涉外法律人才培养的措施体系。

尽管在 ACWTO 邮件群中，对讨论式教学的交流已冷却下来，但我对讨论式教学的探索却一直在进行，从示范走向了常规教学，从 WTO 法课程走向了非 WTO 法课程。因为我自知，自己无法做什么伟大的事，只能怀着对学生的爱做点小事，做点自己喜欢的事。心安，则身安！

五、守

闭上眼睛熄了灯，回望这一段路程，看见昨天、今天无论有多少艰辛，WTO依然陪伴在我身边，并已从"爱人"升华为"亲人"，这就不难解释我对它的包容了。曾经对法治惆怅的心，藏在黑暗的角落，是WTO用它所有的魅力牵引我走出迷惘。如果要让我将人生经历重新再走过，我仍然愿意与WTO重逢在慢慢长夜的尽头。漫长的风雨路有WTO与我共同度过，我想我会一直守护着它并让它伴我老去，同时期待后继新秀将WTO谱写成更美的歌。

子衿青青，我心悠悠：观察与思考
世界贸易体制的个人回顾

何志鹏*

一

在 1992 年秋季，我刚入大学之时，对于扑面涌来的知识和信息颇有目不暇接之感。此前长期待在偏远的东北农村，对于周围事物的迟钝也使得我对于大家吵嚷得热热闹闹的世界贸易体制（当时还是关税与贸易总协定）没有产生特别的兴趣，甚至多有困惑和质疑。那时的世界贸易体制，于我就如传说中的仙女，虚无缥缈、遥不可及。

虽然大学本科学的是国际法专业，但我自忖算不上是该领域的一个优秀学生。在我并不确切的记忆里，绝大多数热情和精力都在哲学和法理学上，与同学聊的大抵是古典音乐、书法篆刻这些无关国计民生的风花雪月；闲来无事去图书馆翻的也经常是百科全书，洋溢着仿佛还不如中学时代关心世界大势的犬儒格调。然而记忆很可能真的是不确切的。否则也无法解释何以当时还会试着写一些小的专业论文，何以每个学期的学习成绩还都很好。我后来总是试图说明当时的课程都很简单，但我那个阶段的同学都不同意。当时确实经常浏览《全国报刊索引》，对于国内在本专业和相关专业的研究状况做大略的了解。当时文献的电子化还仅仅是一个课堂里讲授的概念，我们查资料都要去图书馆，所以隔段时间去梳理一次报刊索引、阅读一些文章，是当时养成的习惯。从这些文献中，能够感受到人们在忧虑着"复关"能给中国带来什么影响，如何防范；但具体规则及其操作如何，其实并不了然。仙女仍如飘若惊鸿的洛神，难以企及。

---

* 法学博士，吉林大学法学院教授、博士生导师。长春市仲裁委员会仲裁员、专家咨询委员会委员。中国法学教育研究会副秘书长，中国国际法学会常务理事，中国法学会世界贸易组织法研究会常务理事，中国欧洲学会欧洲法律研究会常务理事，吉林省法学会国际法研究会秘书长。

大三之后，为了考研，我认真地阅读了一些书，其中就包括一些与 GATT 有关的。虽然所学不深，至少可以说是掌握了这一体制的历史进程、组织结构和规则框架。同时，当然也关注着无法跟踪把握的乌拉圭回合及其成果。那个阶段，读郑成思教授的文章、著作多一些，一边读、一边学习，一边也产生了一些疑问。那大概是我 2003 年发表《知识产权与国际经济新秩序》一文的早期根源。

二

读研的时节已然是 1996 年，GATT 已于两年前正式被 WTO 替换，"复关"的中国大潮也已然易名为"入世"。国内的诸多专家依然在原有的主题下旋转，换句话说，能够切中肯綮者不多，空谈玄论者不乏。多数研究都仿佛对一位仙女进行谈论，却没有充分注意到这位女士的衣着形迹。不过，中国政府为加入 WTO 而进行的努力却在不断推进，并实际上影响着国家的发展方向和国民的心态。于安教授关于入世与中国行政法关系的研究给了我很多启示。

在这样的大背景下，虽然受制于资料更新的缓慢和信息渠道的狭窄，我们的学习和研究还是理所当然地增加了很多 WTO 方面的内容。及至我准备硕士论文《国际经济领域环境措施的法律分析》的时候，WTO 在环境领域的立场和规则已经成为一个非常重要的方面。这一研究延续到我研究生毕业，以及毕业后在学校任教的数年。

三

在读研的时候，我们有机会听来自美国的专家讲授 WTO、知识产权等问题；研究生毕业以后，2000 年暑期在吉林大学举办的美国法讲习班上，也有 WTO 方面的讲课安排。这个讲习班上有很多已经并将继续为中国国际法事业做出贡献的同学，不过给我印象最深刻的还是率真、爽朗、睿智、声音很有特质的朱榄叶教授。她是我非常钦佩的国际法学者，她的研究给我很多引导，她乐观的态度和上进的精神对我的影响更大。我们在这些课程中更多地了解了 WTO，此时的 WTO，对于我们而言，在朱榄叶教授等学者的描述引介之下，已然成为一位风采卓然的秋水伊人，令我们倾慕，让我们向往。

四

1999 年初，我有幸成为吉林大学国际法专业的一名教师。虽然资质平平，虽然茫然懵懂，但确实认真而勤奋地教学研究。具体工作的头绪很多，其中有些工作就是与WTO有关的。

留校之后的一项任务是参与老师们共同撰写的《国际经济法概论》一书。我承担的就是世界贸易组织部分。这使我有更多的机会去理清WTO的历史与现实、规则与实践。而且，如果说我当时撰写的这部分有什么特色的话，那就是增加了对WTO的反思性评价和批判性分析，这也是我一直坚持的学术理念和研究方法。

2001～2003年期间，我与孙璐、王彦志二位长期、主要的合作者一起翻译了彼德斯曼（Ernst-Ulrich Petersmann）教授的大作《国际经济法的宪法功能与宪法问题》，在这个过程中，我们有了更多的机会，对世界贸易体制的相关规则和运作进行深度分析，并了解彼德斯曼教授的理论脉络。彼德斯曼教授这份不惑之年之后出版的著作当然精彩，但半百、花甲以后的著作更是发人深省。通过与彼德斯曼教授的交流，我们审视着WTO的问题与发展方向，并且在与欧盟、联合国相互联系和比较的语境下，评价着世界贸易体制的贡献与局限。

在那个阶段，我还荣幸地被那力教授邀请，参加她主持的一项名为"WTO与环境保护"的研究。我负责这个研究的基本理论和宏观脉络部分。基于我硕士期间积累的材料、形成的观点，虽然不算驾轻就熟，倒也没有遇到特别大的障碍。而且此时运用互联网已经相当容易，资料的获得障碍大幅降低，研究的视野开拓得也就很快。回想当时那段填写项目申请书、翻检资料、撰写文稿、校对清样的过程，还是充实而愉快的。而且值得欣喜的是，那份研究出版的著作《WTO与环境保护》还很运气地获得了安子介国际贸易研究奖，被专家肯定也是当时我们有信心继续研究的基础。在那之后，那力教授与王彦志和我还承担了一项"WTO与公共健康"研究，后来也出版了一本书，这些研究都属于在中国、中文学界对于"贸易与……"议题所进行的分析。当然，回看那些研究，缺陷还是很明显的，例如整体比较粗疏，在分论部分自己的观点还不够突出，等等。不管怎么说，我们的努力还是表达了对于这位衣带飘飘的女士的敬仰，同时也说明，她或许还远非完美，还有很多机会，可能出落得更招人喜爱一些。

五

在研究的过程中，我逐渐形成了从权力、大国的角度去观察、思考国际法律体制的方式，特别是批判性反思的习惯。这算是一种国际关系学与国际法学的跨学科研究，其实也可以理解为将国际法立体化、动态化。2010年的小文《WTO发展取向论》是我此种研究的一个体现。就这样一边学习、一边研究、一边思考，WTO方面的问题与国际人权、国际环境、武力使用、民族自决等一系列具体问题的探索，成为我一个较为宏大的研究体系"国际法治"的坚实柱石，使我对于国际法过程与系统的理论分析有了较为扎实的基础和具体的例证。

2008年，我开始进行一项名为"国际经济法治"的研究，对于国际贸易、投资、金融体制的总体格局进行系统评价并提出宏观建议。这份以发展中国家的利益为视角、以人本主义为导向的研究自然不可能没有对于WTO相关制度的分析。研究持续了6年，在基本成型后，有幸获得教育部人文社科后期项目的资助。而今，书稿已经交至出版社，正在编校过程中，可望不久面世。

六

花开花落，云卷云舒。中国学界对于GATT/WTO的研究，曾经出人意料的繁盛，也慢慢降温回潮。WTO自身的发展，曾经野心勃勃，而今也逐渐调适到有限的目标。也许真正的制度本来如此，真正的研究也本该如此。热血和热情诚然必要，冷眼和冷静更是不可或缺。

冠盖满京华，斯人独憔悴。在自由贸易试验区、TPP、TTIP、亚洲基础设施投资银行（AIIB）、金砖国家（BRICS）等诸多规范和体系纷纷建起并不断获得人们关注的情势下，原来罩在GATT/WTO体系之上的光环正渐然淡去，显得不再如往昔那般风华绝代、光彩照人。也许正确的理解是，最初，我们就无须对于以WTO为代表的多边贸易体制赋予太多的美好意向。它既没有人们想象的那么神圣，也没有某些人论断的那样赢弱。推进多边经济贸易自由化、法治化的世界繁荣之路从未改变。所以，当前，在大国政治的宏观背景里一点一点地注入国际法治的因素，是WTO的健康与持续发展的方向；在精深的研究中培养出一些真正的专家，特别是能够熟练地运用规则、很好地维护国家立场和国家利益的高水平研究者和实践者，是中国国际法发展的希望，也是我们每一个国际法研究者的期待。

我与WTO：平平淡淡才是真

贺小勇[*]

接到杨国华教授"我与WTO"的命题作文，静心一算，我从事WTO学习、研究居然整整20年了。当年研究WTO热潮时，那真是千军万马，盛况空前。随着岁月的洗礼，能够始终坚持，不离不弃，渐渐就成为WTO研究中的老兵，我就是那老兵中的一个。回过头来看，发现自己能够安身立命的，恰恰就是因为研究WTO。

本科毕业不愿回老家，最好的路径就是考研究生。那时尚不知GATT或WTO是何物，只是觉得国际法专业高大上，而且当时华东政法学院名教授如曹建明、陈治东、朱榄叶、丁伟等教授都是国际法系的，于是就报考了国际法专业。刚接触WTO时，着实被它复杂的架构体系、高标准的英文水平震慑住了。后来在朱榄叶教授的建议下，坚持听"美国之音"（VOA），听坏了好几个收音机，英语才有所提高。记得当时入门读本是汪尧田和周汉民教授主编的《世界贸易组织总论》，在WTO刚刚成立之际，汪老的这本专门阐述WTO教材，对于我这个初入门的学生来说，起到了极好的引路作用。

我的研究生导师是曹建明教授，他每周都会到研究生宿舍巡视，每次都要问我们两个问题：在看什么书？在写什么文章？看书好回答，写文章就很让人发愁了，因为想不出足以做出文章的问题，所以心底里非常希望曹老师不要来宿舍，更渴望能找到一个给我灵感的宝库——WTO对我就是这样的宝库。我的第一篇正式发表关于WTO的论文是《论PPM标准》，发表于《国际贸易》，拿到不菲的稿费不说（《国际贸易》杂志特别厚待作者），还收获了无数羡慕的目光，文章标题看起来就够高大上的。因发掘到WTO这个新领

---

[*] 华东政法大学图书馆馆长，教授，博士生导师，自贸区法律研究院常务副院长。法学博士，英国华威大学发展法硕士。中国国际经济法学会常务理事、世贸组织法研究会常务理事、上海WTO法研究会副会长，上海市优秀青年教师，上海市曙光学者。上海十三五规划专家咨询委员会委员，中国国际经济贸易仲裁委员会仲裁员，上海国际经济贸易仲裁委员会仲裁员。

域，在此后的研究生阶段，我陆续发表了20多篇文章，大多是受WTO的启发而成。

研究生毕业又要面对新的选择，外面的世界很精彩，我是不是也要出去看看呢？这时是WTO的比较优势理论给了我启发：不和别人比，而是自己和自己比，我将自己的特点一一列出，看看这些特点中哪些特点最突出，最适合从事什么职业。仔细分析和慎重考虑之后，发现自己还是留在高校最明智，外面世界很精彩但不适合我，如此这般，就留在华东政法学院，继续与WTO共同生活。很多人说"干一行怨一行"，但于我而言，从事WTO学习、研究、教学20多年，倒是越干越开心，越干越轻松。去年参加大学同学20年聚会，大家都说我基本没变化，我觉得这是WTO滋润的功劳。

在WTO学习研究中，我非常幸运地得到了两位师尊的提携：一位是已仙逝的汪尧田教授，另一位是我恩师曹建明教授。汪老一直让我参加GATT上海研究中心的研讨会，结识了一大批研究WTO的著名前辈学者与商务部的专家型官员。我清楚记得他曾坚定地说："入世"不可能一夜之间给中国带来繁荣，也不可能一夜之间带来灾难。我总的看法是机遇大于挑战。从长远看，融入以规则为基础的多边贸易体制，有利于中国社会主义市场经济和法制经济的尽早建立。他还强调：我们不能因为强调自己的特殊性，而错过了融入世界经济主流这个良好的发展机遇。在中国入世谈判面临国内争议时，他观点鲜明地指出："我到现在还没听说哪一个国家因加入WTO而经济垮台！"可以说，汪老的教诲让我研究思想境界得到了升华。1998年，曹建明教授撰写《世界贸易组织》，我荣幸参与，他说："一定要好好写，争取能够一版、再版下去。"这本教材，法律出版社分别在1999年、2004年、2011年出版了第一版、第二版、第三版。

入世伊始，在1999～2001年期间，我作为国家四五普法高级讲师团成员，为不少省部级领导干部主讲"中国加入WTO的法律问题"，临时享受了不少政治待遇，也算是一段趣事。世事无常，当时主持我讲课时的官员，有的沦为阶下囚如天津宋平顺、安徽王昭耀，有的成为党和国家领导人如吴官正。

DSB的案例给予了我源源不断的研究课题，更为重要的是，启迪和强化了我的规则思维。我一直在想，法律专业思维与政治、经济或金融等专业的思维差别在哪呢？DSB的裁决给予了很好的回答，那就是规则思维。换言之，就是专家组和上诉机构在案件审理时对WTO协定的解释严格按照文本先行的解释规则。前上诉机构成员柯斯·泰特·厄尔曼（Clause Dieter Ehlermann）对上诉机构之所以倾向于词语含义优先的解释方法的原因进行了说明，他说：直接而公开地给支配解释的基本规则定位，并明确地选择文字优先的主张，对上诉机构内部工作和它的报告对外部的效应上，都具有重大影响。从内部工作来说，直接提到《维也纳条约法公约》第31条、第32条，并赞同对条约词语具有的正常含义予以优先考虑，对于分散在不同上诉庭、解释不同涵盖协定的不同条款的上诉机构成员，具有事先指导的作用，有助于各个上诉庭报告的一致性和连贯性。对于外部而言，上诉机构在解释方法上公开而透明的选择，可以给WTO成员方以清晰的导向，有助于为这个多边贸易体制提供可预见性。特别是，严格依照条约词语所具有的正常含义可以避免上诉机构报告被指责为"增加或减损WTO涵盖协定的权利与义务"。正是这样一种规则思维，有利于我们对于案件作出较为中性的判断。比如原材料案开始时，我在论文中提出："尽管美欧与中国稀有资源出口限制之争实质反映了各国（地区）产业部门对于稀缺资源的争夺，但一旦提交给WTO争端解决机构，则表现为一个典型的法律问题，即中国的稀有资源出口限制是否符合WTO规则及中国入世的相关承诺的规定？"再如原材料案败诉后，针对涉议定书案能否引用GATT第20条的问题、是否对中国将来涉"议定书"案件构成实质性不利后果，我通过对"议定书"逐条逐句分析，提出"可以消除困惑，打消疑虑，不必过于纠结'原材料案'专家组和上诉机构对GATT第20条不适用于'议定书'第11.3条的解释。"当然，也有判断与专家组裁决完全不一致的情况，例如汽车零部件案，不过不是规则思维的问题，而是规则的理解问题。WTO案例的规则思维，还帮助我在国内法院胜诉复杂案件，赢得声誉，真是意外收获。

研究WTO不仅惠及我自己，而且影响到我的学生、我的女儿。每年学生教学评价中诸如"贺老师课上对于案例的分析甚为详尽，让我领略了世界最高水平的判决的魅力，使我拓展了眼界，对于世贸法的学习产生了浓厚的兴趣"，会让我感到非常欣慰。研究WTO期间，我获得英国政府Chevening Award赴University of Warwick大学攻读LLM。期间偶然得知英国的义务教育对在其境内的儿童实行国民待遇，我将正在读幼儿园大班的女儿接到英国就读一年级；后来到美国旧金山大学讲授"中国对外贸易法"，我又如法炮制，将女儿带到美国的小学读二年级。耳濡目染之下，女儿也知道"海龟案""金枪鱼案"等经典案例，并立下出国留学的愿望，说不定将来还"父业女承"。

可以说，WTO是我赖以安身立命的根本，是我事业的基础，已经融入我的灵魂和生活，实在应该感恩。

走进 WTO 法的迷宫

胡建国[*]

2015年6月27日，清华大学杨国华教授新建"我与WTO"群，并热情邀请学界、实务界的相关人士加入。殊不知马上就被布置了命题作文，以"我与WTO"为主题记述与WTO的相识、相伴和相爱过程，7月15日交稿。原来这是一个约稿群！当然，"我与WTO"已经发展成为讨论WTO相关问题的专业群。无论如何，借此机会回顾一下自己研究WTO法的历程、总结经验教训是一件大好事。

一、初识 WTO

最初接触WTO，始于左海聪老师讲授的《国际经济法》课程中的相关内容。我本科就读华中科技大学（原华中理工大学）经济学院。当时武汉五所高校[❶]联合办学，本科学生可以跨校跨学科辅修第二学位。我选择辅修武汉大学法学院的经济法专业。2001年上半年，左海聪老师给我们讲授《国际经济法》，其中有不少内容是关于WTO法的，具体内容记不太清了。这是我初次接触WTO法，当时并未觉得有多么特殊。

2001年12月11日中国加入WTO。2001年初成立的华中科技大学法学院邀请左海聪老师来校讲座。具体题目记不得了，主要内容好像是中国加入WTO的影响。一个非常大的阶梯教室挤满了人，至少有100多人吧。印象最深的是，左海聪老师当时指出，中国入世后需要大量的WTO法律人才，这是我选择研究WTO法的原因之一。

---

[*] 南开大学法学院讲师。华中科技大学金融学学士、武汉大学经济法学学士（第二学位）、国际法学硕士和博士。曾在商务部条法司挂职锻炼一年。

[❶] 武汉大学、华中科技大学、原武汉测绘科技大学、原武汉水利电力大学、中国地质大学。

二、研习 WTO

第一次研究 WTO 法，是做我的本科毕业论文。当时我已经考上武汉大学法学院国际经济法专业研究生，选择左海聪老师做我的本科毕业论文指导老师。当时完成的论文题目是《完善 WTO 反倾销立法，抑制贸易保护主义》。

2002 年进入武汉大学法学院攻读国际经济法硕士，除完成各门课程作业外，主要是研习 WTO 法。左海聪老师上课给我们讲授了危地马拉水泥反倾销案、印度数量限制案、加拿大专利期限案等案例。韩立余老师的 GATT/WTO 案例及评析系列书将我进一步带到了 GATT/WTO 案例研究当中。

研究 WTO 案例，对于我等笨人来说，翻译是第一步。当时左海聪老师承担了国家社科青年项目"WTO 法成案研究"，他带的我们这届研究生承担了部分研究内容，各自梳理一个或两个主题的 WTO 案例法（主要基于 WTO 分析索引）及一个典型案例，并对案例进行评析。我最初承担了 TRIMS 协定案例法的梳理以及典型案例印度尼西亚汽车案，后来又增加了 TRIPS 协定案例法以及 GATS 典型案例美国赌博案等内容。这些研究的第一步是翻译，然后是整理和评析。记得当时还翻译整理过与 GATT 第 24 条有关的案例法。

美国赌博案上诉机构报告 2005 年上半年公布。当时我已考上武汉大学法学院国际经济法博士。2005 年暑假，我无处可去，最后到我的同届同门湖北警官学院老师裴煜家住下（他老婆带着孩子回岳父母家避暑去了）。我俩都有"WTO 法成案研究"的任务。同学家有一个很长的书桌，每天我们并排干活，花将近 8~10 个小时翻译整理相关分析索引和案例，累了网上斗几把地主。我一直在翻译整理美国赌博案专家组和上诉机构报告，大概持续有个把月。这个任务完成后，我们又对"WTO 法成案研究"的稿子进行排版校对。

这次研究经历，虽然非常累人，但给我的 WTO 案例法积累打下了坚实的基础，也深刻影响了我后来的 WTO 法研究：以案例为主的实证研究。这是一个在国内吃力不讨好的工作，主要是很难在核心期刊上发表文章。

由于梳理过 TRIPS 协定案例法，也读过韩立余老师"WTO 案例及评析"系列书上的典型 TRIPS 协定案例，例如美国版权法第 110（5）节案、印度专利案、加拿大医药专利案、加拿大专利期限案等，当时觉得 TRIPS 协定例外条款是一个值得研究的主题，打算选为硕士论文题目。开题之后，随着研究的深入，不断缩小研究范围，最终以《TRIPS 协定第 30 条》为题撰写了 10 万余字的硕士论文，内容涵盖 TRIPS 协定第 30 条一般例外的理论问题、有关第 30 条的 WTO 案例法以及主要一般例外的国内实践等问题。

博士论文的选题也经历了一个不断寻找和压缩研究范围的过程。当时 WTO 主要涵盖协定都已被写成博士论文，于是果断放弃此类选题。通过阅读 Journal of World Trade、Journal of International Economic Law 等外国期刊上的文章，最后决定以"WTO 救济法律制度研究"为题展开博士论文研究。除阅读大量外文论文外，主要研究资料是 WTO 相关案例。为了写好论文，我阅读、翻译、整理了所有的第 21.3（c）条合理期限仲裁裁决、第 22.6 条报复仲裁裁决以及第 21.5 条专家组和上诉机构报告中涉及第 21.5 条程序的相关内容。这些基础性工作为博士论文的写就奠定了坚实的基础。此外，我还大量阅读了国际法遵守的相关理论，限于水平和精力，最终反映在博士论文的内容仅一两个段落。

参加工作以后，仍以 WTO 法为主要研究内容。除继续完善博士论文以便出版外，随着中国涉案争端越来越多，我的相关案例研究集中于中国起诉或被诉的案件，认真研究过中国知识产权保护与执行案、中国出版物市场准入案、中美"双反"案（DS379）、中国原材料案、中国稀土案、中国电子支付服务案、中国诉美国反补贴案（DS437）、中国诉美国 GPX 法案（DS449）等，同时对这些案例所涉及的主要法律问题展开研究，也撰写了一些论文。另外，也十分注重其他 WTO 案例的研究，特别是借助 Worldtradelaw.net 网站（特别是每一个案例的 DSC 以及关于每份专家组和上诉机构报告的 IEL-BLOG 讨论），持续跟踪 WTO 案例法的最新发展。时常觉得精力有限，又很难出学院认可的成果，总想放弃相关跟踪研究，但终究割舍不下。近两三年还对 TBT 几个新案展开了研究，特别关注 TBT 协定与 GATT1994 的关系问题，往大面上说是 WTO 法律体系如何协调发展。此外，我还持续跟踪 WTO 裁决的执行情况以及相关案例法的发展。

WTO 法博大精深，心有余而力不足。有些研究内容想放弃又割舍不下，此种矛盾心理常伴左右。WTO 案例法发展太快，WTO 争端解决诉讼的特点（主要是事实上的先例制度以及存在专业法律群体）决定了每一新争端所涉法律问题常新、每一份专家组和上诉机构所涉及的案例法常新，这也是 WTO 案例法能够长期吸引我的地方。此外，专家组和上诉机构的审理思路、法律解释和推理方法，都使得每份报告值得一读。

这一阶段的 WTO 法研究呈现出单打独斗、与外界缺乏交流的特征，同时一个问题时刻困扰着我：我们研究 WTO 法的目的是什么？这个问题目前也没有明确答案。

关于世贸组织法教学，我在《国际经济法》《国际贸易法》《世贸组织法》等课程上都讲授过 WTO 法的内容。最初仍以讲授 WTO 法的相关知识为主，尽管也采用过以案释法的方法。第一次尝试案例教学是机缘巧合。那是 2009 年下半年，听我《国际经济法》课的那个经管法班已经上过《世贸组织法》，所以没有必要再讲一次 WTO 法。碰巧那年暑假我刚刚研究过 2009 年 8 月 12 日公布的中国出版物市场准入案专家组报告。于是我决定让这个班的同学分组阅读这个专家组报告，然后进行课堂展示和讨论。后来就逐渐接触和深入了解杨国华老师的纯粹 WTO 案例教学法。现在，我的世贸组织法教学目标仍在讲授重点基本知识与案例讨论之间徘徊。

三、践行 WTO

2013 年 1 月至 2014 年 2 月在商务部条法司世贸组织法律处挂职锻炼是我与 WTO 关系的一个重要阶段。2012 年 6 月，为了快速更新一下我的国际投资法知识，报名参加了由西安交通大学法学院举办的"中国与国际投资争端解决中心（ICSID）"国际投资法与仲裁高级研讨班与圆桌讨论会。休息期间与风尘仆仆赶来致开幕辞的商务部条法司杨国华副司长聊天，他热情邀请我到商务部条法司挂职。9 月开学后，我就积极联系挂职事宜。经杨司长努力，终于获得到最对路的世贸组织法律处挂职锻炼。挂职期间主要从事与 WTO 争端解决有关的工作，其他工作绝大多数与 WTO 法律有关。挂职这段时间是中国应对 WTO 裁决执行问题的重要阶段，期间还就中国如何执行 WTO 贸易救济争端裁决出台了专门规定。挂职期间我进一步融入了世贸组织法的学术和实务圈子。

2013 年 8 月下旬，有幸赴瑞士日内瓦参加中国诉美国反补贴反倾销案（DS449 或称 GPX 法案）的专家组第二次听证会，亲身经历了 WTO 争端解决的诉讼过程。

2015 年 6 月下旬，作为中国社科院欧洲研究所调研组的一员，就欧盟给予中国"市场经济地位"等问题先后访问了欧盟驻华代表团、欧洲亚洲事务研究所（EIAS）、欧洲议会、中国驻欧盟使团、欧盟委员会、中国常驻世贸组织代表团、欧盟驻世贸组织使团、欧盟大学研究院（EUI）等政府和学术研究机构。值得一提的是，6 月 25 日傍晚我们调研组 3 位同志在世界贸易组织总部 William Rappard 中心的门口参观时偶遇张月姣大法官。当时已经晚上 8 点多了，张法官正从大门出来。虽然已经辛苦工作了一天并且没有吃午饭，但张法官热情地领我们进入世界贸易组织参观。她用法语和门卫交流，帮我们办手续，我们顺利进入。张法官还和我们一起进来，领我们参观了一楼左侧 WTO 代表们谈判开会的地方。

四、迷宫 WTO

回顾过去，WTO 与我相伴将近 15 年，基本上与中国入世并融入多边贸易体制同期。WTO 法律体系是一个开放、动态、错综复杂的体系，处于不断变动的过程之中。WTO 案例法常新，每一份 WTO 裁决报告都会产生新的案例法，推动 WTO 法不断发展和完善。唯有不断跟踪学习，才不至于落后太远。研习 WTO 法虽乐趣无穷，但每个人精力有限，无法全面跟踪学习 WTO 案例法的最新发展。集体学习是一条途径。深入研读 WTO 报告的讨论会还是太少。中国国际经济法学会每年年会之前的"WTO 专题研讨会"虽然也讨论 WTO 案例，但在短短 10 多分钟里讲清楚一个个事实和法律均非常复杂的案例，实在不现实。今后可举办只讨论一两个案件的研讨会，提高研讨的深度。

WTO 教、学、研、习 20 年杂忆

高树超*

2015 年 7 月初，在 WTO 上诉机构首位中国籍大法官张月姣教授的倡议下，WTO 秘书处和清华大学在北京召开盛会，庆祝 WTO 成立 20 周年。笔者也躬逢其盛，尽情享受中外大贤精心准备的这场精神盛宴。与会期间，清华大学杨国华教授展开"吸星大法"，尽邀国内外华人圈同 WTO 有联系的各路好汉，限期一月，要求提交"我与 WTO"的命题作文。笔者也不幸落网，本来指望能以"拖拉机战术"蒙混过关，但是实在禁不住杨教授频频微信、邮件乃至耳提面命的地毯式轰炸，只得提笔还债。

屈指算来，如果从读书时接触 WTO 算起，笔者同 WTO 的缘分也已经有 20 年历史。回顾自己同 WTO 相识、相知乃至相守的历程，可以大略分为学习、教授、研究和实践四个部分。

一、学

这 20 年的前一半主要是学习 WTO 的阶段。1995～1996 年，我在中国青年政治学院法律系就读期间，在张新娟老师的课上最早接触到 WTO 的法律制度。但当时我同许多青年学子一样，年轻气盛，对 WTO 这样技术性强的"微末之艺"兴致不高，而更喜欢钻研诸如法理学之类看起来高大上的学问。所以 1998 年本科毕业赴伦敦大学学院（UCL）攻读硕士时，我毅然选择法理学为自己的主攻方向之一。当时德沃金教授刚刚就任 UCL 的奎恩法理学讲座教授，授课教室面对 UCL 法学院本部以边沁命名的大楼，背靠 UCL 希腊万神殿风格、供有边沁蜡像的主楼。每周在这由功利主义的开山祖师创立的学校里，听德师用缓慢但精雕细琢的词句，对伦敦大学边沁、奥斯丁以降的诸位先贤口诛笔伐，实在是一大享受。

---

* 新加坡管理大学法学院终身教授，WTO 秘书处 WTO 教席项目顾问委员会委员。

翌年毕业赴美，到范德比尔特（Vanderbilt）大学攻读法学博士。之所以选择范大，主要是因为其提供全奖，同时也是因为它是美国公司法研究的重镇。入学不久发现该校的国际法研究也颇有渊源，当时仍然健在的Jonathan Charney教授还是美国国际法学刊的两位主编之一（另一位是耶鲁的Michael Reisman教授）。我本来选了Charney教授的国际公法课，可是学期尚未开始就接到通知说由于教授身体欠佳课程取消。幸运的是，后来Fred Abbott教授到范大做访问教授，我选修了他的WTO法，得以与WTO再续前缘。Abbott教授为人儒雅谦和，讲课时大多轻声细语，但在讲到美国制药巨头们利用TRIPS协定禁止发展中国家制售仿制药品时，却慷慨激昂、义愤填膺，令人敬佩。数年之后，我得知Abbott教授曾在那场修改TRIPS第31条强制许可条件的拉锯战中为发展中国家仗义执言，更为先生的侠肝义胆感佩不已。

学习之余，我还积极参与范大最大的学生社团之一国际法学会的活动，并在二年级当选为该会主席并连任两届。在任期间，我有幸邀请到时任上诉机构大法官James Bacchus先生到范大演讲。演讲之后同Bacchus先生闲谈，他得知我是中国公民，鼓励我申请WTO秘书处的实习律师项目。2002年年初，我有幸被上诉机构选中，遂于当年夏天离美赴欧，开始了在秘书处的工作。在上诉机构期间，我被委派协助美国伯德修正案一案的上诉庭，从头到尾参与了从接受上诉通知和诉状、开庭、合议、起草并签署上诉机构报告的过程。该案接近尾声时，为了更充分地了解WTO争端解决机制的整个过程，我又申请调到服务贸易司，协助刚刚成立的墨西哥—电讯案专家组开展工作。该案是第一个纯粹服务贸易的案件，WTO非常重视，组成了以资深WTO法专家E. U. Petersmann教授为主席，包括两名电讯法专家为成员的专家组。而协助专家组的阵容也很强大，服务贸易司派出了当时秘书处最资深的律师之一、曾任世界顶级律所Clifford Chance世贸法业务主席的Peter Morrison，电讯法专家Lee Tuthill和我3人，而法律司也派出了Maria J. Pereyra律师和一名实习律师，远远超出了一般专家组的秘书团规模。

通过协助上诉机构和专家组审理这两个案子，我对WTO争端解决机制的整个程序有了一个比较全面的认识。但是，我很快意识到，日复一日地处理一个个案子，终老于案卷之中，似乎不是我想要的生活方式。所以，2003年夏天我应聘到香港任教，开始了从学生到学者的转变。

二、教

任教12年，教过的学生也有两三千名，但却没有多少真正从事与WTO

有关的工作。究其原因，一方面是因为香港和新加坡的学生太过现实，大多选择公司证券法等热门领域；另一方面，可能也是因为WTO本身就是小众口味吧！

与本校的学生相比，我在其他学校"友情客串"时教过的学生却往往对WTO情有独钟。给我印象最深的，一个是巴塞罗那大学的国际经济法与政治经济硕士（IELPO）项目。该校借鉴了伯尔尼世界贸易研究院（WTI）的办学模式，常驻教授很少，大部分课程由欧美一流学者和WTO秘书处官员教授。2008年该项目初创，我有幸受邀讲授"亚太地区的自由贸易区"这个专题。虽然学生横跨世界各大洲，但他们都有一个共同的特点：认真和勤奋，使我不禁油然而生一种"得天下英才而教之"的自豪感。只是可惜我的专题每年都排在学期中间，虽然讲课只要两三天，但再加上旅途上的时间，每次讲课回来都要为找时间给本校学生补课发愁。坚持了3年，最后只好忍痛割爱。另一个项目是欧盟赞助，由澳门欧洲问题研究院主办的国际贸易法研究院。该课程由纽约大学Joseph Weiler教授发起，囊括了WTO法学界包括WTI的Pierre Suave教授、上诉机构Peter Van den Bossche大法官、伦敦经济学院的Francis Snyder教授等著名学者。该课程每年暑期开课，为期一个月，学生主要来自中国、韩国、印度等国。我从2006年开始任教，至今已经10年，发现该项目最大的问题是宣传不够，许多国内院校的学生都不知道有这个好机会。希望这篇文章能让更多的国内学子了解并参与这个项目。

此外，我也应邀为WTO、亚洲开发银行、联合国等国际机构以及各国政府设计或教授过几十个培训课程。这些课程短则数日，最长则达3个月之久，学员以政府官员为主。他们大多人到中年，有的还身居高位，对于WTO的求知欲、认真和勤奋程度，却往往要超过在校学生。其中同我渊源最深的，是WTO秘书处主办的亚太地区区域性贸易政策培训课程（RTPC）。该课程以WTO在日内瓦总部举办多年的贸易政策培训课程为蓝本，主要培训亚太地区30多个发展中国家的中高级政府官员。课程为期3个月，每周5天，每天授课6小时。在内容方面，该课程共包括20多个专题模块，涵盖了WTO法律体系的各个方面。每一个专题都由WTO秘书处官员和亚太地区著名学者共同讲授。WTO官员一般偏重实务操作，而本区域专家则长于理论分析。此外，WTO官员由于受秘书处职员中立性条款的约束，在争议性问题上往往需要遵循官方口径，而本区域学者身份比较自由，又比较熟悉本地情况，往往可以对WTO规则提出批判和反思。从授课内容的广度和深度来说，该课程可以媲美世界上最好的WTO法硕士课程。而各国官员在接受培训之后，往往成为各国 WTO 领域的中坚力量。

RTPC 前三届同香港大学合办。我从 2004 年开始在第一届 RTPC 任教，翌年又被 WTO 秘书处提名为该课程的教务长，负责选聘师资、遴选学员、决定科目安排、监督学员学习进度等。港大合办 3 年期满之后，秘书处改为同新加坡国立大学合办，后来又改为同新德里的印度外贸学院合办，至今不觉已经教了十几届。每每在日内瓦遇到当年的学员代表本国政府折冲樽俎，心中备感欣慰。

三、研

对初任教职的年轻学者来说，最重要的一个问题就是选择自己最初几年的研究方向。幸运的是，我有亲身参与 WTO 的争端解决机制的经历，又对中国的情况比较熟悉，所以顺理成章地选择了中国和 WTO 争端解决机制为自己的研究领域。入世前几年，中国政府对 WTO 争端解决机制了解不够，不愿积极参与，每逢被诉，往往选择和解。在 2005 年发表的一篇文章中，我对比了日本和韩国参与 WTO 争端解决机制的经验，提出中国政府应该学习他们，从消极回避转为主动参与，才能有效维护国家利益。❶ 从 2006 年知识产权案开始，中国开始积极应诉，到了 2008 年的双反案，中国更是主动起诉。我总结了中国的经验，在 2009 年的一篇文章中分析了中国的策略转变，指出中国逐渐从 WTO 规则的被动参与者变为积极利用者乃至主动制定者。❷ 这个观点在当时比较新颖，翌年美国国际法学会就邀请我在其年会上就此作专题报告，此后逐渐成为国际学界一个比较主流的观点。

对争端解决机制的研究逐渐深入，也促使我开始反思它与世界贸易体系其余部分的关系。2005 年，WTO 秘书处在东京开会，纪念上诉机构成立 10 周年，我蒙松下满雄教授的邀请与会，提交了一篇论文，提出如果 WTO 争端解决机构对现有承诺解释太过宽泛，会使得各国谈判者在谈判中趋于保守，

---

❶ Henry Gao, Aggressive Legalism: The East Asian Experience and Lessons for China, in CHINA'S PARTICIPATION IN THE WTO, Henry Gao and Donald Lewis eds., Cameron May, London, 2005, pp. 315-351.

❷ Henry Gao, China's Ascent in Global Trade Governance: From Rule Taker to Rule Shaker, and Maybe Rule Maker?, in Carolyn Deere-Birkbeck (ed.), MAKING GLOBAL TRADE GOVERNANCE WORK FOR DEVELOPMENT, Cambridge University Press, 2011, 153-180.

不利于谈判顺利完成。❶另外，WTO争端解决机制经过10余年的运作，已经形成一套比较完善的规制体系。所以我在2008年于美国国际经济法学刊撰文呼吁WTO各成员国在其自由贸易区协定中可以考虑将自贸区有关争端"外包"给WTO争端解决机构解决，以有效防止各自贸区仲裁庭自行其是、判决不一致的情况。❷ 这个大胆设想，也体现了作为学者的好处。如果我还是在秘书处工作，那么发表这种"异端邪说"肯定会引起轩然大波。我本来以为，这个建议太激进，现实中很难实现。但是，事实证明，秘书处的官员比我想象的更有魄力。几年前，我在一次培训课程中对东盟秘书处负责争端解决机制的官员谈了这个设想。后来WTO秘书处的官员也就此问题同我交换了看法。再后来我听说WTO秘书处在帮助东盟秘书处设计和完善争端解决机制。尽管这与我设想的外包机制仍有差距，但是考虑到当前现实情况，也是向两者合作迈出了积极的一步。

除了研究自贸区的争端解决机制外，我也对亚太地区自贸区的发展有着浓厚的兴趣。从2007到2011年，我通过一系列的文章分析了中国自贸区策略的得失。我认为，尽管中国自入世以来就积极签订自贸区协定，但这些自贸区大多以降低关税为主，而并没有真正解决非关税问题。如果其他国家利用自贸区制定新的贸易规则，那么中国将难以应对。❸ 2009年，我意识到TPP可能成为美国利用自贸区重新制定贸易规则的工具。正好当时Simon J. Evenett教授受联合国亚太经济与社会理事会（UNESCAP）委托组织亚太贸易经济学家年会，我受邀与会，遂就TPP问题写就专文，提出起初由新加坡等4国发起的TPP协定存在先天缺陷，美国为实现自己的目的，极有可能对

---

❶ Henry Gao, Reflections on the Relationship between WTO Negotiations and Dispute Settlement-Lessons from the GATS, in Yasuhei Taniguchi, Alan Yanovich and Jan Bohanes (eds.), THE WTO IN THE TWENTY-FIRST CENTURY: DISPUTE SETTLEMENT, NEGOTIATIONS AND REGIONALISM IN ASIA, Cambridge University Press, 2007, 367-380.

❷ Henry Gao, Saving the WTO From the Risk of Irrelevance: The WTO Dispute Settlement Mechanism as A "Common Good" for RTA Disputes (first-author, co-authored with Chin Leng Lim), JOURNAL OF INTERNATIONAL ECONOMIC LAW, 2008, Volume 11, Issue 4, pp. 899–925.

❸ Henry Gao, The RTA Strategy of China: A Critical Visit, in Ross Buckley, Vai Io Lo and Laurence Boulle, CHALLENGES TO MULTILATERAL TRADE: THE IMPACT OF BILATERAL, PREFERENTIAL AND REGIONAL AGREEMENTS, Kluwer Law International, 2008, pp. 55–66; Henry Gao, China's Strategy for Free Trade Agreements: Political battle in the name of trade, in Ross Buckley, Richard Hu and Douglas Arner (eds.), EAST ASIAN ECONOMIC INTEGRATION: LAW, TRADE AND FINANCE, Edward Elgar, 2011, 104-120.

TPP大肆修改。❶ 2010年美国启动TPP谈判后的发展，基本证实了我的判断。2011年，WTO首席经济学家Patrick Low博士等人决定组织学者对TPP进行全方面分析，我也有幸成为其中一员，撰文对美国主导的新谈判是会照单全收原有的TPP还是会另起炉灶作了进一步的分析。❷ 该项目的论文集于2012年初由剑桥大学出版社出版，也是全世界第一本研究TPP的学术著作。

由于在服务贸易司的任职经历，我也对服务贸易保持了持续关注。2007年，世界贸易研究院院长Thomas Cottier教授邀请我参加该年的世界贸易论坛（World Trade Forum），我撰文对服务贸易谈判的各种模式进行了分析和反思。❸ 同年，德国马克斯—普朗克国际法研究院组织学者为其马克斯—普朗克世界贸易法评论系列撰写服务贸易协定一卷，受该卷主编、时任马普所主任和国际海洋法庭庭长的Rüdiger Wolfrum教授之邀，我负责关于电讯服务的几章，对电讯服务附件、基础电讯参考文件、第四议定书等都作了深入的分析。❹ 2010年，Thomas Cottier教授再次邀请我参加该年的世界贸易论坛。当年的主题是数码科技对于全球贸易治理的挑战。当时正值谷歌同中国政府争执不休，欧美一些学者认为中国的互联网审查违反了WTO规则，甚至风传美国政府也拟就此在WTO起诉中国。我就从此案入手，分析了WTO规则应该如何适用于此类服务，并指出按照WTO规则，美国就此起诉中国胜算

---

❶ Henry Gao, The Trans-Pacific Strategic Economic Partnership Agreement: High Standard or Missed Opportunity, in Simon Evenett, Mia Mikic and Ravi Ratnayake (eds.), TRADE-LED GROWTH: A SOUND STRATEGY FOR THE ASIAN REGION, United Nations Publications, 2011, 83-96.

❷ Henry Gao, From the P4 to the TPP: Transplantation or Transformation?, in C. L. Lim, Deborah Elms, Patrick Low (eds.), THE TRANS-PACIFIC PARTNERSHIP: A QUEST FOR A 21ST CENTURY TRADE AGREEMENT, Cambridge University Press, 2012, pp. 64-81.

❸ Henry Gao, Evaluating Alternative Approaches to GATS Negotiations: Sectoral, Formulae and Other Alternatives, in Pierre Sauvé, Marion Panizzon and Nicole Pohl, GATS AND THE REGULATION OF INTERNATIONAL TRADE IN SERVICES, Cambridge University Press, 2008, pp. 183-208.

❹ Henry Gao, Telecommunication Services (including those on GATS Annex on Telecommunications [pp. 683-711]; Annex on Negotiations on Basic Telecommunications [pp. 712-714]; Fourth protocol on basic telecommunications [pp. 715-717], and Reference Paper on basic telecommunications [pp. 718-747]), in Rüdiger Wolfrum and Peter—Tobias Stoll (eds), MAX PLANCK COMMENTARIES ON WORLD TRADE LAW, VOLUME VI: "WTO—TRADE IN SERVICES", Brill (Martinus Nijhoff) Publishers, 2008.

不大。❶ 文章发表后在国际学界引起了较大反响,后来在美国国际法学会 2014 年年会上,我应邀就此做了题为"WTO 法能同互联网与时俱进吗?"的专题演讲。

四、习

同国际法的其他分支不同,WTO 法是一门实践性很强的学科。因此,为了避免自己的研究同实践脱节,我在离开秘书处后,努力通过各种渠道参与 WTO 诉讼和谈判以及各国制定贸易政策的实践。

第一种方式,是通过担任政府正式顾问,对政府决策提出建议。2007 年,世界银行聘请我担任顾问,对中国政府就其对澳洲服务贸易的出口利益提供咨询,帮助中国决定其在两国自贸区谈判中的服务贸易要价。我提出中国在中医和中餐厨师等领域占有比较优势,可以要求澳洲在这些领域扩大开放。此外,我也指出澳洲对中国赴澳提供服务人员的签证程序烦琐,建议中方要求澳洲简化手续或就工程技术人员等行业提供特殊签证便利。今年中澳自贸区协定终于签订,我很欣慰地看到我的建议大都得以落实。2009 年,我再次接受世界银行委派,同美国彼得逊国际经济研究院高级研究员 Gary Hufbauer 等人一起对中国政府就自贸区谈判中的竞争规制、环境保护和劳工标准等条款提供咨询。我建议随着中国对外投资的不断增长,国家利益也在变化,在自贸区谈判中可以考虑改变传统立场,对这些问题采取更加灵活务实的态度。

第二种方式,则是通过同各国官员的非正式接触,参与 WTO 实践。比如 2006 年我在香港大学主持 RTPC 时,来自印尼的学员同我闲聊,提起印尼丁香烟出口美国所遭受的阻碍。我帮他分析美国的措施如何违反 WTO 的各个条款,建议印尼政府就此起诉美国。数年之后,印尼果然起诉美国并胜诉。此外,我也通过为各国政府官员讲授有关 TPP 的负面清单和规则融合等问题,了解各国在 TPP 谈判中所面临的问题和存在的顾虑。虽然由于研究道德和学术规范的限制,这些通过非官方渠道获得的信息并不能在研究成果中加以引用,但是,通过把这些信息同公开渠道获得的信息进行验证,能够较深入地把握各国在有关问题上的立场,较清楚地判断谈判的走向。

第三种方式,则是介于前两者之间,即通过参与一些有政策影响力的专家团队而对 WTO 各国的政策施加影响。比如 2007 年,前上诉机构秘书处主

---

❶ Henry Gao, Googling for the Trade-Human Rights Nexus in China: Can the WTO Help?, in Mira Burri & Thomas Cottier (eds.), TRADE GOVERNANCE IN THE DIGITAL AGE, Cambridge University Press, 2012, pp. 247-275.

任 Debra Steger 教授邀请我参与她新成立的 EDGE（Emerging Dynamic Global Economies）网络，研究新兴经济体对世界贸易体制的挑战。该网络成员除了 John Jackson 教授和 Bill Davey 教授等著名学者之外，还包括加拿大前贸易副部长 Sylvia Ostry 和关贸总协定元老、前上诉机构大法官 Julio Lacarte。2012 年，日内瓦贸易与可持续发展国际中心（ICTSD）和美洲开发银行（IADB）共同发起了 E15 项目。该项目启动第一期设立了 5 个小组，每组包括大约 15 名专家，分别对 WTO 所面临的各种挑战进行研究。我有幸应邀参与由哈佛大学 Robert Lawrence 教授牵头的自贸区小组的工作。除了像 Lawrence 教授这样的著名学者之外，该小组还包括了加拿大前贸易部长 Pierre Pettigrew、哥斯达黎加前贸易部长 Anabel González、前 WTO 副总干事 Andrew Stoler 和 Miguel Rodríguez Mendoza、墨西哥、乌拉圭和哥伦比亚前大使以及日本贸易振兴机构总裁等。2014 年，我又受世界银行前国际贸易部主任 Bernard Hoekman 教授邀请，参加了由美国著名贸易政策智库 Cordell Hull Institute 联合各国智库发起的后巴厘时代反思 WTO 未来的项目。该项目除了哥伦比亚大学 Petros Mavroidis 教授和巴黎政治学院 Patrick Messerlin 教授等著名学者外，还包括长期担任多哈回合农业谈判主席的新西兰大使 Crawford Falconer、前 WTO 副总干事 Anwarul Hoda 和金哲寿、前加拿大 WTO 大使 John Weekes、前新加坡和孟加拉驻 WTO 大使等。由于这些组织中除了学者之外，还包括了许多现任或前任各国政府或国际组织高官，因此其建议对于政府决策有很大影响力，而我也通过参与这些项目进一步提升了自己的研究视野和政策敏感度。

结 语

回首 20 年，我庆幸自己选择了 WTO 法作为自己的研究方向。在我看来，WTO 法最大的魅力，在于它不断有新问题、新挑战吸引我们去研究。这些新问题、新挑战往往涉及各个领域，从而迫使我们跳出自己既有的知识框架，学习新领域的知识。同时，自己的研究成果也有机会学有所用，帮助引导一线贸易政策官员的实践。我相信，WTO 这棵历经 20 年风雨的大树将会继续长青，希望未来能有更多的同道一起帮助它修枝剪叶，使得这棵大树更加枝繁叶茂。

追梦 WTO 的那些岁月

——写在 WTO 成立 20 周年之际

龚柏华[*]

我与 WTO 相识可追溯到其前身 GATT 时代。1983 年在复旦大学国际政治系（当时法律专业寄宿在国际政治系）读本科三年级时，选修了董世忠老师的"国际经济法"。当时董世忠老师刚从日内瓦高等研究院取得 GATT 真经回国，就在复旦大学开设"国际经济法"布道传经。董老师上课没有正式教材，自编油印教材。"国际经济法"实际上主要内容就是关贸总协定。现在能够回忆起来的也就是国民待遇、最惠国待遇这些粗线条的内容了。后来国内"复关"热兴起，很多人摇身一变成了"GATT"专家。记得董老师上课时打趣地说过，要识别某人是否专业学"GATT"的，就看他如何读"GATT"，如果他将它读成 4 个字母（G－A－T－T），就说明是半路出家。后来验证下来还觉得挺灵的。1984 年 7 月复旦大学国际政治系毕业后，我就直接考取了复旦大学法律系国际法专业（1985 年法律专业正式从国际政治系分离出来），师从赖鹏城和董世忠两位教授，因此专业也一直游离于国际公法和国际经济法之间。当时记得，董世忠教授给我们研究生用英语上国际经济法专题，重头戏自然是 GATT。1985 年时"GATT"已经在国内预热了。记得现任上海市政协副主席的周汉民教授，每周风尘仆仆地从处在上海西南角的上海对外贸易学院赶到处在东北角的复旦大学，与我们挤在狭小的"国际法教研室"来"蹭"董世忠教授的课，其学习精神可嘉。

1989 年 8 月，托中美法律交流教育委员会（CLEEC）的福，我有幸被选派到美国乔治城大学法律中心读法律硕士，不过当时杰克逊教授还没有来乔

---

[*] 复旦大学上海自贸区法研究中心主任；复旦大学高级律师学院副院长；复旦大学法学院教授，博士生导师；上海 WTO 事务咨询中心业务总监；中国政府推荐 WTO 争端解决专家组指示性名单上专家。研究领域：国际法、世界贸易组织法、国际金融法、国际商事合同、上海自贸区法治和法律谈判。

我与WTO——法律人的视角

治城大学（1995年本人去密歇根大学法学院做访问学者时，杰克逊教授又"跳槽"到乔治城大学去了，后来直到2002年访美时特意回到乔治城大学法学院蹭了杰克逊教授的课，总算弥补了这个跳空缺口）。众所周知，乔治城大学法律中心是学习GATT/WTO的世界级"党校"，这儿不仅有大学者上课，还有大法官、大律师客串讲座，是国际法理论与实践结合的最佳学习地方。记得1990年在美写的硕士毕业论文题目是"美国对华反倾销调查中的市场地位问题"，其实当时一点实务经验也没有，只不过是听了美国商务部相关官员的课后，比较超前地选对了一个有意思的题目。

我与WTO的"相爱"起始于2000年底。2000年10月，我经复旦大学选派正准备去德国马普国际法与比较法所做半年的访问学者，当时的选题是欧共体竞争法的域外适用研究，我1987年硕士毕业的论文就写的是类同题目。研二的时候美国外教给我们开了一门反托拉斯法的课，该法的"经济宪法"地位深深地吸引了我，并幻想中国搞市场经济一定要有这部维护市场竞争秩序的大法。一天，偶然看到《解放日报》上关于"上海WTO事务咨询中心"的招聘广告，当时国内WTO热已经快要爆表了。我于是抱着凑热闹的心态去应聘，可能是因为有乔治城大学法律中心留学的背景或可能是需"替补"上场，反正很快就得到通知报到。当时我正热衷于另一项道德指数很高的事业，我与华东政法学院的周洪钧、管建强教授等在日本东京参加"模拟远东国际审判法庭"，为昔日慰安妇诉讼辩护。当时模拟法庭的地址故意选在离靖国神社不远的九段会馆。由于是穷书生，我带了一星期的方便面充饥，以致后来我对学生半开玩笑地说，我基本不吃方便面，因为一吃方便面我就会联想到苦难的"慰安妇"。回国后，经过上海市政府与复旦大学领导的协调，我就被"出租"给上海WTO事务咨询中心，担任信息部主任工作。

我与WTO相知转眼有15个年头了，虽然未结正果，但风风雨雨、情深意切。我们主要约会场所在上海WTO事务咨询中心。非常感谢中心提供了很好的工作平台，当然本人也为中心谋划了不少创新举措。由于做信息部主任的缘故，我保持了每天上午用"WTO"关键词搜索相关新闻的习惯，已经15年。记得当年美国学者型律师Parlin自豪地对我说，他是唯一天天搜索WTO新闻的人。不知道Parlin的纪录是否已被东方的一位WTO痴情者所打破。

上任信息部主任后，我主要做了四件大事：第一是编制《WTO快讯》。当时WTO在国内已经很热闹，因此任何有关WTO的信息都成为炙手可热的畅销品。《WTO快讯》很快受到各界的追捧，不少单位花钱来购买我们的

"内参之页"内容。那时候真的感到WTO在中国是遍地黄金啊！当时利用"出口转内销"的信息，中心率先翻译出版了《中国入世议定书》一书，本想小赚一笔，结果引来轩然大波，书被"勒令下架"，呵呵。《WTO快讯》已经编制到248期，主编也已经换了两位年轻人。最近本人又奉命编制《投资规则动态》，从WTO贸易规则转向全球投资规则，有点移情别恋的嫌疑。第二是编译《WTO案例集》，目的是提供"原汁原味"的案例报告全文。这项工作从2001年到2008年，每年都由上海人民出版社出版一册，将当年的上诉机构报告全文、专家组报告摘要全文翻译。随着涉及中国的WTO争端案子增多，自2009年到2011年，我们改出《WTO争端解决与中国》，每年将涉及中国的案子全文翻译出版。自2012年后，经商务部条法司的建议，开始以"一案一书"的形式，组织团队翻译或校对出版涉及中国的案子。目前已经出版的有：《美国——影响中国禽肉进口的某些措施案》《美国——对部分中国产品征收最终反倾销反补贴税案》《中国——影响知识产权保护和实施措施案》《中国——影响电子支付服务的若干措施案》。特别要感谢朱榄叶教授及其团队的鼎力支持。其实我们都在做同样的"傻事"。花同样的精力，完全可以搞出几本"砖"著。当时我对来访的杰克逊教授说，中国含有WTO关键词的书已经超过3000多种，老先生惊讶的神态我仍然记忆犹新。此外，作为项目负责人，推动了张玉卿主编的《WTO大辞典》在上海人民出版社出版。后来我遇到张玉卿老司长时经常说这是一件"前无古人，后无来者"的工程，但张司长比我乐观，认为"后无来者"言之过绝。真的期待"后有来者"！现在想来干这些翻译、编译的活在学校"学术氛围"体制下一定要有"雷锋"精神，敢于"累疯"！第三是争取WTO秘书处在上海WTO事务咨询中心设立"WTO资料查询中心"。为了此事，2001年4月，上海WTO事务咨询中心还专门派我和另外一位同志去日内瓦。这也是我第一次去被誉为人间天堂的日内瓦。我们非常荣幸地借住在现为中国驻WTO代表团的官邸，当时雷蒙湖畔中国WTO官邸落成不久，孙振宇大使还没有上任，所以我们先享受了大使待遇一把（大厨的饭菜真心做得好吃）。不过住了一个星期后，体会到了"好山好水好寂寞"的道理，好在现在有"微信"了，瓦团的同志空余时间可以看看"我与WTO群"，与杨国华盟主聊天解闷。WTO资料查询中心仅设在WTO发展中成员的首都，但由于中国地方机构太热情，纷纷抢着要示爱。先是海南改革发展研究院抢设了一个，上海WTO事务咨询中心闻风也紧跟其后抢得一个，成为全球第100家。后来中国驻WTO代表团还不得不照会WTO秘书处，以后中国地方机构的类似要求要通过代表团表达，紧急刹车。其实,我当时去WTO秘书处还有个任务就是去解释上海WTO事务咨询中心的logo为什么长得有点像WTO的logo。我向法律司主管的官员解释了我们的logo由"S和C"构成,代表了Shanghai, Consultation和Center,整个构图是上海黄浦江的河道,云云。其实法律司的官员非常乐意大家使用WTO的logo。他拿出了一大堆WTO的logo图案,指导如何正确使用。就在那次,我第一次听说有个仿冒WTO的www.gatt.org的网站。不过法律司的官员说懒得去追究,免得为其做广告。第四是设计"反倾销预警和监控系统"。当时企业对中国入世寄予厚望的是可以摆脱反倾销之类的贸易保护主义,但现实中又屡屡遭遇反倾销指控,企业急需应对良方。记得当时各路大侠纷纷出来支招撰文,无非是"政府重视,协会支持,企业争气"这类老三篇。我偶然机会得知台湾相关部门搞了个"贸易救济防火墙工程",征得领导同意,飞赴台湾观摩,回上海后闭门造车,终于推出了概念性的"反倾销预警和监控系统1.0"。曾经担任过WTO副总干事美国人斯道勒主编《应对入世的挑战》一书,选用了发展中成员入世后的42个案例,还把我撰写的这个反倾销预警系统的案例编入书中,该书长期挂在WTO官网上,为上海WTO事务咨询中心做了个免费大广告。真心希望我们的总裁记得此事。现在,我们中心的同事已经把该预警系统升级为"4.0"版了。

WTO曾经给我们这些恋她的带来欢乐和讲课费。WTO的真或伪的专家一度受邀四处讲座。我印象最深的一次讲座是为全国著名女广播主持人的培训讲座。邀请方要求我讲"中国入世与女广播主持人的关系",而且要求不能笼统地讲大背景变化带来的间接影响关系,要讲直接关系。我被逼急了,就说"WTO与你们这些大美女没有关系,一定逼我讲,那只能说你们与WTO有暧昧关系",结果哄堂大笑。回忆起来,还讲过"WTO与计划生育""WTO与劳动改造"吧。我想现在正在热衷于"带路"讲座的,也一定有好笑的段子吧。

我在复旦大学法学院实际上没有专门开设过WTO法的课,而主要将它融入我为研究生开设的《国际法专题研究》中。由于我讲授《国际法专题研究》是以真实或胡编的案例讨论为主的,由此引出后面与杨国华教授在网上"WTO案例教学法"大讨论的美谈。我觉得案例教学法要成功,要有三大前提:第一,勤奋的学生;第二,称职的老师;第三,丰富的资料。勤奋的学生很重要,如果你布置的案例阅读材料他们不看完,再高明的大师也是无计可施的。现在要让学生大声说"WTO,我爱你!"已经不太容易了。所以我还是认为这是"小众"的精品课程,愿者上钩。称职的老师更难找。案例教学法的老师,他/她一定类似围棋高手,让对手随意下手(学生随意提问),他通过引导性反问、反驳,将他教学的"局"布开,以激发学生的主动思考,自主学习。称职的老师还需要有痴迷 WTO 的心结。现在要做好称职的老师要有"贵族"气质:富得不想钱;穷得不识钱。丰富的资料,在早期案例教学法时往往是其不成功的借口。现在获取案例的渠道已经与世界同步,中国涉及 WTO 的案例也足够丰富。当然案例教学法一定要配套一本"和蔼可亲"的教科书。我们现在的教科书有"学术化"倾向,一举两得的功利所致。

在 WTO 成立 20 周年之际,在凝视 WTO 这 3 个字母时,脑海中联想出其不同的组合。WTO 可代表 "Wine, Tea and Orange juices" 的物质生活一面,我们的 WTO 大律师把这已经做得炉火纯青。WTO 可代表 "We Take Opportunity",一些人抓住机遇,出专著、评职称,与时俱进。WTO 可代表 "We Talk Only",我们的一些官员嘴上讲市场经济、对外开放,骨子里还是怀念盖章子、批条子的美好时光。对我们这些与 WTO 相伴 20 年的学者,我们也许只能弱弱地说 We Too Old!好在,国内 WTO 研究者后浪推前浪!

我的办公室里有一张当年《新民晚报》专栏漫画家郑欣遥画的漫画:用 WTO 三个字母构成的一副眼镜戴在一个人的鼻梁上,旁边写道:"WTO 是个组织,但更是一种思维。"我非常喜欢这段话,也希望我们这些 WTO 新老粉丝,脑门中有这副 WTO 思维的眼镜!

漫画家郑欣遥画的漫画

WTO 人永远年轻

董世忠*

WTO 成立已 20 年,包括它的前身 GATT,已经 60 余年了。中国是 GATT 的创始成员之一,"入世"也已有 14 个年头,中国正借"入世"东风,加速发展。我们国际经济法学人、同道,对这个组织的研究日益深入。他们要我谈谈自己怎么对 GATT/WTO 产生兴趣,从而相知、相爱的,这使我的思绪倒回到1958年。

一

1958年,我从华东政法学院毕业后留校任教,国际法教研室安排我上《海商法》和《国际私法》,并让我做海商法专家魏文翰教授的助手。当时,国际私法包含国际经济法内容,其中国际贸易法占有很大篇幅。但能参考的资料不多,我记得只有苏联学者隆茨的《国际私法》,还有外交学院刘慧老师编著的《国际私法》。

在华东政法学院并入上海社会科学院,变成了政法研究所后,上海法学会让政法研究所筹备为上海外贸界培训懂海商法的人员。培训备课期间,我作为助手帮着魏老整理讲稿,除了从魏老那里学了很多海商法和海洋法知识,也使得我有机会与上海外贸界取得联系,了解到中国当时对外贸易的情况与难处。然而那时我对国际贸易法的了解只是停留在企业的层面,国际合同的层面,对国际贸易组织的国际法律制度知之甚少,更谈不上对当时 GATT 的

---

* 1934年1月生,1958年毕业于华东政法学院,1981年毕业于瑞士日内瓦国际研究院。曾任中国出席联合国第三次海洋法会议和联合国关于特种常规武器裁军会议代表团法律顾问,复旦大学法律系主任、教授,美国哈佛大学法学院、柏克莱加州大学等校法学院客座教授。现任中国国际经济法学会顾问,中国法学会 WTO 法研究会学术委员会委员,上海市 WTO 研究会顾问,中国政府推荐并列入 WTO 争端解决机构专家组成员。主编:《国际经济法导论》《国际经济法》《国际金融法》,联合主编:《国际投资与贸易机会——中国的经济与法律架构》(英文版)、《国际环境法律与法规》(英文版),译著:庞德著:《法的任务》。

了解。记得在华东政法学院并入复旦大学后，我为上海工人外事干部培训班和工农兵学员上英语课讲到国际贸易法问题时，我被学员问及为什么要进行国际贸易时，当时回答只是为了"互通有无"，讲不出更多的道理。

然而，这只是一个起点。

二

人生这趟旅途中，日内瓦求学的日子是我最鲜活闪亮的一段回忆。

1978年，"文革"结束后，华国锋一届政府的任务是恢复经济。为了发展，西方经济发展的经验也要参考，于是开始向国外派遣人员，研究西方发展经济的经验。我有幸被选派到瑞士进修国际经济。因为之前国内派人出国留学，未派过经济和法律文科背景的人员，我记得，当时教育部同志特地告诉我们：你们是国务院首次用专门文件特批的。这真的是非常难得的机会。我怎么也不会想到，我会被派到瑞士这风景如画，环境恬静，适合学术研究的地方——日内瓦高等国际研究院进修。

这个学院共有三个研究方向：国际关系、国际经济和国际法。到校后我就想，国内恢复经济，和国外的贸易活动必将更活跃，熟识国际贸易法律制度则可以推进对外贸易活动，并且保护国家的利益，那为何不把"国际经济"和"国际法"两个方向合起来学呢？于是我通过语言考试，由访问学者转为正式研究生学习，并取得了学位。

日内瓦高等国际研究院的国际性质决定了它是当时学国际贸易法律制度，特别是GATT的好地方。首先，这个学校和GATT总部大楼在一个院子里，学生可以有很多机会和GATT的人员接触交流。其次，这所学校的很多教师是由GATT官员兼任的，GATT当时的总干事也在该校做兼职教授为学生上课。我先后选修了5位来自GATT的老师，包括当时GATT的总干事、部门负责人和法律顾问开设的课程，可说是取得了"真经"。我在该校学习由两位导师（双导师）指导，一位是位海洋法专家Lucius Caflisch教授，他曾是瑞士出席联合国海洋法会议代表团成员和欧洲人权法院的法官，另一位是GATT专家George Abi-Saab教授，他曾担任WTO上诉机构的法官。学校是一所国际性的研究型学校，学生不多，约有300多人，来自世界各国。学校研讨性课程多于讲座课程，学生间自发讨论会产生不同背景，不同观点的争论，大家能从不同观点争辩中获真知，收益良多。

我在那里主要选修两类课程，一类是之前比较熟悉的海洋法，我可以驾轻就熟，以便后期顺利完成英文毕业论文。但是，出国时要研究外国如何发展经济的取经任务并没有忘记，因此我选修了一些国际贸易及其法律的课程。GATT 课程的主讲老师 Gerard Curzon 教授是我的 GATT 启蒙老师，他的这本著作 "Multilateral Commercial Diplomacy — The General Agreement on Tariffs and Trade and Its Impact on National Commercial Policies and Techniques"（1965 年出版）是我们上课用的主要参考书，也是我学 GATT 的重要课本。通过考试，教授给我的考试评价证书上记载的是 "sufficient"，这本证书我至今珍藏着。

Curzon 教授开头讲的是最简单的经济学概念，如国际分工，第二个讲的是比较优势。这让我意识到我们国家需要 GATT 这个组织，并通过合理的规则达到"提高生活水平，保证充分就业"的目的。这是启蒙老师的功劳。

记得总干事上课时曾讲过："一个国家如果要发展、要工业化，离开这个组织（GATT）是绝对不可能的。"

我当时惊讶地问他："那么一个国家怎样才能加入 GATT？"

他说："很简单，这个国家的企业要是真正的企业，就行了。"

我追问："什么叫真正的企业？"

他回答："企业不受政府干预，政府不指挥企业应该做什么，不做什么。企业生产为了利润，这就是企业行为。只要企业能够自主就行了。"

GATT 总干事也曾说过："国营企业不是真正的企业，它做了很多政府该做的事情。"我当时提出来："中国能不能成为 GATT 的成员？"他说："你们社会主义国家加入有体制上的困难，加入关贸总协定有两个条件，一个条件就是让国营企业有更多自主权；第二个条件就是要作'进口承诺'（import commitment），即每年要进口 GATT 成员的若干产品，并且这种进口承诺的数量要同本国 GDP 的增长相应增长。中国这么大一个国家，我们 GATT 缺少了中国感觉缺了一块，我们很欢迎中国能够加入 GATT，使 GATT 成为真正的国际贸易组织。"他很客气，说这只是师生间学术探讨，但我听后对我国能够尽快加入 GATT 有了更强烈的愿望。

由于在文化大革命中我国和西方完全隔绝，政治经济学领域没有一般西方经济学的概念。20 世纪 50 年代后期，中苏翻脸，苏联援助的 156 项工程都被撤回。我国对勃列日涅夫政权主张的社会主义国家国际分工非常反感，是持批判态度的。

而来自非洲的学生也不认同 GATT，他们常说："GATT NO! UNCTAD YES!"（UNCTAD, United Nations Conference on Trade and Development）是指发展中国家主导的联合国贸易和发展会议，就在 GATT 一条街的对面，

一边是联合国贸发会议的讨论,一边是关贸总协定,两边的讨论都可以去听。非洲学生说:"关贸总协定是发达国家的,贸易会议是发展中国家的,发达国家主宰的 GATT 剥削我们发展中国家,77 国集团多好啊。"

他们有此想法不奇怪,当时很流行 New International Economic Order(新国际经济秩序),主张发达国家是我们的宗主国,我们 20 世纪 60 年代刚独立,应该支援我们;trade terms(贸易条件)要公平;发展中国家因为以前受到了发达国家的剥削,要得到发达国家的优惠,现在发达国家给我们的优惠是补偿,甚至于是赔偿,有义务给我们。

当时,中国虽然自称是发展中国家,但是在联合国,我们未参加 77 国集团。在贸发会议里有 4 个组,A,B,C 和 77 国集团。A 组、B 组是当时还没垮台的苏联集团和经济合作与发展组织(OECD)国家,C 就是中国。77 国集团开会协调立场的时候,我们可派观察员旁听。

当初我出去的时候,思想也如同非洲学生,总是站在发展中国家一边。但是我学习了有关 GATT 的课程以后,回想我们当时的国内经济状况,自我孤立,供应短缺,人民生活得不到满足。我又感到,我们国家还是要参与国际分工,进入 GATT,才是正理。

三

入世并没有现在许多人想象得那么容易,这是一个非常艰辛的过程。

1981 年,我从日内瓦回国。从 20 世纪 80 年代初到 90 年代末,为了中国复关和后来的入世,我自认为"努力了 20 年",虽然辛苦,但也十分有成就感,因为结局是好的。

(一)从事有关 GATT 的教学和研究工作

1981 年,我从日内瓦回国后,开始在复旦大学国际政治系(当时没有法律系)和世界经济系上课,还在华政,财大上国际经济贸易法课,主要讲 GATT。1984 年,在庐山开了全国国际经济法教师讲习班,上课的老师有姚梅镇、陈安、朱学山和盛喻等老师,我负责讲 GATT,在 1986 年司法部国际私法师资培训班我也讲 GATT。

当时上课很有意思,我还不敢以 GATT 名义开课,是以国际商品贸易法律制度的名义来讲课,怕的是,学生会问,中国不是成员,学了何用?更重要的是,1981 年还没有发展到那一步,接受"市场经济"的提法,只能提商品经济。我对大家说:厂里生产出来的东西叫 product(产品),装在运输工具里叫 cargo(货物),上了市场才叫 commodity(商品)。这些东西只有在买卖双方进行交换的时候才能叫商品,所以商品经济就是市场经济。以前在计划经济下叫产品分配和产品交换,改革开放以后,才能叫"商品经济",只能这么提。所以,课程用"国际商品贸易法律制度"比较稳妥。

我从1982年开始着手将新中国成立前国民政府翻译的文言文版关贸总协定条文,重新做了审校,供学生参考。上海外贸学院图书馆的范淑荣同志非常热心、积极,她筹备了一点经费,把它和外贸部董尚明同志共同收集的资料一起,用上海外贸学院图书馆的名义,申请了上海市新闻出版局内部资料准印证,内部出版了中英文对照的《〈关税和贸易总协定〉基本文件》。

1995年,WTO乌拉圭回合文件出来以后,在汪尧田先生牵头下,我作为副总编审之一,负责译文审校,在复旦大学出版社正式出版了世界贸易组织WTO汉英对照本:《乌拉圭回合多边贸易谈判成果》。由于中文不是GATT/WTO的正式语文,我们担心翻译用语不准确,当时特以中英文对照的方式刊出,以供国内学界参考。

(二)投身关税与贸易总协定上海研究中心的工作

1983年,我见到了从哥伦比亚大学毕业,知识报国回国的汪尧田老先生。汪老对关贸总协定非常熟悉,我们有共同的语言,也有了共同的目标——"入关"。交谈中汪老打算成立一个研究中心,聚集上海的有识之士,共同努力来推动中国入关,我十分赞同并积极参与推进。

1984年,我与汪老等前辈老师开始筹备关税与贸易总协定上海研究中心。1986年,中心正式成立,中心章程列出了所有组成人员,包括上海外贸学院、上海社会科学院、上财、华政和复旦。关税与贸易总协定上海研究中心作为一个独立法人组织,是研究实体,目标是促进中国"复关"。这个中心没有正式经费来源,是典型的NGO,但受到很多外贸企业的支持,特别是前外贸部副部长沈觉人先生,他不做部长后,到香港华润公司做了领导,资助了我们一笔经费。汪老把这笔钱存在银行里面,节约使用。所有的工作都是成员义务担任。当时,汪老还想了很多办法、花了很大力气,争取到了一个出版号,正式出版了中心的研究刊物:《世界贸易组织动态与研究》,从此,中国国内有了第一本以GATT/WTO为内容定期出版的专业期刊。

(三)向政府、媒体和在海内外呼吁和介绍中国入关

1981年,我担任上海大众汽车合资谈判的法律顾问期间,有机会去北京外贸部汇报合资进展情况。借此机会我也向外贸部提出过,中国是否考虑加入关贸总协定,并介绍了关贸总协定的情况、总干事的态度和加入条件,但

是，得到的回答是否定的。当时流行的说法是："GATT 是美国主导的发达国家的（组织），我们不会考虑加入。"

1986 年，我被邀请到华盛顿参加了一个研讨会，会上也讨论了中国是否应加入关贸总协定及加入条件，了解了国外学者对中国入关的关注，我介绍了中国当时的经济体制，改革的成果，从而论证了中国不是"入关"而是"复关"，复关的条件不是进口承诺，而是关税减让。

1987 年后，我作为客座教授在哈佛大学法学院、克利夫兰大学法学院、柏克莱加州大学法学院和美国南卫理公会大学法学院授课，主要讲中国法律制度改革、实行市场经济、投资环境、国际贸易政策及吸引外资的政策。每次课程中必讲中国为入关做哪些准备，宣传了中国改革开放后的新的法律体系。期间，我在明尼苏达大学见到了美国 GATT 之星 Hudec 教授，并在参加乔治城大学的研讨会时，见了美国 GATT/WTO 之父 John Jackson 教授，跟他们交流了中国的法律改革与"入关"前景。

1989 年夏天，日内瓦高等国际研究院邀我回去讲课，汪老特别要我到 GATT 总部去，会见我读书时的老师，GATT 法律顾问 Robinson 教授，争取将我们中心列入了资料交流名单，定期能为我们中心寄送资料。

从美国回来后，1993 年 6 月，《文汇报》记者杨荔雯对我做了专访，刊载了题为《域外归来话关贸》的对我的采访文章。我当时就认为，我们正面临复关的大趋势，无论是忧心忡忡、惊慌失措还是随随便便、无所作为，这两种态度都不可取，要抓紧时间，积极应对，才是上策。同年 8 月，《上海商报》刊载了对我的采访：《商业岂能置身"关"外》，呼吁取消外贸垄断的代理制，遵守市场规则，争取早日复关。

1995 年以后，复旦大学发展研究院每年都为上海市政府写一份发展报告，其中国际部分的主编是复旦大学美国研究中心的负责人沈丁立教授，他每年约我撰写其中关于入世问题的部分，解释中国"入世"的必要性。

当时，虽然外经贸部主张"入世"，然而，基于利益冲突，来自各个产业部门的阻力比较大，要对他们做解释工作，解释入世后的好处。有一次在会上，讲解 GATT 时，有一位听者提问：中国的茶叶饮料，世界闻名，为什么还要进口可口可乐？我就说：茶叶饮料虽好，人们还想换换口味，我们当初只有两毛钱一瓶橘味汽水可喝。如果不进口可口可乐，没有饮料市场的竞争，哪里会有今天的各种国产饮料？他还问道：如果国内企业生产的货物受到大量进口货物冲击时，我们怎么办？我说：GATT 第 19 条有规定，如果因意外情况的发生，或因减让了关税，使得进口产品数量急剧增加，威胁到本国生产者的相同产品时,是可以暂时停止进口的。这是我们所说的保障条款,是减压阀。会后他见到我说,经过宣讲,企业的顾虑初步得到消除。

1998年,我国驻南斯拉夫大使馆被炸,大家很气愤,说要停止入世谈判。我们研究中心的成员很着急,认为政治归政治,经济归经济,不能不分青红皂白。我们在汪老的主持下,GATT上海研究中心马上行动起来,集体撰写了一个报告,分析入世的重要性,呼吁入世谈判绝对不能停止。我们的这个紧急报告由当时的汪道涵市长直接送达中央,表达了我们的焦急心情。

1999年,在中国接近"入世"前。国务院台湾事务办公室曾来做过一次咨询,即台湾"入世"后,是否会使得台湾问题国际化,如果双方产生贸易争端了怎么办?官司打到WTO去,是否成了国际争端?我当初的答复是:"这是不可能的,因为《关于建立世界贸易组织的协定》在其注释中指明:协定中所称国家应理解为包括任何成员的单独关税区。WTO成员不仅仅是主权国家,还包括独立关税区,台湾不是主权国家,就不存在两个国家的问题,只涉及两个WTO成员方之间的争议,不能算国际争端。"从而解除了他们对台湾"入世"的顾虑。

当时WTO秘书处已定下"中国先加入,台湾后加入"的原则。这样台湾方面有了顾虑:"中国先加入了,是否会用关贸总协定第35条同我们互不适用?"2000年,我们参访台湾时从民间学人的角度向他们解释,"入世"后我们形成港、澳、台加大陆4个GATT成员,可以更好合作,有何不好?以解除他们的顾虑。

四

2006年,日内瓦WTO总部一位上诉机构的法官出缺,需要增补。商务部条法司邀请我与张月姣教授参与竞选。我们两个人虽然没有入选,但是通过WTO总部和各个代表团的约谈,他们对我们有了一定的了解,我俩都被推荐为WTO争端解决机构专家组成员。那次到日内瓦作补缺选任的面试,对我是个很有意思的经历。70出头之人的我又变成了一个学生,经过欧盟代表团、美国代表团、拉丁美洲国家等代表团的面谈,内容同我在课堂上讲课的内容相仿,也真是一场WTO知识考试。

结 语

不经意间,我已过80。回头反思,人生有得有失。但我最欣慰的是两件事:一是我参加过中国出席联合国第三次海洋法会议代表团,为国家的海权做过努力。二是为中国复关"入世"也努力了 20 个年头,中国终于"入世"。自 1978 年至今,和 GATT/WTO 相知、相爱、相处,有过成功的喜悦也尝过心焦的滋味,对于中国,是前进了一大步,而对于我自己来说,也从中收获了很多。

没有 WTO,前 10 年中国的经济发展速度恐怕没有这么快,特别是 2005 年以后,中国出口产品都出去了,真没有想到中国的生产能力这么强。我们目前要做的工作就是要遵守 WTO 各项法规,培养出熟悉 WTO 条文,善于处理贸易纠纷的人才,服务国家。

中国是个大国,面对世界,不能再把自己孤立起来了。还是这句老话,要存活,要发展离不开国际社会这个大家庭。现在 TPP 和 TTIP 正在谈判中,我们一定要跟上去。

窗外的阳光依旧明亮,WTO 还会发展得更好。

谈董世忠教授有感

苗 青[*]

2012 年,我有幸在华东政法大学的学术会议上结识董老,无意中了解到董老曾先后研习 4 门外语。作为后生晚辈之晚辈的我,敬佩之情油然而生!

近日,接到杨国华老师之邀访谈董老,我欣然首肯。走进董老和无数前辈那段钻研 GATT、上下求索知识报国的峥嵘岁月,有如开启一坛近 40 载的酱香佳酿厚重绵延!饮水思源,衷心感谢所有艰辛开拓的前辈们!

一次巧遇、一次访谈,拼出了董老的人生图卷,千锤百炼,厚积薄发,老人家各个重要时间节点的经历恰巧折射出中国的近代史,历史永远不应该被忘记。访谈时,董老谈笑间中文、外文交融,数十载岁月历历在目,人名、细节鱼贯而出。我的心中下意识地开始回荡起一首歌:"WTO 人永远是年轻,他好比大松树冬夏常青,他不怕风吹雨打,他不怕天寒地冻,他不摇也不动,永远挺立在山顶!"

---

[*] 上海工程技术大学法学院教师。

我与 GATT/WTO 结缘 30 年

曾令良[*]

一、引领我走入 GATT/WTO 殿堂的三位著名的美国教授

我与 GATT/WTO 结缘始于 20 世纪 80 年代中期我第一次赴美留学。

第一位引导我与多边贸易体制相识的伯乐是哈佛大学法学院的资深教授 William Alford 先生。1985 年我是武汉大学法律系国际法专业二年级的在职硕士研究生，经学校推荐、托福考试和美国法学教授的面试，我被由福特基金会资助的中美法学教育交流项目委员会选派赴美国法学院攻读法学硕士学位。但是，在面试之前，美方主席发至中方委员会负责人的电报中表示对我赴美的资格表示质疑，理由是我的大学成绩单显示不是年级 top 10 的毕业生，美方接受中国留学生的法学院都是全美排名的 top 10，因此被推荐的留学生成绩也应该是年级的 top 10。多亏了面试环节，使我赴美留学柳暗花明、绝处逢生。来武汉大学面试我的美方委员是当时还是加州大学洛杉矶分校的 Alford 教授。在他面前，我从两个方面为自己辩解。首先，根据中美法学教育交流项目的规定，最终决定留学人选，除了候选人大学的成绩单、所在单位的推荐意见，还必须有美方面试的成绩。我认为美方主席在面试结果出来之

---

[*] 武汉大学人文社会科学资深教授、国际法研究所（教育部人文社科重点研究基地）所长、教育部长江学者特聘教授、WTO 争端解决机构专家指示名单成员、联合国国际法视听图书馆国际法专题讲座教授、欧盟让—莫内讲席教授、中国国际法学会副会长、中国国际经济法学会副会长、中国法学会世界贸易组织法研究会副会长、中国欧洲学会欧洲法律研究会会长、教育部法学学科教学指导委员会副主任委员。代表性学术著作有：《欧洲共同体与现代国际法》（1992 年）及其修订版《欧洲联盟与现代国际法》（1994 年）、《世界贸易组织法》（1996 年）、《21 世纪初的国际法与中国》（2005 年）、《欧洲联盟法总论》（2007 年）、《中国和平发展重大前沿国际法律问题研究》（2011 年）、《国际人权条约的实施与中国的实践》（2015 年）。先后在《中国社会科学》《中国法学》《法学研究》《新华文摘》《中国社会科学文摘》《世界经济与政治》《欧洲研究》《中国国际法年刊》《国际经济法学刊》《国际法研究》、European Law Journal 等重要学术刊物上发表论文 80 余篇。

前就发表倾向性否定意见,违反了必要程序要求和有失公正。第二,单凭成绩单判定候选人在大学的年级成绩排名,不能全面客观反映候选人的真实水平和能力。我的辩解说服了 Alford 教授。他当即表示我的面试成绩为满分,并保证他会向美方主席如实汇报,我会很快收到美方法学院的录取通知书。尤其重要的是,当 Alford 教授得知我的研究方向是国际公法和国际经济组织法时,他当即表示 University of Michigan School of Law 是最适合我的留学殿堂,因为当时这所法学院聚集了多位著名国际公法和国际经济法教授,如有被学界誉为 GATT 之父的 John Jackson 教授、已故的 American Journal of International Law 主编 Bishop 教授、已故的美国欧共体(欧盟)法学的创始人 Eric Stein 教授和其继任人 J. H. Weiler 教授(20 世纪 90 年代调入哈佛大学法学院、现为纽约大学法学院 Jean Monnet Chair Professor 和 WTO 争端解决机构专家指示名单成员)。大约面试后第 10 天,我便收到 Alford 从香港希尔顿国际酒店寄来的亲笔函,告诉我经他与美方主席 Edwards 教授和密歇根大学法学院沟通和商定,我被正式录取。从此,GATT/WTO 法成为我 30 年来教学、研究和为国家及社会服务的主要领域之一。

首次引领我直接感知 GATT/WTO 的是已故的杜克大学法学院教授、著名的 GATT/WTO 法学家 Hudec 教授。1985 年暑期,教育部在吉林大学举办中美法学教育交流项目下的美国法培训班,这是专门为当时即将赴美留学和进修的中国法律学者举办的,授课的 6 名老师都是美国来的知名法学教授,其中一位就是已故的著名的 GATT/WTO 法学家,来自杜克大学法学院的 Hudec 教授。他讲课的内容除了美国贸易法之外,主要是 GATT 条款的阐释。Hudec 教授的授课使我初识多边贸易体制的"庐山真面目"。

首次使我全面、系统掌握 GATT/WTO 的知识并领悟多边贸易体制精髓的是著名的 GATT/WTO 法学家、乔治城大学终身教授 John H. Jackson 先生。他在 20 世纪 90 年代中期以前一直是密歇根大学法学院的资深教授。我在 1985~1986 年攻读法学硕士学位期间,曾系统必修和选修了他亲自讲授的三门课程:第一门是国际公法,采用的是哥伦比亚大学 Henkin 教授编写的教材;第二门是美国贸易法与 GATT,采用教材是他于 1977 年亲自编写和出版的 Legal Problems of International Economic Relations: Cases, Materials and Text,后来多次修订再版;第三门是 Seminars on the Law of GATT,采用的参考材料,是他自选的案例、法律文件和有关的期刊论文,这是一门小班的深化专题课程,学生规模控制在 15 人以内,我能从当年 150 多名 JD 和 LLM 学生中成功注册为这门课的学员,莫不是一件幸事。为了课外和回国后更加深入地研习 GATT 法律，我分为 5 次将他撰写的巨著 World Trade and the Law of GATT 复印和装订（图书馆规定不允许整本书复印）。这部专著不仅是世界上首部系统研究 GATT 法的巨著，而且也是这一学术领域迄今在世界范围内使用和传播最为广泛的经典之作。30 年来，Jackson 的这两本著作成为我教学、研究和传播 GATT/WTO 法最常用的参考书目。自 WTO 成立以来，Jackson 教授不顾年事日高，仍然十分活跃于学术和社会舞台，笔耕不止，出版了多部 WTO 法的著作，而且时有 WTO 法的论文和演讲问世。凡是他的著述，我都要认真品读和领会，以至于对于他的学术观点和文风特别的熟悉，我不看作者署名或视频，只阅读其作品和谈话内容，便能八九不离十地猜出是他的佳作。2005 年 3 月，我在香港城市大学做 Distinguished Visiting Professor 1 个月期间，为当年 9 月在北京和上海举行的世界法律大会"WTO 规则的发展与完善"专题研讨会准备论文，恰逢 WTO 网站公布了由前任总干事萨瑟兰牵头的咨询委员会为 WTO 成立 10 周年而撰写的报告"The Future of the WTO—Addressing Institutional Challenges in the New Millennium"。咨询委员会向时任 WTO 总干事素帕猜提交的这份报告，由多位 WTO 领域的贤达分工撰写而成，其中 Jackson 教授写的一章，我不看其署名，只看其内容和观点，就知是他的亲笔之作。虽然我从 Michigan 大学毕业后没有再见到这位恩师（听说他曾于 2004 年来北京、上海讲学，我当时在芝加哥肯特法学院讲学，错过了面晤和请教的机会），但是，晚辈自以为 30 年来一直是 Jackson 大师的铁杆粉丝之一。

二、率先开设 GATT/WTO 课程，持续呼吁创建 WTO 复合型法律人才培养模式

1986 年 7 月，我从密歇根大学毕业回到武汉大学，恰逢中国驻日内瓦大使代表中国政府正式向关贸总协定秘书处提出"复关"申请。我意识到中国政府的这一重大举措标志着我国将进一步扩大和深化改革开放，加快融入国际秩序和顺应全球经济一体化。当时我利用从美国复印的 GATT 英文版和有关 GATT 的英文著作和论文以及我在 Jackson 那里的所学，向法学院和国际法研究所领导申请，对国际法专业的本科生先开设国际经济组织法，继而开设"关贸总协定法"作为选修课程（后更名为"世界贸易组织法"）。当时，教育部批准的本科国际法专业只有北京大学、武汉大学和吉林大学 3 所（1997 年教育部调整本科专业，在"宽口径"原则下只设立一个法学本科专业）。与此同时，我申请了另一门为国际法硕士研究生开设"欧洲共同体法"

（后更名为"欧洲联盟法"）的选修课程。据我所知，我是在中国的高校中率先开设这两门新课程的教师之一。

1995年世界贸易组织成立后，中国原来的"复关"谈判随即转变为"入世"谈判。中央政府和香港特别行政区政府在加快"入世"谈判的同时，积极研究和谋划中国"入世"后的挑战和应对措施。2000年9月，香港特别行政区律政司和香港法律信托基金会邀请中国大陆的北京大学、复旦大学和武汉大学法学院院长（吴志攀、李昌道、曾令良）参加在香港举行的"中国加入世界贸易组织对中国及香港法律教育与培训的影响"研讨会。我在会上做了题为"创建WTO法商硕士学位的一孔之见"的专题发言。同年12月在中国人民大学举办的"世界百所著名大学法学院院长论坛"上，我又应邀做了题为"21世纪法律服务贸易的发展趋势与中国法学人才培养的改革"的大会发言。同月，我还与来访的教育部当时主管国际合作办学的章新生副部长就中国入世对我国高等教育的影响问题发表了咨询意见，并进行了长达3个小时的深入交谈。2003年12月，我向中国法学会世界贸易组织法研究会第二届年会暨学术会议提交了《再次呼唤WTO法律人才培养的制度创新》的论文。

2001年11月10日，中国经过长达15年的谈判终于正式加入了WTO。随后，当时的武汉大学主要领导召集外事处长、教务处长和我（时任法学院院长）组成三人小组，设计武汉大学培训WTO复合型人才的创新模式。为此，我提出了举办两种类型的WTO强化班的培养方案：一是在本科毕业生中挑选学生举办WTO课程班，开设6门课程，其中三门为WTO法律课程，另三门为商贸课程；二是在法学院和商学院面向三年级分别开设WTO强化班，其中法学院的强化班的课程主要是商学、金融学和国际贸易，由商学院指派任课教师，而商学院的强化班主要是WTO法、国际公法和国际经济法课程，由法学院指派任课教师。两个学院的强化班都同时开设商贸法英语强化课程。从2001年起，武汉大学一直坚持WTO强化班的复合型人才培养模式。这种交叉学科的培养方式很受学生和用人单位的欢迎。随着需求的不断增加，武汉大学在WTO强化班模式的基础上专门成立了WTO学院，作为第二学士学位的独立培养单位，后来WTO学院还拓展了多种形式的中外合作办学模式。2014年12月，武汉大学决定将WTO学院并入国际教育学院。

三、坚持在宏大的国际法律秩序背景下研究WTO具有特色的法治模式

自1986年7月从美国留学回国以来，我一直将GATT/WTO法作为我主要的研究方向之一。我在《法学评论》1987 年第 1 期上发表了《论关贸总协定的缔约国资格——兼述我国缔约国地位的恢复问题》的文章，这也许是我国学界在这一领域发表的第一篇论文（有待考证）。

1994 年 4 月，乌拉圭回合拉下帷幕，我通过在外交部条法司工作的师弟的帮助，获取了一份英文版的《乌拉圭回合多边贸易谈判结果最后文件》（次年 9 月中国对外贸易经济及国际合作部和关贸总协定上海研究中心编写的中译文对照版才出版）。根据这些第一手资料和我此前在美国的学习和资料积累，用了两年多时间撰写了《世界贸易组织法》，该书于 1996 年 12 月由武汉大学出版社出版，是我国 WTO 法领域最早的著作之一，并于 1998 年获得全国普通高校人文社会科学优秀研究成果二等奖（著作类）。自 1987 年以来，虽然我的著述还涉及我的另外两个主要研究方向，即国际公法基本理论和欧洲联盟法，但是公开在国内外学术刊物上发表 WTO 法及中国入世的论文 40 多篇。

我研究 WTO 法的基本方法是，不局限于 GATT/WTO 法本身，而是将它置于一般国际法律秩序和全球治理的大背景下进行探讨。我认为，要全面、透彻地研究 WTO 法，除了法律方法之外，必须结合国际经济、国际贸易、国际政治、国际关系等学科的研究方法。单就法律方法而言，必须将国际经济法、国际公法和国内法结合起来研究。因此，WTO 法不只是国际经济法学研究的对象，而应该是多学科交叉研究的范畴。

以下略举数例，概括我 30 年在 WTO 法研究领域的心得体会以及所表达和传递的学术观点：

（1）从总体上讲，WTO 法是国际法律秩序中一种自成一类的法律体系；WTO 法治是国际法治中一种独具一格的法治模式；WTO 体制是全球治理系统中一种特殊的治理体系。

（2）多边贸易体制一直是以成员驱动和规则驱动的双轨模式，其中在 GATT 时代，缔约国驱动占主导地位；WTO 时代逐步呈现出规则驱动的趋势（主要表现在争端解决机制方面），但成员驱动（或政治驱动）仍是决定因素。

（3）WTO 在全球治理和国际规制方面的成就主要表现为其广泛的国际认可和参与程度、日益增强的规则取向和初具规模且致力于完善的庞大法律体系。WTO 面临的主要挑战是其自身在全球治理中的定位；非歧视原则的不断被蚕食；优惠待遇原则对发展中国家如同"画饼充饥"；决策效率低下；民主治理缺失，等等。WTO 发展的根本出路是，多边主义是最佳选择；规则取向是基础和保障；民主治理是方向；成员驱动是最直接和最强大的力量；与时俱进的主权观是根本和前提。

（4）WTO及其法律的形成与发展自始至终从属于国际政治和国家利益，WTO体制的有效运作只能迂回地在WTO成员之间周旋，关键是把握"自由贸易"与各种"例外条款"或"免责条款"之间的平衡。

（5）WTO争端解决机制既不是政治方法机制，也不是一种司法性或准司法性机制，而是一种集政治方法、法律方法和准司法方法于一体的综合性争端解决机制，其最突出的特点是其管辖的排他性和裁决的反向协商一致规则。

（6）WTO上诉机构在"中美出版市场准入案"中对"录音产品分销"术语所采用的"当代意义"（contemporary meaning）解释方法，固然有其自身的先例可供援引，也有国际法院类似的解释方法可资借鉴，但是尚不足以构成公认的国际公法的习惯解释规则。"当代意义"解释作为一种条约解释方法的新趋势，尽管已经确立了诸如条约术语的"一般性"和条约的"无限期"等适用的前提条件，但尚存在一些疑问和不确定性，有待国际争端解决机构在未来的实践中进一步澄清和发展。

（7）中国"复关"和"入世"谈判长达15年，原因错综复杂，诸如政治上既有西方国家的意识形态的偏见，也有国内政治体制的适应问题；经济上中国长期的计划经济体制与多边贸易体制要求的市场经济体制的冲突；贸易管制方面中国进出口关税长期的高税率和削减负担以及名目众多的非关税措施的取消与减少压力；中国贸易与经营管理的透明度的改善问题；贸易和投资领域的国民待遇问题；服务贸易市场的开放问题；知识产权的保护问题；等等。还有双边谈判和多边谈判同时进行带来的复杂性和难度问题。

（8）中国"入世"的意义是深远而又划时代的，除了给中国带来可持续的经贸利益之外，更重要的是，促进了中国不断深化改革和法治建设，加快融入全球经济一体化的步伐，增强和提升了中国在全球治理进程中国际规则制定的主动权、话语权和影响力。

（9）中国"入世"文件中对中国特定产品规定的过渡性保障机制名义上针对的是"特定的"中国出口产品，而实际上遭殃的可能是中国出口的任何产品这一规定背离了WTO《保障措施协定》所规定的非歧视原则，是一种变相的类似于出口自愿限制和有序销售安排之类的灰色领域措施。因此，中国应力争对规定尽快予以取缔。

10. 中国"入世"后与其他成员之间的贸易争端呈上升趋势不足为奇。虽然不排斥某些WTO成员在WTO机制中将中国视为重点的起诉对象，但是我们应理性看待这种现象。贸易争端的数量与国家的经济总量与发展水平和在全球贸易中所占的份额是成正比的。长期以来,欧、美、日、加一直分别是多边贸易体制争端解决机制中作为原告和被告以及第三方次数最多的 WTO 成员。中国"入世"后案件的上升,从某种程度上讲,是中国在全球经济和贸易中的实力和地位的客观反映。当然,中国在 WTO 争端解决机制中被诉案件增多也有我们自身法律法规、管理体制、贸易做法和经营方式的缺陷,这些缺陷在一定程度上可以通过 WTO 争端机构的裁决得以弥补和改善。

四、力所能及地为中国"入世"、对外贸易法律的制定与完善提供咨询意见

中国"入世"前,我曾多次受国务院有关部门邀请,担任 WTO 法律顾问,参加有关 WTO 和中国"入世"法律问题的研讨会,积极为中国"入世"谈判提供咨询意见。我记得是 1999 年初,我收到当时的对外经贸部(现为商务部)的一份公函,含两项内容:一是聘请我为该部的法律顾问,为中国"入世"和相关法律问题提供口头和书面咨询意见;二是具体就 GATT 第 20 条的"一般例外"规定的含义与适用问题提供书面咨询意见。我在对外经贸大学陈卫东教授(当时是我指导的博士生)的协助下,通过调研,撰写了近 2 万字的咨询意见。该咨询意见除了阐释第 20 条的法律含义之外,着重考察了 GATT 时期缔约国援用第 20 条的情况,得出的结论是:GATT 第 20 条的例外规定,不仅条件苛刻,而且专家组在具体争端的裁决中一直是从严把握和适用,争端当事方引用该条款的成功率极低。因此,建议我国不宜指望依赖通过运用 GATT 第 20 条来维护国家经济安全。这一意见得到中国入世谈判代表团的重视。同年 5 月,国务院法制办召开了一次持续两天的不公开研讨会,参加会议的有中国"入世"谈判代表团的部分成员、中央和国务院 30 多个部委的代表和 6 位专家学者(其中法律专家和经贸专家各 3 名),我有幸作为法律专家之一参与了研讨会,并专门就我国利用 GATT 第 20 条维护国家经济安全问题发表口头咨询意见。中国入世后曾几次在有关的涉华案件中援用 GATT 第 20 条都没有获得理想的结果,应验了我们在中国入世前所作出的预判。

在 21 世纪的头 10 年里,我多次应国务院法制办和商务部的邀请,就我国的对外贸易法的修订和货物贸易进出口条例、反倾销条例、反补贴条例、保障措施条例等法规的制定提供书面或口头咨询意见。

五、积极参加国(境)内外各种 WTO 法和中国入世法律问题的研讨会,扩大和增进学术交流

30 年来,凡是受邀担任主讲人、发言人、主持人或评论人的国(境)内

外有关WTO与中国入世议题的研讨会，我都尽量参加，利用这些机会和平台不断扩大和增进同国内外、境内外学界同仁、政府部门和国际组织官员的交流。由于我没有连续性地保留这方面的个人资料，我已不能准确地统计我到底参加了多少次在这一领域内的国内外研讨会。

回想起来，我参加的WTO法研讨会大致可以分为如下类型：第一类是中国政府部门主办的WTO研讨会，如上述国务院法制办、商务部、司法部多次召集和承办的WTO与中国入世法律问题研讨会。第二类是中国政府举办的有关WTO法问题的大型国际会议，如2002年9月司法部和中国律师协会举行的"WTO与法律服务国际研讨会"；2005年9月第22届世界法律大会。第三类是中国政府部门与国际组织共同举办的WTO研讨会，如2004年5月亚太法协、中国法学会和上海市人民政府在上海联合举行的主题为"LAW ASIA Conference on Trade Law：Legal Guidance to Free Trade Zone"的国际会议。第四类是中国与外国司法机构共同举办的WTO研讨会，如2000年6月举行的WTO与司法比较研究会议。第五类是港澳高校或研究机构举办的有关WTO国际会议，如澳门于1999年5月和2001年7月举行的第一届和第二届国际贸易法研讨会，香港城市大学和香港大学分别于2000年11月和2004年举办的中国加入WTO法律问题国际研讨会。第六类是外国学会团体举办的WTO法研讨会，如1997年3月美国国际法学会在旧金山金门大学举行的第六届区域会议。第七类是中外学术团体联合举办的与WTO法相关的国际会议，如2008年10月中国国际经济法学会和韩国国际经济法学会联合举行的"WTO制度与区域贸易集团：中韩自由贸易协定的法律与实践"研讨会。第八类是中国全国性学术团体举办的有关WTO议题的研讨会，如1995年以来中国国际法学会和中国国际经济法学会的年会、2000年以来的中国法学会世界贸易组织法研究会的年会和2006年以来中国欧洲学会欧洲法律研究会的年会。特别值得指出的是，近年来，商务部条法司和中国国际经济法学会每年定期举办WTO涉华案件研讨会。这个研讨会规模不大（20～30人），但主题专一，针对性强，既务实，又具有学术价值，与会者都是WTO法圈内的官员、学者和律师。除了特殊原因缺席，我都要积极参与其中，受益匪浅。第九类是国内地方性学术团体举办的与WTO相关的研讨会，如2002年10月广东省法学会举办的"中国入世后司法制度建设"研讨会。第十类是国内高校举办的各种以WTO法为主题的各种研讨会、学术沙龙和学术讲座。

近年来，随着中国入世日久，一方面国内研究WTO的学术群体空前壮大，另一方面政府层面和社会各界对于WTO由初期的粗放性的"狂热"逐步趋于平静和深入，我本人由于年纪渐老，精力有限以及教学和研究中还要适当顾及另外两个研究方向（一般国际法理论与实践和欧洲联盟法），我没有出国参加WTO的国际研讨会，国内的研讨会也只是有选择地参与，但是对于WTO及其研究的动态，始终保持着关注和跟踪。

六、积极传播"依法治国"应包括依"WTO法治国"的理念

1997年，党的十五大报告正式提出"依法治国"的方略。然而，长期以来，无论是国内公权力部门，还是法律工作者、法学界，一般都认为，"依法治国"中的"法"指的是国内法或中国法，有意或无意排斥包括WTO法在内的国际法。造成这种现象的主要原因有三个方面：一是国际法进入中国较晚，新中国成立后，虽然国际法是法律专业的必修或选修课程，无论是课程数量和授课时数都比国内法少，所以在法学教育环节，国际法处于边缘状态；二是"文化大革命"运动不仅使法学教育陷于瘫痪，而且受国内外因素的影响，整个国家处于封闭状态，国际法属于政治敏感领域，无人敢碰；改革开放后，这种局面虽不断改观，但多年来国内对于国际法地位和作用的认识，仍然不能与时俱进；三是无论是我国的法学界，还是政商界，还是传媒或公众，即使是在当今全球化不但扩大和深化以及中国已高度融入国际社会的当代趋势下，对国际法地位的认知仍然不可与国内法同日而语。

我从20世纪90年代初开始分别是中宣部、司法部和中国法学会组织的"三五"和"四五"中高级干部普法讲师团成员，曾数十次应邀到全国有关的、省、市、地（州）、区（县）中心学习小组向各级党政干部宣讲WTO法的基本知识以及中国加入WTO的利弊与挑战。此外，还应邀向有关的大型国有企业或企业联合会和省市律师协会宣讲中国加入WTO对我国经贸与社会发展、企业经营和法治建设等产生的影响与应对，并现场回应和解答听众提出的相关问题。

在我国省（市）一级对干部、实业界和法律工作者进行WTO知识培训方面，上海市一直是引领者。上海市不仅在20世纪90年代初在市政府的直接领导和财政支持下率先成立了WTO事务咨询中心（起初为GATT研究中心），而且为上海市和华东地区的各级干部、企事业单位负责人、高级管理人员分期分批组织了数十次WTO事务的专题培训班。我曾有幸受聘为该咨询中心顾问，多次受邀为其组织的WTO培训班主讲WTO争端解决机制及其改革和中国加入WTO法律问题及其应对。此外，我还受聘担任深圳市WTO事务咨询中心顾问，但实际参与活动不多。

自WTO成立以来，我在向各地各级领导干部、企事业单位负责人和法

律界人士宣讲或咨询中，一直坚持和重申我国实施的"依法治国"方略应包括"依照国际法治国"的理念。在这一总体理念下，"依法治省""依法治市""依法行政""依法经营""依法管理""依法裁决"等中的"法"，不仅仅是我国制定和实施的国内法，同时也包括国际法基本原则、国际习惯规则、国际强行法和我国参加的各项条约，而 WTO 法是其中的重要组成部分。

2014 年 11 月，党的十八届四中全会专门通过了依法治国的决定。2014 年 12 月，教育部和上海市政府联合举办首届全国高校智库论坛，继而《中国社会科学》杂志社和中国人民大学于 2015 年 1 月联合举办首届法学前沿论坛，我应邀分别在这两个论坛上做了"运用国际法治思维推进法治中国建设"的大会发言，再次阐述了依照包括 WTO 法在内的国际法把中国建设成法治大国乃至法治强国的必然性和必要性。已接到《中国社会科学》杂志社的通知，我在提交给两个论坛的发言稿的基础上形成的文稿，经过两位匿名专家评审和我与编辑部往返 3 次的修改，将在该刊 2015 年第 10 期上发表。

结　语

GATT/WTO 在经济全球化中不可或缺的地位和作用，使得全球治理的各种行为体都不得不重视它、呵护它、发展它和利用它。诚然，它也一直与各种争议、批评甚至指责相伴而行。这正是 WTO 的神秘和魅力所在！也正是这种神秘和魅力招致世界上不同的国家、不同的组织、不同的团体和不同国籍、不同语言、不同肤色、不同种族、不同性别的学者与人士，从各种不同的角度来持续地研究它。WTO 不只是政府间角逐与合作的舞台，它的法律不只是政府间的游戏规则和护身符，它归根结底关乎的是人民的生活与福祉、行为的公平与公正、社会的法治与良治和人类的进步与发展。

我与 GATT/WTO 结缘 30 年，无不是我人生的一大幸事！正是这一魅力无限的组织及其独一无二的法治范式，使我有缘沐浴了 GATT/WTO 法顶级大师的教诲，成就了我毕生从事 GATT/WTO 法教学与研究的职业和为社会服务的工具，同时也成为我主要的生活所依和精神所系！

感谢这个日益全球化的世界，感谢不断扩大和深化改革开放的中国时代，感谢博大精深的 WTO 法，感谢恩师的循循引导，感谢 WTO 学界同仁 30 年的学术相伴！我坚信，WTO 久经风雨后必见彩虹，更加辉煌的未来可期可待！

我与WTO：你中有我

韩立余[*]

原以为这个题目是可以一气呵成的，不想却断断续续的、拉拉杂杂的。似好谈起，却无从谈起。

一

应该说，对关税与贸易总协定/世界贸易组织的兴趣，源于研究美国外贸法、阅读 John Jackson 的著作的时候。我发现美国贸易法受到关税与贸易总协定的影响。与美国贸易法有关的关税与贸易总协定案例，遂成了我走入关税与贸易总协定和世界贸易组织规则殿堂的入门。时有一部教材在中国人民大学出版社出版，热心的编辑认为教材写得不错，也对书中提到的案例感兴趣，问我是否愿意编写 WTO 的案例。这与自己的打算正好相合，真可谓是雪中炭、旱中霖。当时自己的经济比较拮据，人大出版社还资助我购买了一台激光打印机，用于打印案例报告。那个时候，资料收集还是一个大事。网络已经开始使用，但速度却低得很。印象中利用人大法学院民商法基地的上网设施一下午也没有成功下载香蕉案的专家组报告。对关税与贸易总协定时期的案例分析，是在美国做访问学者时，利用图书馆中的资料完成的。现在这一时期的资料可以在网上直接查阅到了。对世界贸易组织法感兴趣的人已经可以直接、马上从世界贸易组织网站上获得争端解决报告了，也有能力直接阅读分析原文报告，直接看报告原文更有效果。我的 WTO 案例分析工作也告一段落。这是进步。在中国，对世界贸易组织法的研究在进步，对世界贸易组织法的理解在进步，对世界贸易组织法的应用在进步。

---

[*] 中国人民大学法学院教授，博士生导师。中国人民大学法学博士，香港大学法律学院普通法深造文凭。世界贸易组织访问学者。兼任国务院关税税则委员会咨询专家委员会委员、世界贸易组织争端解决机构专家组成员、中国法学会世界贸易组织法研究会副会长。该文于 2015 年 7 月 12 日在香港写作完成。

谈到对关税与贸易总协定/世界贸易组织法案例的研究，必须提到一个开拓性的人物，她就是华东政法大学的朱榄叶老师。她是我国最早研究关税与贸易总协定案例的，也是现在一以贯之地研究世界贸易组织案例的。我常说，我是在朱老师的引领下开始关税与贸易总协定/世界贸易组织法的案例研究的。

阅读案例报告，我习惯于打印出来阅读。书柜中满满的是世界贸易组织专家组、上诉机构、仲裁员做出的报告。早期的报告中还留有孩子幼时玩橡皮泥印章的大印，如今孩子已经长大成人。报告中的批注留下了自己阅读时的兴奋与疑惑，不同颜色的批注代表了对不同问题的区分与强调、不同时间阅读时的痕迹。自己背包中带有不同颜色的彩笔这一习惯，就是这样形成的。印象中有人曾对我带有多彩荧光笔表示奇怪，似乎认为玩荧光笔是小孩子们的事。对世界贸易组织争端解决报告的关注，也算作是孩子们的好奇心吧。

北京和世界贸易组织总部所在地日内瓦存在 7 个小时的时差，而世界贸易组织发布争端解决报告通常是工作日临近下班时。很长很长的一段时期内，自己早上上网的第一件事是看看有无新的报告发布。如果有，抓紧打印下来，接下来的几天几乎全部用在阅读上面。有的案子，由于急于知道裁决结果，就强忍困意，等到半夜，先睹为快。那感觉就像是看球赛，要看直播，而不看转播。我知道，在 AC WTO 中，许多人有我这样的"毛病"。

对案例报告的阅读，每一遍的感觉都不同。2015 年 7 月 4 日现任上诉机构成员、韩国的 Chang 在清华大学召开的世界贸易组织成立 20 年会议上指出，对报告至少再阅读 10 遍。对比这一要求，自己对报告的阅读还是很多不够的。阅读了不等于知道了，知道了不等于理解了，理解了不等于掌握了，掌握了不等于质疑了，质疑了不等于运用了，运用了不等于用对了……学海无涯，回头是岸！

但没有回头！对 WTO 的情感，如今已经不像初期那样热烈，却更深厚。步入婚姻殿堂，迎来或付出的是一世的承诺！

二

有一首歌的歌词是这样的："我不知道是我改变了世界还是世界改变了我。"年轻时曾困惑于这一问题而不得其解。如今两鬓斑白，答案是如此清晰：是世界（贸易组织）改变了我！

突然记起自己购买第一台台式计算机时做的事情。利用所在单位给的赞助和商家暑期优惠促销的利会，自己购买了一台台式机。那时还不能上网，计算机的作用主要是一台文字处理器。记忆中自己利用计算机做的一件事情，是在文档中试图列出非关税壁垒的各种类型！世界何其大，又何其小！也许就是有缘，也许都是注定！

作为一个国际经济法学者，自己兴趣广泛。近 20 年前，曾经自夸掌握了信用证规则；也曾对其他领域投入很多的时间和精力。但如果在现在的知识库中去掉世界贸易组织的知识，似乎什么也没有了，至少变得是如此支离破碎！"与贸易有关的"知识所具有的极大渗透力，在不断改变或影响着知识的形成或构成！

曾经并不时地慨叹大自然的造物之奇！天寒地冻，春暖花开！娇艳的花儿在人们的期盼中终于展开了自己的笑脸，可恼人的春风立即无情地撕扯着花儿的衣裙，以至于有"春风何其恼"的对白、黛玉葬花的哀愁。但透过春风、穿越哀愁，出现在面前的、迎接你的却是累累的果实。只不知黛玉看见否、依然哀愁否？

20 年了，WTO 已不如当时那样娇艳，也不知她是否还会再次娇艳。她是否装扮了当时的春天？时令是否已经进入盛夏？是否正经历肃杀的深秋，抑或冰天雪地的深冬？天地轮回，愿意否，抗拒否，都不改其道。

世界，已经从没有贸易组织的世界，进入了拥有贸易组织的世界（贸易组织）；中国，已经从中央之国变成了世界（贸易组织）的一员。一切都变了！源于外，化于中，根于基。莫不如此，包括我！

我与 WTO：在国际法不成体系中穿行

廖诗评[*]

圈内的不少朋友都知道，我涉足的国际法领域有点多，"武功"有点杂：贸易法、投资法、海洋法、领土法、条约法、国际法院法理、国际人道法、国际刑法，每样好像都知道那么一点点。蔡从燕老是拿这一点打趣，说我不怕"失业"。我自己也很清楚，每样都知道一点点，代价就是每样都不精通（这一点有点像《圣斗士星矢》中白羊座黄金圣斗士穆先生，或者《射雕英雄传》里"南帝"的死忠朱子柳，花哨的招数一大堆，又多又杂，真正打起架来，每一样招式的威力有限，碰到"天魔降伏"或者"降龙十八掌"这种至刚至纯的大招，立马就怂了，想克敌制胜横扫千军，无疑难上加难），这导致每次何志鹏教授在各种场合分享他极有深度的最新研究成果时，我总是听得懂开头，然后陷入迷失，被刺激得回去装模作样，痛定思痛，立志有所改变，而一觉醒来，却又一切如故。不过，这种状况并不奇怪，因为国际法本身就是有些"不成体系"的，研究国际法中任何一个特定的领域，必然会涉及其他领域中具体规则以及一般国际法的相关内容。细细想来，在这些领域中，我投入时间精力最多的，还真是非 WTO 法莫属了。

在国内 WTO 法学界，我属于"后学"和"小字辈"，以"我与 WTO"这种宏大的题目下笔，显然有些勉为其难，因为以我的阅历，既写不出董世忠老先生那种具有历史代入感的气势（老人家的年龄比 GATT 还大！），也无法写出像杨国华司长、陈雨松处长这些实务界人士那样，结合自身经历的具象化文字。因此，接到稿约伊始，我便明确思路，不完全遵循杨司长建议的那类"我与 WTO 相识—相知—相爱"的套路，而是尝试从细节和片段入手，

---

[*] 廖诗评，法学博士，北京师范大学法学院副教授，中国国际法学会理事、中国国际经济法学会理事、中国法学会世界贸易组织法研究会理事、中国海洋法学会理事；中国国际法促进中心（CIIL）执行顾问；中国外交部、商务部、国家海洋局战略研究所、中央军委法制局法律咨询专家，曾作为中国代表团法律顾问参加"中国—稀土、钨、钼产品出口限制案"上诉机构听证会。

试图通过自身有限的经历，展示一些 WTO 法研究在中国的发展脉络。

加拿大奶制品案报告

这份报告并不是我与 WTO 法的第一次接触（我曾于 2000 年读过曾令良教授所著的国内第一本世界贸易组织法专著，以及余敏友教授所著的国内第一篇 GATT/WTO 争端解决机制博士论文），但却是我阅读的第一份 WTO 裁决（时间是 2002 年上半年）。更重要的是，我把这份报告前后读了 6 遍之后，仍然没！看！懂！那时的我，英语虽非顶尖水平，但好歹 LSAT 考试获得 172 分之余威仍在，不料却遭此重创，虽不至于怀疑自己的智商，但心情之失落，可想而知。带着疑惑，我求助于我的硕士生导师左海聪教授（现为南开大学法学院院长，时任武汉大学法学院教授）。左老师先是狡黠地一笑，然后以他标志性的淡定语气告诉我：读不懂，可以多读几遍嘛（是不是觉得我还不如不问）。我想了想，居然觉得他说的有道理，于是又把报告读了 2 遍，边读边做笔记，结果多少算是比之前好了一些，能够看懂上诉机构的部分分析了。现在想来，造成这种情况的原因可能主要是，这个案件涉及加拿大国内大量联邦和各省制定的法规，而我不了解加拿大法，也不了解加拿大的法律体系，更找不到这方面不错的中文背景资料介绍，虽然把很多精力放在阅读加拿大涉案措施上，但实际却对涉案措施整体缺乏把握。从这个意义上说，也许对于刚开始学习 WTO 法的中国学生而言，从中国案例入手，从自己有所了解的中国涉案法律法规和措施起步，可能会更顺畅一些吧。

写到这里，我不禁会问自己，既然 WTO 裁决对于当年的我而言是这么的难懂，为什么我还要坚持读下去？我清楚地记得，我的硕士生导师并没有给我布置任务要求我去读。难道是因为我对 WTO 规则有兴趣？写到这里，就不得不简单说说我对"兴趣"这个词的理解了。这些年读过不少法学随笔，其中不少人都谈到，自己对法学（或具体部门法）的兴趣，源于一次讲座、一篇文章、一个事件或者某位导师说的一番话。说实话，我并不怀疑这种叙述本身的真实性，但却对其背后的逻辑不以为然，因为这种叙述似乎把事物之间的联系简单化了。我倒是觉得，兴趣不是一时冲动或者一个瞬间，而是一个慢慢经营不断发酵的过程。讲座也好，文章也罢，对于兴趣的形成，不过是一个起点或者契机而已，准确地讲，它们激发的不是兴趣，而是好奇。有了好奇心，加上自身努力，以及很多可遇而不可求的机遇，才能慢慢培养出真正的兴趣，这种兴趣，往往经得起时间的考验，甚至有可能转化为个人事业上的追求。

现在看来，我之所以自己去读 WTO 裁决，其实与当时 WTO 规则在中国大热的大环境有关：随着中国 2001 年正式加入 WTO，有关 WTO 的法学和经济学书籍如雨后春笋般涌现，有人介绍 WTO 规则，有人大谈入世利弊。我见过最有趣的书名，叫作《入世与××市领导干部执政能力的完善》，主编者赫然是"××市入世领导小组"，俨然是直接架空国务院、外经贸部和龙永图先生的节奏。在那时，不谈两句 WTO，都不好意思跟人打招呼，更不能愉快地聊天了，加上我自己学的专业就是国际经济法，不了解 WTO，似乎就更说不过去了。正是带着这种简单而略显幼稚的想法，我开始慢慢学习 WTO 法。所以，学习的开始，显然谈不上兴趣，而只是一种好奇。

理律杯

然而事实证明，仅仅只有好奇是不够的。读完加拿大奶制品报告，对 WTO 的好奇，迅速在枫园"醉生梦死"的生活节奏中褪去——每天睡到自然醒，醒了就吃，吃完就踢球，踢完球看看闲书，然后接着又睡，直到有一天早上，左海聪老师打来电话，直接终止了这种睡到自然醒的生活。

事情是这样的：清华大学法学院与台湾理律文教基金会经过沟通，决定在大陆联合举办第一届"理律杯"高校间模拟法庭竞赛（中文），尽管在此之前，国内已经开展了 JESSUP 和维也纳国际商事仲裁大赛，但这些比赛只是国内选拔赛，最终的全球总决赛，并不是由国内机构主办的。所以，"理律杯"是真正意义上的第一项由大陆主办的高校间模拟法庭比赛。接到主办方邀请之后，我所就读的武汉大学法学院决定参赛。第一届比赛的案例是以 GATT 时期的"金枪鱼案"和 WTO"虾龟案"为基础改编的，参赛学生自然是以国际法专业学生为主。由于我有过一些参加模拟法庭比赛的经验，左海聪老师要求我进入代表队参赛。

接下来的事情和其他模拟法庭比赛的准备并无二致：做研究、写备忘录、准备口头辩论。由于我的队友中有蒋舸（现任教于清华大学法学院，很多人认为她是国际华语大专辩论赛历史上最好的一辩。尽管模拟法庭比赛和大专辩论有着明显的区别，但以她的能力，参加这种中文模拟法庭比赛，实际上等于是在"作弊"）这种"外挂"型选手的存在，比赛的结果并不出人意料——我们拿到了最后的冠军、最佳辩手、最佳诉状，基本上所有的奖项都没有旁落。不过，由于年代久远，我已经记不清整个比赛过程的内容了，倒是有三个细节至今一直令我印象深刻：第一，案件中涉及《技术性贸易壁垒协定》(《TBT 协定》)第 2 条的适用，对此我一无所知，不得不请来了我的师兄陈喜峰（现任教于厦门大学法学院）支招。受他的导师余敏友教授的影响，喜峰当时对WTO无比热情和痴迷，他无比认真地阅读案例和我们撰写的诉状，以至于我们在他的纵容之下，经常在训练时间开小差，谈天说地，而把他一个人留在我的房间里冥思苦想。每次他走时，除了提出很多宝贵的意见之外，往往还会留下来满满一烟灰缸烟头，烟的牌子我至今都记得，是"红梅牌"。第二，武汉大学法学院对本次赛事给予了高度的重视，允许我们所有队员在校内珞珈山庄封闭集训（其实就是白吃白住），张善斌教授还经常给我们送各种水果和零食过来。每次在山庄吃完饭签单挂账的感觉，真是好得不得了。与待遇相伴而来的则是压力，以至于一天午饭结束后，大家在餐桌前一边打着饱嗝一边发呆，队里的吴姓小师妹（现为谷歌公司部门高级管理人员）一脸严肃地问我："大师兄，要是我们比不好，院里会不会让我们把吃的全部都吐出来啊？"第三，我还记得比赛过程中某些场次的几个法官：时任商务部条法司WTO法律处处长的杨国华先生、英姿飒爽的黄东黎教授和美丽大方的史晓丽教授。而如今，他/她们不仅仅是我的师长，也成为我很好的朋友。只不过，他/她们可能早就不记得，眼前这个已经可以在自己面前针对国际法问题"高谈阔论"的头发不多但又年龄不大的人，当年也曾在他/她们咄咄逼人的提问下战战兢兢吧。

令人遗憾的是，尽管比赛的过程有大量业内知名学者、律师、官员和企业法务人员担任法官，我却没有能够抓住机会"推销"一下自己，寻找一些可能的工作机会。最后决赛结束时，担任决赛法官之一的时任通用电气法律总监乔钢良先生（没错！他就是曾经红极一时的北京人民广播电台《许国璋英语自学辅导讲座》栏目中的"小乔"）在颁奖仪式上例行寒暄地问我：什么时候毕业？有没有想过要进大企业从事法务工作？我以略显傲娇和呆萌的表情回答："其实我不是很清楚自己的定位"。然后，当然也就没有然后了。

在准备"理律杯"的过程中，我尝试把准备JESSUP的思路运用进来，但效果却不是很好。现在想想，原因其实也很简单：相比于JESSUP的案件，眼前的这个案子给出的事实太简短了，这给参赛队对事实进行合理解读和推理带来了不便。不过，这恰好使得我把大量精力放在了法律研究上，也正是借此机会，我开始自己学习WTO网站的使用方法，查阅分析索引，阅读更多的案例。英文原文读起来费劲，还好国内那时已经有两套WTO的案例集，一套是朱榄叶老师编著的，可惜在图书馆中永远处于"外借"状态（那时不认识朱老师，不然还可以厚着脸皮要求她送一套）；另一套，则是韩立余教授编著的《GATT案例评析》和《WTO案例评析》系列。

韩立余

是的,你没有看错,这一部分的标题,是个人名,他的名字,叫韩立余。

在准备"理律杯"时,我就感受到了这位教授的神奇——GATT/WTO那么多案例,他似乎都读过,而且还做了不少读书笔记,不然哪里写得出来那么多的案例评析?这得花掉多少时间?在结束武汉大学的学习后,我幸运地考入中国人民大学法学院攻读博士学位,顺理成章地见到了这位从照片上看面容清秀的教授。虽然早已记不清第一次见到韩立余教授的场合或情景,但第一印象还是有的,那就是黑——比《WTO案例评析》系列丛书的照片上要黑得多——原来那时候的照片处理就已经有美白功能了。韩老师并不是我的博士生导师,但读博士期间,与他的交流却十分频繁:蹭蹭课,聊聊天,谈谈具体的研究问题,还顺过他一辆破自行车(破到不上锁也绝对安全的那种),诸如此类,不一而足。直到我毕业走上工作岗位,这种交流仍在继续。除了上述交流所带来的启发之外,更重要的是,韩老师为我提供了一个将WTO教学、研究与实践结合起来的重要机会。从此,他打开一扇窗,我走向一道光。

要想说清楚这扇"窗",似乎并不容易,所以故事恐怕免不了从头讲起。

尽管我是学国际经济法出身,但在人大读博期间,我主要学习的内容却并不是WTO规则和其他国际经济法规则,而是传统的国际公法,这与导师邵沙平教授的研究方向无关(相反,邵老师自始至终就没有要求我一定要写国际公法方向的博士论文),而是与WTO法研究在国内发展变化的总体态势有关。

中国正式加入世界贸易组织之后,WTO多哈回合谈判几乎是从一开始就陷入了停滞状态,2004年7月的框架性安排更是让人摸不着头脑,人们逐渐意识到研究这套规则的复杂性和难度,国内WTO法研究的热度也开始渐渐散去,WTO书籍数量在减少,文章也越来越难发,好不容易有几篇,基本上都是"某某某谈判与中国对策""某某案对中国的启示"之类让人索然无味的结构和模式。与此同时,中国在WTO争端解决机制的实践也寥寥无几(其实后来接触商务部条法司的具体工作才知道,入世初期的五年,中国之所以没有频繁在争端解决机制中作为原被告出庭,主要是为了积累经验,美欧等成员方也对此表示认可,并曾就五年内不频繁针对中国提起磋商请求做出过承诺,中国因此得以以第三方身份参与大量争端解决实践来积累经验。所以你看,这就是书呆子只读书不了解实践的恶果!)。这使得本来就对WTO研究不算深入的我，开始拉远了与它的距离。慢慢地，报告也不看了，文章也不读了，甚至官方网站也不登录了，连中国第一起进入专家组程序的被诉案件"汽车零部件案"也提不起我的兴趣。在此期间，我把精力更多地放在了传统国际公法领域中，读了若干国际法院的判例，对习惯法、国内法与国际法的关系、国家豁免、国家责任等问题有了一点了解，懵懂中，觉得自己特别喜欢研究国际法基础理论，甚至还选了一个高度理论化的题目（条约冲突）作为博士论文选题，开始进行资料的搜集、准备和分析。写论文的过程，我丝毫没有感觉到博士论文后记中普遍提及的那种艰辛，相反，我的心情始终比较愉快，这大概是因为吃准了这种选题查重查不出来吧。

参加工作后，我幸运地结识了不少理论界和实务界的朋友和前辈，他们给我提供了不少接触国际法理论与实践的宝贵机会。如，在红十字国际委员会东亚地区代表处郭阳先生（现为该代表处高级政策顾问）的"忽悠"下，我开始了解国际人道法的基础知识，并借助每年国际人道法模拟法庭的机会，对案例中所涉及的人道法问题进行一些粗浅研究。而在国家海洋局海洋发展与战略研究所高之国所长（同时担任联合国国际海洋法法庭法官）、张海文副所长（现为国家海洋局国际司司长）和贾宇副所长的提携下，在外交部条法司各位领导和朋友的支持下，我从2007年开始对中国政府在处理海洋和领土关系中所面临的一些实践性法律问题进行了初步研究，随后甚至有机会参与了《钓鱼岛白皮书》的起草写作和中菲南海仲裁案的部分准备和研究工作，对于国际法规则在现实世界中的运作方式也有了不少直观感受。而在中国国际法促进中心（CIIL）执行主任刘毅强先生的感召下，以及该中心公共关系总监范亚云小姐不时的"鸡汤"鼓励之下，我也留出了适量时间和精力，逐步摸索在中国宣传和传播国际法的实践之道。同时，借助于国际法模拟法庭在国内蓬勃发展的势头，我担任了几乎所有国际法模拟法庭国内选拔赛和部分区域与全球总决赛的法官，执法的场次已近百场。比赛期间与国际律师、法官和学者们的交流，也加深了我对国际法实践的理解和认识。这些经历，俨然已经成为我人生中的宝贵财富。

正是在上述经历中，我开始深切体会到国际法实践对于理论研究人员的重要性。一般来说，法律人参与国际法实践有两种形式，一种是为各类谈判、提案提供法律服务，另一种则是争端解决。前者类似于非诉业务，后者则是不折不扣的诉讼业务了。对于前者，我已经有一些初步认识和浅层次的积累，而正当我因为受制于大环境，为无法了解和接触国际法争端解决实践而略微苦恼时，韩立余老师打来电话，询问我最近的研究动向，并告诉我，由于近年来中国在 WTO 涉诉案件不断增多,商务部条法司决定,通过挂职和参与具体案件等形式,加强与学界的交流。这简直是一个天大的喜讯。就这样,在外游荡了几年的我,被韩老师重新拉回了这个之后不断带给我惊喜和感悟的"WTO 法圈儿"。我不是巴洛特利,没资格问"Why always me?"我能做的,只有感恩,以及努力研究、埋头苦干。不过,坦率地说,韩老师在国内基本不知 WTO 规则为何物时,能够看淡浮华,十几年如一日,把冷板凳坐穿,潜心研读无比枯燥乏味的 GATT/WTO 规则与案例,此份定力和毅力,恐怕我一生都难以企及。在治学方面,韩老师对自己的要求也比较严苛。就在去年,我去他办公室请教问题,敲门而入后,发现他一脸黑线,倦容满面。问其原因,他少见的"出口成脏",大意是说,专家组的报告越来越难读懂了(难道不应该是越来越好读懂才对吗?)——原来他正被"欧共体—影响三文鱼进口措施案"中的复杂事实折磨得痛不欲生。即使如此,若干天后又见到他时,他已然"满血复活",开始大谈该案的法律解释对《反倾销协定》的若干积极发展。而在日常生活方面,他对物质的需求却极为简单淡薄,不仅烟酒不沾,各类时髦的高科技产品更是与他的生活无缘。毫不夸张地说,对我而言,韩立余这三个字,就是中国 WTO 法研究的旗帜和精神领袖,他以自己的亲身经历向我表明,坚持,是一种人性的美德,更是一种没有后悔的人生。

商务部条法司

尽管最终我并没有去商务部条法司挂职学习,但受惠于条法司张玉卿司长、李成钢司长、杨国华司长加强与学界联系的思路和措施,更是仰仗于韩立余老师的推荐,我开始逐步接触中国参与 WTO 争端解决机制的实践,前后以各种方式参与了一些案件的准备工作,这些案件主要包括:"中国—影响视听娱乐产品的分销和服务措施案"(DS363)、"美国—对中国某些产品的反倾销与反补贴措施案"(DS379)、"中国—影响原材料出口措施案"(DS393、DS394、DS398)、"美国—对中国轮胎产品特殊保障措施案"(DS399)、"欧盟—对中国某些钢铁与紧固件反倾销措施案"(DS397)、"欧盟—对中国皮鞋反倾销措施案"(DS405)、"中国—影响电子支付服务若干措施案"(DS413)和"中国—影响稀土产品、钨、钼出口措施案"(DS431、DS432、DS433)等。参与的形式则是多种多样,包括参与出庭准备、旁听听证会、修改诉状或给诉状提意见、参加案件思路论证会、参加小规模的案件研讨会、与中方律师和/或外方律师讨论、参与案件执行阶段的协调通气会,等等。尽管参与的形式有些碎片化，但点点滴滴积累起来，我也算大致了解了中国参与WTO争端解决个案的整体流程和具体环节，对处理案件的宏观和微观思路也有了一些认识。这其中值得回味的细节，实属太多。限于篇幅，我并不打算介绍和梳理这些细节，而是想从另外一个角度，展现我这段经历的收获。这个角度，就是我眼中的商务部条法司WTO法律团队。他们和外交部条法司的法律团队，都是律师中的"国家队"，只不过工作内容和工作方式，各有特色。

这是一个典型的"地命海心"的团队，整天都围着谈判的得失和案件的输赢团团转。谈得好，要想办法把国家的好处落到实处；没有实现预期谈判目标，则还要准备新一轮的讨价还价；案子赢了，得想办法盯着美欧执行裁决；案子输了，则要面对国内各部委的协调工作，面对各产业、媒体甚至还包括网民的质疑和责问。而他们，没有三头六臂，更不是刀枪不入，他们只是这个庞大的国家机器中一个普通的环节而已，大部分人的月收入也许还赶不上我这个穷教授。不过好在，他们对此，早已"习以为常"。

这是一个精干的团队。他们的人员数量并不算多，甚至可以说太少了，因为他们似乎太忙了，经常是这个出差，那个外派，这个轮岗，那个又出去学习，加上每个人负责的往往是不同的案子，这导致我前后花了将近两年的时间，才算基本与他们所有人都打过交道。也是由于他们太忙，每次去条法司开会或办事时，我发现，两个WTO法律处的工位，永远都是坐不满的，甚至有时，两个处只剩下两个人"看家"，手头的案卷材料，却已经高高堆起在案头，以至于看不见是谁在案卷后头辛苦地伏案工作了。

这是一个业务至上的团队。令我印象深刻的是，只要是在司里上班，大家永远都是在埋头啃着英文材料，或者互相讨论着案件业务。我已经记不清有多少次，从电梯口出来，首先听到的就是走廊远处大办公室里传来的孙昭那略显低沉浑厚却具有穿透力（这个形容可能有些诡异，但事实确是如此）的嗓音："如果我们不能把17.1这点立住，那接下来还有什么意义？""我感觉这种解释会让我们以后没有退路""让我们换一个角度来看这个问题"……随着接触的深入，我与他们中的某些人已经非常熟识，可我们的交谈，哪怕是私下的交流，也完全没有涉及行政机关中老生常谈的人际关系和升迁提拔问题，而从来都只是关于哪里能找到关于案件抗辩的最新资料，哪条抗辩思路最合适，以及WTO目前的人事变动这类话题（好吧，你也可以说我们的谈话很无趣）。

这也是一个激情和理性兼具的团队。2011年3月下旬某日，按照事先的通知，位于日内瓦的WTO将发布DS379案的上诉机构报告。从某种程度上讲，这个案件对于中国的重要性，其实远远超过日后民众耳熟能详的"稀土案"。由于日内瓦与北京有六个小时的时差，WTO下班时，正值北京时间午夜，条法司团队的成员们不得不在下班后，一遍又一遍焦急地刷新着WTO官方网站，等待着上诉机构报告上网公布。在这个过程中，大家一方面热切盼望结果产生，另一方面又对结果有着几分忐忑。不知不觉过了午夜，已经在家里正常睡觉的我突然被手机铃声吵醒，迷迷糊糊刚一接听，就听见一个声音在那边吼："赢了！赢了！"。到了第二天，我到条法司拿一份材料，发现大家早已恢复平静，投入到对案件进行法律评估的工作之中，昨天的一切，仿佛从未发生。

是的，他们所从事的是一线的具体工作，而他们又有着如此敬业的工作态度，所以，相比于我们这些在课堂上"纸上谈兵"的学者，他们更了解WTO规则的运行与实施，更了解多边贸易体制的不足与问题，更了解个案中的成败得失，他们和主办案件的中方律师，才是中国真正的WTO法专家，真正的国际法专家！

不经意间，中国入世已经进入第十五个年头，条法司WTO法律团队也不断经历着更新换代，旧人离去，新人加入，已经成为常事。雨松的头上，已然白发间杂，而于方的脸上，却是青春依旧（所以我很好奇她的保养秘籍，总不至于是因为欧洲人比美国佬更好对付吧）。但能够感到的是，不论人员如何更替，整个团队钻研业务的风气没有变，思考和处理问题的法律思维没有变，这也许就是入世给中国政府执政工作方式所带来巨大变化的集中体现吧。每次想到这些，总能够让我感觉到，这个国家，这个民族，是真实存在的（好吧，我觉得我又想多了）。

纯粹讨论式教学法

最后一个片段，留给我的本职工作，还是说说教学吧。

国际法的教学，在中国法学教育中向来是一个尴尬的存在。虽然不像经济法学那样面临"是不是一个独立法律部门"的关键性命题，但国际法学也有自身的"阿基里斯之踵"，那就是规范的模糊性和应用的困难性。简单来说，就是国际法学体系上不够清晰，适用上则不够"接地气"，与国内法学的衔接存在"两张皮"的现象。中国"入世"之后，尤其是随着中国在WTO争端解决机制中的成案越来越多，这一现象在一定程度上有所改观。

WTO的裁决，往往遵循比较严格的"三段论"逻辑推理模式：澄清大前提，厘清小前提，得出结论。所谓大前提，往往表现为运用习惯国际法解释规则，对WTO协定某个条约用词的含义进行解释和探究。从某种意义上说，这一过程是现行国际法实践中解释与适用问题的精髓所在。相比而言，中国国内法并没有从成文法角度对法律解释的方法作出规定，长期以来，解释法律的方法和标准在法院实践中也不够明晰——至少是无法在判决书中得到清晰的体现（当然，这一状况现今已经有了很大的改变）。从这个意义上说，WTO裁决中关于大前提的分析，更直观地向中国学生展示了法律解释和推理的过程，是学生学习和体会法律思维的上佳文本；而所谓小前提，则是被诉成员方的全部争议措施。在中国涉诉案件中，这些争议措施包括但不限于成员方的法律、法规，还可能包括所有影响贸易的规范性文件、政策和做法。这部分内容构成了WTO案件中事实和证据的主要组成部分，同时也是中国律师在案件中最为核心和最为重要的工作之一。经过原告和被告双方的交锋，WTO专家组和上诉机构会将其中最为核心的内容，按照一定的体系在裁决中呈现出来，并尽可能（因为有时也不尽然）从客观角度对中国的争议措施进行分析和解读。因此，相比于其他国际争端解决机构的裁决，WTO裁决中关于小前提的阐述和分析，指向的是中国国内法和国内措施，这不仅直接将裁决与中国国内法结合了起来，同时也能够成为中国学生有体系地了解本国相关法律法规内容和体系的重要渠道，其深度和广度，往往高于一般法学教科书（如在"中国—影响电子支付服务措施案"中，这部分的内容就涵盖了中国规制各类银行卡发行、使用、监管等方面的所有法律、行政法规、行政规章和规范性文件，甚至还包括中国银联发布的各项管理规定，俨然一部"中国银行卡法小百科全书"）。所以，正如王传丽老师所说，WTO案例是WTO留给中国人的一个礼物。

正因为如此，作为教师，我们更有必要将这个礼物介绍给学生，并将其作为训练法律思维的文本材料，运用到课堂教学的实践中来。实际上，WTO案例目前在中国国际法教学，尤其是国际经济法和WTO法的教学中运用还是非常普遍的，"案例教学法"更是成为教学改革中经常使用的方法，对外经济贸易大学法学院以石静霞院长、龚红柳老师、陈卫东老师为主干的教学团队，在这方面的经验是比较丰富的。不过，最近几年，在法学教学实践中，偏偏有那么一个"外来的和尚"，另辟蹊径，通过使用WTO案例，将教学"玩出了花"。WTO法圈内的朋友都知道，这个"花"，指的就是由商务部条法司杨国华司长（2014年9月起任清华大学法学院教授）创设的"纯粹讨论式教学法"。

这套"纯粹讨论式教学法"，以师生平等为基本的教学理念，以法律思维训练为教学目标,通过"阅读材料—提出和讨论问题—课后研究—课堂再讨论"的课程设计,鼓励学生自主学习、提出观点、丰富论证、互相倾听、互相辩论,从而努力构建学习共同体。在此过程中,教师完全不进行传统的课堂讲授,而只是担任讨论的主持人(很多同行将这种教学法概括为"打死也不说",还是比较形象的。但是,从实践情况看,随着讨论的深入进行,教师有时也可以充当讨论的参与者,与学生共同进行讨论)。早在 2009 年,杨国华司长就开始了这套教学法的实践性探索,并在随后得到了很多高校教师的认可和赞誉。不过,随着时间的推移,大家纷纷对该教学法的可行性提出了一些自己的看法,如,是否仍然可以使用现行教学评价指标对使用该教学法的课程教学进行评价?如何看待学生提出的老师应该多讲的诉求?并非所有学生都能在课堂上发言,这是否降低了课堂参与度?教师不讲基础知识是否会导致学生缺乏对学科体系的整体认识?学生不读英文材料怎么办?课堂讨论是否也应该使用英文?等等。一时之间,大家通过邮件、微信和各类研讨会,各抒己见,争论得热火朝天。作为教龄尚浅的青年教师,教学经验还不够丰富,我只能在这场讨论中,一边听,一边插几句嘴,来表示一下存在感。不过,基于之前接触国际法实践的经验,我认为了解和评判这套教学法的重要方式,就是对其进行亲身实践。事有凑巧,我的同事张桂红教授(她老是觉得自己记性不好,理由是经常会干"拿着手机找手机"之类的事情,她甚至自称自己已经"老年痴呆"。但不知为何,她却经常会作出一些很有前瞻性的决定)对此教学法亦表示了兴趣,她特别邀请杨国华司长,为北京师范大学法学院 2010 级本科生全程开设"世界贸易组织法"课程(该课程已纳入北京师范大学法学院本科生课程培养方案),我因此得以有机会对此种教学法进行了一学期的全程观摩,并与杨司长一道,将该课程的讨论记录和其他资料汇编出版成书(参见杨国华、廖诗评编著:《探索 WTO》(二),厦门大学出版社 2013 年版)。杨国华同志甚至亲自操刀为该书写了一篇书评,题目就叫作"好书自评"(好吧,不得不说你们"真会玩")!在自觉对此方法有了一定感性认识之后,我开始边阅读一些基础的教育心理学书籍,边依葫芦画瓢,在我本人的课程(国际公法、世界贸易组织法、国际法学研究方法)中使用这种教学法进行教学,并尝试在这种教学法中加入一些我个人的风格和特点。虽然在此过程中,我也曾担忧过山寨产品(服务)的质量问题,以及"画虎不成反类犬"和"东施效颦"的可能后果,但本着实践出真知的朴素观念,我还是坚持了下来,至今已经用此方法进行了八个轮次的教学。

但是,介绍"纯粹讨论式教学法"本身,并不是此篇小文的重点,我想表达的重点其实是，如果没有一些参加WTO争端解决机制的有限经历，以及WTO作出的若干份中国涉案裁决，我可能永远都不会把自己的研究兴趣从具体的专业法律问题转移至教学法领域之中！

在参与和体验WTO争端解决机制的过程中，我发现，中国律师的角色和定位，仿佛一直以来都是大家最关心和最热门的话题。"为什么要请外国律师？""为什么不让中国律师独当一面？""中国的核心利益，怎么能交给外国人来捍卫？"这类问题，我听别人问过，自己也被问过几乎上百遍了。我无意，也没有能力去回答这类问题，也并不认为这类问题真的就是很好的问题，但这并不妨碍我根据自己参与WTO争端解决实践的有限经验，作出自己的分析。事实上，我个人认为，在法律准备和事实把控方面，中国律师的水平其实是很高的，如果非要说与外国律师相比的不足之处，除了语言，恐怕还是法律思维吧。这里的法律思维，不仅限于法律推理能力，更多指的是法律人看待世界和社会现象的态度和方法，这是一种"common sense"，也恰恰是在走上实践工作岗位之前，就应该，也最适合在学校教育中培养的！令人遗憾的是，目前中国法学院在这方面的培养能力，还比较欠缺。

由于WTO裁决在法律分析和推理方面的水平普遍较高，充分体现了裁判者的法律思维全貌，加之中国涉案裁决中有不少对中国法的整合、阐述和分析，内容"接地气"，因而我个人认为，其非常适合用来作为培养中国学生法律思维的文本材料（不过，我同时也注意到，在司法改革大背景下，中国法院系统近年来作出了一些高水平的判决。可以预见的是，这类判决的数量会越来越多，它们也会成为中国法学院在教学过程中进行法律思维训练时极有价值的参考文本）。有了以上这些粗浅的认识作基础，我方才有胆量进入教学法这个自己积累不多的领域，希望能充分发挥"纯粹讨论式教学法"在鼓励学生独立思考、互相启发、勇于表达和主动研究等方面的优势，在实践中探索新的教学方法。

我的本职工作是大学教师，所以我固执地认为，无论接触多少国际法实践，做了多少国际法研究，发表了多少篇权威论文，拿下了多少个科研项目和奖励，这一切终究只是手段罢了，这些手段，都应该为教学和人才培养这个最终目的来服务。想通了这些，体制内的评价机制、职称压力、教学法研究的投入与产出不成比例等这些困难，也就不再重要了。毕竟，接受了这么多年所谓的高等教育，不就是为了通过教育实现内心自由，让自己可以去做自己认为正确的事情嘛。

其实，国际法不成体系，更多是从表现形式意义上的界定，这使得学者、律师和学生在研究、应用和学习国际法时，多少对"找法"（find law）这一过程有些一筹莫展。以我的个人观察，如果在各个国际法分支部门中有一定积累，这一问题也就不难解决了（易显河和贾兵兵教授的研究领域就是典型的例证）。阅读他们的文章，甚至还能强烈感觉到，国际法各分支部门之间的内在逻辑，其实是非常紧密的。我的博士论文涉及国际法不成体系问题，而在工作后，我对不少国际法分支均有涉及，似乎这更是从实践角度，践行着博士论文的主题，这本就属于非常幸运的事情了。更幸运的是，由于有了WTO多边贸易体制，有了中国参与，有了外交部、商务部给予的接触实践的机会，我得以将自己的教学、科研和实践工作紧密结合起来——在教学内容中尝试反映实践中最新的问题；在科研中结合实践经验提出更具有操作性的意见和建议；在实践中进一步了解国家、行业和企业对涉外法律人才的具体需求，体会涉外法律人才培养应该具备的标准，并尝试将这些体会贯彻到教学之中——我想，这对于干我们这行的高校教师来说，估计是做梦都会笑醒的幸事吧。有幸至此，除了毅然前行，再无他途。

本文草就之时，正值"跨太平洋战略经济伙伴关系协定"（TPP）完成谈判之日，一时之间，各路人马各显神通，"阴谋论""危机论""崩溃论""自大论"纷纷刷屏，弄得大众网民先是脑洞大开，然后陷入纠结，最终不知所措，只能留下一句"关我屁事"，关机了事，权当自我安慰。实际上，WTO也好，TPP也罢，不过是对国际贸易运作的不同机制安排而已，彼此之间当然有冲突，但本质上系出同源。这类机制的功能与作用，与其说是推进贸易投资的自由化，还不如说是为防止人类之间再次发生战争与武装冲突提供更好的公共产品。所以，WTO可能确会在日后由于自身组织机构、决策方式、谈判机制等各方面的原因慢慢淡出历史舞台，但其所代表的人类对自由贸易和永久和平的不懈追求，却永远不会随着时间的推移而消退。从这个意义上说，年青一代的国际法学人，年青一代的WTO法学人，尤其是那些正刚刚开始学习WTO和多边贸易体制的学子们，面临的将是更为广袤的天地，你们的经历，较之我们肯定会更为丰富；而你们的故事，虽可能尚未完全开启，但已经注定"终身美丽"。

加入 WTO 15 年：改变中国－重塑世界

单文华[*]

自 1986 年 7 月 10 日正式提出申请恢复关贸总协定缔约方地位开始，经过 15 年的艰苦谈判，中国终于在 2001 年 12 月 11 日正式加入世界贸易组织，标志着我国的产业对外开放进入了一个全新的阶段。如今，中国加入 WTO 将近 15 年，过去 10 余年见证了中国经济的快速发展。2015 年 7 月 1 日，中国加入 WTO 15 年保护期到期，引起一些媒体关于进口商品价格是否会大幅下降的关注。商务部表示，中国在 2001 年 12 月 11 日加入 WTO 以后，于 2002 年 1 月 1 日起开始全面下调关税，分 10 年逐步实施。其中，对绝大部分进口产品的降税承诺在 2005 年 1 月 1 日已经执行到位；到 2010 年 1 月 1 日，所有产品的降税承诺已经履行完毕。这意味着 2015 年 7 月 1 日以后中国关税总水平仍会保持基本平稳。

入世给中国带来哪些重要变化？当前，世界经济格局变化将对 WTO 带来哪些影响？中国应该如何应对？面对这些问题，本报记者采访了西安交通大学法学院院长兼丝绸之路国际法与比较法研究所所长单文华教授。单文华表示，入世不仅深刻地改变了中国，而且事实上重塑了世界。中国经济得到"三维深化"，即国际化、市场化和法治化。中国正以更加积极的姿态参与全球经济治理，"中国声音"和"中国方案"在一定程度上打破了发达国家对全球治理规则的"垄断"，使这一套规则朝着更为公平、合理和更为均衡、和谐的方向发展。这既是全球经济持续健康发展的重要保障，也是"中国梦"和"世界梦"和谐共振的必然结果。

记者：中国入世 15 年来主要有哪些变化？

---

[*] 西安交通大学法学院院长、国际法首席教授、博士生导师，国家"千人计划"特聘专家，教育部长江学者讲座教授，丝绸之路国际法与比较法研究所所长。厦门大学、英国剑桥大学法学博士，暨南大学经济学硕士，中山大学法学学士。该文稿为记者访谈，刊登于《法制日报》2015 年 7 月 14 日第 10 版（环球法治）。

单文华：中国入世 15 年，不仅深刻地改变了中国，而且在事实上重塑了世界。

从中国的角度来看，入世 15 年的成就突出表现在中国经济的"三维深化"，即国际化、市场化和法治化。这三方面相互关联、深层互动。

"国际化"是入世 15 年最显著的成果，表现为中国经济深度融入世界经济的主流。就贸易而言，入世 15 年，中国成为世界第一大出口国和第二大进口国；长期保持世界第二大吸收外资国的地位；同时也是世界上第三大对外投资国。在外汇储备方面，中国早已遥遥领先于世界各国，以接近 4 万亿美元的金额雄踞世界榜首。这些重要数据清楚表明中国不仅融入世界经济体系的主流，而且已经成为其中最重要的经济体之一。

"市场化"一直是中国改革的方向，"开放促改革"或"以外促内"是中国近 30 年经济改革发展的基本路径，而入世则成为过去 15 年来中国市场化改革最重要的推进器。15 年来，中国一直认真履行相关承诺，逐年降低关税水平，截至 2010 年 1 月 1 日，中国加入世贸组织的关税减让承诺已经提前全部履行完毕。

市场经济是法治经济，中外皆然。"法治化"是中国经济"国际化"和"市场化"的必然要求。入世 15 年来，中国建立起了符合世贸规则和入世承诺的国内涉外经贸法律体制，进行了历史上最大的法律法规的清理工作，涉及 2300 多部法律法规和部门规章，19 万件地方性法规规章。与此同时，中国积极参与国际贸易规则的制定和国际贸易争端的法治化解决。中国是当前 WTO 争端解决机制的主要参加者。在缔约方面，一个重要的表征就是自由贸易区战略的实施。目前，中国已签署 14 个自贸协定，涉及 22 个国家和地区，自贸伙伴遍及亚洲、欧洲、大洋洲和拉美国家。

记者：中国入世对世界贸易格局产生了哪些影响？

单文华：从世界经济的角度来看，中国入世 15 年至少在两方面重塑了世界经济体系。

一方面，中国已经成为世界经济的一个主角和世界经济增长的主要引擎。入世以来，世界见证了中国经济发展最快的 15 年。这 15 年里，中国国内生产总值从 2001 年的 11 万亿元人民币增长到 2014 年的 64 万亿元人民币，增长约 6 倍，经济总量跃居世界第二。按照国际货币基金组织的购买力评价统计则为世界第一。这是中国经济史上的一件大事，也是当代世界经济史上的一件大事。

另一方面，中国的高速发展最有力地推动了全球经济的结构性转型。长期以来，世界经济由发达国家所主导乃至垄断。以中国为首的新兴经济体近30年特别是近15年的异军突起，使得这一局面产生了重大变化。国际货币基金组织副总裁朱民直言，"30年来，新兴经济体在全球GDP中的占比从28%上升至现在的50%，社会财富从22%增长到70%，贸易从21%发展到50%，投资从26%增长到65%，成为世界上最重要的经济群体之一"。新兴市场已经崛起，并将持续发展壮大。毫无疑问，中国是其中最大的贡献者。

记者：今年是WTO成立20周年，而当前区域及双边自贸协定谈判又如火如荼地进行，为什么会出现这种现象？

单文华：世界贸易组织的主要职能之一是制定多边贸易规则和组织多边贸易谈判等。但是，众所周知，多哈回合谈判自2001年开始后就长期停滞不前，使得世贸组织制定多边贸易规则和组织多边谈判这些主要职能搁浅。在这种情况下，各个国家开始尝试能够实现其利益诉求与经济发展的新途径。双边和区域自贸区谈判和建设便应运而生，且大有局部替代WTO多边贸易机制之势。这方面最突出的是一些大范围的区域性自贸区谈判，如《跨太平洋伙伴关系协定》（TPP）、《跨大西洋贸易和投资伙伴关系协定》（TTIP）、《区域全面经济伙伴关系协定》（RCEP）均大范围地分割了亚太、美欧、东盟与中、新、印等这些区域的市场，意图实现区域性的多边自由贸易。

世界贸易体系的变局既是挑战，也是机遇。对于像中国这样的崛起中大国而言，可以说是机遇大于挑战，原因在于既有的贸易体系虽曾令中国受益，但它并不完善，更非理想。正因如此，2014年11月15日在澳大利亚召开的G20峰会发言上，习近平主席指出，"今年是布雷顿森林会议70周年，各方都在总结布雷顿森林体系的经验，进一步完善全球经济治理。我们要以此为契机，建设公平公正、包容有序的国际金融体系，提高新兴市场国家和发展中国家的代表性和发言权，确保各国在国际经济合作中权利平等、机会平等、规则平等"。

记者：中国在当前国际经贸格局的背景下，可以发挥什么样的作用？

单文华：中国将更加积极主动地参与全球经济治理，并为此贡献中国智慧和中国方案。

首先，在国际贸易领域，RCEP和亚太自贸协定（APFTA）将是中国贡献全球经济法治的主战场。在"多哈回合"谈判陷入僵局后，中国也在积极寻求区域合作规则的不断完善。如今，中韩、中澳自贸协定已经结束；中国牵头推动的世界上最大的贸易协定之一的RCEP已经结束了多轮谈判。此外，在2014年亚太经合组织第一次高官会上，中国也提出了建设亚太自贸区的可行性研究倡议，这将是一项极具战略远见的"多赢"之举。

其次，中国对全球经济治理的制度贡献更有望通过"一带一路"的建设来实现。作为习近平主席立足中国对外开放和区域发展的新形势提出的伟大战略构想，"一带一路"建设体现出中国对外开放战略的重要调整与演进。总体而言，"一带一路"建设应该以区域经济一体化为目标，以经贸合作和文化交流为主要形式。其具体的建设内容涵盖基础建设、能源资源、贸易投资、货币金融、文化教育等诸多方面。而这些具体的合作目标需要通过凝聚政治共识进而缔结各种完善的条约规则来实现。通俗地说，就是要以"政治法律搭台、经济文化唱戏"。

最后，在国际投资领域，中国应该积极推动缔结一个全球性的多边投资协定。不论是中美投资协定谈判，还是中欧投资协定谈判，背后所体现的不仅是发展中国家与发达国家相关经济利益的综合考虑，更是对当前国际投资规则所面临的问题的正面回应。因此，这两个协定不管在内容上还是在形式上，都会对其他国家的投资协定产生重要影响。如果说中国已经错过了直接影响以 WTO 为主体的世界贸易规则创制的机会，我们必不能再错过参与乃至在一定程度上引领世界投资规则制定的机会。2016 年是中国首次作为 20 国集团的主席国。在这次会上提出世界多边或双边投资协定的议题，以推动世界范围内就此进行深入的研讨乃至谈判磋商，将是极为明智又极有分量的重大举措。

作为世界上最大的发展中国家，"中国声音"和"中国方案"可在一定程度上打破发达国家对全球治理规则的"垄断"，使这一套规则朝着更为公平、合理和更为均衡、和谐的方向发展。可以说，中国以更加积极的姿态主动参与全球经济治理，并在与美欧等发达经济体的利益博弈中提出更为公平、合理的国际制度设计，既是全球经济持续健康发展的重要保障，也是"中国梦"和"世界梦"和谐共振的必然结果。

我与 WTO 的缘分

孙冬鹤[*]

我与 WTO 的缘分可以追溯到 1999 年秋我在芬兰赫尔辛基大学法学院获得 LLM 公法硕士毕业文凭以后。这之前我的兴趣都在行政法。在 1999 年夏天的 LLM 毕业典礼后,我向导师、芬兰顶级的行政法专家 Olli manpää 表达了自己继续在学院深造的意愿,Olli 的一句"Why not?"顿时让我信心满满,但接下来的问题是研究方向。当时欧洲的诸多法学学科的前沿都是欧洲一体化,行政法学也不例外。导师的意思是如果我和他继续学习行政法,研究方向就是欧洲行政法的一体化。为此,我彻夜难眠。一方面,我不忍放弃我热爱的行政法。另一方面,我对欧洲行政法的一体化不感兴趣。但不搞行政法,选择一个什么新的研究方向?当年中国"入世"如火如荼,我就好奇,我们这样迫切地要加入的国际组织和它背后代表的那套国际规则到底是什么样的?这样,我就忍痛离开了我深爱多年的行政法沃土。没想到,非常幸运的是一个转身,命运让我发现了一个更加生机勃勃的国际法的大花园。从此以后,我对它如醉如痴,这次爱上了,就再也没有离开过。

在赫大攻读国际法方向的 Licenciate 学位总体上还算顺利,虽然很遗憾我选导师时,赫大法学院 WTO 法权威教授即将赴日内瓦 WTO 秘书处任职。我的导师只能是常带留学生的荷兰籍教授国际组织法权威学者 Jan Klabbers。前几年,我在为我校图书馆选购外文图书清单时欣然看到我导师的专著 International Organization law,这不禁让我想起当年每次我去找他指导我的毕业论文时,他埋头写这本专著的情景。

要想获得赫大法学院的 Licenciate 学位需要修够三部分学分,written examination,seminar 和 thesis。笔试分为自然科学部分、法理部分和国际法部

---

[*] 哈尔滨工业大学法学院国际法教研部副教授。吉林大学法学院经济法学士,芬兰赫尔辛基大学法学院 Licenciate。多年为本科生和硕士研究生主讲《国际经济法》和《WTO 法》等课程。

分，国际法部分又分为国际公法和WTO法部分。笔试由老师事先提供学生booking list。每学期学院都会统一安排几次笔试时间。如果学生书读的差不多了，就向老师申请考试。考试时，学生会收到一个信封，有时很幸运导师就出一道题（当然也可能不幸这道题你根本不懂，哈哈那就惨了），有时我碰到过10道题。考试时间都是5个小时，交卷时是一个小本。在国外读书，根本没有厚着脸皮找老师划考试范围的风气。学生要想毕业，只能好好读书。那时的我通常至少要把大砖块书精读两遍，快读一遍才有勇气向老师申请考试。现在回想起来，我要感谢赫大这样严格得近乎残酷的笔试制度，它为学生将来无论从事学术研究还是实务工作都打下坚实的理论基础。我了解WTO就是从导师提供给我的几千页的书单开始，从John H. Jackson对GATT/WTO前世今生的国际政治和法理分析到Ernst-Ulrich Petersmann对WTO的宪政解读都在其中。那时身体在图书馆、食堂和宿舍之间穿梭，脑子却在与这些大师神交。

笔试虽然痛苦，但靠我自己的努力我能很快修够学分，问题是seminar。赫大要求留学生要参加工作语言是英语的研讨会，但学院又不能经常组织这样的研讨会，所以影响了留学生毕业的进度。好在我通过2003年在联合国贸易和发展会议（UNCTAD）的实习项目转换了不少学分，因为在日内瓦我参加了诸多国际组织（包括UNCTAD，WTO，FAQ，世界知识产权组织（WIPO），国际劳工组织（ILO）等）组织的大大小小的高端国际研讨会。我当时是最希望到WTO做Intern，结果是UNCTAD接受了我。当然，无缘在WTO实习让我终生遗憾，但在UNCTAD的实习机会也让我间接真实地感受到了WTO的高效、生机及带给世界的巨大影响力。在2002年末，在以全优的成绩完成了所有笔试科目以后，我满怀期待地登上了飞往日内瓦的飞机开始了我在联合国的实习经历。

我在UNCTAD的实习部门是政府间合作部的Civil Society Outreach，主要是开展与国际经济有关的并且已经与UNCTAD建立联系的NGOs的合作往来。我发现，这里的工作人员不少，但是工作却不是很忙。这就是UNCTAD一个普通的基层部门，联合国的一个缩影。这让我想起我在WTO秘书处实习的一名中国朋友。虽然在WTO实习是带薪的，但这点薪水和要承担的巨大的工作压力相比不值一提。在WTO，工作人员可能经常要通宵达旦处理上千页的文件材料。写到这里，我不禁想起杨国华老师来哈尔滨工业大学讲学时我们闲聊，他说过的话，"所以看看这么多年UNCTAD都做了什么，再看看WTO都做了什么。"真是一语中的！

在联合国驻日内瓦总部的 UNCTAD 的实习经历让我终生难忘，使我对联合国这个世界上最大的国际组织的认识和了解从书本转为现实。我也不自觉地把联合国的传统机构和我心仪的 WTO 作比较（可能自己真正地爱上 WTO 是从这个时候开始的）。所以在实习结束后提交给 UNCTAD 和赫大法学院的实习报告中我强烈建议联合国应精简机构、减少人力成本、加强管理、提高工作效率，学学 WTO 用最少的人干了影响全世界的这么大的事。当然，UNCTAD 由于自身的限制在发挥影响力方面根本无法与 WTO 相比，WTO 有与生俱来以成员驱动为基础的制定规则和强制执行规则的权力，而 UNCTAD 没有。

我在日内瓦实习期间，还有一个大事件使我对 WTO 的作用有了更为真实深刻的认识。大家都记得，在 2003 年美国发动了伊拉克战争。那之前，当我每天在 UNCTAD 上下班时，都会看到来自世界各地的反战人群聚集在联合国万国宫正门对面的断腿椅子那里高喊反战口号。当有一天我发现窗外的反战口号已经吵得我根本无法工作，我也已根本无法穿过示威人群走到万国宫对面的国际红十字会食堂吃午饭，我就深刻地感受到战争的来临。颇具讽刺意义的是，这边反战人群在联合国门前请愿，那边美国已绕过安理会全然不顾在伊拉克还有联合国派驻的核查人员在工作的情况下就发动了突袭。这无异于给软弱无能的联合国和其背后的一纸空文的国际法扇了一记响亮的大耳光。国际社会花了这么长时间、这么多金钱、付出这么多精力构筑的联合国的作用何在？国际法的价值何在？这再一次不由自主地让我重新认真思考审视 WTO 的作用。在日内瓦实习期间，我利用一个周六坐火车去了洛桑，参观了国际奥委会。国际奥委会建立的初衷就是通过各国开展体育竞技来避免彼此发生武力冲突。虽然 GATT/WTO 没有在自己的目标中明确提出维护世界和平，但它和国际奥委会的作用却异曲同工。我个人觉得 WTO 对全人类的贡献不仅是通过扩大自由贸易提高了国家和人民的经济和社会福利从而建立了和平的国际国内环境，而且通过一套和平的争端解决机制在最大范围内保障了各国家和人民的安全。所以，当每次给学生讲到 WTO 的作用时，我都会给学生一定的思考时间让大家能充分认识到 WTO 对世界和平做出的巨大贡献。

在 UNCTAD 工作期间，我还利用有限的空闲时间到 WTO，ILO 和联合国总部图书馆收集我 Licenciate 毕业论文的资料。我毕业论文的题目是讨论 WTO 如何处理自由贸易与劳工标准，主要是国际核心劳工标准的关系。关于 GATT/WTO 与劳工标准的历史回顾的第一手资料我都是在日内瓦收集的，在这里也感谢资助我实习的芬兰 CIMO 机构。

从赫大法学院获得 Licenciate 学位以后不久,我毅然选择回国,回到位于我家乡的哈尔滨工业大学法学院任教。从 2007 年至今,我主要承担本科生和研究生的《国际经济法》教学及 WTO 法方向的研究工作。其间曾为本科生主讲《WTO 法》选修课,后来因为法学院要考虑学校夯实学科基础理论的统一要求,在制订新的本科生培养计划时砍去了许多带有"国际"和"外国"字样的选修课程。如果说在赫大读大师的关于 WTO 的著作时让我开始爱上了它,而在哈工大任教的这些年真正检验了我对它的真爱,我对它的不离不弃主要体现在两个方面。

第一个来自 WTO 自身。从 2003 年 WTO 坎昆部长级会议失败以后,对 WTO 未来走向的悲观情绪在学界迅速蔓延。WTO 死了、WTO 衰了的论调随处可见。WTO 史上唯一一次回合谈判多哈发展议程久拖不决,让政府和学界看不出 WTO 在推动贸易自由化方面还能有什么作为。同时,区域经济一体化风生水起。随着全新的"区域"概念的推出,各贸易大国都将主要谈判精力放到区域经济一体化的重新整合。除了争端解决机制以外,WTO 在制定新的贸易规则方面几乎没有任何建树。WTO 的这种尴尬处境也使得各学科不少 WTO 学者开始转移研究方向。中国的诸多专家学者在中国"入世"前后言必称 WTO,而现在对 WTO 本身的研究也逐渐冷却下来。然而,我对 WTO 所代表的多边贸易体制持乐观态度。终有一天,政府精英会认识到多边贸易体制给全世界的国家和人民带来的福祉将远大于区域经济一体化。另外,应该看到 WTO 目前的 500 个现成的争端解决案例不就是肥沃的国际法大地吗?作为一名法律工作者,深挖下去,一定会发现宝藏。所以,有时我不由自主地想什么是真爱?真爱是在她落魄时你依然没有离开她,而不是在她风光时你死抓住她不放。

对我与 WTO 感情的另一个考验来自我所在的学院。哈尔滨工业大学法学院于 2005 年建立。作为 985 工科大学的法学院要想在国内法学领域立足需要发展自身的特色学科。在前任院长赵海峰教授的带领下发展了以外层空间法为基础的较成熟的研究团队。我院在外层空间法方面的研究成果在国内外学术界获得了广泛声誉。很遗憾,我没有为学院的外层空间法学科发展做出个人贡献,理由很简单,WTO 法是我的那盘菜。

与 WTO 相识、相知这 10 多年,我更深刻地懂得了什么是真爱。它曾让我开心地笑过,也曾让我难过地哭过。在我心里,它已不再是那个高大上的国际组织,不再是冷冰冰的规则体系,不再是各国讨价还价的谈判场所,它已经成为我日常生活中不可或缺的亲人。对亲人我永远心存爱与感恩,将来无论发生什么,我对它依然不离不弃。

在此,也衷心感谢国华老师给我这个机会让我回顾一下自己与WTO这10多年的风雨历程,也能在这两天真正坐下来静静地与WTO对话,与自己的内心对话。

追忆北大芮沐教授的世界秩序法律逻辑

赵宏瑞*

自1990年到1993年,我跟着芮沐教授在北京大学读了3年研究生。从他那里我学到了什么呢?学到了9个字"规则导向与权力导向"。这主要是在他指导我撰写中国第一篇《论关贸总协定的争端解决机制》(硕士论文)过程中学过来、体会出的。

---

* 中国民盟中央法制委员会委员、经济委员会委员,哈尔滨工业大学法学院院长、教授、博士生导师;毕业于北京大学(经济法学学士、国际经济法学硕士)、中国社会科学院(金融经济学博士)、中国财政科学研究所(财政学博士后、在站);曾在美国华盛顿大学、明尼苏达大学、德国汉堡大学、施密特国防大学、意大利米兰大学、台湾东吴大学、澳门大学、澳科大等海外高校访学、讲学。近期出版的代表性著作有:《世界文明总量论》(2015年,中国法制出版社)、《中国货币总量论》(2013年,中国经济出版社)。

一、芮 师

光阴过去了整整 25 年。在 2015 年秋季学期,我在课堂上问我的研究生:图上这些人你们认识吧?这第一排、第一位,就是我的老师芮沐教授。他 1908 年出生,2011 年去世,享年 103 岁,他会 6 门外语,在 1948 年写过《民法法律行为理论之全部》,他是民盟盟员、中共党员;后来开创了中国的经济法、国际经济法两个学科,他指导起草了 1978 年中国最早的用于开放的法律——三资企业法。在北京八宝山追悼他的时候,据说,胡主席、温总理是早上 7:30 去的;而我们这些弟子随同其生前亲朋同侪,是 8:30 进去的。他,是一个比较低调的人;但他,前瞻地知道中国的改革开放和经济转型需要经济法、国际经济法,所以,他开创了中国的一个叫作"对外开放"的法学时代。

这第一排的第二位是谁?沈宗灵,开启了中国法理学的时代;第三位江平教授,致力于中国民商立法的时代;中间的一排,是中国人民大学许崇德教授、中国政法大学钱端升教授、武汉大学韩德培教授;还有台湾大学的王泽鉴教授、西南政法大学的金平教授、北京大学王铁崖教授。这张历史合照,是 2014 年 9 月开始传播于微信朋友圈的。

二、开 题

1992 年 1 月的一天,芮沐老师让我写了题为《论关贸总协定的争端解决机制》的硕士论文。如下图所示。那个时候,距离中国"入世"几乎尚有 10 年。

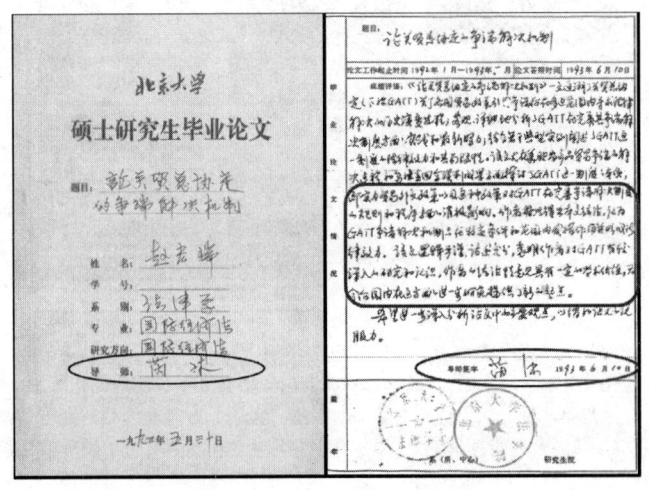

若不是历史车轮的滚滚前行，当时与事后，我很难懂得研究这一主题的历史价值与意义。芮老师要求极严，要求我穷尽当时所有 GATT 全部 233 个争端申请、73 个受理案件，分析概括之后，才能得出研究结论。我当时"压力山大"，但此后我永远记住的，就是芮师洗练概括出的"规则导向"与"权力导向"相互交织的世界秩序。

> 即实力贸易外交政策以及这种政策对GATT在完善争端解决制度的规则和程序起的消极影响，作者据此得出本文结论，很好

上图，为芮师在我的论文评语中指出"实力贸易外交政策（即为'权力导向'）以及这种政策对 GATT 在完善争端解决制度的规则和程序方面（此为'规则导向'）的消极影响"的隽秀亲批。那是 1993 年 6 月 10 日，芮师 85 岁。

三、受 益

后来在 1995 年，GATT 作为前身，转变为 WTO。我毕业后，没有像芮门的其他弟子一样服务于国家的商务部，也忍不住不参加改革开放大潮而没有直接读博、留校，而是曾先后在美国、中国的律师事务所里从事着法律实务工作。但在我的实务工作中，每逢关键时刻，芮师的"规则导向与权力导向"思想总会令我感到实践的魅力。

之一：在我碰到最难之一的一例争端解决之中，即在中石油与中东第一海外油田（伊拉克艾哈代布石油勘探开发合同）项目上，面对萨达姆倒台后的合同效力救济问题，我想起了芮师总结出的"规则导向与权力导向"并坚决实践之，案件最终获得了中方满意的结局。

之二：我在博士阶段开始研究经济学中的货币理论。我用数据实证了中国"入世"以来，人民币货币体系的总量变迁。人民币货币总量的实证数据，直观地印证了中国"入世"所带来的威力。夜深人静的时候，我常常自叹芮师给我硕士选题。这一选题的历史前瞻性、如炬的时代判断力，在货币总量数据之中得到了直观的验证。

之三：2014 年 5 月，我在哈尔滨工业大学法学院负责组织预研有关世界各国的《国家安全法》和世界安全格局的课题。在 9 个月里我完成了拙著《世界文明总量论：中国的文明崛起与国家安全的法治原理》，并在 2015 年先于 7 月 1 日中国新版《国家安全法》出台而出版付梓，支撑我书中核心之一

的观点,即是芮师的"规则导向与权力导向"世界秩序。

之四:2015年国庆,我在家闲读了基辛格2014年的新著《世界秩序》。基辛格比芮师小了15岁,生于1923年,善于运用"均势"理论来概括世界秩序。读罢该书的"结论"部分,我心中哑然一笑:规则与实力,经常是政治学者的常谈话题;但对于学贯中西的法学大家芮师而言,这两样东西是那么的不惑、那么的清晰。

基辛格亲历了7位美国总统的外交政策,芮师也曾是其中老布什总统的座上宾。我认为芮师"规则导向与权力导向"的理论比起基辛格的"均势"理论,更能在文本上与实质上准确地解释世界秩序。

当年85岁的芮师,比起如今92岁的基辛格来,虽少了国际外交实践,但他拥有了更多的跨学科视野。芮师所言的"实力导向",自古有之;"规则导向",在西方则源于格劳秀斯与康德。世界秩序在两者之间转换、抉择、审勘、判断,"规则导向与权力导向"永远是达成"均势"的根基。

四、追忆

芮师之博学,后进如我,难望项背;尽管我也曾在他驻足过的巴黎、法兰克福、汉堡、纽约、西雅图驻足,缅想。我当年在燕南园65号,常常看到纽约大学、欧洲教授前来求就教,他们都在芮师的慧言妙语中面露谦逊。至今,我也难懂芮师给我硕士开题的确切想法。为了纪念,在此附录该文的目录,与后进勉忆。

目　　录

导　论 ………………………………………………………………………… (1)
第一章　关贸总协定第二十二条与第二十三条的起草背景和基本内容 … (3)
 第一节　第二十二条与第二十三条的起草背景 ……………………… (3)
  一、起草者的三个创意 ………………………………………………… (3)
  二、起草经过 …………………………………………………………… (3)
 第二节　二十二条与二十三条的基本内容 …………………………… (5)
  一、第二十二条"磋商" ………………………………………………… (5)
   (一)单独磋商 ………………………………………………………… (6)
   (二)联合磋商 ………………………………………………………… (6)
  二、第二十三条"丧失或损害" ………………………………………… (6)
  三、二十二条与二十三条综述 ………………………………………… (8)
第二章　关贸总协定争端解决机制的初期实践 …………………………… (9)
 第一节　主席裁定、工作组裁定、专家组裁定 ……………………… (9)
  一、主席裁定 …………………………………………………………… (9)
   (一)荷比卢三国诉古巴领事税案 ………………………………… (9)
   (二)巴基斯坦诉印度出口退税案 ………………………………… (10)
  二、工作组裁定 ………………………………………………………… (11)
   (一)工作组裁决程序的建立 ……………………………………… (11)
   (二)智利诉澳大利亚硫酸铵(化肥)补贴案 ……………………… (11)
   (三)对工作组裁定的评价 ………………………………………… (12)
  三、专家组裁定 ………………………………………………………… (12)
   (一)专家组裁决程序的建立 ……………………………………… (12)
   (二)挪威诉联邦德国沙丁鱼关税案 ……………………………… (13)
   (三)意大利诉瑞士尼龙袜反倾销税案 …………………………… (13)
   (四)美国诉欧共体家禽进口限制案 ……………………………… (14)
   (五)对专家组裁决程序的评价 …………………………………… (14)
 第二节　决定(decision)、声明(decleration)和谅解(understanding) …… (14)
第三章　实体法与程序法——关贸总协定争端解决机制概论 ………… (17)
 第一节　实体法与程序法——"解释程序"与"适用程序" ………… (17)
 第二节　关贸总协定争端解决机制概论 ……………………………… (19)
  一、什么是总协定体制内的贸易争端? ……………………………… (19)
  二、什么是关贸总协定的争端解决程序? …………………………… (20)
  三、什么是总协定的争端解决机构? ………………………………… (21)
  四、争端解决机制的目的与约束力 …………………………………… (21)

第四章　东京回合与美欧农产品贸易争端 …………………………………(23)
　第一节　东京回合中争端解决机制的进展 ………………………………(23)
　　　　一、东京回合框架协议与争端解决机制的发展 ………………………(23)
　　　　二、东京回合非关税措施协议与争端解决实践 ………………………(24)
　　　　　　（一）美国诉欧共体面粉补贴案 ……………………………………(25)
　　　　　　（二）美国诉欧共体通心粉补贴案 …………………………………(26)
　第二节　美欧农产品贸易争端 ……………………………………………(26)
　　　　一、美欧农产品贸易争端的由来 ……………………………………(26)
　　　　二、关贸总协定历届谈判中的美欧农产品贸易争端 ………………(27)
　　　　　　（一）"狄龙回合"阶段 …………………………………………(27)
　　　　　　（二）"肯尼迪回合"阶段 ………………………………………(27)
　　　　　　（三）"东京回合"阶段 …………………………………………(28)
　第三节　权力导向与规则导向——关于争端解决机制效力的评价 …………(28)
第五章　乌拉圭回合中争端解决机制的新进展 ……………………………(31)
　第一节　《完善关贸总协定争端解决的规则与程序》………………………(31)
　　　　一、在磋商程序方面的规定 …………………………………………(31)
　　　　二、在裁决程序方面的规定 …………………………………………(32)
　　　　　　（一）专家组的建立 ……………………………………………(32)
　　　　　　（二）专家组的职权范围 ………………………………………(32)
　　　　　　（三）专家组的人员组成 ………………………………………(33)
　　　　　　（四）适用于多个申诉方的程序规定 …………………………(33)
　　　　　　（五）对第三方的保障 …………………………………………(33)
　　　　　　（六）专家组的工作程序 ………………………………………(33)
　　　　　　（七）专家组报告的通过 ………………………………………(34)
　　　　　　（八）对"建议"和"裁决"的实施的监督 ………………………(34)
　　　　三、关于"仲裁"的规定 ……………………………………………(34)
　第二节　对当前争端解决机制的评价 ……………………………………(35)
　　　　一、解决一般的争端——迅速有效 …………………………………(35)
　　　　　　（一）美国诉加拿大玉米反补贴税案 …………………………(35)
　　　　　　（二）美国诉挪威政府采购歧视案 ……………………………(35)
　　　　　　（三）欧共体诉美国政府采购歧视案 …………………………(36)
　　　　　　（四）美国诉德国空中客车补贴案 ……………………………(36)
　　　　二、美欧农产品贸易争端——旷日持久 ……………………………(37)
结　论 ………………………………………………………………………(39)
附录一：参考书目 …………………………………………………………(40)
附录二：关贸总协定历史上有关争端解决的"决定""声明""谅解" ……(41)
附录三：关贸总协定历史上的争端解决案例 ……………………………(41)

追 逐 星 空

——一个 80 后中国国际法人与 WTO 的故事

全小莲[*]

一、惊鸿一瞥

和绝大多数 80 后一样，我和 WTO 初识于 2001 年前后席卷全中国的 WTO 普法热潮中。WTO 于我们而言，自初识便是一个既定的法律体系、一个享有盛名的国际组织，至于中国加入过程中的曲折和艰难已是江湖传说。

彼时，受"百家讲坛"等电视节目热潮的影响，中国签署了《加入议定书》之后，校团委负责"新世纪讲坛"的老师邀请了上海 WTO 中心的专家来讲"中国与 WTO"。已经记不得具体是哪位专家来讲的，但是记住了这样几句话："WTO 的所有正式文件用 A4 纸打印出来可以堆满整个房间"，"加入世贸之后就有希望解决用印度这样不吃猪肉的国家的猪毛价格替代中国价格的不公平贸易待遇问题"[①]，"中国未来急需大量的精通 WTO 法的人才"。

当时的我们还是大二，不仅还没学国际经济法，甚至未能建立起基本的法学语言参照系和法律思维，对于这场讲座自然听得云里雾里。为了进一步了解"WTO"，我想到书店选购几本这方面的书，可是除了 WTO 三个字母以外我毫无线索。偶然间看到一本《WTO 争端解决机制》，当时并不知道这本书的作者——李居迁是谁，也没看懂这本书到底在讲什么，就冲着那三个字母买了这本书。

---

[*] 全小莲，西南政法大学国际法学院副教授。本文初稿完成于 2015 年 9 月 3 日，最终完成于 2015 年 10 月中旬。

[①] 很显然，截至本文完成时间，这个问题仍未解决。可以预见，2015 年 11 月之后一场法律上的论战在所难免。

二、璀璨星空

那时学校有学生们自己办的校园广播,早晨6点多播晨曲催促学子晨读,中午和晚上播新闻让象牙塔里的青年学生们了解时政要闻。一个中午,我在提着暖壶去打水的路上,听到:"中国将和欧盟等国一起在WTO起诉美国的钢铁保障措施,这也是中国第一例起诉其他WTO成员的案件。"当时脑海中有着诸多疑问:什么是保障措施?为什么和欧盟一起告?这样做对中国有什么好处?这算是WTO的集体诉讼吗?有什么特殊的程序没有?赢面有多大?如果赢了,万一美国不执行怎么办?……为了给心中的疑问找到答案,我一路追寻,到吉林大学拜入那力教授门下攻读博士。

2007年,拿到博士录取通知书之后,导师就给我推荐了阅读的书目:有WTO官方推出的有"八贤人报告"之称的"The Future of The WTO";有John Jackson教授的"Legal problems of international economic relations"(仅update就有厚厚的3大本);有当时已翻译成中文的Petersmann教授的《国际经济法的宪法功能和宪法问题》[1];有导师那力教授刚刚主持翻译完毕的Alan Boyle等3位教授合著的《国际环境法》[2];有英国的Qureshi Asif教授主编的《国际经济法》等。拿着这份书单,我好似初见星空的孩童,面对满目的璀璨,看花了眼。

刚入学那会,几个同届的博士生总喜欢在下课后和国际法的几位老师去学校旁边的小馆子吃饭聊天沾沾"仙气儿"。那时候就着大酱汤、辣豆腐听导师们聊康德、聊罗尔斯、希金斯、桑斯、波斯纳、聊WTO是否已经实现或可能实现规则驱动,聊技术性贸易壁垒/实施卫生和植物卫生措施协定(TBT/SPS)争端案件,聊文明的冲突和人类中心主义……那时的我们是那样的一知半解和手足无措,犹如迷失于星际的浩瀚,不知往何处去。为了不继续无知下去,只能往返于课堂、图书馆、法学院资料室及几位老师的私家书架,搜刮一通然后印来读。那时也不管是不是读懂了,反正先从第一页翻到最后一页再说。

除了博士生课程以外,导师要求我们全程参与硕士生课程《国际经济法》(核心内容是WTO法)的学习,每年的课程都研习不同的WTO案例。导师慧

---

[1] 作为译者之一的王彦志老师力主此书的书名应翻译为宪政功能和宪政问题。关于"宪法"还是"宪政"的争论,何志鹏老师在该书中文版序言中有详细的论述,此处不再赘述。

[2] 在大鹅岛和此君一起啃鹅腿时怎么也想不到他后来坐在菲律宾与中国南海仲裁案的菲方律师团里。

眼如炬，先后指定了欧盟—荷尔蒙案、欧盟—转基因产品案、欧盟—香蕉案Ⅲ执行程序等案件。这三个案子报告篇幅之长、专业性之强到现在也算数得上的。除了课上讨论的案子之外，导师还要求我们长期追踪 WTO 争端解决动态，往往这个案子的裁决还没读完，下个案子的裁决就出来了。除此之外，每期"Journal of International Economic Law"等权威期刊以及 WTO 发布的全球贸易情况的报告也是导师指定阅读的内容。这样的学习任务博士生涯极为充实。

这可能是我们 80 后的国际法人共同面临的问题！当我们学习 WTO 法的时候，加入 WTO 并向中国翻译、介绍规则的历史任务已经基本完成。我们的任务是和卓越的前辈们一道明确 WTO 规则的模糊之处，理解 WTO 制度背后所蕴藏的法理，完善 WTO 法律体系，加强中国对于 WTO 规则体系的话语权。而和艰巨的任务不成正比的，是这个飞速发展的时代和一日千里的中国实践。80 后的国际法人并没有被留出足够的时间，却被时代驱动着迎接 WTO 法和它带动的法律制度改革。

三、星空下的修行

（一）七贤庄

由吉林大学毕业后的第一份工作就是在山东的济南大学做一名国际法教师，教包括 WTO 法在内的几门国际法课程。学校在济南的城乡接合部，宿舍所在位置叫七贤庄。不知道其他 80 后的国际法人是怎样，我刚毕业、站上讲台那会，绝对和"贤"扯不上关系。那会常常扪心自问，有那么多的争端解决报告还没读过，有那么多的制度和条款还没有摸清楚，凭什么站在讲台上给学生讲国际法？

想来想去，觉得带着学生们一起读案例应该还能胜任。所以我组织了一个针对本科学生的课后 WTO 案例学习小组，每周拿出 2～3 个晚上读案例。还记得那是 2010 年的秋季学期，我指定研习的案例是中国—双反案（DS379）。由于缺乏指导经验，只能带着他们逐字逐句地读文本。这个过程缓慢而艰难。当年那个小组里面的学生现在基本已经毕业，在法院、检察院、律师事务所和商会工作，他们说那段读 WTO 案例的日子让他们领会到法律推理的魅力，让他们看见一个和七贤庄完全不一样的世界。

（二）WTO 模拟法庭竞赛

待到工作调动至西南政法大学，和 WTO 有关的工作就越来越多了，首当其冲的就是商务部、西南政法大学、中国政法大学三家共同创办的中国 WTO 模拟法庭竞赛。从比赛的角度来讲，中国 WTO 模拟法庭竞赛和已经运行几十年的杰赛普国际模拟法庭辩论赛（JESSUP）等比赛相比，在赛事规模、规则的完备程度、比赛水平等方面肯定是有差距的。但这是中国第一个由国家部委出面组织的模拟法庭竞赛，比赛的法官由具有 WTO 争端解决经验的官员、律师和学者担任，这保证了比赛高度贴近实战，所有的参与者包括学生和指导老师都在比赛中飞速地成长！

（三）WTO 案例与讨论式教学法

此外，必须要提及的是 WTO 案例的"讨论式教学法"。时任商务部条法司副司长的清华大学杨国华教授提出：WTO 案例是法学教育的宝库，在使用 WTO 案例时应当使用讨论式教学法。用 WTO 案例来培养法学学生的法律思维毋庸置疑是极为合适的，但是，在讲 WTO 案例时可不可以使用纯粹讨论式教学法？如何使用讨论式教学法？关于以上问题的大讨论在 2013 年的夏天达到白热化的程度。

在这样一个大背景下，西南政法大学决定通过"实验"来验证——4 个老师给各自班级的学生用 4 种方法讲同一个 WTO 案例，方法包括讲授式、半讲授式、半讨论式和讨论式等。作为 4 位主讲教师之一，我采用的是"半讨论式"。这种方式更类似于有限度地放开讨论，老师严格按照大纲控制课堂讨论的时间、进度和内容，还要及时地公布标准答案供学生"校准"。

使用这种教学方法的效果并不理想。学生对讲授和讨论的内容一知半解，对知识点的了解和信息量不如传统的填鸭式教育，学生主动学习的积极性不如讨论式。这样一个不上不下、两头不沾的结果让我不得不反思到底哪里出了问题以及教学方法改革应往何处去。通过一轮轮的"实验"和大讨论，ACWTO 的许多老师都认为传统的讲授式课堂已经不适应 WTO 法律人才培养的需求，讨论式教学法的优势显而易见，但对是否应当推广及如何推广仍值得继续讨论。杨教授在 ACWTO 圈里不断分享他的武功秘籍，从"珍珠项链"到"3D 眼镜"……

后来，在组织学生开读书会讨论 WTO 上诉机构创始成员 James Baccus 所著《贸易与自由》（中译本）一书的时候，我又不死心地尝试"讨论式"，结果功夫不到家，没能忍到"打死也不说"。在研究生的《WTO 案例分析》课程中，还尝试了用"模拟听证会"的方法，讲美国—海虾案、欧盟—紧固件案、欧盟—高性能无缝钢管案等案件，仍然不尽如人意。几位年纪相仿的青年教师鼓励我从相信个别出色的学生开始试着相信自己的学生。很多前辈、同仁和 WTO 法大律师也多有关心和鼓励，叮嘱一定要"打死也不说"。每每想起这些内在逻辑为"the right way to tell is not to tell"的叮咛，总是有忍俊不禁的笑意和温暖浮上心头。

2014 年年底，西南政法大学举办"涉外法律人才培养标准"研讨会。在重庆湿冷的冬夜里一群人围炉夜话,杨国华教授表达了一个观点——讨论式的核心是对学生的信任,相信学生可以主动学习。老师"打死也不说",并不是为了躲懒,而是为了让学生摆脱对所谓"权威标准答案"的依赖,独立思考。这和杜威的教育理念以及近年来教学中倡导的"自主学习"❶ 不谋而合。在那个夜晚,我意识到用讨论式教学法教好 WTO 法需要更深厚的积淀、更坚定的信念、更宽广的格局,总而言之,需要一个更好的老师。这是 WTO 法带来的另一重修行,艰深而沉重!所幸,师友不弃,同心、同行。

四、在一线

2013 年到 2014 年间,我在商务部条法司挂职。这段时间里我有机会从事争端解决的一线工作,和"打官司"的对手面对面,和我们聘请的顶级国内外律师一起形成抗辩思路❷,协调统筹从事国际贸易的企业、商会,在 WTO 的"法官"面前表明中国观点,配合驻 WTO 的外交官们的工作。在部里工作的那段经历,有太多的感受、收获和感动,本想收藏做"独家的记忆",奈何组稿的大 boss 一定让多写一些,我只好在记忆的宝藏中捡拾几颗珍珠出来。读者诸君,对于这小小的私心以及对我语言表达的无力,还请勿要见怪!

(一)不会读诗的谈判官不是好公务员

到条法司报到之后,很长一段时间都是唐文弘副司长和杨国华副司长在家坐镇,彼时李成钢司长在青岛挂职任副市长。当时正值中美双边投资协定(BIT)谈判关键时期,负面清单议题和中国外资法修订、自贸区改革绑定引起国际国内社会广泛关注。在中美 BIT 谈判的青岛回合,李司长亲自上阵,推进谈判。对于这样的领导,我猜一定是霸气外露、走路带风的老大。

2014 年元旦假期前一天,办公室张罗大伙下班后到会议室热闹热闹,算是庆祝新年了。李司长在青岛回不来,但是答应通过电话参与并出个节目。原本想不明白"老大"会怎么通过电话出节目,结果李司长在青岛办公室里就着管弦乐的丝柔和北国冬日的夕阳给我们声情并茂地来了一段《再别康桥》,完全是一个儒雅的书生!

(二)不会取快递的复印店小工不是好调查官

偶然一次去西门取快递,发现调查局(现已整合成为贸易救济局)的同

---

❶ 这种理念在英文中是 Learner Autonomy,字面含义是学生自治,很多人翻译成自主学习。
❷ 参见《拔草瞻风——观中国律师 WTO 当庭抗辩首秀有感》,载《我们在 WTO 打官司——参加 WTO 听证会随笔集》,知识产权出版社 2015 年版。

事也在取快递。后来发现他们经常在工作时间取快递,并且大家对于这种公然在工作时间取快递的现象视若无睹。后来去打听了才知道人家是收发贸易救济调查问卷、答卷,属于贸易救济调查的正常工作过程。如果碰到一个立案调查有几千家企业登记应诉,那么调查官们就得"不是在收快递就是在收快递的路上"。有时候调查官和企业之间的问与答是通过传真进行的,同样一份2页的通知,常常要发给几十家企业,需要几个甚至十几个小时。对于这种重复性劳动,同事们开玩笑地说:"原本以为公务员只是赚(和)复印店小工(一样)的钱,没想到还真要干复印店小工的活。"

(三) 咱们办公室里的年轻人

我到条法司报到之后去了世贸二处,在于方(女)处长的领导下和同志们一起工作。有人说于处是娃娃脸而且好奇是不是有什么保养秘方,其实她基本上不用化妆品,若真有什么秘方,我猜应该是她的智慧与举重若轻。记得第一次开处务会(几个人在办公室里把凳子凑到一起),她用几句话总结现阶段工作布置下阶段任务,然后就宣布散会了。还没搞清楚状况的我在WTO网站上核对过近期真的没什么大案要案,所以就天真地以为可以刀剑入库、马放南山了,结果发现每个人都肩负重任,忙到不行。问她为啥如此风轻云淡,她笑我的紧张兮兮,道:"一切都平稳有序进行,有啥不行的?"

我后面一张桌子是任清副处长,出了名的"笔杆子",写公文、写论文都是手到擒来。王一副处长从罗马常驻回来后曾短暂加入世贸争端解决团队,惊讶于他那一口纯正的他自称为北方地区口音的意大利语,更惊讶于他对文本逻辑关系的敏锐。陈冉副处长常驻回来加入了我们,带来了好喝的咖啡和关于新加坡的新奇世界。这三位年轻的副处长都先后离开了我们的办公室。再后来,办公室迎来了从贸易救济局转会来的杨骁燕副处长和在华盛顿常驻回来的李帅副处长。在部里工作一年半,先后与5位副处长共事,这也反映了争端解决团队人才的高流动性。

再后面一张桌子是王希,痴迷案件讨论和法律解释的清华女,后来常驻去了安曼;隔着一道小门是付俊,有着证监会和基层法院工作经历的海归青年,后来被部领导选去做了秘书。后来,世贸法律处和世贸法律二处合到同一个办公室,同办公室的还有一处的陈雨松处长(后常驻世贸组织)、王蔷副处长、郭景见(后常驻印尼)和跟我一样挂职的南开大学的胡建国老师。办公室里所有的争端解决团队成员,年龄都在45岁以下。

本文成稿之时,适逢于方处长和世贸争端解决团队参评人民网党建频道的中国法治人物和法治故事评选。这样一群心中有着诗和远方,对于工作中的问题"志不求易,事不避难"❶ 的年轻人,是当之无愧的法治人物!

(四)再回首

这是一段奇妙的人生旅程。在这个过程中,我看到 WTO 卓有成效的同时也看到了它的不完美,并产生了哲人般的疑问和思考:在宇宙大幕下以人类历史发展为纵轴,WTO 是一次非常成功的实践吗?它的不完美会导致现在这个体系的崩塌吗?它的不完美可以接受或被完善吗?究竟什么才是对当今这个时代、对中国最有利的选择?

这是反思自己的研究方向和研究方法的过程。以往的研究,包括博士论文,都更多地建立在对于他人研究成果的研究之上,虽然也提出了一些问题并形成了相应的成果,但并不是所有的问题都是"真问题",不是所有的成果都有建设性。正如诸位有识之士已经提到的那样,在 WTO 的案例、研究报告等一手文献中蕴藏着大量的值得关注的信息和值得研究的真问题,结合这些问题有针对性地阅读他人的论文和专著,改进自己的研究方法,才能得到服务于社会同时令自己满意的成果。挂职结束后回到学校,陆续申报成功国家社科基金项目和省部级项目,这似乎是方向正确的一个信号!

这也是反思当今高等教育现状和自己的教育教学方法的过程。在这段时间里,我有机会对于以 WTO 争端案件工作为代表的涉外法律工作有了更直观的了解,对于涉外法律工作需要具备怎样的知识结构、思维能力、综合素养等有了更加深入的认识。由此出发,回头审视目前法学高等教育的课程设置、模块设置、教学方法、结果评价都存在和现实需求脱钩的情况。教学改革是大势所趋,但也困难重重,其中最困难的就是在改革方案的设计中必须考虑所涉及的方方面面的人。

五、而立之年

不觉中,与 WTO 结缘已有 14 年,多数的 80 后国际法人也已经或即将来到人生旅途中的而立之年,这是已行过了许多地方的桥,看过许多次数的云,喝过许多种类的酒❷的年纪。然而让我心心念念的,还是求学时恩师们指引我仰望的那片星空,还有星空下的那群同路人。

---

❶ 这是在 DS397 欧盟—紧固件案执行之诉专家组报告发布之后,李成钢司长对争端解决团队的评价。

❷ 来自沈从文先生的名篇《湘行散记》:"我行过许多地方的桥,看过许多次数的云,喝过许多种类的酒,却只爱过一个正当最好年龄的人。"此处借用先生的前半句,来形容而立之年的 80 后国际法人。

 第三篇　律师视角

"习以为常"之前

任 清[*]

杨国华教授的文集《WTO的理念》中有一篇文章题为《习以为常——我们在WTO打官司》,讲的是中国商务部的WTO争端解决团队"对在WTO打官司这套程序已经驾轻就熟了"。这篇短文想写的则是,我自己在"习以为常"之前的一些经历。

第一次亲密接触

2006年2月,日内瓦正是严冬,我第一次造访这座欧陆名城,参加WTO的知识产权例会和特会。同行的有资历更深的同事以及国家知识产权局、国家工商总局商标局以及质检总局的专家,作为"小同志",我的任务并不重,可以比较轻松的心情观察和感受WTO。

从住宿的5号招待所步行到WTO总部,需要大约20分钟。记不得迄今走了多少个来回,但第一次的印象依然清晰。清晨的寒风凛冽而潮湿,马路因结冰而打滑,雷蒙湖水有节奏地拍打着湖堤,亮晶晶的冰凌子倒挂在湖畔的树上。爬上一个小坡,再转一个弯,就到了位于洛桑路154号的威廉·拉帕德中心。这是一栋并不起眼的建筑,若非大门上镌刻有WTO标识,很难想象这就是中国人念兹在兹的"经济联合国"。

那次出差的任务有两个:一是参加知识产权理事会的例会,二是参加多哈回合谈判知识产权议题的特会。例会给我留下比较深印象的首先是WTO会议相对于联合国会议的不同风格。我此前在维也纳参加过联合国贸易法委员会的会议,会场比较气派,每个代表团都是面向主席台而坐,就像微型的人民大会堂。WTO的会议厅相对简陋和拥挤,中国代表团人数多时常常需要借用智利团(英文为Chile,在China之前)的座位。代表团就座的桌椅相对

---

[*] 中伦律师事务所合伙人,律师。

于主席台呈纵向排成一列一列，团员们在会议桌两侧相向而坐，讨论问题很方便，但其中一侧的团员几乎总需要扭头才能看到主席台，未免不美。更重要的是，中文是联合国的工作语言之一，中国代表可以中文发言而由同传翻译成其他语言，而WTO的会议则只能以英语（或者法语、西班牙语）发言。

第二个印象是，例会本来开的不温不火，但谈到知识产权执法议题立刻多了些唇枪舌剑的意思。美欧日等发达成员要求WTO监督各成员的执法情况，中国、印度、巴西等发展中国家成员则对此表示坚决反对。当时，中美双方围绕知识产权刑事执法等问题正在激烈博弈，美国除了在商贸联委会（JCCT）等双边机制下对华施压之外，将WTO的例会、贸易政策审议和争端解决机制等也作为重要手段。此后一年，美国在WTO正式起诉了中国的知识产权刑事执法和海关保护措施。

知识产权特会是多哈谈判的一部分。多哈发展议程从2001年启动，其核心是农业和非农（NAMA）议题，在这两个议题取得突破之前，各方在知识产权议题上达成一致的意愿并不强烈。印象中，那次特会重点讨论了生物多样性、传统知识和地理标识等话题，印度等成员强调在专利制度中引入传统知识保护规则的重要意义，欧盟则继续鼓吹其扩大地理标识保护的主张，基本上都在"自说自话"。另一感受是，印度代表团非常活跃，会上反复发言、语速极快，会下穿梭往来、合纵连横，俨然发展中成员的核心。

在印度敲边鼓

从2007年到2009年，我在驻印度大使馆工作了两年时间，先后负责服务贸易、工程承包、贸易摩擦等业务。

众所周知，印度软件外包产业非常发达，我有幸两度访问班加罗尔，参观塔塔咨询（TCS）、印孚瑟斯（Infosys）等世界著名的软件企业，深入了解呼叫中心和商业流程外包（BPO）等跨境交付模式的服务贸易。印度还是少有的同时对中国采取反倾销、反补贴、保障措施和特保措施的国家。那两年里，我几乎每天都要阅读印度调查机关的立案公告、初裁、事实披露或者终裁；隔不了几天就会去一趟商工部（负责反倾销和反补贴）或财政部（负责保障措施和特保），或者参加听证会，或者按照国内要求进行交涉。正是在那个时候，我对《反倾销协定》《补贴与反补贴措施协定》有了最初的认识。

那时还没有金砖国家外交，印度在中国外交全局中的地位并不突出，我身在"边缘"不免艳羡居于国内中枢或者派驻美国、欧盟和世贸组织的同事。加上前面提到的贸易摩擦等工作与商务部条法司的业务并无直接关联，我对自己可能会"脱节"和"掉队"怀着深深浅浅的忧虑，于是有意识地调研印度参与 WTO 争端解决和谈判的情况。2008 年初，我通过走访印度商工部官员和贸易法律师，撰写了《印度参与 WTO 争端解决机制的情况及借鉴》一文。记得文中有两点感慨：(1) 印度籍人士曾出任十几个专家组的成员，在数量上远远多于中国；(2) 印度政府一度聘请美欧律师代理争端案件，后来改变政策，只聘请本国律师作为法律顾问。我还写过一篇关于印度出口限制措施的报告。当时正值美国等成员意欲在 WTO 起诉中国对焦炭等原材料采取的出口限制措施，收到条法司同事的邮件转达司领导的表扬时，我曾欣喜不已。后来还听说，正是因为这篇报告表现出的一点"sense"，我回国后才被安排从事争端解决工作。

2008 年 7 月，WTO 在日内瓦举行小型部长会议，多哈回合比此前任何时候都接近取得突破，但最终由于印美在农产品特保等问题上的分歧而再度失败。在此次会议前后，WTO 正式形成了所谓 G7（7 个核心成员）的概念。印度是 G7 之一，加上印度在农业等议题上的态度攸关谈判成败，我在那一段时间比较密切地跟踪印度的谈判立场，向国内报回了一些参考材料。

还有一件小事值得一提。由于印度仿制药产业发达，印度比我国更早出现依据总理事会决定❶申请强制许可以向最不发达国家出口药品的案例，我有幸受邀回国参加商务部于 2008 年 6 月主办的"TRIPS 协定与公共健康"国际研讨会，并生平第一次在国际会议上演讲。当时驻外人员 4 年里只能公费回国探亲一次，因为 WTO 我比其他同事多了一次公费回国的机会，可谓意外之喜。

略窥门径

2011 年常驻回国后，我有幸在商务部条法司世贸法律二处工作。如果说此后自己对于 WTO 争端解决逐渐上道，那么应归功于这期间的三起案件和两项研究。

第一起案件是美国起诉中国的电工钢"双反"案（DS414）。我在 2012 年初接手该案之时，专家组程序业已尘埃落定，迫在眉睫的是要不要上诉、就哪些法律点上诉。该案是中国被诉并败诉的第一起贸易救济案件，综合考虑各种因素，中方决定就价格影响评估问题提出上诉。尽管上诉的结果并不理

---

❶ WTO 总理事会《关于执行 TRIPS 协定与公共健康多哈宣言第 6 段的决定》，2003 年 8 月 30 日通过。

想，但《反倾销协定》第3.2条的含义经过上诉得到澄清，对于各国调查机关正确适用规则无疑具有积极意义。该案后来还陆续创造了多个"第一"：中国第一起合理执行期仲裁案件，中国第一起进入执行专家组程序的被诉案件等。也是在该案执行过程中，商务部制定了《执行世界贸易组织贸易救济争端裁决暂行规则》。这是中国首次就世贸裁决（以及其他国际司法判决）的国内执行问题建章立制，受到广泛关注。❶

第二起案件是美国诉中国的白羽肉鸡"双反"案（DS427）。该案让我熟悉了专家组程序：从专家组成员的选任（我接手时专家组业已设立）、制定工作程序和时间表、起草书面陈述、参加听证会、回答专家组书面问题，一直到评论专家组报告的事实描述部分。由于不少法律点与电工钢案相似（例如价格影响评估、事实披露、非保密摘要等），在电工钢案业已败诉的情况下，该案的结果似乎并不乐观。尽管如此，中方应诉团队仍然全力以赴，并取得了不错的结果，例如中方对于国内产业的定义得到专家组支持，专家组裁定美方关于公平比较的诉请超出专家组职权范围等。

第三起案件是中国起诉欧盟的可再生能源补贴案（DS452）。如果说前面两起案件都是半路接手，该案则是我看着它"呱呱坠地"。如何搜集涉案措施的基本信息，如何进行法律评估和经济评估，如何补充搜集信息，如何与产业界互动，政府内部如何协调和决策，与被诉方如何进行磋商等，均是全新而难忘的体验。

办案之余，我先后做了两项研究。一是市场经济地位问题或者说"奥康纳之问"。❷兹事体大，技术性也很强，既要研究《加入议定书》，也要研究美欧国内法，并在较短时间内阅读可称海量的国内外论著，于我而言是一次难得的"热身"。二是《加入议定书》的法律地位问题。2012年初，中国在原材料案中上诉失利。由出口税与一般例外的关系问题出发，我在此后相当长时间里一直思考《加入议定书》在WTO法律体系中的地位问题，或者更具体说是中国在《加入议定书》中承诺的义务能否及如何强制执行（enforce）的问题。相关思考形成了《〈中国加入议定书〉研究的两个十年——兼论加入议

---

❶ 该案执行专家组程序系由其他同事负责；《执行世界贸易组织贸易救济争端裁决暂行规则》最初由我执笔起草，但不少难题后由其他同事解决。

❷ 欧盟律师O'Connor于2011年11月在VOX网站上发表文章《对于中国而言市场经济地位并非自动取得》(Market economy status for China is not automatic)，见 http://www.voxeu.org/article/china-market-economy。笔者对此问题的看法可以参见：《2016问题：解释的挑战及其克服》，http://blog.sina.com.cn/s/blog_132afd8370102uy34.html。

定书的强制执行性等问题》一文，先是在 2013 年的中国国际经济法学会年会上做了大会发言，后发表在《上海对外经贸大学学报》。

  那段蹒跚学步的路上，诸多师友惠我良多。请教、论辩、诘难，有时和风细雨有时面红耳赤，在办公室里、食堂餐桌上、往返日内瓦途中，也在清华的模拟法庭、东湖之畔的咖啡厅，以及人大、政法和贸大的会议室。感激之余，更有吾道不孤之幸福。

  光阴荏苒，时已 9 年。如果说这些年渐渐对 WTO "习以为常"，我想再加一句：常习常新。

李耿海、WTO 的围墙与漳州荔枝

姜丽勇[*]

2003 年至 2006 年，我有幸被派驻中国驻世贸组织代表团，在日内瓦度过了 3 年难忘的时光。回忆起来，在日内瓦，不仅有紧张的谈判，剑拔弩张的专家组听证会，觥筹交错的派对，还有一个人，就是李耿海。

到日内瓦不久，发现在 WTO 总部的大门口，不知道是谁搭了一个小帐篷，竟然在里面住了起来。帐篷主人原来就是一名来自韩国的普通农民，叫李耿海，来 WTO 示威。

李没有什么过激举动，彼时的 WTO，都在摩拳擦掌地准备坎昆部长级会议，因此也没有人把他当回事。当我开着使馆的奔驰车，从他的帐篷旁经过时，只是觉得这个韩国人大老远地跑来这里示威，有一些好笑。

如同不知道他何时来，也不知道何时他走。我也是忽然有一天发现，那顶帐篷不见了。

很快，部长级会议在墨西哥的海滨城市坎昆召开，由于在农业和非农市场准入谈判的巨大分歧，谈判失败了。与坎昆会议一起传来的，还有李耿海的死讯。原来他千里迢迢，又从日内瓦去了坎昆，并在会场外把一把瑞士军刀刺进自己的胸膛，用这一极端的方式结束了自己的生命。

和坎昆部长级会议谈判失败相比，李耿海的死只是一个花边新闻。只是过了几天，在 WTO 的门口，李原来搭帐篷的地方，不知道是谁悄悄地放了一个花圈。

又过了一阵子，花圈也没了。

李耿海的生活曾经非常美好，大学毕业后，他子承父业，经营家庭农场。由于得到韩国政府的优惠信贷支持，他扩大了经营，农场内有 300 多头牛，

---

[*] 北京市高朋律师事务所高级合伙人律师，北京大学法学硕士和英国牛津大学法学硕士 (M. jur)。主要执业领域为竞争法、国际贸易法和公司法等领域。曾供职于中华人民共和国商务部、中国常驻世界贸易组织代表团和北京市金杜律师事务所等。

农场也成了示范农场，日子蒸蒸日上。

但是，好景不长，韩国政府从澳大利亚进口牛肉的决定，令韩国国内的牛肉价格大幅下跌。李耿海很快发现，他的几百头牛几乎在一夜之间变得毫无价值，农场的经济状况急转直下。为了还清贷款，李耿海不得不把牛群全部卖掉，仍然无法偿债，农场也最终被抵押权人拿走偿债。失地农民李耿海将其归咎于贸易自由化，于是走上了抗议WTO的道路，并渐渐成了一名职业抗议者。

如同一颗石子投入大海，李耿海的死很快被遗忘了。

李耿海的死也曾经被WTO正儿八经地说事。有一次，由于副代表李恩恒先生无暇，我替他去参加了WTO预算委员会的一次特会，李的帐篷又和其他的示威事件一起，被秘书处作为WTO安保设施太差的证据。秘书处的意思是WTO主楼没有围墙，因此很不安全，所以需要向成员国要一大笔钱，全面更新秘书处的安保措施。

由于秘书处所在的地方，正在日内瓦湖旁边，一直是旅游胜地。因此，瑞士日内瓦政府不同意WTO修建围墙，因此，直到我离任，围墙也没有修起来。

不过数年后，当我重返日内瓦的时候，发现WTO的翻修工程已经获得了批准，大兴土木地修建了起来，在WTO总部的周围，用不锈钢铁板，修建了一堵墙。李耿海们如果再来，也只能望"墙"兴叹了。

WTO是建立在自由贸易理论上的，题中之意是，不同国家生产同样的商品成本不同，因此，生产效率低，成本高的国家就应放弃生产某种商品，而是采用国家贸易，以交换的方式从生产效率高的国家来进行购买。从而，社会总的效率就会提高，总成本降低，资源得到有效的配置。

我们看到，通过数代精英们的努力，世界贸易体制颇具规模，以GATT为核心的法律体系禁止任何国民待遇歧视，以及最惠国待遇歧视，从而打造了一个统一的贸易法律体制；关税已经约束化，而且禁止以任何方式增加贸易壁垒。禁止任何单边提高关税，除非是针对不公平的倾销、补贴，或者为了应对极其特殊的情况下的进口激增。而且还建立了以专家担任裁决者的争端解决机构来执行这些政策。

但是，资本和权力仍然不满足于这些，其希望进一步降低关税的约束水平，加强各项纪律，使得各国让渡更多的主权空间，使得自由贸易的旗帜插满全球。但是，改革已经进入深水区，在此基础上取得任何小的进步都异常困难。

在秉承贸易自由化理论的人看来，李耿海之流无疑是阻碍世界进步的绊脚石。因为自由贸易能够给他们带来财富和幸福，他们目光短浅，所以无法体会其中的好处。但是，在李耿海们看来，他们并没有享受到全球化的好处，他们唯一能够看到的，就是赖以生存的土地和牛都已经失去，而他们年事已高，双手空空，想从头再来却太难。

数年以后，我离开商务部，从事律师职业。和所有的营利性机构一样，律师事务所追求单位成本的利益的最大化，因此，政府机关、大型的跨国公司、国有企业以及快速成长的民营企业是所有律师事务所追逐的对象，我也不例外。只有数年轮一次的法律援助，使我能够直面那些求助者，他们衣衫褴褛，有的身上还充满了难闻的气味，有的常年上访，有的看起来有些精神问题，很多人口述都挨了打。

为什么是自杀的李耿海而不是来自欧洲的农民呢？也许是因为他们有更为完备的诉求渠道，从而不需要借助这种极端的方式来表达。我们生活在跨国公司富可敌国的时代。资本有能力雇佣最好的律师，为他们设计交易的结构，可以影响选举，从而使得支持他们观点的政客上台。但是，一个平衡的社会，应当也允许草根阶层组织的存在，使得他们的利益得以主张。

如今，虽然WTO的谈判停滞不前，但是贸易自由化仍然以另外的方式涌动。各种各样的区域自由化蓬勃发展，而其最终的去向，仍然是更为彻底的全球自由化。李耿海们，无论愿意还是不愿意，喜欢还是不喜欢，都难以改变潮流的去向。

时光已经飞逝到2015年7月，又是新的一年的荔枝上市了。小的时候，好像根本没有吃过荔枝。数年前，荔枝的价格也还是挺高。但是2015年，作为中国—东盟自贸区的成果，泰国的荔枝以零关税进入中国，从而证明他们是最有效率的种植者。中国福建漳州的荔枝种植者已经无利可图，他们唯一的选择就是让荔枝在枝头烂掉，因为收购的价格甚至低于他们采摘的成本。

当各位贸易精英，无论是在自贸区的谈判桌，BIT的庆功宴，专家组的听证会，还是在WTO法的讲台上，各领风骚的时候，希望大家也能想一下李耿海、WTO的围墙和漳州的荔枝。

我与 WTO 的几个瞬间

彭 俊[*]

We are in the history. We are making the history.
我们在历史中，我们也在创造历史。

——作者题记

一、2004 年：美国诉墨西哥大米反倾销措施案——"这才是法律!"

2004 年 3 月 22 日，美国递交第一次书面陈述，指控墨西哥在对美国大米的反倾销调查中违反了 WTO 规则。

这是我参与的第一个 WTO 案件。之前我一直代表中国出口企业应诉外国对中国产品发起的反倾销调查，在田间和工厂卷起袖子帮助企业填答问卷，绞尽脑汁帮助企业计算更低的倾销税率。而这次则是代表中国政府作为第三方加入 WTO 的案件，可以站在国家和规则的高度对案件涉及的一些 WTO 规则解释和体制性问题发表意见。

当我阅读美国第一次书面陈述时，我的眼泪几乎要掉下来了。103 页的书面陈述几乎每句话都有出处：事实要么来自案件的案卷，要么来自权威机构的调查报告；论证要么源于 WTO 相关规定或先例裁决，要么由逻辑推理自然得出。整篇法律说理逻辑严密，环环相扣。对比我之前的法律实践经历，我情不自禁地对自己喊道，"这才是法律啊！我喜欢!"

---

[*] 北京金诚同达律师事务所高级合伙人。1999 年毕业于外交学院，获法学硕士学位。全国律协国际业务委员会委员，中国法学会世界贸易组织法研究会理事会理事。业务专长是贸易和投资，包括国际贸易救济、WTO、双边投资协定、私募股权和创业投资、公司重组、上市和并购。2015 年钱伯斯国际贸易专业第一等级中国律师。代表中国政府参与了 10 多起 WTO 争端解决案件，曾作为第一位中国律师在 WTO 争端解决听证会出庭辩论。目前代表中国政府参与中欧和中美的双边投资协定谈判。

二、2009 年：美国诉中国出版物案——"这是多么大的变化啊"

2009 年 12 月 21 日，WTO 争端解决机构就美国诉中国出版物案发布上诉机构报告。在此前的某日，由相关部委和中国律师组成的应诉小组召开最后一次小组会议，讨论案件的可能结果和未来如何执行裁决。

在应诉小组会议上，一位来自宣传口部委的局长侃侃而谈，从如何根据文本含义、上下文和目的与宗旨解释某个核心条款的含义，讲到中国某些措施可能被裁定违反而可以采取的执行方案。我不禁想起，32 个月前美国提起案件的磋商程序后第一次应诉小组会议上，还有人对此案颇为不解，"对进口出版物的管理是我们国家意识形态管理的重要组成部分，是我国的内政，美国凭什么告到 WTO。"这是多么大的变化啊！

"局长，你已经可以改行当 WTO 律师了"，我称赞道。局长点点头，"小彭，我这两年看过的 WTO 法律书有这么高。"局长比画着把手举到腰间。

三、2015 年：WTO 成立 20 周年大会——"在中国你可以既是国际贸易律师也是国际投资法律师"

2015 年 7 月 4 日，清华大学举办 WTO 成立 20 周年纪念和研讨大会，邀请众多国内外 WTO 专家学者参加，包括 10 多位 WTO 现任和前任上诉机构大法官。我与墨西哥 Ricardo 大法官、中国张月姣大法官、西安交通大学法学院单文华教授作为演讲嘉宾参加了"贸易与投资"小组的讨论。

Ricardo 大法官在发言中提到参与投资者与国家的国际投资仲裁的律师都是商事投资律师，几乎没有国际贸易律师的参与。我在发言中则举出中国的特例。在中国目前从事双边投资条约谈判和投资者与国家的国际投资仲裁的律师都是国际贸易律师，都有 WTO 争端解决的经验。正是在 WTO 案件中积累的国际法律的知识和经验，使我们有能力参与国际投资法的前沿领域。"在中国你可以既是国际贸易律师也是国际投资法律师。这是中国法律人的机遇。Come! Let's have fun（意译：大家来尽情施展自己的能力吧）！"

四、结语——"我们在历史中，我们也在创造历史"

从事 WTO 法律工作已经 11 年。我既畅饮了严密法律说理的醇酒，又体会了代表国家的热情澎湃；既见证了中国政府法治程度的不断提高，也亲身经历了中国律师的不断成长。"We are in the history. We are making the history."（我们在历史中，我们也在创造历史）这就是我的感受。

这是中国法律人也是我个人的幸运！

我与 WTO

——庐山面目知多少？

蒲凌尘*

应杨国华教授之约，写一篇关于"我与 WTO"方面的文章。所幸没有字数和文体约制，就以随笔形式写一篇文章吧，谈一下我对 WTO 的个人感悟。因为是随笔，文风也就不拘一格，不求文质彬彬，谈不上学术价值。

一、步入"WTO 四合院"——只知其一

1987 年在比利时读书时，第一次笼统地了解 GATT。坦率地讲，那时候的 GATT 离我很遥远。可能由于年龄和阅历的关系，仅仅知道这是二次世界大战后，在国际上创建的较为有影响的三大国际组织之一。但对 GATT 的了解非常肤浅，只是隐隐觉得这就是一个普通的，主要涉及国与国之间以发展经贸为主的组织。至于 GATT 的支柱性原则，如最惠国待遇、国民待遇，以及关税减让，消除贸易壁垒，市场开放等一系列的法律问题，没有驻足细品，而是把注意力更多地倾斜在了（当时的）欧共体对外统一商业法律政策，以及其特有的 supranational 的司法体系上。

就这样，无意间走到了 GATT 的"四合院"大门，却又很快地离开了这扇日后才意识到的，并且广泛影响全球经贸发展的大门。乌拉圭回合结束后，From GATT TO WTO 一书再次触动了我寻回"WTO 四合院"大门的动机。

不入此门则已，一入门槛，完全被院内的错落有致景观所吸引。

恢弘大气的"WTO 四合院"，汇聚着全球众多的成员，不论是老资格成

---

* 北京中伦律师事务所合伙人，负责贸易救济与 WTO 法业务。分别获得经济学、法学学历。2007 年加入中伦律师事务所前，在比利时布鲁塞尔执业工作 20 年。2012 年被武汉大学 WTO 学院聘为讲座教授，中国人民大学律师学院兼职教授。本文成稿于 2015 年 7 月 13 日北京飞往布鲁塞尔飞机途中（参加欧盟听证会）。

员,还是刚入门的新成员,他们均按照统一的"院内"之律和十几个规制经济贸易发展的协定,在这座"四合院"里的东西厢房之间相互走访,交换货物、发展贸易,不得筑垒封闭,不允许有差别待遇,不得有任何歧视举措,否则,院内正房的"争端解决机构"将会介入纠错,澄清歧义,统一认识,完善规则,维护贸易的正常发展。

对于一个初入"院内"的我来说,自然会有很多的(幼稚)肤浅问题冒出来,譬如,什么力量使得这个组织顽强地发展壮大,不断吸引着新成员的加入?各成员为什么能够维护、遵循、完善 GATT 的核心价值与原则?每一轮的关税减让谈判都是某一个时期的经贸发展水平的历史片段记录?乌拉圭回合集中反映了 20 世纪(东京回合结束于 1979 年)80 年代到 90 年代变化中的世界经贸环境?其实,我所看到的,所理解的只不过是 WTO 发展长河中的一个小河段,很不完整,很不全面,很不连贯,也就不深刻。

回过头来看,一部相对成熟的《反倾销协定》(ADA),在乌拉圭回合谈判期间,成为最具焦点的、耗时最长的、参与的专家、律师、官员最多的协定谈判之一。长期未决的诸如"duty as cost"问题解决了,"抽样调查程序"被纳入了,"日落复审"也被吸收在了第 11 条款中,立案标准更严格了,损害调查更具体了……

斗胆一句,读某一协定,并不吃累,也不感到有多难。然而,当我第一次读完专家组/上诉机构报告的时候,不觉额头渗出汗来。一个协定竟然会涉及如此多的复杂的法律问题。以前阅读某一协定,或某一条款,真是只读其表而不知其里!一个条款,甚至条款里的一个词组,能引出如此长篇的解释。专家组/上诉机构对法条的澄清和解读所运用的严密逻辑推理,让人读起来不觉拍案称赞。

我不得不承认,这座威严的"WTO 四合院",进来容易,弄清楚每一条路径、每一个房间布局、完全理解角角落落的规则与法律,不是一件容易之事,更不是一天两天,一年两年的功夫所能完成的。我只能说我仅仅是站在庭院里四顾,还没有看透房间内的景致,只是对"WTO 四合院"的大体布局有个初步了解,未得其精要。

二、歌剧与京剧——美中不同

2015 年 4 月去匈牙利旅游,有幸看了两场歌剧,《阿依达》和《费加罗的婚礼》。看完《费加罗的婚礼》歌剧,我在想一个问题,京剧是中国的文化艺术国粹,西方的歌剧同样闪耀着文化艺术的光亮。但是,如果让京剧的工老生去唱歌剧费加罗的咏叹调，或让歌剧的男中音去唱《空城计》，会是什么样？不难想象，一定是缺乏艺术感。当两者分立存在的时候，各有其美，将两者同台上演，也可以，但是角色间是不能交叉的——不可能！

这就是文化的差异！

文化差异不等于文化隔绝，不说明文化不能交融，只是在特定的情势下，当中国融入全球经贸体系中的时候，我们必须完全按照歌剧的定式和艺术要求来完成一件作品的出演。同理，WTO法律体系建设与发展并非发源于中国，它的形成与完善，它所反映的价值一定是源自特定的社会文化、哲学、法理、经贸环境。我在学习、研究和运用WTO法律的时候，很像是在"脱离"了京剧的表现形式，去演唱着歌剧，这个难度和挑战是很高的。西方人可以不唱京剧，一样上演作品，而我必须要登上歌剧的舞台，以歌剧的手法出演，才能被观众所接受。

在我经手不多的WTO案件中，最大的感受是学识面太窄（其实其他领域也窄），在法律点上，似乎能和西方律师找到碰撞点、沟通点，但是再往深里去，就感到有一种无形的隔阂，能理解字面，却掌握不到字里行间的微妙含义。如果参照专家组/上诉机构对某一法律点在其他案件中所作的解释来阐述论点，还能勉强继续走几步，但是也仅限于此，很难拓展开自己的逻辑推理和辩论。另外的一个欠缺，也是最明显的，就是掌控外语的能力，写出的论点总觉得不够尖锐，不够深刻，不够流畅。只有阅读了专家组/上诉机构的报告后，才能以另一个视角来认识当事方产生歧义的条款含义，然后恍然大悟——有点事后诸葛亮的味道。

譬如，阅读完几个专家组/上诉机构的报告后，再回过头阅读欧盟反倾销法规的第2.10条中的"… to affect prices and price comparability"就会发现（1）ADA中的2.4条没有prices这个字，只有price comparability；（2）那么欧盟反倾销法规中的第一个prices的含义是什么呢？虽然经手过上百起的贸易救济案件，在研读WTO案例前，我并没有注意到这一差别。由此可见，能唱歌剧，也不会"跑调"，但是唱不到位！

学会演唱歌剧不是坏事，需要求师拜艺，谦虚治学，需要胸怀。读一读我们国家被诉的几起贸易救济案件，每一个具体案件所涉及的ADA和《补贴与反补贴措施协议》（SCM）的条款很多（有的案件多达15条），尤其是针对ADA第3条款的争议，在具体案件中，看上去美欧赢得了某些诉点，其实这些条款本来就比较笼统，此前虽然有几个为数不多的涉及第3条款的案件，但不像涉及中国的这样宽泛，而这些裁定对律师在代理中国企业应诉具体的贸易救济调查案件中，起到了打开思路，拓展视野，更准确地寻找法律抗辩的切入点的作用。

大家所熟悉的三文鱼案件，其中涉及损害调查是否可以采取"抽样调查"的问题。挪威认为不可以，欧盟认为可以。专家组认可了欧盟的抗辩理由，损害可以采取抽样调查的方法（如果具有代表性）。因为研读了此案，在我经办的欧盟反倾销调查案件中，将专家组在三文鱼案件中做的解释和推理方法纳入损害幅度的抗辩，即欧盟损害幅度的计算也应如倾销幅度计算一样针对影响价格公平比较因素进行调整。这一抗辩点最终在欧盟法院被认可。

把歌剧演艺出彩了，也是为了更好地文化融合，更好地融入全球贸易体制内。"融"不等于"丢"，只有先融，才能后得，这是当今国际关系、经贸体制所决定的。终有一天京剧的美也会融会在歌剧之中，那将是另一幅舞台场景。我期待着。

三、从WTO案例中学什么

2001年中国入世了。

我曾经做过一个比喻，中国加入世贸组织，正如驾着一辆飞驰的汽车，从高速路的匝道口急速进入WTO规则之路。对于中国而言，我们从没有行驶在这样的高速路上，对WTO规则的适应、调整、掌握，不能说驾轻就熟，很难做到"轻沙走马路无尘"。

我们毕竟不是从头融入规则之路上；我们毕竟没有亲身经历所有的关税减让谈判的回合；我们毕竟"与世隔绝"过；我们毕竟"中断"过教育，"排斥否认"过西方理论；我们毕竟和其他成员有着不同的经贸模式；我们毕竟和其他成员有不同的产业结构。所以，我们在飞奔中的轮毂上带有以前的尘土和泥浆也就不足为奇。美国在中国入世不久便连连提起诉讼，在某些案件中联合欧盟、加拿大等成员起诉中国，涉及的产业领域非常宽泛。

从这些被诉案件中涉及的法律问题来看，我觉得研究WTO，学习WTO的最终目标并非仅仅局限在如何解决具体的法律政策问题上，或者中国如何有效地参与规则制定、加强话语权，而是通过研究WTO法律与案例，在宏观层面上研究创建中国经贸发展战略，形成一套既符合WTO规则，又服务于中国经贸发展的法律体系。中国意识到WTO的必要性，认识到遵从规则的重要性，感受到话语权的紧迫性，要做到这一点，必须形成国家的完整经贸战略体系，这就不能不研究WTO法律。

2015年清华大学举办WTO成立20年研讨会，我只参加了服务贸易讨论组，这个选择是有目的的，是带着问题而来的，服务贸易所涉及的问题更加复杂，更加深层。最后一个发言的是著名的服务贸易学者瑞士伯尔尼 WTI 的 Pierre Sauve 教授，他的发言令人耳目一新，他的结语更是引人三思。我们也需要反思，时过境迁，中国的定位在哪？中国的经贸战略体系在哪？

四、一栋让我思绪万千的 WTO 大楼

或许是因为在欧洲工作生活了 20 年，走遍了欧洲乡村田野，赏足了欧洲帝国之都，那些气势磅礴的古典建筑对我而言真是司空见惯了。所以，我第一次来到日内瓦，站在这栋我向往已久的、影响全球经贸发展的 WTO 大楼前，有点"失望"：楼这么小？门这么窄？好普通的一栋楼房。

我站在大门的正前方，凝视着大门外两边的雕塑像，看着进进出出的工作人员、外交官、专家、学者、律师，突然心生了一种敬畏——就是这栋楼以其无形的力量，从第二次世界大战结束后，作为一个以规制发展全球贸易为主旨的国际组织，一直在影响着整个人类的经济发展和生活水平的提高。它的功绩不仅仅是将 WTO 法逐步发展成了（用杨国华教授的话）模范国际法，更加值得可赞可敬的是它极大地促进了世界贸易共同地、有序地、公平地发展，对维护世界和平起到了功不可没的贡献。

我一边观察着这栋 WTO 办公楼一边在想，自人类社会产生以来，贸易就没有停止过。由于所处的地理环境不同，资源结构不同，生存条件不同，货物贸易成了部落与部落、国家与国家最早交往的方式之一。我没有研究过，在久远的那个时代，国与国之间靠的是什么样的组织和法律来调整国际贸易往来。但有一点可以肯定，最早将贸易扩展到极其广阔的领地，跨民族、越国界、超宗教，恐怕非丝绸之路莫属。茶马古道留下了很多的动人传说，透迤的山路至今依稀可见商人们的旅迹。敦煌这座古代昌盛无比的都市，类似今天中国的上海，更是多民族、多宗教的商人逗留之地，在敦煌的壁画中栩栩如生地记载着这段被人们几乎遗忘了的璀璨历史，那是一个多么和平，多么浩大包容，气象万千的东西方文化汇聚地！航海船运技术的发展，又带来了海上贸易的盛行，这恐怕不得不称赞郑和七下西洋的伟创之举，率先开创了海上贸易。

可是，后来因贸易引发的武力争端不断发生，国际贸易的发展极度失衡，为了打开市场，通商便利，贸易交往常常伴随的是兵刃相见，对资源的控制愈演愈烈，终归导致大范围的战争，给人类社会的进步与文明带来了极大的创伤，留下了深刻的切肤之痛的记忆。

这栋普通的WTO大楼意味着和平！它汇聚了不同民族、不同宗教、不同社会制度的成员，它要比其他任何国际组织都显得朝气蓬勃，蒸蒸日上。不论是什么样的社会背景、经贸制度，都可以进入这栋大楼。随着全球经贸发展的一体化，国际贸易往来越紧密，WTO的原则和价值就会越显著。

一个贸易救济律师的 WTO 求索之路

管 健[*]

最近连续两次回到中国人民大学,一是参加法律硕士毕业十周年聚会,二是作为校友参加中伦 2016 年校园招聘季第二站在中国人民大学的招聘活动。与各位意气风发的同窗好友把酒言欢,看着台下一群朝气蓬勃的即将毕业的师弟师妹,不禁想起十年前的自己。可能和大部分人一样,在即将毕业的时候,觉得自己什么都能干,什么都想试试,可又不太确定到底该干什么。一个很偶然的机会,收到一则北京市中伦律师事务所国际贸易法团队的招聘启事。当时中伦的国际贸易法团队刚刚组建,急需要具有经济和财务背景的律师,而我本科的专业是财务并且通过了注册会计师的考试,所以我很快通过面试并收到实习通知,大约两周之后,我就被正式录用,从此踏上了贸易救济律师之路。

贸易救济案件最典型的工作流程就是答卷、实地核查、法律抗辩和听证会。这四个环节中除了法律抗辩环节主要是案头的工作以外,其他三个环节都需要我们奔赴企业所在地进行调查问卷的辅导,或在企业现场参与国外调查机关对企业提交信息资料进行的核查,或代表企业或行业商协会去国外出席进口国举办的听证会。因此,我的国航会员级别从普通卡一路飙升到银卡到金卡。记得有一次连续三个案件的实地核查,等我回到家时,地板上的灰直接踩出了一行脚印。有一年秋天出差回到北京,在经过机场高速时,道路两旁摇曳的白杨树叶让我突然感觉其实这些年就是在这条路上风里来雨里去。

每一份答卷的提交都有确定的截止日期,通常是自立案或抽样之日起 37 天。在这段时间里我们需要把应诉企业的股权关系、治理结构、生产、销售、财务和成本等方方面面的资料全部理清楚收集齐,并按国外调查问卷的要求

---

[*] 北京市中伦律师事务所合伙人,从事贸易救济与 WTO 业务,先后毕业于安徽财经大学会计系、中国人民大学法学院、伯尔尼大学世界贸易学院,现为武汉大学法学院博士研究生,曾任职于中国银行安徽省分行。本文写于 2015 年 11 月 26 日感恩节。

把答案逐一填写在问卷中。因此加班答卷是一种常态。实地核查是贸易救济案件中对抗性最强的环节,与一般庭审不同的是,我们面对的既是对手也是本案的法官。企业准备出示的任何一份材料,我们都要再三审核以确认其准确性和相关性;任何一个陈述我们都要再三构思,以将企业复杂的经营、管理和财务做法转化为最简单明了的语言告诉调查官。因此在核查现场熬夜是一种常态。法律抗辩和听证会是最考验法律功底的环节。在个案中,法律论证不仅涉及 WTO 协定项下的法律规定和争端解决机构的判例,还要对 WTO 成员方自身的贸易救济法律制度、裁定和判例进行深入的分析,找准对应诉企业最有利的论点和论据。因此,在一堆案件材料和法律判例里苦苦思索也是一种常态。

然而付出总有回报,每当我们代理的企业获得了零税率或最低税率的时候,每当案件终止调查时,客户满意的笑容是对我们团队每个人最大的鼓励。在蒲凌尘律师的带领下中伦的国际贸易法团队也已经成长为国内一流的团队,代理贸易救济案件累计达 200 多起,与一大批国内知名企业和跨国公司建立了长年密切的合作关系。

对贸易救济事业的执着,不仅源于我对会计和成本问题的驾轻就熟,更源于我对法律的热爱和信仰。大学毕业后曾就职于中国银行安徽省分行从事风险资产管理工作,通过诉讼为银行收回大量不良资产让我很有成就感,从此对法律着了迷,并进而决定跨专业攻读法律硕士。然而,真正把我带入 WTO 法律之门的是 2009 年中国诉欧盟的皮鞋反倾销案。本以为我全程参与了欧盟对华皮鞋的原审和日落复审反倾销调查,也参与了中国皮鞋企业将欧盟委员会的反倾销裁定上诉欧盟法院的过程,因此参加与该反倾销调查相关的 WTO 争端解决程序应该会很轻松,然而落差很大。因为缺乏对 WTO 规则和国际公法的系统性学习和训练,所以难以把握 WTO 争端解决案件的整体诉讼策略,也很难独挡一面地撰写书面陈述和参与出庭抗辩。

痛定思痛,我决定继续全面学习 WTO 规则。在余敏友导师的推荐下,我于 2011 年前往瑞士伯尔尼大学的世界贸易学院攻读国际法与经济学硕士学位项目。该项目每 2~3 天或每周一个课程模块,从国际贸易的起源、国际法原理、国家责任、条约解释、到 WTO 协定的每个条款和附件协定;从微观经济学、宏观经济学到政治经济学;从国际投资、贸易政策和竞争法到环境与发展,全面和系统地涵盖了与 WTO 相关的所有法学、经济学和政治经济学的内容。用如饥似渴来形容我在世界贸易学院学习 WTO 知识的状态,并不算夸张,最后我以优异成绩(Magna Cum Luade)毕业,并且我写的关于政府采购方面的硕士学位论文被学院评为优秀论文。至今仍然不能忘记每个周六奋笔疾书写不少于 1800 字的短文交作业、参加模拟法庭的日日夜夜，以及最后获得冠军时的喜悦。

完成学业回国后，除了继续代理贸易救济案件外，我又陆续参与几起 WTO 争端解决案件，所涉及的法律问题除了贸易救济以外，还包括 SPS、知识产权和 GATT 项下的法律问题。通过在这些案件中对 WTO 知识的进一步学习和运用，我衷心地认同杨国华教授的思想，即 WTO 是模范国际法，其最突出的特点是"以理服人"，这与贸易救济案件中某些 WTO 成员在反倾销或反补贴裁定中不讲道理的做法形成鲜明的对比。虽然不能期待每个 WTO 成员在贸易救济调查中都能像专家组或上诉机构那样讲道理，但是作为法律实务者我们可以用专家组和上诉机构讲的道理去说服各 WTO 成员的调查机关，从而尽最大努力去维护中国企业的出口利益。因此，模范国际法不仅需要有良好的制度设计，也需要优秀的法律实务者去践行。

恰逢今天是感恩节，回首过去十年，在这条通往 WTO 的求索之路上，我要感谢指导过和正在指导我的导师，感谢手把手将我从做人做事的懵懂中带出来的师傅，还要感谢在 WTO 领域孜孜不倦的专家和学者对我的鼓励和鞭策。此生无所愿，唯愿与 WTO 和国际贸易法终老；此生无所求，唯求做一个模范国际法的优秀法律实务践行者。

 第四篇　官员视角

WTO 法领域的专业技能与个人修养

孙 昭[*]

回顾在 WTO 法领域的学习和实务，感受比较复杂，有时想到在图书馆读书的孤单乏味，有时又想到实践中的曲折反复，似乎这十来年很少有淋漓酣畅的喜悦感。更多时候，我觉得 WTO 像一个战场，所有的明规则和潜规则都是各国维护自身利益、争夺国际话语权的工具，规则适用无非是精心算计的谈判和诉讼策略。这些都很有意思，天然地吸引人参与其中。当然，除了兴趣，学习和实践世贸组织法还需要一些理想主义精神，因为相比较其他法律部门，WTO 法领域的投入和产出不成比例，学习和研究过程极为耗时费力，待遇上又缺乏足够的激励机制，剩下的可能唯有为国家和民族的奉献精神和使命感。不过，这个体会没必要多谈，现在的公务员谈责任和理想，是容易被人嘲讽的。

对我而言，学习一门别人不太了解的专业，还有个独特的意义，即缓解一种关于生存的焦虑感。李宗仁曾经说过，成为纯粹的职业军人，正如一只桐油桶，除盛油外，别无他用。这话不仅适合旧时的军人，也适合公务员。所以我很担心在机关的"磨砺"过程中，远远落后于我的同学或律师同行，不知不觉地变成一个离开政府部门就难以谋生的"桐油桶"。仔细想来，这个焦虑感可能比工作的使命感更持久地支撑着自己在 WTO 领域的学习和实践，也促使我不断反省，更加清醒地认识自身与国际同行的巨大差距。所以，这篇文章无意为这几年些许的进步自我鼓励，也无意抒发自己与世贸组织的依依感情，而是希望在过去十余年的经验基础上，尽可能客观地分析我们（中国的世贸组织法研究者和实务者）与国际同行存在的巨大差距，以及从个人修养角度，如何在这个领域更好地学习和实践。

---

[*] 毕业于浙江大学和英国爱丁堡大学，修读法律、经济等专业，先后在国家商务部产业损害调查局、条约法律司和我国常驻世贸组织代表团任职，从事多哈回合规则谈判、贸易救济调查和世贸争端解决等工作。本文写于 2015 年 9 月 2 日。

差 距

只要切实地参与过世贸谈判和争端解决的具体处理过程，就应该能清醒地意识到，中国的WTO研究者和实务者在总体上与国际同行存在全方位的差距：法律实务者缺乏系统性训练，只能不断摸索，难以独当一面地组织世贸争端的整体诉讼策略、撰写书面陈述和出庭抗辩；多边谈判大多以一种被动的姿态面对世界，对所涉议题的谈判史、以往争端、有关国际实践了解贫乏，几乎无法提出具有创见、引领世界进步的动议；中国律所从未代理过中国政府之外的任何世贸成员参与争端（包括第三方），无法在国际上与其他发展中国家律所（例如印度）竞争，但收费上已经名列前茅，成本高企；中国的私营部门或中介机构缺乏类似于美国行业协会那样的实力和意识，无法持续跟踪国外贸易壁垒，无法提供足够的事实证据并作出初步的WTO合规性分析；研究机构和学术界，也缺乏系统性的学术平台建设，基本功不扎实，研究主题局限，偶尔听闻几句传言或阅读两篇文章，就乐于创造一些生僻古怪的概念，与实践和国际主流脱节明显，几乎无法持续地发出有分量的中国声音。

那么究竟是否有可能追赶这种差距，中国人究竟有无可能与国外的WTO法高手平起平坐？为回应这个问题，这里主要以争端解决为例，原因是争端解决是一国WTO法综合实力的集中体现，需要协同运用谈判、诉讼及学术分析能力，而且最终结果有着比较明确的胜负，不太容易出现"双赢"结局掩盖实际能力薄弱的判断误差。

可观察的现实情形可能令人非常不安。世贸组织150多个成员，经常参与争端解决的大致有20多个成员，完全能依靠本土专业人才的仅有美国、欧盟、加拿大、澳大利亚和印度。非英语母语的国家，尚无一国能完全独立应对世贸争端解决。巴西是GATT的原始缔约方，至今仍然在当事方案件中使用外籍律师。墨西哥1986年加入GATT，官方语言为西班牙语（WTO的官方语言之一），其本土官员和律师在当事方案件中有时使用西班牙语参与诉讼，但仍然需要外籍律所抗辩疑难问题并作技术支持。同为东亚国家，日本和韩国分别于1955年和1967年加入GATT，参与或旁观了多数GATT和世贸争端，分别参加了6轮和3轮多边谈判，培养出优秀的WTO法专家（松下满雄的著作已经成为西方经典教材，不少韩国教授亦在国际上享有盛誉），但至今依然离不开外籍律师，大凡遇到重要的当事方案件，均需要外国律所起草书面陈述，或由企业聘请外籍律师提供支持，其本土律所无力在国际层面与美欧律所竞争。日本在听证会上主要依托日籍律师或政府官员出庭抗辩，但现场效果不佳，反应速度较慢，问题答复磕磕巴巴，有时甚至难以立即明白上诉机构的提问，但他们坚持使用自己人，其不懈努力让人尊重。以上各国的痛苦经历给中国人带来一个冷峻问题，他们依托30~60年的多边诉讼经验，尚且不能完全独立应对世贸争端，仅仅入世14年的中国人，凭什么比他们做得更好？凭什么成为非英语母语国家中的全球唯一？

克服差距所需的知识技能

尽管其他国家尚无成功先例，但这不能构成中国法律人悲观或放弃努力的借口。WTO法主要涉及国家的体制性利益，直接影响各国市场准入壁垒、经济政策或市场监管体制的存废和修改。这些制度变迁有时难以用金钱衡量，但对国家在全球经贸格局中的定位、发展空间以及政府在国内层面的施政理念将产生持久和深远的影响。正是由于国家利益和民族利益当头，WTO法实务若完全依赖外籍雇佣军，则必然存在不容忽视的风险，所以中国人应当学习日韩，即便万难，也当全力以赴。那么，如何提高我们在WTO法领域的专业水准？考虑到本文的定位，这里暂不谈机制问题，只谈个人的学习和修养。归纳起来，WTO法的研究和实务可能至少需要四个方面的知识技能：

其一，世贸规则的专业性知识储备。这些知识集中体现为492页的核心条文（包括相应的专业书籍）、中国加入世贸组织的法律文件、300多份专家组和上诉机构裁决报告（绝大多数报告短则百页，长则近千页）、从GATT到WTO近70年间形成谈判史材料（至少应了解乌拉圭回合和多哈回合谈判史）、WTO主要职能机构的重要决议、宣言、主席声明，以及各国的诉讼文书。这些资料汗牛充栋，其学习过程将贯穿整个职业生涯。

其二，国际公法的知识储备。世贸规则是国际公法的分支，其立法（条约谈判）、司法（争端解决）无时无刻不体现着国际公法的精神底蕴。根据争端解决规则，国际习惯法是条约解释的规则，上诉机构以此为窗口，将世贸法律体系事实上变为开放性的国际公法领域，其援引的非世贸规则材料包括涉及经贸、投资、环境保护的众多条约、其他国际组织的决议和报告及国际法院的裁决和ICSID的投资仲裁报告，其中最重要的是《维也纳条约法公约》和《国家责任条款草案》。在熟悉世贸规则和先例的基础上，若同时具备扎实的国际公法功底，有助于提升对争端解决法理的思考和领悟层次，可以为研究和实务提供崭新的分析视角，进而形成高明的谈判和诉讼策略。

其三，极好的英语能力。争端解决的法律英语之难体现在全方位，以应诉案为例，起诉方的书面陈述、证据、援引的判例裁决动辄上千页，被诉方收到之后，须在4～8周内快速阅读，消化吸收，形成自身策略，再撰写数百页的书面抗辩材料，即便是中文，已属十分不易。而且所写英文需要严谨的逻辑推理，准确把握每个单词所蕴含的多重含义，灵活运用的同时，还需要在字词中体现礼节，适当展示文采。再看听说能力，上诉听证会中，为了追求严密，上诉机构提问大多使用书面语言，大问题中套若干小问题，经常出现上百个单词的长句，需要在短短数秒中听懂、思考、组织语言并立即在抗辩中恰如其分地予以回应。庭审中，有时法官和对方还会开几句玩笑，由于语言能力欠缺，加之不了解文化背景，我所看到的东亚民族，在此场合大多呆若木鸡，难以理解，毫无出庭律师的魅力和风采可言。英语之难，不仅上文所列举的非英语母语国家现实遭遇可以佐证，而且即便英文为母语的外国人，也通常需要经过专业训练和多年积累，才能胜任世贸争端解决。

其四，案件所涉及的事实和法律问题。只要认真努力，此障碍相对容易解决一些。作为被诉方，即便再复杂的事实，中国人理解中国措施还是具备一定优势（但如何将具有中国特色的涉案措施，清楚地告诉专家组和上诉机构，仍然不太容易）。作为起诉方，研究对方的措施相对困难一些，但考虑到起诉案件前期准备时间较为充裕，只要足够努力和耐心，还是能够跨越此障碍。案件所涉及的法律问题类似于事实问题，其难易程度因案而异，如果以往案件已有定论，诉讼目的旨在争取时间，那么法律问题可能相对简单，若遇到崭新的法律争议或争端解决首次触及的条款，例如中方曾经遇到的公共机构、双重救济、《加入议定书》的法律地位、服务贸易的市场准入和国民待遇关系等疑难事项，则可能需要投入不少精力。

除了上文列举的四个方面知识技能，最近一直在思考庭辩技术。作为实务者，出庭抗辩可能是法律诉讼中最闪亮的时刻，重要性毋庸置疑。但世贸争端中是否存在单独的庭辩技术？它与专业基本功和语言能力有何区别？暂且不回答这两个抽象问题，仅考虑如何"了解"它，我们都可能面临着难以克服的障碍：中国人里几乎无人实践过，也无处了解。目前，上诉机构和专家组听证会大多为闭门会议，只有极个别为公开听证会，且只能在WTO总部的其他会议室旁听。这种现实使得外界几乎没有渠道接触世贸争端听证会的具体组织方式和庭审过程，而中国国内最富经验的律师，也不过出庭抗辩过一两次，参加过的听证会也不过十来次。实践的匮乏，使得我们很难总结出令人信服的专业知识。不过，即便假设庭辩技术确实存在独到且必须学习的内容，我可能倾向于不宜高估庭辩技术的作用。我见识过很多享有盛名的出庭律师，有的人雄辩滔滔，气势夺人；有的人内敛含蓄，说出来的观点却刀刀见血，他们都能有效地向法官传递其法律观点，也能掌握庭审节奏，不失颜面地回应不利事实。但我观察，他们法庭上所展现出来的庭辩技巧之根基仍然是扎实的专业功底、对案情细节的熟悉和英语表达能力，若无这些基本功，即便参加过再多的庭审，在上诉机构的火眼金睛面前也同样抵挡不住凌厉的提问。而且，经过专业训练的实务者，尤其是裁判者，往往对特别"动听"的观点存在不由自主的警觉，有时又试图从笨嘴笨舌的发言中挖掘出不应忽视的抗辩理由，所以从最终裁决结果上看，有些特别善于表演的出庭律师似乎也不像庭审中表现的那样战果辉煌，而庭辩对抗效果较差的一方（特别是美国，大量启用新律师），似乎也并不总是一败涂地。所以，对庭辩技术有必要抓住机会慢慢积累，但其专业重要性和效果，仍有待继续观察。

学习和研究方法

WTO法的研究和实务总是处于一个难以调和的矛盾之中，一方面，越是复杂小众的领域，越需要持之以恒的专注，坐得住冷板凳。另一方面，几乎所有的机构（政府部门、律所、智库）都追逐热点，今天稀土案，明天TPP，后天BIT，很多人会希望你变成全能型选手。不能说后者是错误的，因为他们的潜台词实际上希望你变成全方位、各领域的专家，是善意的愿望，但冷静思量，这有可能么？我见过有些人确实天赋异禀，人生轨迹多次改变，每一行都能取得不菲的成绩，我非常羡慕他们，不过感觉自己可能难以复制，只能不断坚持着一些费时耗力的笨办法，打算先练成一套本领，掌握研究方法，再逐步拓展。考虑到自己学而未成，这里只能算作分享些个人体会，仅供批评。

首先，谈基础学习。从上文所列举的知识技能来看，我觉得WTO法研究没有捷径，唯有长期、高强度的阅读才能提升专业素养。对初学者而言，全英文学习是WTO法研究的前提，必须强迫自己习惯阅读数百页的英文材料。可以参考欧美法学院教育模式，选择一本原版经典教材、一本条文汇编和一部案例材料合集，3本书配合起来阅读。读完这3本书，只能算作入门。为了成为一名优秀的争端解决实务者，除了《WTO协定》、GATT和DSU，还应该至少熟悉3个部门协定，则要求该实务者至少阅读15本高质量的专业书籍，了解作出裁决的半数争端案（即需要阅读150个专家组或上诉机构报告），亦即意味着，若每年阅读2本书、20个裁决报告，需坚持7～8年，这期间还需要穿插学习《维也纳条约法公约》。我在工作中，若打算学习某个重要协定,往往先找到该领域的3本权威著作(其中1本为谈判史),对照有关条文阅读完毕,再阅读该领域5~7个经典案例裁决,这个方法效率不算高,但仍然可以在1年内就某个协定打个不错的基本功,4年即可稳稳学完3个协定。目前存在不少优秀的数据库(World Trade Law. net 和 Trade Law Guide),提供了WTO法的索引、数据统计,有的还提供每个裁决报告的摘要。这些东西类似词典,不可或缺,具有很好的辅助价值,但难以培养出优秀的作家。

其次,通过研究案例保持知识更新。目前多哈谈判进展缓慢,WTO法的知识增量主要体现在专家组和上诉机构发布的裁决报告。研读裁决贵在坚持,也需要专家指路。此办法是日内瓦WTO法圈的传统。每当某个案子作出裁决,日内瓦的不同人群和机构(学术、外交官和律师)总会组织各类案例研讨会,有的是一名专家主要阅读,再向与会人员汇报裁决要点和心得,其他人偶尔参与讨论;有的类似于论坛,由法律、经济、产业专家从不同角度解读;还有的完全是小范围的切磋,每个人负责一个议题,介绍并分析裁决。这类讨论可以敦促学习,从多维度反思判例,也可以帮助避免遗漏某些重要的细节。但专家讨论永远只具有辅助作用,任何人的讲解都无法替代自己的阅读感受,所以案例研究的关键是自己坚持不懈的阅读。为了记住这些案例,我经常会写篇案件短评,以助日后温习,但有时工作繁忙来不及写,就非常容易忘记。我还知道另外一位专家的学习方法,制作了复杂的Excel表格,每个裁决的知识要点都分门别类地予以填充。这些方法都不算很聪明,但确实保证了我们不断积累和进步。

再次,优先学习最枯燥的WTO法领域。张凤丽律师曾经评价WTO法是比较难上手的法律部门,类似"长岛冰茶(一种取名文艺的烈酒)",一旦适应以后再改行做别的法律领域,学起来相对快一些。在WTO法体系内部可能也存在类似现象。WTO涵盖协定包括16个正在生效的多边协定(另有正在批准的《贸易便利化协定》和中国正在谈判加入的诸边协定《政府采购协定》),研究和实务人员通常各有侧重。实践中,偶尔能观察到,初学者若首先学习了规则体系相对简单的协定,则往往不太愿意继续学习技术性强、规则体系复杂的协定,比如先学习GATT或DSU的人,往往对反倾销和反补贴(贸易救济)比较排斥。反过来,如果先学了贸易救济,再学GATT或DSU,相对容易点。同样,谈判人员往往对争端判例比较头疼,但律师改行做谈判,上手稍快一些。当然,这种现象因人而异,也完全属于我个人有限经验的不完整体会,而且先做贸易救济和争端解决也容易产生另外的问题,时间长了，视野可能变得比较狭窄，法律理解比较固执。但是，即便这里对协定之间的差异或难易程度存在错误判断，仅仅考虑到有半数世贸争端案都集中于贸易救济，任何人都不应该忽视对反倾销和反补贴的学习，尤其是《补贴与反补贴协定》，直接针对世贸成员的各类经贸政策，而且经过几十年的谈判，演变成多重规范的复杂法律体系，历史上的几个最大规模的贸易争端均发生在该协定项下。所以，WTO法的初学者，若能在精力最为集中、最具锐气的时候，不畏枯燥，首先掌握贸易救济规则，做些律师工作，对今后的学习和实践大有裨益。

最后，即通过实务工作提升能力。实务对WTO研究者的改变可谓深入骨髓，能够彻底颠覆对规则的态度，以及相应的学习和思考角度，能够帮助理解很多不太惹人注意，却又不断发挥作用的条文细节，从而更加深刻和细致地认识WTO法。综观WTO法名家的简历，除了受到过严谨的学术训练之外，均具有丰富的外交或法律工作背景。WTO实务圈实际上是一个复杂的生态系统，有虔诚的学习者和传道者，也有冷峻的使用者、审视者和修改者，甚至还存在故意的破坏者。有些时候法治精神已经让位，所有知识工具化，所有的言语和行为背后只反映了一个色彩：利益。这种丛林状态并附加信息不对称导致的猜疑链，时刻影响着各国的思考方式和行为模式，逼迫实务者必须不断提高能力，谨慎行事，知识匮乏和错误判断随时可能转化为看得见的权利或利益损失。当然，这一过程亦有可能促使我们更透彻地领悟WTO的制度设计，以及前人的智慧遗产。除了根本上的定位转变，实务经验还有一层功效，即能够帮助拨开迷雾，看清潜规则，分辨事物的轻重缓急。举个例子，目前多哈谈判陷入困境，有些文章归咎于"全体一致"的决策机制。但《WTO协定》中的决策机制恰恰是多数决，不是"全体一致"。为何条文与实际感受完全不同？世贸成员为何异乎寻常地集体沉默，不执行条文所规定的、貌似更有效率的多数决？最根本的原因是，当前WTO的决策仍然是大国主导，大国将实质上具备的否决权隐藏于表面的全体一致实践。若大国一致，小国是没有能力阻挡重要决议的，反过来，若真正贯彻投票多数决，大国只有一票反而容易被边缘化，不符合大国利益。唯有实务能够帮助理解这种理论、条文和实践造成的困惑，也能够帮助了解多哈困境的真正原因：归根结底是大国之间的悬殊立场。

除了知识上的进步，实务者可能还需要些宽容合作的精神。这一点我做得很不好，尖锐得像个愣头青，看到谬论忍不住想拍死方休。这不是很合适的实务态度，世贸争端解决是个非常复杂的工程，需要多个政府部门、律所、产业和学术界的配合，注定需要团队合作。在此过程中，不可避免地会遇到新手或逻辑感有些欠缺的人，或者有些人基于不对称的信息，或短期利益考虑，不得不选择次优方案，甚至是错误方案。这可能是永远无法回避的现实，实务者此时应该做的是不断的沟通解释，互相体谅，以及偶尔的妥协，才能在总体上帮助事业。我曾经遇到有些杰出的WTO法专家，恃才傲物逐渐变得愤世嫉俗，离开了国际经济法领域。这个结局对个人、对事业都是损失。所以此点感受，主要是批评自己，但也希望借此篇小文，欢迎那些由于各种原因远行的专家回归WTO法。

WTO成立20周年之际，谨以此文反思和提高自己。

我的 WTO 时光

——伴我最充盈一段年华的她

纪文华[*]

收到老领导、现在清华大学杨国华教授的约稿短信，是在 2015 年 6 月 28 日，我正在前往北京机场的路上，需要陪着一众各级领导前往布鲁塞尔公干。2014 年的此时，杨教授还坐在我们对面司长办公室里，桌子上时常摊着一份 WTO 争端解决案件的报告，背对着门，时不时在电脑上啪啦啪啦打着字，顺便偶尔转过身来把我们递上去的文件签了。如不是随后跳槽清华大学，那么这一趟赴欧公务，身为主管领导的他少不得亲力亲为。当了教授之后，他少了很多机关清规戒律的约束，时间和自由度增加很多，不时全国各地走走看看，开开会讲讲课，组织讨论和约稿，让仍在机关大院低头爬格子写文、抬头红着眼看天的一帮前下属羡慕不已。

这次杨教授给的主题是"我与 WTO"，要求写写与 WTO 的相识、相伴和相爱。前两项好写一点，第三项却有点难度，因为我而言，答案并不好确定。十几年了，个人研究和工作几乎都和 WTO 相关，可以说青春年华中最充盈的一段几乎都花在与她相关的事情上，谈一场恋爱也用不了这么长的时间，不能说不爱；但却又似乎感觉到内心深处对她越来越缺少那种彻骨铭心的亲切，因此已经拿得起、放得下、离得开、回得来。或许，正是因为曾那么长期地关注她，那么贴近地观察她，那么深入地参与她，那么现实地思考她，使得对 WTO 的认识沉淀了，思绪冷静了，视角挑剔了，感情平淡了，文字也平实了。

这让我想起上次杨教授发来的《我们在 WTO 打官司》的稿约后，自己

---

[*] 纪文华，男，法学博士，现就职于商务部条约法律司，主要负责多双边经贸领域知识产权工作。2006～2011 年在中国驻 WTO 代表团任法律官员，参与中国在 WTO 的贸易争端解决、贸易与知识产权等方面工作。主要研究领域为国际经贸法律规则、与经贸有关知识产权问题等，曾在 Journal of World Trade、《法学评论》《法学》等中外期刊发表文章若干，合著、参编作品多部。

提笔多次却最终无果而终的爽约经历，因为，当时实在没法很好回答自己提出的是否真在WTO打过官司的这个问题。没打过吗？不能说没打过，有幸参与多个案件程序并数十次地出席专家组和上诉机构听证会，稿子读得不磕巴了，有时问题也能说个三五不差了，各种程序和猫腻也见过不少了。可真打过吗？一想到有哪个案子是从头到尾自己干下来的呢，每次泱泱一队人马上阵时，掠阵呐喊敲鼓者众，往来厮杀者不过一两个白肤大将，实在不可贪功，不觉自己就气馁下来。如此几番，着笔之意渐失，心气没有了，思路越来越窄，最终不了了之。

人生的选择充满了不确定性，也存在很强的路径依赖，我与WTO的相遇、相伴便是这样。

1998年夏开始，我在复旦大学法学院读国际经济法专业的硕士，一开始的课似乎并没有直接与WTO有关。大约1999年，张乃根教授从美国密歇根大学做富布莱尔学者访学归来，开了WTO争端解决这门课，全英文，上课材料主要是各类复印的相关外文著作和案件报告，也带来了刚刚创刊出版的Journal of International Economic Law，组织研究生进行学习讨论。受益于当时硕士招生少，每个专业课人数也就十个八个人，张老师又是以严格认真而出名，因此我们每个同学都认真地课前预习相关材料，上课端端正正地听讲讨论，课后再去找点资料和报告全文读读，同时也花了数百上千的人民币复印了厚厚的中外文资料（至今还没找到合适的机会扔掉，因为找不到地方换回那时候好想吃的大鱼大肉）。就这样，渐渐地在老师的带领下，摸索着进了WTO的门，从知道一点皮毛到了解一个大概框架体系。如同现在的硕士研究生一样，在要想毕业拿到学位就得发表多少篇论文的压力下，也在同学之间相互比照的刺激下，被动兼主动地开始琢磨和练习写专业一点的论文，开始练习坐冷板凳，练习码字，练习简单的白话如何复杂地用学术语言说出来，练习忧国忧民，练习为赋新词强说愁，练习谋篇布局，练习引言、主文、总结的框架结构等，最好成绩是一学年写了4篇投出去还都发了，不得不好一个破费请同门吃饭以息众怒。张乃根老师不仅给学生上课，为了培养和锻炼大家，一开始还组织学生一起撰写WTO争端解决方面的论文，组织全文翻译WTO争端解决报告，着实逼着大家字斟句酌地读了不少专家组和上诉机构报告，给一帮年轻人打了一个好底子，提振了不少信心，至少谈起WTO争端解决来不说门外汉的话。

师傅领进门，修行却在个人。选择哪个领域老师并不强求。因为当时WTO在国内正火，争端解决机制相关研究也受到关注，加上一开始读了写了一点东西之后不方便改变方向（成本太高了），我研究生期间的那些长长短短的文章多数都在围绕着 WTO 争端解决绕圈圈，包括最后的硕士论文。好在张乃根老师也开恩，没有嫌东西写得差，审核的时候只是改了些文字而一遍通过，没有返工，我暗自庆幸了好一阵子。现在看看，那时候写的很多短文着实粗糙浅显，但当时眼界太小，学识也薄，国内新闻宣教也有言过其实，各类数据库也并不发达，觉得 WTO 和争端解决机制是个半神似的存在，并没有想过会什么时候到 WTO 里面转转、会有机会参与这个过程的运作。

毕业时出国还是找工作、选什么样工作对很多那个时代的硕士是个痛苦的选择，因为机会比现在的学生多多了。但结果只能有一个。

2001 年我进入了外经贸部条约法律司开始自己的职业生涯。一开始我在综合法律处工作，并没有分配到由加入 WTO 法律法规清理小组基础上新组建的 WTO 法律处。不过由于下班后闲来无事经常去 WTO 法律处转转，找找同年进入商务部的同事姜丽勇，与当时任处长的杨国华、副处长的李詠箑算是混了一个脸熟的。后来 2003 年姜丽勇被派往日内瓦的中国驻世贸组织代表团工作，主要负责 WTO 争端解决工作，我因而转到 WTO 法律处补缺。当时 WTO 在中国仍然是一个热度很高的话题，WTO 和争端解决研究在法律圈是显学，WTO 法律处也因而算是一个比较有社会关注度、领导重视度的地方。但于我来说，这个过程中我并不知道为何是选择调我去 WTO 法律处工作，按照机关的人事规则也并不需要征求我的意见，只需要服从安排即可。只是后来听杨国华处长说，因为条法司时任张玉卿司长看到我在《国际经济法论丛》上发表的论文，觉得我懂一点，就让我过去了。说起来也是巧合吧，我从复旦大学毕业后把硕士论文投给了《国际经济法论丛》，没想到陈安老师竟觉得还不错，不仅亲自打电话过来进行长时间的讨论并提出修改意见，还随后给发表了。于我一个初出茅庐的年轻人来说，接到从未谋面但赫赫有名的陈老前辈的电话是值得感动激动的，他对我不仅有观点文字的建议，还有研究的指点和鼓励，使我亲身体会到了什么是长者风范、严格要求和平易近人。正是这篇文章，促成司、处领导觉得我懂一点 WTO 争端解决，也让我得以"续"上 WTO 研究前缘，进入了国内 WTO 法律和争端解决的最前沿实践领域。通俗一点说，学以致用，算是专业对口了，这一点对在政府机关工作的法律人来说，是非常难得的。

在这里，必须感恩地说，张玉卿老司长和杨国华教授是选我这匹"马"继续跑在 WTO 圈子内的伯乐，我不会忘记。还同样得感谢当时同意放我走的综合法律处唐文弘处长（现在商务部外资司的司长），因为张玉卿司长征求过他的意见,如果他不同意我走,那么可能张玉卿司长就另选其他同事了,我当然可能也会在其他经贸法律领域有所耕耘(如同现在一样),但估计很难在WTO法律和争端领域继续深入了,因为WTO法律领域是日新月异、逆水行舟、不进则退的,总靠吃老本是不行的。

实践出真知。在WTO法律处工作3年所遇到的问题,敦促我去学习和思考的课题,绝大多数都是新的,有些是此前在自己摸索研究和老师引导中想都没有想到过的,需要自己找答案,自己谋划初步方案,与同事们进行讨论,向领导解释汇报清楚,更别说还要对外国法律顾问的各式文件提意见和建议等高大上的任务了。那时候逼着自己读了很多外文中文的书和资料,也有机会参与了很多与加入WTO和承诺解释有关的研究活动,幸会了不少国际国内学术大佬和名牌律师,上了很多遍WTO和国外研究网站,去了不少次日内瓦,有了多次参加传说中的上诉机构听证会和专家组听证会的经历,也写了一些自己体会和思考的大大小小的文章,得到了一些鼓励。

还好,WTO是一个无底洞,争端解决领域更是如此,越深入其中越发现知之甚少,陷得越深越觉得诚惶诚恐,根本飘飘然不起来。

2006年,前同事姜丽勇从日内瓦的常驻世贸组织代表团结束任期回国,我转而赴任,一待就是5年。在那里也主要是负责与WTO争端解决相关的法律工作,算是个法律顾问类型的外交官,主要是作为政府代表参与各种争端解决官方和非官方的会议和谈判、参与涉及中国的具体案件的程序、传递信息、研究动态、结交各路与WTO争端解决相关的人士等"规定"动作和"自选"动作。实事求是地说,舞台很大,就看个人能折腾多少事,干成什么样了。

从北京到日内瓦,在WTO做业务型外交官经历,对我整个人生是一个层级和眼界的重大提升,也遇到了孙振宇大使(现任WTO研究会会长)、张向晨公使(现任商务部副部长)等一批人格值得敬佩、能力杰出的领导和同事。同样重要的,从研究WTO和WTO争端解决的专业角度来说,那里是一个无可比拟的绝佳舞台。特别是我在日内瓦工作的5年,正好是赶上中国被诉进入高峰期、起诉也更频繁、第三方参与常态化的阶段,也赶上了中国从WTO新成员到进入"绿屋"、成为核心成员并影响某些重大发展的崛起过程。在中国驻WTO代表团负责争端解决工作的过程,实际上并不是仅仅看看WTO条款、写写法律分析意见、研读研读报告那么单一,当然这是应当完成的最重要最基本工作。在这些任务之外,在WTO遇到的各种相关大事小情不断——法律的、程序的、政治的、经济的、人事的、人性的、正直的、偏见的、公心的、私利的、光明正大的、拐弯抹角的，都需要斟酌考量如何应对处理，也反过来促使我进行反思。而也正是通过这些具体、鲜活、在争端解决报告里面看不到的一系列的隐性事件，使得我对 WTO、规则及争端解决机制作为一个整体的认识，更加丰富、真实、完善了起来。WTO 不再仅仅是一个概念、一套纸上规则和单纯理念口号，也不仅是各种文件和报告以及其中的文字和含义解释，而更进一步具体化为一个规则和机构的统一体及在其中忙忙碌碌的各色人、各种事。这其中各种因素又时常相互交织在一起，使得很多事、很多人，往往只可意会，不可言传。

在日内瓦的 5 年，由于生活相对规律，写点东西的时间宽裕了不少，加上近水楼台先得月，各种事情和信息都在手边，因此也是自己大小各类文章、中文英文的、期刊报纸书稿等成果形式较多的一段时间，算起来也有二三十篇，有的还拿了小奖，算是自己研究生涯的黄金岁月。

如果一定要说一点什么事，放开经手各具体案件相关事情不便谈，我觉得非常值得提及的是 2006 年、2007 年中国候选人两次竞选上诉机构成员的过程。作为执行层面官员的我，很有幸能全程参与中国政府两次推荐人选过程，在日内瓦接待董世忠教授、张月姣教授、张玉卿教授，陪同他们去接受上诉机构遴选委员会的面试，送他们去各个成员的代表团进行面试会见，在秘书处和成员之间摸索各种消息，协助孙振宇大使约见或者招待会形式推荐中方候选人，纵横联合地在成员间和遴选委员会中游说争取支持，面试其他成员推荐的候选人等，不一而足。在这一过程中，见识了 WTO 规则灵活度和现实骨感度的适当贴合，见识了中国实力增长带来的国际政治经济版图变化，见识了各成员利益交换妥协的合理与不合理，见证了各国候选人的辛苦和各尽所能，见证了任人唯亲与任人唯贤的匹配度差异，见识了候选人确定过程中不透明的暗箱操作，等等。这类事情，在文章中见不到，在报告中听不到，在报纸上读不到，在秘书处没多少人参与，在日内瓦圈子里大家尽量避而不谈，但它们就那么发生着、存在着、延续着。说起来到底是哪些人在起作用，似乎就遴选委员会的那么几个人，但在他们背后运作的似乎又是一批人，代表各方势力和理念，候选人不由自主地成为或被当成了一个符号和代表，尽管在过程中可尽情展示自己的能力，但除此之外的其他力量似乎常常起到更决定性的作用。

2011 年春季，我结束在日内瓦中国常驻 WTO 代表团的任期，返回北京，回到商务部条法司。作为一个公务员，我也知道自己需要，也希望能够进入一些新的业务领域，不可能总是在 WTO 争端解决这个圈子里面，因为机关不是学校，公务员不是教授，政府机关有自己行之有效的用人、培养人的逻辑和规则。李成钢司长等领导很睿智地觉察到我的想法，实际上司内也正在执行换处轮岗的做法，我随后被安排到知识产权法律处工作，主要从事知识产权国际交流合作、国际谈判和经贸领域知识产权问题的处理，虽然仍旧部分地与WTO直接存在联系，特别是《与贸易有关的知识产权协议》，但毕竟不是日常性不间断地参与WTO争端解决过程了。

如前面自己提到的，WTO法律领域日新月异、不进则退，总靠吃老本是不行的。虽然我在完成好本职工作之外，还力图不停地关注WTO谈判和争端解决案件的进展，但慢慢感觉到，不在一线处理案件，信息量和时间性越来越跟不上各种事件的发展，手头其他工作占据大部分时间，单凭一腔热情，恐怕无法完成不使自己在WTO争端解决研究方面掉队的愿望的。为此，我和当时的杨司长、现在的杨教授还不止谈过一次，杨司长也传授了自己是如何争分夺秒利用时间读争端报告和写评论的绝招。但作为政府机关执行层面的官员，面对每天源源不断的各种事务，自己能力又不甚高，我虽然得了"真经"，但却没有修炼好，因此功夫越来越浅，以至于好几年已经没落笔写过大块头文章了，没有认真读过一个WTO争端解决报告了，自己是感到有些惭愧的。

When god closes a door, he opens a window.

这样一想，一开始的失落，也逐渐变得坦然。虽然我对WTO争端解决的直接跟踪和研究少了，好多新案子报告并没有读过，司领导们主编的《世贸组织规则博弈》也还给我机会写点东西放进去，我也没有忘记如何查询WTO analytical index，insidetrade.com，tradelawguide.com，worldtadelaw.net等技术活，有关WTO的任何新闻和热点仍会第一时间引发我的兴趣。

我感到我并没有离开WTO法律圈，只是在稍远的地方关注着她，这可能是一种更加深沉和宁静的感情，是一种我自己都不曾觉察和承认的无言的爱。毕竟她占据了我工作生涯开始的最充盈的一段年华，也是自己最能投入、最多产出的一段时光。

是为记。

一场未曾远离的出走

李 帅[*]

这几年来，随着WTO多哈回合止步不前，国际社会对于WTO的认可度和信心也有所动摇，越来越多的国家开始甩开WTO，通过自由贸易协定、区域贸易协定等种种方式，构建自己的一方小天地。根据WTO自身的统计，截至2015年4月7日，已经有612项区域贸易协定向WTO通报，目前现行有效的区域贸易协定多达262个。一时间，山雨欲来、乌云压城，一场不大不小的对WTO的信任危机笼罩在日内瓦湖的上空，挥之不去。一场出走潮愈演愈烈，雷蒙湖畔的那座老楼，似乎已经被各成员国远远地落在了后面。

笔者自2014年初回国工作以后，参与到WTO争端的队伍中。其间，按照工作安排，先后参加了多个自贸区协定的谈判，负责其中的争端解决章节谈判。尤其是区域全面经济伙伴合作关系协定（RCEP）谈判，涉及中日韩澳新印（度）及东盟10国，共计16个成员，洋洋大观。

在争端解决章节谈判中，出于发展阶段和攻守利益不同，各国立场不一，争论激烈。如有的发达国家强烈主张纳入非违反之诉、设置紧急事项加快程序等，有的发展中国家则主张对新加入成员及发展中国家的特惠。除此之外，在一些技术环节上，如仲裁员未决时如何产生、专家组阶段设置几次听证会，甚至包括条款各级标题应当如何标注、是否可以采取脚注这种格式细节，凡此种种都会成为谈判胶着的难题。中方的范本取材于WTO《关于争端解决规则与程序的谅解》，在此基础上根据我国参与世贸争端的实践，并结合对自身攻守位置利益的考虑，对DSU进行取舍改造，并针对自贸区成员方较少、预估案件不会太多的情况，形成了自身一套相对简洁、实用的争端处理程序。

---

[*] 供职于商务部条法司，参与世贸组织争端解决工作。2001～2004年就读于上海对外贸易学院法学院，师从周汉民教授。2004年考入商务部条法司，从事行政法律工作。2010～2014年被派往我国驻美大使馆经商处工作，负责国会与法律事务。2014年至今，回到商务部条法司，从事世贸争端解决工作。

每当遇到上述谈判问题时，我们往往会直接援引 WTO DSU 里的条款作为论据支撑，往往可以不战而屈人之兵。其他国家的谈判对手也很容易接受，毕竟这是一套大家共同接受、内心笃信的规则体系，浸淫其中，久久为功。每当这时，你才会悟到，原来 WTO 协定还一直深深植根在我们心中，即便在 FTA/RTA 的舞台上，也未曾或缺。如同倔强的子女离开家庭，以为可以真正离开父亲的照拂，但遇到事情时，才会发现原来这是一场未曾远离的出走，父亲的背影永远在你的心头。

WTO 是所有国际经贸人永远的精神家园，每当你以为已经走得足够远，在歇脚的时候总会发现，它就在你的心间脑海。有点像《非诚勿扰Ⅱ》里那首诗《见与不见》所说的境界，"你见，或者不见我，我就在那里，不悲不喜。"

西方文学里，尤其是古希腊悲剧中，儿子对父亲的抗争是永恒的主题，从古希腊悲剧俄狄浦斯弑父，到莎翁名著《哈姆雷特》，乃至卡夫卡的《变形记》，都是如此。但抗争与背离的最后，往往是情感的回归与怨怼的冰释。或许我们，包括其他贸易伙伴国，对 FTA/RTA 的追逐，不仅仅是出于对自身贸易利益和地缘利益的追求，内心里也有一种对 WTO 裹足不前的怨怼。但怨归怨，恨归恨，最终都是期盼 WTO 谈判能够破局，真正引领大家走出僵局，再塑自由贸易的繁荣。"浮云游子意，落日故人情"，到 WTO 新一轮谈判真正破局时，就是这些游子的回归之时，或许我们能够迎来国际经贸大家庭的又一次团聚。

我与 WTO：回忆、琐记和梦想

陈雨松[*]

一、北大往事

我在 1992 年考入北京大学法律学系。那时新生要去解放军石家庄陆军学院（后来因为部队整编，更名为石家庄机械化步兵学院）军训一年。一次陆军学院组织去石家庄国棉一厂考察，一位北大经济学院的学生提问，问题是中国重返关贸总协定对国棉一厂的影响。而当时厂里的一位宣传干事给予积极肯定的答复，就是加入关贸总协定将为中国纺织业带来更好的发展机遇。

回到北大，那时 WTO 还没有成立，北大并没有开设专门的关于 GATT 的课程，只有一位国际关系学院的程老师曾经系统介绍过中国复关历程，另外郭瑜老师在国际经济法概论课程中也有介绍，后来又有冯大同老师来做专题，讲国际贸易法和反倾销。那时北大名师云集，兼容并蓄，气氛活泼，让我受益匪浅。印象深刻的是程道德老师"近代外交与中国"课上讲顾维钧在巴黎和会上的"三道防线"；王炳元老师"国际关系史"课讲"东方问题"和俾斯麦的"再保险条约"；费孝通老师讲"文化自觉"；王铁崖老师讲"国际法的新动向"；刘隆亨老师讲"银行的银行"；邵景春老师讲卡尔沃主义；王慧老师讲合同之债和侵权之债的冲突规则；周祖生老师讲德国人吃土豆；楼建波老师讲授"预付运费"和"到付运费"的区别；宋英老师讲休伯和"帕

---

[*] 北京大学法学学士，荷兰阿姆斯特丹大学法学硕士。现任中国常驻世贸组织代表团参赞，主要负责世贸组织争端解决机制、规则谈判、贸易救济、知识产权等法律事务。此前曾任商务部条约法律司世贸组织法律二处处长、世贸组织法律处处长。长期从事国际经贸法律研究和实践工作，曾参与我国《对外贸易法》《反倾销条例》等多部对外经贸法律法规的调研和起草工作；参与联合国国际贸易法委员会（UNCITRAL）仲裁法、运输法、电子商务、政府采购等工作组谈判，以及国际统一私法协会（UNIDROIT）相关条约谈判；多次参与我国缔结区域贸易协定谈判及重大国际经贸纠纷的应对和解决等工作。

尔马斯岛仲裁案"等。这些并非和 WTO 直接相关，但是今天想起来，还是非常有助于我理解 WTO 内涵的。

二、中国加入 WTO 和赵维田教授

1999 年 8 月，我进入当时的外经贸部条法司，开始接触真实的 WTO 世界。当年年底，中美谈判实现突破，外经贸部一片欢腾，WTO 在中国骤然升温。当时，外经贸部组织了众多 WTO 研讨会和培训班，我有幸参加了许多，特别是在 2000 年到法国巴黎专门培训 WTO 知识。后来我还参加了"WTO 法律法规清理修订工作小组"，参加了《对外贸易法》修订和《反倾销条例》《原产地规则条例》等一系列行政法规制定工作，随后是研究"三个不利条款"等。日积月累，手里一本协定慢慢翻烂了，算是对 WTO 越来越熟悉。

当时中国正值 WTO 热潮，出了很多 WTO 书籍，琳琅满目。记得一次 WTO 秘书处有位很年轻很优秀的比利时律师叫作 Gaetan Verhoosel 的来中国讲解 WTO 法律。有一次我陪他去王府井参观。王府井新华书店正在办一个 WTO 书展，几百种图书在大门口的专架上陈列。我向他一一介绍，有 text book，有 case law，有 economic analysis。他听了非常惊讶，感觉自己不要讲了，中国已经把所有问题研究清楚了。后来，他讲课时就不再重复那些原理，而是重点讲 WTO 法律上的一些难点和细节，比如 like product 在 GATT 第 1 条和第 3 条中含义的区别。那时，对我帮助最大的是李浩培先生巨著《条约法概论》，是国内所见最好的条约法著作，为我们工作提供了很大指导和帮助。还有韩立余老师和朱榄叶老师编写的案例书，是 WTO 热潮中很实在的经典，也是我们学习参考的好教材。

在中国的 WTO 学者中，印象最深刻的是赵维田老师。他在社科院法学所长期研究国际法、国际航空法和关贸总协定。赵老师曾在共青团中央工作，他的夫人姜达雅老师曾是《中国少年报》的主编，所以他写起文章来非常重视生动性和可读性。那时还没有电子期刊，文献资料很少，特别是外文资料，但社科院法学所订阅有全套的 Journal of World Trade，赵老师是每期必读，家里的书架上是整排的 JWT 合订本。赵老师对西方诸多学者的观点理论非常熟悉，他对 GATT 的理解和把握，远远超出了同时代国内学者的水平。每次讲起 GATT 历史典故，娓娓道来，如数家珍，引人入胜。他的文章字字珠玑，篇篇精品。赵老师曾经翻译有斯塔克的《国际法导论》，这和王铁崖先生翻译凯尔森的《国际法原理》，都是 20 世纪 80 年代仅有的几本国际法译著。后来，他又写了《世贸组织（WTO）的法律制度》一书，是当时国内出版的

关于WTO最深刻的一部著作,是中文WTO著述的经典和权威。赵老师非常支持我们WTO法律工作,虽然年事已高,但每次研讨会都千方百计赶来参加,有时还帮我们看稿子,解答我们提出的各种问题。他一开始没有名片,后来印了名片,上面只有一个头衔,就是"对外经济贸易部WTO法律顾问"。我和同事后来去赵老师在定福庄的家里拜访请教,赵老师和姜老师非常热情接待我们。

三、荷兰留学

2003年,我经外经贸部欧盟项目选拔,在德国德意志学术交流中心(DAAD)资助下,去荷兰阿姆斯特丹大学学习国际贸易法。荷兰是国际法的故乡,海牙和平宫闻名遐迩。阿姆斯特丹大学是欧洲最古老的大学之一,在法学领域名师云集。Friedl Weiss 教授曾长期在GATT秘书处工作,是著名的《GATT法律分析索引》(GATT Analytical Index)的3个作者之一,他讲授国际组织法;Jan H. Jans 教授讲授欧盟货物和服务自由流动;Floris O. W. Vogelaar 教授是执业30年的竞争法律师,负责讲授欧盟竞争法;Mary Footer 副教授讲国际公法和GATS。这里讲授国际贸易法的是James Mathis 副教授。James来自美国,后来在阿姆斯特丹大学获得博士学位,导师就是Weiss教授。他的博士论文 Regional Trade Agreements in the GATT/WTO: Article XXIV and the Internal Trade Requirement,至今仍是解释GATT第24条的权威之作。James讲国际贸易法细致入微,课程开了3个月,刚刚从GATT第1条讲到第3条。我们这些学生看到GATT还有那么多条款,心里都非常焦急。他对《哈瓦那宪章》的重视超乎寻常,以至于至今我在看到国际经贸中每个重要问题时,都禁不住想去查看一下 Havana Charter 是如何阐述的,并对先辈先贤们的远见卓识感到由衷钦佩。

阿姆斯特丹大学有个好的传统,就是在每一项课程上,都邀请这个领域欧洲最出色的教师来讲授,因此几乎汇集了欧洲国际贸易法领域的顶级专家。我记得下学期主要是以专题讲座形式,每一专题一周左右,由一位老师集中讲授。记得讲贸易救济的是 Edwin Vermulst,是欧洲最优秀的反倾销律师;讲争端解决的是 Peter Van den Bossche,曾任WTO上诉机构秘书处司长,那时是荷兰马斯特里赫特大学的教授;讲欧盟与WTO的是 Pieter Jan Kuijper,曾任WTO秘书处法律司司长和欧委会法律总司负责国际贸易事务的司长。

在阿姆斯特丹大学的学习有许多新的重大收获。一是欧盟法。欧盟法是一个自成一体、独具特色的法律体系。我那时是满脑子WTO概念来看欧盟,感觉欧盟法中许多概念和 WTO 法都有可比性。例如，欧盟法中的 similar product 和 WTO 法中的 like product；欧盟法中的 mandatory requirements doctrine 和 GATT 第 20 条之一般例外条款等。欧盟法中有许多先进理念，比如 having equivalent effect，从措施的"效果"角度分析，就可以透过一切措施的形式而"抓住"实质，WTO 现在也开始向这方面学习。再如，明确的 proportionality 原则，明显有助于规范成员行为的合理性。但这些原则解释的空间很大，需要强有力的司法机构来进行阐释和适用，短期内可能也难以全面引入 WTO。欧盟法特点是变化太快，许多概念在不断更新，教科书和学术著作几乎几年不更新就会落伍。除了不断涌现的新的立法和判例外，连最根本的条约也在不停修改。有些修改似乎并无十分必要。例如《里斯本条约》把 Court of First Instance 改为 General Court，把 common market 改为 internal market，等等。原来规定竞争法的第 81 条和第 82 条，后来变成第 101 条和第 102 条。所以如果不对欧盟法进行持续跟踪研究，隔个几年再读起最新的文章，有时真有恍如隔世的感觉。这和 GATT 第 1 条、第 3 条、第 11 条、第 20 条等历经 60 多年仍然广泛适用条款的情况比起来，实在差别巨大！

二是竞争法，美国称为反垄断法。竞争法是市场经济国家干预经济的正当武器。从竞争法的角度观察，一下子感觉市场上纷繁交织的企业行为非常有条理和规律可循，像鱼缸中的金鱼一般透明可见。James 很重视国际竞争法的发展，认为这是国际经济一体化的方向。现在 WTO 规则中也似乎越来越多地引入了竞争法的理念，重视 level playing field，例如近年来的 Canada — Renewable Energy，上诉机构的裁决明显有竞争法的影子，令人觉得竞争法的舞台越来越宽广。

三是荷兰的文化。荷兰学习一年，荷兰和整个欧洲的灿烂历史和文化令人印象深刻。荷兰是现代国际法的诞生地。国际法的开山鼻祖格劳秀斯（Hugo Grotius）就诞生在荷兰小城代尔夫特（Delft）。海牙被称为国际法之都，是国际法院（ICJ）和国际刑事法院（ICC）的所在地，也是卢旺达国际法庭（ICTR）和前南斯拉夫问题国际刑事法庭（ICTY）所在地。海牙国际法学院是国际法圣地，和平宫图书馆是世界上最大的法律图书馆之一，国际法研究气氛浓厚。在许多国际组织中都有荷兰人的身影，他们共同特点是低调、友好、工作勤奋。

荷兰在传统文化上特点是自由和包容。在荷兰，法律允许安乐死，允许大麻，允许同性婚姻。荷兰老百姓的想法是，我们缔造了这个国家，我们有权利想怎么着就怎么着。荷兰文化受到德国影响很大。荷兰语和德语相近，感觉就像是德语和英语之间的语言。绝大部分（也可能是全部）荷兰人都同时会讲德语和英语，包括市场上的鱼贩。德国人学荷兰语通常仅需一周即可沟通无碍。语言是文化的载体。语言的相通带来文化的相融相近。荷兰的图书馆里有大量英文和德文的书籍；在欧元诞生之前，荷兰盾一直坚定地与德国马克挂钩；荷兰人喜欢挖苦法国人，但对德国人却充满信任（如我们的税法老师 Ben Terra 一直坚信是德国人而不是法国人发明了增值税，他的表达方式是："VAT can only be invented by Germans"）。荷兰人说，法国的产品如同法国汽车：法国人能够制造汽车，但他们从来不知道为什么汽车能跑。我可以理解为什么德国项目允许我选择来荷兰学习。

整个日耳曼语族（英语、德语）和罗曼语族（法语、意大利语、西班牙语）之间文化上的差异，也是一件很有趣的事，欧洲人经常拿来开玩笑。德国人严谨细致，一丝不苟；英国人厚积薄发，雍容大方；法国人高傲自信，独树一帜；意大利人浪漫奔放，夸夸其谈。这些文化性格的特征也有许多反映在他们的学术著作中。

四、学习规则，迎接挑战

中国在 2001 年底正式成为 WTO 成员。《WTO 协定》和各种国际经贸规则有千丝万缕的联系。例如，《TRIPS 协定》直接纳入多项国际知识产权条约，这在以往国际法中非常罕见；《SPS 协定》和《TBT 协定》使得 WTO 和其他国际标准制定机构建立了直接的联系；另外还有《维也纳条约法公约》第 31 条第 3 款（c）项！在国际规则日益碎片化的今天，WTO 似乎提供了一个可以和各方面规则对接的整合规则的平台。因此，中国加入的不仅仅是一个《WTO 协定》，其实是正式进入了一个国际经贸法律规则的体系。

中国受益于国际法规则和 WTO 争端解决机制。在 US — Anti-Dumping and Countervailing Duties 案中，中国成功援引联合国国际法委员会（ILC）的国家责任条款草案，说服上诉机构重新解读《补贴协定》的逻辑结构，成为在 WTO 中主动运用国际公法规则的典范。在 EC — Fasteners 案，中国一举拿下欧盟《反倾销条例》第 9 条第（5）款之"单独税率"条款。WTO 一纸裁决后，整个拉美地区国家都纷纷修改其反倾销做法，取消类似规定，可谓传檄而定。与此同时，WTO 强有力的争端解决机制对我们关于国际法的理解和掌握提出很多新挑战。在 2008 年迎战 China — Intellectual Property Rights 案时，我做 research 时发现除了一本翻译的《保护文学和艺术作品伯尔尼公约指南》外，国内几乎没有一本研究《伯尔尼公约》的专著；研究论文则只有北京大学韦之老师的一篇《从伯尔尼公约看中国著作权法之修订》，讨论《著作权法》第4条第1款，而这正是我们的被诉措施之一。而很遗憾当时立法者忽视了韦之教授的观点。与此对照，在WTO和联合国的图书馆，可以找到诸多关于《伯尔尼公约》的专著，包括Sam Ricketson和Jane Ginsburg的两大本巨著，对《伯尔尼公约》条款逐条逐句进行细致解读，还附上了历次修订版本。

我们在学习国际法方面还有很长的路要走。我们往往过于偏重理论，而轻视实践（practice）；我们往往偏重原则，而轻视法律技术细节，没有看到现代国际法在法律技术上已经高度发达；我们重视归纳、总结和理论创新，而忽视技术上的考证、比较、分析；我们还缺乏对国际法漫长悠久历史的发掘；我们还缺乏对现代各国国际法实践的跟踪梳理；我们习惯看第二手材料，如期刊论文、专论著作，而忽视阅读专家组报告、上诉机构报告、条约、公告等基本的一手文献。我们的许多法学期刊似乎也从不接受案例评析的投稿，而包括JWT，World Trade Review，Journal of International Economic Law，Common Law Review 这样的经典期刊，长篇的 case note 几乎是每期必备的文章，可以找到每个最近WTO案例的点评。有许多学生和我讨论WTO法研究选题，我的建议是，从头到尾读几本最近的专家组报告和上诉机构报告吧，相信会找到100个值得研究而且非常有趣的课题。

WTO法一直是不断演进的。今天我们看《TBT协定》第2.1条和第2.2条的判例，和10年前就有天壤之别。因此读报告，研究报告，一直是我们最基本和最重要的功课。商务部条法司一直倡导案例讨论，在每个专家组/上诉机构报告出台，都邀请学者、律师共同研讨，解读专家组或上诉机构对规则新的阐述。在日内瓦也有许多这样的圈子。我最近参加了一个 case study group，由印度、新西兰等几个成员负责WTO争端的外交官和世界贸易组织法律咨询中心（ACWL）律师自发组织的。通常在每个报告发布后，ACWL的律师会先把报告分解为若干法律问题，然后由大家自愿选择，分头研究其中一至两个问题，然后共同找机会（比如周四下午5点到7点）交流讨论，每个问题由主讲人介绍10分钟，然后大家再讨论10分钟。这样可以分享每个人的观点思路，也可以相互督促不错过每个报告。另外，日内瓦的 Sidley Austin，Lakshmikumaran & Sridharan，ICSID，White & Case 等也经常组织案例研讨，这也给我们提供了学习交流案例的机会。

五、多边贸易体制的未来

2005年8月到2009年4月，我赴日内瓦中国常驻世贸组织代表团工作。

回国后，我加入商务部的 WTO 争端解决团队。同时，在家里也有了一位熟悉 WTO 规则的贤内助。她可能是国内屈指可数的几个通读过美欧大飞机补贴争端案报告的人吧，所以在家里有时候也可以讨论一下诸如 but for、because of、tied to 这些抽象概念。2014 年 10 月，我又重返日内瓦工作。10 年来，我有幸近距离直接参与到 WTO 实践之中。我有幸目睹美国大使在规则谈判上大声说，"没有归零，就没有这一轮谈判"；欧盟代表在 TRIPS 理事会上挥舞着一只竹篮说，"这是海关查扣的赝品"；巴西大使在总理事会上愤怒地用拳头砸麦克风，指责其他成员不守信用；棉花四国声讨国际贸易秩序的不公；拉米 2008 年仲夏夜亮出最后 1 页纸的底牌；DS379 和 DS397 划时代的胜利。多边机构里的故事，每天都在上演新的一幕。

随着近几年的扩充，WTO 已经覆盖了全球大部分国家和地区。它以区区几百人的机构、两亿瑞士法郎的预算，每天都在进行着各种谈判，审议，争端解决，协调着各成员的经贸往来。WTO 争端解决机制的成功运转，让所有国际法学者都刮目相看，正在成为国际法的新前沿（new frontier）。国家和地区之间能够坐在法庭上而不是在战场上解决争端，这不正是许多国际法人的梦想？当然，WTO 还面临着许多挑战。它现在需要尽快完成多哈发展回合谈判，使人们重拾对多边贸易体制的信心；它需要应对越来越多的区域贸易协定的挑战，包括 TPP、TTIP、TISA 等，使其成为多边体制的动力而非阻力；它需要改革决策机制，为未来多边贸易谈判注入活力；它需要应对全球化挑战，逐步引入新的议题，包括投资、竞争政策、劳工、环境等；它还需要更多地关注发展中成员，不仅仅是给予政策空间，等等。

在瑞士日内瓦湖畔，有一栋漂亮的古典建筑，叫作"威尔逊宫"（Palais Wilson），这是为了纪念已故的美国总统伍德罗·威尔逊（Woodrow Wilson）而命名的。旁边是现代化的威尔逊总统酒店，也因此得名。威尔逊在"一战"结束前提出的 14 点和平倡议，一扫传统欧陆争霸战中领土分肥和势力划分的思维，力图勾勒人类永久和平的蓝图，成为多边主义和全球治理理念的先驱。多边主义的核心是以多边谈判协商取代大国称霸和各种排他性的双边安排。威尔逊的设想开始被讥为空谈，但后来在国联和联合国下正慢慢走向现实。2015 年是联合国成立 70 周年，也是 WTO 成立 20 周年。联合国越来越成熟，动作稳健，但有时未免迟缓。WTO 是一个年轻的国际组织，他刚刚 20 岁出头，如同一个朝气蓬勃的青年，意气风发，野心勃勃，有的是劲头和力气闯荡。我们有信心 WTO 会在未来多边舞台扮演更加精彩的角色。我想我和 WTO 的故事也会越来越多。

我的 WTO 缘

张永晖[*]

既是讲二者之"缘",怕是难以避免要从头说起、徐徐道来。我决定落这样一个窠臼,不管怎样,我的"窠臼"中装的故事是独一无二的。

难以释怀的第一次碰撞

那是 2002 年初,我正读高三。大概是作为新春联欢的一系列节目,学校要组织辩论赛,辩手由校学生会选拔。那个时候的我对一切事物都充满了好奇并总是蠢蠢欲动,于是毫不犹豫地报名。选拔面试中"面试官"问我:"中国加入世贸组织,对中国的农民有什么影响?"我愣了,头脑一片空白,只能根据自己对"中国入世"的一些懵懵懂懂的认识,努力说了一些不知所云的话——作为一个农民的孩子,我确实没有察觉到中国入世对俺们农民有何影响。当时的尴尬和难堪,至今记忆犹新。可以说,我与 WTO 的第一次碰撞,毫无可圈可点之处,既不浪漫,也不激动人心,想来只觉难以释怀。

所以说,后来我居然加入了商务部条约法律司负责 WTO 争端解决的团队,又成为中国常驻 WTO 代表团(我们简称为"瓦团")的一员,真是造化弄人。

---

* 中国常驻 WTO 代表团三等秘书,曾在中国驻以色列大使馆经商处工作两年,任商务随员、三等秘书,成为外交官前在商务部条约法律司 WTO 法律二处工作。2009 年毕业于北京大学法学院,获法律硕士学位。曾参与诉美国禽肉限制措施案(DS392)、诉欧盟钢铁紧固件反倾销措施案(DS397)、诉欧盟皮鞋反倾销措施案(DS405)和美国诉中国取向电工钢反倾销反补贴措施案(DS414)等案件。发表与 WTO 相关的文章有:《美"归零"法在 WTO 再次败诉》(《WTO 经济导刊》,2011 年 8 月);Analysis of the Actionability of Discretionary Legislation in the WTO Dispute Settlement System(Journal of WTO and China,2013 年 5 月);参与编写《世贸组织规则博弈——中国参与 WTO 争端解决的十年法律实践》(商务印书馆,2011 年 11 月)和《我们在 WTO 打官司:参加 WTO 听证会随笔集》(知识产权出版社,2015 年 1 月)。本文写于 2015 年 7 月 16 日。

阴差阳错的一厢情愿

2002年夏天,高考结束,查到成绩后,我没有经过过多纠结、挣扎,径自选择了北京外国语大学,因为我喜欢学外语。但是,我落榜了,被调剂到华北电力大学应用物理专业。两年后,我转专业到热工自动化,但我对理工科实在既不感兴趣也不热爱。4年的艰苦奋斗与痛苦挣扎之后,我最终决定跳出"火坑"。毕业之前,我历尽波折,保送北京大学法律硕士。我的人生掀开了新的篇章,同时被打开的,还有我的眼界和视野。我发现了新大陆,并欣喜若狂地在新大陆的广阔大地上雀跃奔跑,贪婪地吸收这片土地的营养。读研前一年半是补基础课,几乎要学习法学本科生4年的全部专业科目。那时我的形象就是背着书包,拎着水杯,三点一线往返于宿舍、教室和图书馆。到分专业方向的时候,我选择 Follow my heart——国际商法。原因很简单,我喜欢外语,而国际商法能够为我使用外语提供一个大展身手的平台,任何其他专业对我都没有这个吸引力。

说到这里,WTO仍然没有出现。这也难怪,因为WTO本来就很少出现过。法律硕士这一专业的设置目标是培养"复合型人才",学生们将来踏上社会是要从事实务的。而WTO法,与中国法律人眼中的"实务"相距太远。正如我的一位好友兼同事,同时也是在WTO法律界浸淫多年的专家所说,WTO法好比是"屠龙之技"。"龙"本为虚,教、学此技何用?

看着国际商法的选课表,我期待着这一巨幅画卷在我面前展开,每一个细节都一览无遗,包括WTO法。但是我失望了——我们没有开WTO法这一门课。我在课堂上学到的关于WTO法的全部内容,来自国际经济法课堂上的一小部分。但是,我不甘心。我在学校的学习从来不是为了"实务"或者"务实",我认为在校期间的任务就是尽可能多地学习知识。既然"龙"在那里,"屠龙之技"也在那里,我怎么能视而不见、置若罔闻?况且,WTO这么重要(至于怎么重要我当时可说不清楚),为什么不好好学习WTO法?就这样,在选择论文指导老师和论文题目的时候,我瞄准了WTO法这个方向。我想通过写论文,"自学"一下WTO法,并就某个WTO法问题进行深入的研究。在选题之前,我去图书馆煞有介事地借了几本WTO法方面的书,翻阅之后,决定选择争端解决。就这样,与WTO、WTO争端解决的第一个拥抱,真的是我一厢情愿。

现在想想,那个时候的我真傻,真是无知者无畏。想在不到一年半的时间内自学WTO法,根本就是痴人说梦!幸好后来的我并没有给那时候的我

"发一条短信",阻止自己大踏步地上路。

原来我热爱的是法律本身

2008年春夏,同学们投入实习的热潮,我也没有坐等工作送上门来。然而我对去海淀法院帮忙并没有什么兴趣,而是把所有简历投向了律所。后来在北京德恒律师事务所面试律师助理时,合伙人问我为什么选择律所而不是法院,我说相对于裁判员,我更喜欢当运动员,因为当运动员有明确的目标,有清晰的前进方向,只需扬鞭策马,奋勇向前。就像在辩论赛中,我更喜欢做辩手,而不是评委(说来凑巧的是,高中时我面试辩手大失颜面,但是在大学和研究生阶段却多次登上辩论赛场,并屡夺"最佳辩手"称号)。在德恒实习时,我加入了国际贸易诉讼和仲裁团队,一时间如鱼得水,对整理、阅读厚厚的诉状、备忘录、Communications甘之如饴——我终于知道,我是如此喜欢打官司!有趣的是,2009年2月开始,我在天同律师事务所实习,同样是在诉讼团队。

随着时光的流逝,不知不觉间我对法律本身、对法律思维、法律论辩的热爱已远远超过了"可以使用外语"这一点私心所带来的热情。如愿分到国际商法专业后,我也没有把目光局限于这一个领域,仍然对着课表去听其他专业的课,奔波于各个教学楼、食堂和宿舍之间。我发现,在学习和工作中,外语渐渐真的只是一个工具,我内心所热爱的,是法律本身。

万分幸运的"服从安排"和对WTO的一往情深

离开德恒律师事务所是因为少不更事,总期待着更加宽广的舞台,考公务员则完全是随波逐流,你考他考我也考。选择商务部则要感谢北京大学的邵景春老师,如果不是他在课堂上常常以带有尊敬、同情和戏谑等各种意味的语气谈到"商务部",我也不会知道有这样一个与我所学专业如此相关的机构。所以,我在报考时毫不犹豫,直接选择商务部,并选择了条法司和产业损害调查局共同招录国际经济法专业的岗位。幸运通过国家公务员考试,在商务部复试的英语口试环节,考官问我想去哪个司局,我回答说我服从安排,但是我不知道调查局的工作内容是什么,感觉条法司的工作与我的专业更相关,所以我更倾向于条法司。进入条法司复试环节,面试中我满怀真诚地谈及邵老师对我职业选择的影响,英语口试中我的论文题目遭到主考官连珠炮似的发问,问得我连擦了3次鼻尖上的汗。

2009年4月,公务员考试尘埃落定,我幸运地被条法司录用。我结束了在天同律师事务所的实习，开始盘算着毕业前这几个月该如何利用。就在这个时候，我接到了条法司办公室主任的电话，通知我"五一"假期后即可到司里帮忙。于是，2009年5月4日，我激动不已又忐忑不安地到条法司报到，并再次"服从安排"，加入了刚刚成立的WTO法律二处。

我清清楚楚地记得，那时候的WTO法律二处，一共只有3个人，处里几乎是"家徒四壁"。我更加清楚地记得，我参加的第一次案件讨论会，也是我参与的第一个案子：诉美禽肉措施案。那时候，我才第一次拥有一本属于自己的乌拉圭回合法律文件汇编（WTO人将之称为"Bible"）。捧着属于自己的Bible，听同事们讲SPS协定的相关条款，我如听天书。这时候我才欲哭无泪地认识到，WTO法浩如烟海，争端解决更是晦涩艰深，要想啃这块硬骨头可是得下大功夫。

然而，什么都挡不住我对WTO法律事业的一往情深。我对WTO法、WTO争端解决的"一见钟情"难以解释，至今我也不清楚当时我为何偏偏就认为WTO争端解决"很有意思"。虽然最终我的论文题目是一个谈判议题，但是当我迈出校门，职业生涯的第一步居然就是WTO争端解决，我的痴迷和狂热瞬间被点燃——就像热恋一样，没有理由，不需要时间来培养。接下来的两年多，我便在这种热恋中度过。我无数次感叹，能够从事自己热爱的工作，何其幸哉！

两年多时间，有太多个"第一次"：第一次磋商，第一次参加电话会议，第一次承办案件，第一次赴日内瓦出差，第一次走进心目中的圣地WTO，第一次读到经手案件的报告……也有太多个难忘的时刻：为某个法律问题冥思苦想、绞尽脑汁久久不得其解，最终厘清思路的狂喜；晚8点至12点与美国视频会议磋商；在办公室等到半夜去别的司局给外国律师打国际长途；某个周五的晚上得知碳钢紧固件反倾销措施被欧盟起诉；十指翻飞如有神助般地翻译法律文件；端午节假期加班错过了食堂的粽子；出国之前一个又一个的夜晚和周末拼命赶《世贸组织规则博弈：中国参与WTO争端解决的十年法律实践》的稿子……如果不是痴迷一般的热爱，我不会一直保持那种"打了鸡血"般的状态。

我的日内瓦时光

我不知道该在我的"日内瓦时光"之前加一个什么定语，便索性略去。我的日内瓦时光，太珍贵了，对我就像世间唯一的无价之宝，我只能把它捧在手心，细细端详，不肯挪开目光，但是我没有任何语言来描述它的可爱、珍贵和对我的价值。

出国常驻从2011年8月9日开始。那天我带着千般不舍、万般留恋，搭上了飞往以色列特拉维夫的航班。比我先抵达的，是我的行李，包括大批WTO法律书籍和资料。可惜的是，在以色列两年我没能按照计划研读这些材料。但是在工作中我却从中获益良多，因为我可以以一个WTO人的眼光看问题，会有不同的思路。其实还在条法司的时候我就发现，WTO法与很多人都是息息相关的，离大家的生活并不是那么遥远。最初，WTO可能是为了平衡各方之间的贸易利益，缓解矛盾，现在则已经凸显全球治理的趋势。不参与，就被动，就"被治理"。中国正在参与，还需要更多地发出自己的声音，掌握更大的话语权。这一光荣使命落在了现在和将来的中国WTO人的肩上。

2013年8月，幸运女神又一次眷顾了我——瓦团法律工作岗位出现一个空缺，我转馆到瓦团工作。还记得第一次到日内瓦出差，跟着领导去一所小教堂旁边的货币兑换处换瑞士法郎，领导跟我说，你要记住这些地方，等以后你来常驻了，就要带出差的同事来换钱了。我当时笑说，我是新人，怎么可能来这里常驻。谁能想到，戏言成真，美梦居然成为现实。我抵达日内瓦机场的时候，仍恍若梦中。

在日内瓦工作期间，我不再直接办理争端解决案件，而是更多参与谈判和贸易救济措施委员会的相关工作。在我看来，作为WTO"王冠上的明珠"，争端解决是WTO这条"龙"最引人注目的"龙头"，但是实际上"龙身"远远大于"龙头"。经过几年的工作，我还发现，WTO本身似乎"神龙见首不见尾"，对老百姓来讲是一个"高大上"的存在，但是其"须鳞"却几乎无处不在、无孔不入，与每一个人的利益息息相关。再去思考2002年初我被问到的那个问题，我不得不说，中国的每一个农民，都已经受到了中国入世的影响，并将受到正在进行的多哈回合谈判的影响。在日内瓦期间给我留下深刻印象的事情之一，是世界酒业协会拜访我团，公使亲自出面接待。这个协会的诉求很简单，就是维护会员企业的利益，让我颇感惊讶的是他们的方式和途径：直接拜访多个主要WTO成员的代表团。他们谈的不是酒，而是多哈回合谈判的走向、澳大利亚烟草平装措施案对公共健康争端案件的潜在影响，等等。我不仅要发问：我们的企业家有多少人了解WTO？我们的企业有多少家在跟踪WTO谈判情况？我们的行业协会在忙些什么……

日内瓦居于日内瓦湖南端之一隅，面积较小，不着铅华，与其国际著名城市的声望甚是不符，因此被大家称为"瓦村"。瓦村虽小，人却不少。"有人的地方就有江湖"，有江湖的地方就有故事。我在瓦村期间的故事，三天三夜也讲不完，在此只能略说一二。

我的重要工作之一，是与其他 WTO 成员的同事"过招"。这其中有"合纵"也有"连横"，有合作更有斗争，有默契配合，也有针锋相对、不卑不亢，有与泰国同事互称姐妹的深厚友谊，也有与美国同事表面熟络却时刻高度警觉的"表里不一"。最有意思的一件事情，是一次会议期间，美国同事把他们的发言要点给了我，几分钟后反悔要回去，而我已在第一时间拍照并用微信发给了国内同事。自感颇有成就感的一件事情，是经过多次做工作，把俄罗斯拉进了我们的阵营，组成了真正的金砖"BRICS"团队。最"大无畏"的一件事情，是初到日内瓦时，由于急于熟悉情况、开展工作，我作为一个刚刚任职的三等秘书，"召集"了印度、巴西和南非的参赞一起开会，被南非参赞评价为"A good coordinator"，领导却担心对方实则嫌我坏了外交场上的"规矩"。要知道，在级别上，三等秘书到参赞，中间还隔着二等秘书和一等秘书。在瓦村那疙瘩，三等秘书可能是级别最低的外交官了。最糟的一件事情，莫过于来自英国的年轻小伙担任反倾销措施委员会主席，一个月后开会时他热情跟我打招呼，我竟然没有认出他——因为他蓄起了胡须。

回头去看，我只能用一个"缘"字来说我与 WTO 的关系。每一个关键节点，都是那么机缘巧合。我是如此幸运，在对 WTO 一见钟情之后，能够继续我的一往情深，并在 WTO 人心目中的圣地日内瓦工作。现在，我暂别 WTO 法律事业，投身到商务部的行政法律工作中来，我同样热爱，并庆幸我可以继续做"打官司"的工作：行政复议和行政诉讼。我确信，我在或不在 WTO 法律圈，WTO 法律事业就在那里，在我的心里。回国后工作一个多月来，前几年给我留下的印记是如此深刻，我常常用我此前所习得的思维和方法来解决现在的问题。两情长久，岂在朝暮间。一往情深，何必总相伴。毕竟我热爱的是法律本身，是那种逻辑上的周密和严谨，思维上的敏锐和深刻，工作中的挑战和成就感。

在这篇文章的最后，我要感谢几位领路人，他们是我的论文导师、我的第一位处长和副处长。没有他们，我的起步不会那么顺畅。我还要感谢几位对我个人非常关爱，同时又以自己的胸怀和睿智予我以启迪的师长，他们是我的几位司领导、我在瓦团的领导和同事以及我们的大使。是他们，让我进一步认识到 WTO 工作对国家和人民的重要意义，让我在前进中充满了力量。发自内心地说一声：谢谢你们。

梦想的力量：我与 WTO 的短篇故事

杨骁燕[*]

这个炎热的夏天，除了热火朝天地忙案子忙出差，兑现承诺带孩子休假旅行，我最大的乐趣就是拜读国内一众 WTO 顶级学者专家撰写的自己与 WTO "不得不说"的故事。那些讲坛上严肃专注的面孔和学术大部头封面如雷贯耳的名字，在这一篇篇或生动或深情的回忆录中，都变得更加鲜明。同样鲜活的还有 WTO 法在中国被接受、被推广以及被发展的历史。而同行者的共鸣也总让自己感动不已。

感动之余，我这个一直忙于实务的小字辈也格外惭愧，因为既没有足够的学术积淀、丰富的个人阅历，也没有那些曾经站在历史转折点的故事，最糟糕的是更没有年龄上的优势来写"回忆录"文章，面对杨国华教授的稿约实在不知如何下笔。可是，杨教授对我的种种借口和拖延症显示出最大的谅解与包容，那句"我也是一个画家"的鼓励还时不时地萦绕耳边，令自己如芒在背。是的，也许，正因为自己的小字辈身份，我与 WTO 相关的那些小故事、小片段或许能够为有志于从事 WTO 研究或实务工作的年轻人提供一点参考，一点勇气。那些曾经并且仍在鼓舞我追求梦想的热情和力量，希望也能带动更多的年轻人加入我们共同热爱并为之奋斗的事业。

就像每一段情愫可能都缘起于一个"不经意"。我对 WTO 和国际贸易法的兴趣，来自 20 世纪 90 年代末就读岭南地区的中山大学法律学系时谢石松教授的《国际贸易法》课程，正是在谢老师的课堂上，我头一回了解 GATT

---

[*] 商务部条约法律司副处长，美国弗吉尼亚大学法学院法学硕士，对外经济贸易大学在读国际法博士。目前负责中国在世贸组织争端解决案件、中国 FTA/RTA 协定中争端解决谈判、提供中国国内法律政策 WTO 合规性意见等世贸法律事务。此前曾在商务部进出口公平贸易局（贸易救济局）和中国驻欧盟使团工作，曾参与 WTO 多哈回合规则谈判、推动解决中国市场经济地位等事务，并作为主办官员负责中国与美国、欧盟之间铜版纸、数据卡、电信、太阳能等多起重要贸易案件和争端的应对与谈判，连续多年参与中欧领导人峰会、中欧经贸高层对话（HED）、中欧经贸混委会等工作。

和 WTO。2000 年春天写作毕业论文之时，恰逢中国入世前冲刺期，热火朝天的氛围也感染了自己，本科毕业论文《试论世界贸易组织的争端解决机制及我国的策略》是当年全系毕业生中唯一一篇写 WTO 的优秀论文。这篇小文如今看来显得颇为稚嫩，但彼时的自己认真思考而提出的一些对策建议正在为此时的自己努力实践，让人不由得感慨命运的奇妙。而论文写作中埋首法律学系图书馆的那些原版 Journal 之中和拜读今时今日回忆 "我与 WTO" 故事的诸多前辈文章书籍的过程，也正是我被 WTO 法特别是争端解决机制逐渐吸引的过程。论文完成之际，自己对 WTO 追逐的兴趣和热情并未消退，自己幸运地奔赴美国弗吉尼亚大学法学院攻读硕士学位。在撰写硕士论文时，自己对 WTO 的热情再次迸发，以 Harmonization and Conflict: Antitrust Rules at the WTO—Is It the Right Time to Adopt It or Not? 为题继续研究，在当年法学院 LLM 毕业生中仍旧是唯一一篇与 WTO 相关的论文。

　　2001 年冬天，中国正式加入世界贸易组织。在大洋彼岸的我，更是备受鼓舞。一心想着，如果能够学以致用，从事和 WTO 相关的工作，为国家在这个号称 "经济联合国" 的组织中做点事，那该多好。当时的对外贸易经济合作部（MOFTEC）在入世谈判中功勋累累，引发我作为一名普通留学生的无限向往。MOFTEC 不正是从事 WTO 工作最好的平台吗？正是自己当时这股单纯的热情和初生牛犊的冲劲，鬼使神差地让我放弃了其他的选择，毅然决然地报考 MOFTEC，虽然心里对 MOFTEC 会不会破例招收海外留学生以及自己能不能够最终获选完全没有把握。2003 年的夏天，由于机构改革，对外贸易经济合作部更名为商务部，MOFTEC 也变成了 MOFCOM。感谢部里开明的领导和用人政策，经过层层筛选和重重审查，我如愿以偿成为 MOFCOM 首批招录的海外留学生，让我骄傲地成为它的一名法律官员。尽管未能如愿从事我报考之初的第一志愿 WTO 争端解决工作，但加入新组建的进出口公平贸易局团队同样向我打开了通往 WTO 的大门。

　　进出口公平贸易局组建于入世之初，当时的整个团队格外年轻而富有活力。局领导们对我给予了特别的重视，让我这个毫无经验的新手作为团队主要成员参与多哈回合规则谈判工作（即关于 WTO 反倾销协定、补贴与反补贴协定以及渔业补贴议题的谈判）。2004 年 4 月，我非常荣幸赴日内瓦参加谈判。在那个阳光灿烂、郁金香绽放的季节，我生平头一回来到瑞士，也头一回踏入位于瑞士日内瓦雷蒙湖畔的 WTO 总部，以中国政府代表团成员的身份走进这幢神圣的大楼和神秘的谈判会场。当时那种梦想成真 "朝圣般" 的激动和兴奋，至今难忘，也许只有深爱 WTO 法和国际贸易法的同道中人才能理解和体会。自己那张第一次与 WTO 的合影，至今仍端立在家中的书架上。照片中那张充满稚气和心满意足的年轻笑脸，仿佛总在提醒着自己"不忘初心"。那次"朝圣"回国后，自己还将照片和 WTO 咖啡杯送给了在我回国之初给过我很多鼓励的端木正老师和师母，二老分享着我成长的喜悦，嘱咐我继续学习、为国家做更多有益的事。如今 10 多年已经过去，往来于北京与日内瓦之间已经 30 余次，对 WTO 的大院大楼早已熟悉得不能再熟悉的自己，仍然保留着当初第一次"朝圣"WTO 养成的楼前留影的小习惯，自己也被同事们戏称为"虔诚的 WTO Photo Lover"。其实，留影绝不仅仅是为了记录流逝的岁月和日渐成熟的脸，更是希望为每一次磋商、谈判、研讨和出庭的经历留下些专属的回忆。

多哈回合谈判是中国第一次以 WTO 成员的身份，正式参与多边贸易规则的修改和制定。由于中国是新成员，而且谈判团队整体平均年龄在 30 岁左右，非常年轻，因此在谈判间里非常引人注目。作为多边规则谈判的新手，我们在谈中学，在学中谈。在没有聘请外国律师协助的那些日子里，我们依靠自己团队和贸易救济领域几位国内律师的支持，起草并提交了关于反倾销规则的数份中方提案；我们自己梳理几百份各方提案、几十次磋商和谈判记录以及主要谈判方及中方在各个技术条款和问题上的立场和阐述，汇编成内部谈判手册；为了能够更准确地理解和把握各主要谈判方的立场和论证依据，我们白天谈判，晚上挤在外交部 5 号招待所狭小的房间里开夜会，热火朝天地分析和讨论常至深夜；在谈判密集进行的那段时间，磋商和谈判近乎每月一次、每次两周，往往是回到国内刚把报告写完又要组团再次开赴日内瓦，而 5 号招待所的饭菜更是几乎吃到吐……

中国在贸易救济领域不断上升的地位加之谈判团队的刻苦努力，让中国在规则谈判小组中越来越受到重视。在 2005 年下半年，我们很快被谈判小组主席邀请参加技术专家组的技术交流和几乎所有议题的绿屋磋商，对谈判拥有更多话语权，但享受这一待遇的同时也对我们的技术实力和谈判技巧提出更高的要求。而自己当时年纪轻、技术弱、经验浅、见世面少而导致的紧张和局促，在全球顶级贸易法专家面前也是无可遁形。迄今仍然难忘的是 2005 年秋天，受团长临时指派，我代表中方参加反倾销技术专家组会议，向与会的 30 多个主要成员就中国反倾销调查问卷及相关实践进行介绍，并当场答复来自各国资深专家们的近 50 个问题。会议的前一晚，自己紧张得几乎一夜未眠。会议的现场上，幸得团长的放手试练和队友们的热情鼓励，自己有惊无险地顺利完成任务。散会之后，那位言必称"当年我参加东京/乌拉圭回合反倾销谈判的时候"的欧盟主席和澳加等成员代表称赞我表现不错，自己那持续了两天的紧张和不安才化作开心的一笑。4年之后，当我来到欧盟总部所在的布鲁塞尔常驻，经常到访那位老先生所在的欧委会大楼，还时不常在会议间隙的楼道里遇到他。当我们聊起往日在日内瓦谈判桌上的那些趣事时，老先生少了几分谈判场上咄咄逼人的凌厉气势，多了几分智慧长者的平易近人。而自己在WTO ROOM E头一回单挑大梁的那段往事也永远定格在那个色彩绚烂的秋天里。那些在高手云集、针锋相对、唇枪舌剑、寸土必争的谈判中积累的宝贵经验，对包括我在内的一众MOFCOM年轻人而言，也成了今天散落在世界各地的我们所共同珍藏的财富。

经贸谈判绝不仅仅存在于WTO这样的多边舞台，在双边的战场上，一次次短兵相接、正面交锋，同样也是测试我们技术实力、谈判能力和战略战术的综合考场。而在多边中的规则之争，在双边中也同样分明。2006年秋天，美国一改多年实践和做法，对中国产品启动第一次反倾销反补贴（双反）调查，我也从谈判团队调至美国应诉团队。在应对铜版纸双反案的过程中，经过细致研究和精心部署，我们一方面谨慎参与美方反补贴调查程序，另一方面在美国国际贸易法院以及此后WTO争端解决机制下有序拉开战线，最终该案以中方完胜告终。但铜版纸案仅仅是个序幕，中美之间的双反大战以及由此引发中方在WTO启动对美双反措施打包诉讼的实践则是其后续未完的故事，这其中就有著名的DS379等系列争端案。2009年，我被派至位于布鲁塞尔的中国驻欧盟使团，作为一名经贸法律外交官处理着中欧之间贸易救济案件以及WTO争端，在另一个战场继续着我热爱的工作。在那3年半时间里，自己参加过多少场反倾销反补贴案件的听证会，与欧委会调查官进行过多少交涉和磋商，和欧盟同事为解决方案争论过多少次，挑灯夜战发回过多少份分析报告和对策建议……如今都已经渐渐淡忘，但难忘的是自己左手抚着MOFCOM谈判圣典"灰皮书"（《世界贸易组织乌拉圭回合多边贸易谈判最后结果法律文件》），右手翻着欧盟的Basic Regulation，日渐熟练地运用规则，为中国企业和产业的合法权益据理力争。"讲事实，摆规则，相互兼顾关切，创造性寻求解决方案"，这些历经紧固件、皮鞋、铜版纸、数据卡、光伏、无线通信设备等金融危机期间中欧贸易案件后留给我和我的欧洲对手们的感悟和体会，连带着各自的长相、风格、脾性、嗜好以及在对战中结下的友谊，也同样深深地印在了我们的心里。

在布鲁塞尔期间，在条法司和经商处领导同事的热心支持下，我曾非常幸运地在中国起诉欧盟的第一起争端案（紧固件案DS397）、第二起争端案

（皮鞋案 DS405）以及欧盟同期诉中国的紧固件案（DS407）、X 射线扫描设备案（DS425）等案件中作为海外团队的一员前往日内瓦参加磋商和开庭。其中 DS397 原审胜诉后，我在前方继续密切跟踪和分析欧盟的执行措施和行动，了解欧盟机构内部、成员国以及欧盟主要产业的反应，体会着日内瓦战场外故事的另一面。时至今日，自己仍然在为 DS397 忙碌，我们刚刚再次赢取了执行之诉专家组阶段的胜利，但又将很快迎接上诉机构前的再一次挑战。也许，就是这种无可言说的缘分，才让自己与一项又一项 WTO 工作紧密相连，无法割舍。

　　为了更好地追随我热爱的 WTO 争端解决事业，在结束了中欧光伏和中欧无线通信设备两个史无前例的大案工作后，我主动申请加入条法司争端解决团队。感谢条法司 3 位司领导，给予我真诚的欢迎和热情的鼓励；更感谢时任贸易救济局（原进出口公平贸易局）的所有老领导们，对我那学生气十足的理想追求给予了最大的宽容、理解和支持。自己在入部 12 年之后，终于能够从事最初向往的工作，褪去 12 年前的青涩和懵懂，等待至今的自己也许才真正为这项公认的"高冷"事业做好了准备。可是，我真的准备好了吗？初入团队，成为争端案件主办官员，亲自参与每一起案件的每一项大大小小的工作，才知道，自己所谓的"准备"远远不够，"这潭水实在太深了"。且不说每一起案件在具体事实、适用规则以及诉讼策略上的差异，单是看上去同在 DSU 设定的框架下推进的程序，也会在此案与彼案之间千变万化。新情况、新问题、新挑战，总是层出不穷。总是在自己刚刚暗自庆幸最近"略懂一二"之时，又遭遇技术、经验和信心的重大打击，重新陷入抓狂。更不用提每一起案件中最为核心的条约解释、逻辑推演和能够最终影响专家组或上诉机构作出于我方有利的裁决的结论，没有足够精深的 WTO 法、国际公法及相关部门法功底，只能望洋兴叹。争端工作的特殊性决定了我们争端团队必须具备足够的抗压能力和持之以恒的勤奋和钻研精神。在艰苦的工作条件下和繁重的工作任务中，这个团队也培养和锻炼了一批又一批条法司乃至中国 WTO 法研究和实务领域的精英骨干，令人无比自豪。在每一个中国参与的争端案件中，公众可能看到的是一个个案号和一项项主张，但可能看不到的是案号和主张形成之前双边领域中曾有的曲折和角力；公众可能看到的是一份份裁决和报告，但可能看不到的是裁决和报告最终公布之前，我们曾会同中外律师团队起草、修改、审阅、分析和批驳的数倍、数十倍甚至数百倍页数的我方和他方的书面文件、陈述、证据、资料以及那些无法计数的越洋电话和面对面会议……以至于同事们都戏称：争端团队是最不缺"英文读物"

的团队。习惯于随时随地都随身携带书面陈述草稿或是 WTO 裁决，早已成为这个团队的统一标识。而新组建的争端团队也在以前辈为榜样，不断提升和赶超。

时至今日，中国已"入世"14 年，参与 WTO 争端解决的经验也在快速丰富和提高，取得了许多举世瞩目的成绩，成为 WTO 争端解决领域举足轻重的一支力量。在 WTO 的 DSU 规则修改谈判中，也被各方寄予厚望。中国应当在 WTO 争端领域扮演什么样的角色、如何利用争端解决机制更好地维护产业利益和贸易利益也成为令人深思的重要命题。而如何跨越前一阶段的成绩，实现新的突破，全面提升团队实力，更是团队内部亟待研究和解决的现实问题。且不说撰写逻辑清晰、法理深厚、具有说服力的诉讼文书，如有一日能够与欧委会和 USTR 的对手在专家组甚至上诉机构面前唇枪舌剑、一较高下，而不仅仅是坐在中外律师身旁的"客户"（client），也是我们团队曾经和现在的每一个成员深藏在心底的梦。为了这一天的到来，我们正在努力。而希望这实现跨越的一天，并不会太遥远。

数年前，曾经与欧盟著名的国际贸易法专家 Edwin Vermulst 聊起职业选择和追求的话题。当时的自己问他如果不做贸易法律师是不是还有其他更赚钱的选择？他回答那是当然。自己接着问，那为什么还要选择这个领域呢？他想了想说，Because I love it and you will never get bored by trade。是的，发自内心的热爱和一颗永不倦怠的心，也许正是奔跑在 WTO 事业路上的你我最需要的勉励。始终相信：执着所爱，终有所成。与君共勉。

追寻理性的光芒：我与 WTO 之缘

郭景见[*]

当理性之光照亮选择与机缘交织之处，便有义无反顾的投入。

读研时，WTO 法是国际经济法中开始受到关注的选修课，不似公司金融法被趋之若鹜，也不似法理法史的孤高冷艳，却因兼具天下为公的博大情怀和经世济民的实用价值而独显魅力。选修后，习得理性的过程犹如徒步穿越漫漫黑夜——亚当·斯密和大卫·李嘉图的洞若观火需要中文辅助理解；从伏尔泰、培根到上诉机构裁决的距离似乎遥不可及；堆积如山的诉讼材料中事实和法律的泾渭难以分明；拿起材料时叹为观止，放下却洞见全无。作为选修此课的两位母语非英语的学生之一，我却始终不因选择而后悔。

漫漫长夜后，方能领悟理性的朝晖。每次课上，教授的"Where is Jane（笔者英文名）?"之后不知又是什么难题，只好课下通宵预读材料，背诵 WTO 行话的英文表述，以应对苏格拉底式法学问答，而当习惯性地期待"权威"给出"标准答案"时，教授只会不厌其烦地言之凿凿"critical thinking（批判性思维）"——这是整个学生生涯最珍贵的回忆之一。坦率地说，若不是这位博古通今而对 WTO 法眉开眼笑、高深莫测却又好奇童稚的双重国籍教授，WTO 法能否开课也未可知，弃之也未知可惜。

"只有伟大的学校才能带领学生来到不确定的边缘习得领悟，这才是社会和个人价值发展的关键所在。"——那时还未能理解此言真谛，只深感法律备忘录总也写不尽如人意，考卷则似可天马行空地揣度。

毫不夸张地说，我从 WTO 法习得的批判式理性思维方式和逻辑分析方法受用终生。它超出法律本身深度开发人的潜能，让人领悟出亚里士多德的"人生最终的价值在于觉醒和思考的潜质，而不只是生存"，体会到 WTO 前上诉机构主席巴克斯的"检测理念真伪的科学精神"。

---

[*] 香港中文大学国际经济法学硕士，2011 年进入商务部条法司，从事 WTO 争端解决工作。

那时的 WTO 法于我，如浮光掠影却是惊鸿一瞥；然念念不忘必有回响。

工作后身处愈演愈烈的全球化前沿，再次沐浴在 WTO 法的理性之光中。实践 WTO 法时间虽短但受益匪浅，因而对这段邂逅充满感激。在维护国家和产业经贸利益的 WTO 争端解决工作中，我初出茅庐就有幸参与了数起重要案件的起诉、应诉、第三方及争端解决规则国际谈判等，出国工作后又进行了发展中国家与 WTO 争端解决机制的有关研究。

从感知、习得理性之光到参与其中，是一种"境界"的跨越。在 WTO 争端解决的实践中，我们需要迅速理解案件争点，准确研判涉案的国家利益，围绕争点系统收集、分析证据和法律依据，参与起草诉讼材料，预研案件结果和对策。还需要迅速有效地补习相关的经贸知识、法理和判例，综合运用多学科知识于实际工作，统筹考虑经贸、政治和外交等因素，从国家和产业的大局利益出发，尽可能制定最优的工作方案。更需要充分担当政府角色的光荣重大使命和责任，组织协调政府和企业、行业组织等私人机构，应对同样倾尽全力、在专业和诉讼技巧等方面具有先发优势的其他成员。

WTO 法的光芒普照全球，但唯有勤思笃学才能从浩如烟海的信息中发现问题，洞察联系，除粗去伪，提要钩弦；才能预判各种可能的反诘并备有后手，为维护国家利益据理力争，形成有说服力的判断；才能在国际规则的框架下，探索改革国内管理措施的富有策略的主张和政治可行的安排……也才能钻研博大精深的专家组和上诉机构报告等鸿篇巨制，与 WTO 的"法官"、顶尖律师和专家探本追源，领略逻辑思辨的缤纷绚烂，感知剖析论证的穿透力量，叹服理性体察万物、拷问人性、上下求索、跨越国界的神通广大，用国际法治的光芒规范跨国经贸活动，引导人类更广阔、深厚的同理心，营造更富饶美好的世界。

20 年前，在"只有规则庇护的世界才有各自的和平与发展"的共识下，民族国家为了共同利益开展国际合作，以"成员驱动"的方式自愿、共同建立了 WTO。20 年来，全球经贸活动摩擦不断却日趋活跃发展，全球 161 个成员实力此消彼长却不至弱肉强食。WTO 法的实践彰显出"强权可能不再是公理，而公理有可能成为强权"。

WTO 作为全球治理最伟大的成就背后，是 WTO 法作为人类法治执行的典范，将理性之光付诸实践，建章立制，定纷止争，维持秩序，难能可贵地实现了国际社会的良法善治。理性之光普照大地，不偏不倚，它从人类社会更广泛而长远的共同利益和责任意识出发，以科学的方法，为 WTO 提供其得以维系的最重要的安全性和可预见性，尽最大可能降低经济开放的风险，为更多国家的和平与发展，更多人们的物质生活改善和精神自由提供可能。

诚然，WTO理性之光也可能一时被蔽于浮云，国际法治建设也会受到局部复杂利益和参差不齐的国家治理能力的羁绊，难以一蹴而就。但是，相信人类将在发展中不断突破局限。理性之光必将引领人类走向风和日丽、海阔天高的美好明天，那是包括你我在内的明天。

我与 WTO：相识、相伴、相爱

穆忠和[*]

2015年6月28日上午，一条微信映入眼帘——"我与WTO"稿约："我"与WTO的相识、相伴与相爱。原来是清华大学法学院杨国华教授发给我的命题约稿信息。说实话，我没想到国华先生除了长袖善舞于国际经贸谈判舞台、驾轻就熟于高等学府讲坛之外，还如此谙熟"煽情"之道：一个约稿题目就轻易地触动了我的神经，我与WTO之间一幕幕往事竟然清晰地浮现于脑海……

一、相识篇

回想自己与WTO的相识，发现原来我的职业生涯的起始年份与WTO的诞生竟是在同一年——1995年。是年1月1日，WTO在瑞士日内瓦成立，对于中国而言，最直接的影响就是中国争取恢复关贸总协定缔约国地位的"复关"谈判转为申请加入WTO的"入世"谈判；对于我个人而言，最大影响就是我的职业生涯从此与WTO结下了不解之缘。

如果说1995年我从天津大学人文系经济法专业毕业时对WTO还只是略有耳闻的话，那么从1998年到2001年我在南开大学国际经济法研究所攻读法学硕士期间可以算是真正开始了解WTO。记忆翻到这一页，有一位老师不得不提，他就是人送昵称"程WTO"的程宝库教授。程教授治学之严谨、做人之朴实、待人之和善着实令我景仰，我想他那么喜欢研究的WTO应该很有意思吧，于是我就尝试着踏入了WTO的领域。初涉这个领域，我便被它的博大精深所震撼。它既像一座万紫千红的百花园，等待游人欣赏采撷，又似一尊设计加工中的雕塑，等待工匠们精雕细琢。

---

[*] 法学博士（国际经济法方向），现任商务部世界贸易组织司一等秘书，主要从事中国贸易、投资、知识产权等法律政策咨询、合规性评估及中国与欧亚地区国家FTA谈判等工作。2011年在斯坦福大学担任顾问教授（Consulting Professor）。2001年入部工作之前曾在天津从事律师工作。

在此期间，还有一幕与WTO有关的场景历历在目。2000年夏天，在南开大学某宿舍内，四个光着膀子、挥汗如雨的男人排成一排，正在绞尽脑汁地撰写硕士毕业论文。其中一个是我，而最用功的一个是我们宿舍的"老大"申进忠，他研究的内容是WTO协调贸易与环境的规则。坦白说，我当时对GATT1994第20条中与保护环境相关的例外条款还不太理解，但申进忠同学经常在宿舍内神侃时高谈阔论的WTO理论对于我认识WTO还是起到了一定的启蒙作用。多年后，申进忠已经成为钱伯斯律师排名榜上的中国环境法律师第一人，而我所供职的商务部WTO司团队正在代表中国参加WTO环境产品谈判。看来人生虽充满未知，但个人的主观选择和努力对自身命运走向的影响亦是至关重要的。

二、相伴篇

日历翻回到2001年9月11日。记得那天是我进入对外贸易与经济合作部完成军训后正式上班的第一天。此时我已得知自己被分配到国际司二处，从事中国加入WTO谈判工作。当时谈判已经接近尾声，中国的加入显然会提升多边贸易体制的影响力，对WTO自然属于利好消息，但与此同时，由于发达国家与发展中国家在发展问题的严重分歧，以及反全球化浪潮的冲击，导致世贸组织新一轮多边贸易谈判迟迟不能启动，从而为WTO的前景投下一层阴影。

这一天早晨，我兴奋地踏上班车，期待着即将开始的与WTO亲密接触的新生活。忽然，听到广播里传来美国纽约世贸大厦被飞机撞塌的新闻。刚听到这个消息时，我还没有意识到它的严重性，更没有意识到它对WTO有什么影响。直到当年11月，在卡塔尔首都多哈举办的WTO部长级会议上，WTO成功启动多哈发展议程新一轮多边贸易谈判时，我才真正意识到：正是部分地由于这次"9·11"恐怖袭击，美国亟须争取广大发展中国家的支持，以应对恐怖主义的威胁与挑战，为此，在发展问题上进行妥协，从而启动新回合谈判，成为美国的理性选择。但这种在很大程度上出于政治考虑而非经济动因而勉强发动的贸易谈判，存在明显的先天不足，为今后步履维艰、久拖不决的谈判进程埋下了伏笔。

在进入外经贸部开始真正与WTO相伴的第一天就赶上"9·11"这样震惊世界的事件，似乎预示着自己也将见证WTO的历史性时刻。果然，入职后的若干年里，我先后亲身参与或现场目睹了中国加入WTO、坎昆部长级会议受挫、"七月框架"达成、香港部长级会议成功、2008年7月谈判破裂、

2013年12月"巴厘一揽子协定"达成等WTO的诸多重要事件。当前，WTO又走到了一个历史性关口，能否在今年12月的内罗毕第10届部长级会议上为成功结束多哈回合谈判打下基础，必将对多边贸易体制的未来产生重大影响。

最好的关心莫过陪伴。无论WTO今后将迎来辉煌岁月，还是将遭遇艰难险阻，作为与WTO朝夕相伴十余载的世贸人，我想自己都会与之同甘共苦、荣辱与共。

三、相知篇

我对WTO的热爱，是随着对它认识的不断拓展而加深的。而我本身在学习、研究和从事WTO工作过程中，也开阔了视野，提升了境界。

2006年下半年，我有幸在瑞士日内瓦参加了WTO秘书组织的贸易政策培训班。全班26个同学来自26个不同的发展中国家，这一方面让我感受到了发展中国家人民之间的天然感情；另一方面也提升了自己对各种不同方言英语的理解能力。这是我第一次近距离、全方位感受WTO这个管理全球贸易的组织如何运转。无论是谈判桌前的唇枪舌剑，抑或是咖啡厅内的谈笑风生，都彰显着WTO与众不同的气质，也构成了我喜爱它的理由。

说到研究WTO，应该从我在人民大学攻读法学博士学位算起。感谢我敬爱的导师余劲松教授。是余老师鼓励我把博士论文选题定为"多哈回合谈判中的发展问题研究"，并给予我高屋建瓴的指导。多哈回合谈判因发展问题而多年难以启动，而后通过冠以"发展议程"而开启，随之由于成员对发展问题的不同立场而屡次搁浅，期间也因解决了发展问题而取得了巴厘岛会议的成功。今天，WTO已经拥有161个成员，而其中三分之二以上是发展中成员。可以说，"发展"已经成为WTO永恒的主题之一。

2011年11月至2012年5月在美国斯坦福大学担任顾问教授（Consulting Professor）期间，我对WTO的研究又增加了新的视角。借助斯坦福大学发达的资讯、丰富的资料、自由的学风，我广泛涉猎国际政治、经济、金融、外交等知识，积极参加各种学术活动。无论是向吴敬琏先生就中国经济改革问题的当面深入讨教，还是与麦金农教授在午餐会上就国际金融问题的咨询，对我而言都是思想上的饕餮盛宴，为我观察和认识WTO提供了全新的维度。

2014年6月国务院办公厅发布《关于进一步加强贸易政策合规工作的通知》，授权商务部对我国贸易政策是否符合WTO规则提出合规性意见。我亲自参与到这项任务艰巨、使命光荣的重要工作中，感觉既幸运又忐忑。感觉幸运是因为，自己潜心研究 WTO 十余载，可以在贸易政策合规工作中实现学以致用；感觉忐忑是因为，合规工作任务重、难度大、敏感性高，对自己的 WTO 知识水平和工作能力构成巨大挑战。得益于国内 WTO 领域各位专家的支持，截至目前，合规工作进展顺利。当然，我还没有理由沾沾自喜，因为对于所有从事合规工作的人，包括自己，要做好合规工作，那么对 WTO 规则的研究是没有止境的，对 WTO 的相知之路没有终点。

记忆断断续续地流淌，我与 WTO 从相识、相伴到相知，走过了 20 个春秋，自己也从弱冠之年迈入了不惑之年。每次当我在日内瓦出差，会议间隙散步在 WTO 总部大院内的中国花园（2012 年中国向 WTO 捐建的苏州园林样式花园，我有幸参与筹建）时，感觉中国的古典园林与日内瓦的欧式建筑中西合璧，相映成趣。有形的建筑可以相得益彰，无形的思想文化亦然。我想，张月姣女士在争端解决上诉机构的卓越表现，从某种程度上证明，中华文化与世界其他文化不仅是相通的，而且是相辅相成、相互促进的，文明的相融远远超过所谓"文明的冲突"。从这个意义上说，WTO 为中国与世界架起的不仅是贸易之桥，更是文化之桥，文明之桥。衷心祝愿进入弱冠之年的 WTO 披荆斩棘，勇往直前！中国的 WTO 事业蓬勃发展！

涉外法律争端解决和涉外法律人才培养[*]

于 方[**]

世贸诉讼,入世以来在国内引起的关注还是比较多的,近年来越来越成为一个日常的工作,是我们每天都在发生的工作,各方面的机制也越来越成熟化。世贸诉讼这块工作,首先是在条法司内培养了大量的人才。从参与世贸争端,以世贸争端为起步,慢慢拓展到其他领域的,这个过程应该是涉及特别多的人。世贸法律工作应该说在行政机关内是一块非常特别的工作。我不知道是不是很多行政机关还存在这种类型的工作。这个工作非常特别,它一方面是行政机关的一部分,另一方面又不完全是行政工作,它有着非常强的技术性、法律性,还有一种深度的对外接触交往。所以说,从这个团队走出去的这些人,受到的这些训练,可能是日常的行政工作所无法给予的。这个岗位就是一个培养人才的岗位,它给予人全方位的训练,这种训练包括具体法律问题的法律分析。

当然,语言是第一位的。首先有一定语言基础和法律基础才能参加这个工作。在这个工作中,对语言其实是锻炼很大的,也对法律思维提出了一些要求。还有,这个工作也使得我们对于诉讼有了进一步的了解。实际上我们一开始对这个法律诉讼没有什么清晰的概念,当真的进入诉讼以后,开始慢慢发现诉讼不完全是法律问题。整个诉讼的程序和策略也都是需要考虑的,因为我们是参与到世贸组织这个多边的环境当中。其实每一个案件都不是一个孤立的案件,它是整体的一部分,是整个多边机制处理争端的一部分,也是

---

[*] 说明:根据 2015 年 9 月 13 日在中国法学会世界贸易组织法研究会主办的"WTO 法律实务、研究与教学研讨会"上的发言录音整理。

[**] 于方,商务部条约法律司处长。1997 年毕业于复旦大学,获法学学士学位,2000 年毕业于北京大学,获法学硕士学位。2000 年进入商务部(原外经贸部)。曾在我驻美使馆经济商务参赞处工作两年。先后从事国际贸易法、国际知识产权法和 WTO 法等实务工作。目前主要负责 WTO 争端解决工作。先后主办的案件包括:我诉美双反措施案、美诉我电子支付案、我诉美暖水虾案、我诉欧紧固件案、美诉我取向电工钢案、美诉我白羽肉鸡案等。

法律过程的一部分。每个争端报告都需要在争端解决会议通过。这是一个各国外交官对案件进行交流的场合。同时我们还会参加DSU改革的谈判，这也是世界各国来表达自己对争端解决机制态度的场合，这也是对未来趋势发表观点的一个场合，所以这也是一个多边交往的外交场合。在这样的岗位上，一方面可以训练人的法律素养，另一方面也是训练人在这个国际经贸和法律圈子内，学会用多边化语言来表达你的诉求，来推出你的要求，来抵挡别人的要求，或者来接受别人的诉求。这是你在这个圈子内交流的时候，用的第一套语言体系。我们的感受就是，这个语言体系，是跟国内不一样的。你反驳别人的理由和接受别人的理由，提出自己要求的理由，都要找到非常充分、非常符合逻辑、让别人觉得无懈可击的理由。你必须学会运用这个机制。我觉得这也是提高中国官员和外交官国际交往能力的一个平台。大家可以看到，在条法司里面，不论是投资这种前沿事务的团队，还是包括我们贸易这种热门事务的团队，抑或是行政诉讼的团队，这些团队的人才，都是在不断经历争端解决的过程中培养锻炼出来的。同志们纷纷反映，经过这个争端解决工作以后，很多看问题的视角都不一样了。所以我首先强调的是，世界贸易组织争端解决，帮我们培养了一大批人才。

第二个问题就与律师有关了。我们中国律师对案件是有深度参与的。律师是非常勤奋的，我们合作的每一个律师都是如此。我非常深刻的一个感触，就是绝大多数案件中的模式都有创新。在之前的案件当中，都是以外国律师为主，中国律师为辅来做。但是中国律师虽然是辅助的律师，但是他们从未把自己当作是附属的和从属的，或者说是次要的地位，他们都是用一种非常强的主人翁的意识，把自己当成主要律师来做一些事情。我觉得我接触到的，基本上每一个中国律师都是这样去做的。不管是在诉讼策略的制定上，还是在具体的抗辩点陈述上，他们都是把自己作为一个主体的律师来做所有的 legal research，全部方面他们都考虑。我们在最近的一个案子中，一个重要的法律点就涉及外部特殊市场状况的问题，这可能对未来，特别是2016年以后有影响。我们是请的中伦律所和外方律所合作。当时我们就是以中伦律所为主，以外方律所为辅。

我觉得在这个过程中，我深切感受到了中国律师的法律分析能力。据我现在的感受，中国律师不比外国律师差。具体而言，对于一个法律点，应该怎么抗辩，从哪几个方面抗辩，包括 legal research，能够找到什么样的先例，怎么来利用先例，我觉得是不比外国律师差的。当然我觉得中国律师肯定还是有不如外国律师的地方，这个是毫无疑问的。因为外国大所，十几二十年一直是做贸易领域的各种复杂案件，他们积累了非常多的经验。而我们呢，首先一点，语言可能永远是一个硬伤，中国人在语言上，很难说是完全无障碍的。再一个就是，你要完全 handle 一个诉讼，对一个案件整体来把握，掌控大量证据，还有应该收集怎样的证据，这些方面中国律师可能做起来也不那么容易。货物贸易诉讼可能要相对简单一点，它的证据是限定了的，不会再有新的东西了。但是如果你涉及一个像服务贸易的诉讼，像什么"电子支付案"，在处理这些案件的时候，它的证据的收集是无边际的，怎么从各方面收集对你最有利的证据，能够呈现在法庭面前，把一个"死案"往活里面扳回来一点点，或者把一个必输的案子让它变得有意义一些，这个可是非常重要的。至少不要把案子弄成一个必输而一无所获的案子。在这种案子上，我们会努力去考虑，能不能从法律解释上，为我们未来铺出一条路，为我们未来实践探路，如果对方或者上诉机构说这是不行的，那我们要在这个案子中搞清楚什么才是行的。也就是说，能不能指出这样一个方向，能不能从这个体系上，尝试对未来建立一个预期。

　　实际上像中国这样的国家，一方面是一个成员方，另一方面也是一个大国。我们参加这样的案子，一是个案上的梳理，这肯定是毫无疑问的，个案上的梳理必须是第一位的。再一个，则是除个案的诉讼以外，我们也还要关注体系的问题。其他成员方其实也关注你这样的案子，你的法律解释到什么程度，你要不要把它推到最有利的程度？因为任何一个规则上的问题，规则上的解释问题，都涉及实际上去创立规则的问题。在个案当中这个可能只是法律解释，但这种解释从整个法理角度可能会把这个规则推到另一个程度。我们同时也要考虑，如果这个解释立起来了，那它会不会对你其他方面有影响。因为我们都会在世界贸易组织争端中扮演着不同的角色。你扮演过原告也会成为被告，会被裁决败诉也会胜诉。除此之外，我们也非常关注，自己的这么多解释性主张，实际上提倡了一种什么样的法律解释原则，我觉得这都是反映中国作为大国的考虑。

　　再说说中国律师，我们中国律师应该说肯定是取得了很大的进步的。但是从我们的角度看，要完全替代外国律师，还有比较长的路要走。因为现在的贸易争端对律师要求比较高，要达到外国律师那种水平，或者说是接近，还是有比较长的路要走。我还有一个比较深的感受是我们学校对于这种法律人才的培养。我已经离开学校很多年了，当时我在法学院读书的时候，那个时候的法学教育，我觉得可能比今天的法学教育差很远。因为现在再回头，我当时的本科法学教育，感觉比较缺乏专业上、职业上的训练。更多的像是一种普法教育。就是让你知道法律各门本身在讲什么，是一种知识上的泛述。对于这种职业的训练也好，法学的方法也好，讲得比较少。对于现在大学里的法学教育，是由什么方式进行的，我不是很清楚。但是我参加了几次WTO模拟法庭，感受还是非常深的。当时觉得这些法学院的学生们，比当年的我们简直强得不是一倍两倍，尤其是在语言上。现在这些法学院学生，比如英语，不过是本科生，就都好得不得了，就能长篇大论地用英语讲法律问题。他们的研究能力也是非常强的。我都没有想到，他们都能把一个世贸组织法下的问题，所涉及的案例找出来，找的虽然不全，但是他们真的找出来了一些，找出来了还消化了，能够说这个判例讲的是什么。这其实对于一个在条法司工作的同志来说同样已经是不容易了，但这些小同学们能知道这个判例在这个问题上讲的是什么，把这些运用到现在这个虚拟的问题上，怎么为我所用，当时真是非常impressive。所以我觉得，应该说是中国的法学院教学是有较大的进步的。如果这些小同学们未来分布到各个法院，都会是发光发热的人才。当然我也特别希望有很多同学能够流向WTO的团队，包括政府团队、律师团队，在WTO领域能够继续发展下去。也算是对未来的一个希望吧。但是你要说不足的话，这些小同学我觉得在训练上可能legal reasoning功底不是非常深厚，感觉是口头比笔头要强。看他们在陈述的时候，非常激动人心，但是看他们的诉状的时候呢，好像要差不少，也就是诉状体现出来的legal reasoning成分要稍微弱点。

总之，我讲的可能既有取得的成果，也有不足。不过如果我们侧重谈谈不足的话，感觉不只是一个方面了，不然的话也不会把它当成一个需要解决的问题在这讨论。首先从机关内部来说，人员匮乏是一个非常大的问题。我觉得我们老师如果有适当的渠道能够反映的话，还是可以去建议，学校和政府机关应该加强交流。包括老师可以到我们这里挂职，政府官员也可以回到学校读两年。这种交流是双方都非常欢迎、非常需要的。学校可能需要实践方面的经验，政府公务员在岗位上考虑的事情多了，也需要有这个时间能够沉淀沉淀。所以说应该加强这种实务界和学术界的交流。还有一点我必须要说的，我为我们能够有这么多律师队伍感到骄傲。但是我们中国律师团队还有一些客观的情况、客观的原因存在。比如说，我们WTO这块业务是无法来支持多个团队的运营，尤其是缺乏经济方面的支持。但是我们律师体现了很多奉献精神，是为国抗辩的一种精神在支撑着他们。但是可能从客观方面来说，很难要求律师们只是凭借这个精神来专注于这个领域，现在这是非常正常的问题。所以说我们的律师在专注性还有团队的稳定等方面，可能还是会存在一定的问题。我们也是非常热切地盼望着中国律师的进一步发展壮大成长。最后还是希望老师们付出更多的精力，在这个领域培养出更多的涉外法律人才。

 第五篇　学生视角

WTO 法学习中的杨式讨论法

叶简剑[*]

作为学生，我正式学习 WTO 法律自 2014 年秋天的 WTO 法律课程开始。这门课有多种特殊之处。首先，授课老师是一名来自国际贸易谈判第一线的顶尖专家，杨国华老师。其次，课尽管开在清华法学院，但常有来自其他单位（如商务部）、其他学校（如北师大）以及其他专业背景（如哲学专业）的同道前来切磋。但最重要的是，这门课采取了一种独一无二的教学方法——杨式讨论法。

对于老师来说，如何教授 WTO 法可能是一个难题。因为 WTO 法不仅本身条约内容丰富，基本上与所有部门法都有互动。同时，WTO 法律中又有判例的存在，尽管严格意义上来说，WTO 法律内并不存在 stare decisis 的适用，但是对判例的研究和分析也是理解 WTO 法不可或缺的重要部分。同理，对于学生来说，如何学习 WTO 法也可能是一个难题。

我学习 WTO 法律的经历不长，也只经历过杨师的教导和训练，所以也只能就此谈谈自己的感想。就我而言，我认为杨式讨论法是一种合适的且可以推广的教授和学习 WTO 法律的方式。

和上过的其他所有法学院课程不同的是，通过一学期杨式讨论教学法的训练，身边同学谈到最多的并不是法律知识的积累，而是能力的提高。学完合同法后，你可能会记住"意思表示"的含义，但是在上完一学期的 WTO 法课程后，同学们学到的却是：倾听他人发言并对比提高的能力（张嘉城），阅读英文判决原文的能力（李若愚），分析思考的能力（柳池），语言表达的能力（唐淼）等。一叶落知天下秋。从同学们在期末感想中谈到的这些能力提高，也可以看出杨式讨论教学法所培养的方向——授人以渔而非授人以鱼。这也契合了一句教育名言："我们应该教授学生如何思考，（而不是）教授他

---

[*] 清华大学法学院 2011 级本科生，哈佛大学法学院 2015 级 J. D. Candidate。

们思考什么。"

如果我们借用布鲁姆分类学的角度分析这一学期的课堂实验,那么杨式讨论教学法的特殊之处会更为明晰。布鲁姆分类学将学习的认知过程分为六个部分:知识、理解、适用、分析、评价和创造。在一般的法学课程中,我们所学习的主要是知识的层次,即有能力陈述某一个概念(例如电子支付服务的定义)。偶尔能突破知识层次,进入理解层次,即用自己的语言文字对某一概念进行陈述(例如阐述《维也纳条约法公约》(VCLT)第31条的含义并解释其适用的后果)。在考试中,我们也会偶尔碰到适用层次的问题,即针对一个具体的案例,在没有提示的情况下,适用我们的知识来解决问题。但是更高级的分析、评价和创造却很少涉及。

但是在WTO法的课堂上,我们所锻炼的能力覆盖了布鲁姆分类学下的全部认知过程。知识往往是同学们在课下阅读时就已经了解,并在课堂发言中不断提炼细化的。当同学提出"什么是commercial scale?"这一问题时,他就在尝试"理解"这一概念。而站起来回答他问题的同学则是在用自己的语言阐释这一概念,即完成了"理解"这一认知阶段。而在讨论"组件"还是"配件"的问题时,同学们对于VCLT第31条和第32条的引用和解释,则锻炼了其适用的能力。同学对于稀土案和原材料案中判决合理性的论辩,则体现了同学们对判决书的"分析"能力。每堂课后杨老师都问我们每一个人的问题——"想一想这样判对不对?"就是在培养我们的"评价"能力了。最后,杨式讨论教学法对于"创造"能力的培养体现杨老师提出的一些"奇思妙想"的问题。比如,让你来重新起草TRIPS协议第61条,你会怎么写。又比如,让你来写出版物案的判决书,你会怎么编排顺序。

国内实务界常有抱怨学生"高分低能"的说法。这样的脱节体现的问题其实就是法学院学生能力的缺失。实务界所要求的能力其实就是面对现实问题拿出解决方案的能力。要解决问题,首先就需要学生对脑海里的知识的把握达到分析、评价和创造的层次。就像学剑一样,要比武,首先就需要习剑之人把握好师傅教的各套剑法的用处缺点,融会贯通了,方能见招拆招,立于不败之地。而真正的武林高手,也一定是可以推陈出新的聪明人。杨式讨论教学法,教的就是这种举一反三的思维。

除却培养能力以外,杨式讨论法更大的作用是对学生素质的培养。素质培养的特性就是潜移默化,恰如"随风潜入夜,润物细无声"。素质培养亦是学生"明德"不可或缺的一部分。

在这学期的课程中,有一些细节值得思考。比如,杨老师在第一节课开始时就强调有人发言时其他人要注意倾听，即使有想法也应当采取"笔谈"的形式。一开始还常有同学不自觉地破坏了这规矩，但时间久了，大家也都养成了倾听他人发言的习惯。这种倾听习惯的要求其实在培养着同学们尊重他人的素质，同时，也暗示了"谦虚"的重要性。因为这种倾听习惯直接对应的就是一种唯我独尊的思维习惯——"别人的发言不重要，不值得听"。

杨式讨论教学法还有一个特色就是每个人都要按顺序发言，按举牌的先后顺序。这个发言方式是模仿了联合国等国际组织发言流程的规定，但体现了一种朴素的规则意识和民主精神。在一学期的课程中，没有人违反这一规则，即使当杨老师也加入讨论时，他也按照规则发言，从无违规。这种最简单的发言顺序锻炼，恰是培养公民精神最好的课堂。

又如，杨老师在课上也一直鼓励同学们站起来表达自己想法。这种表达能力的锻炼，其实也培养了学生自信和冷静的素质。课程后半期开始的学生主持人实验，更是体现了老师对于学生的大胆信任与学生挥洒自如的自信沉稳。这种自为楷模，又循循善诱的师生关系，在现在的大学课堂里，是少见的。

有关杨式讨论教学法最为重要的一点，是自愿。梅贻琦先生在《大学一解》中谈道："理智生活之基础为好奇心与求益心，故贵在相当之自动，能有自动之功，斯能收日新之效。"在大学阶段学习，教师最为重要的目标就是激发同学的好奇心，让同学们主动地去学习和思考。这学期 WTO 法课堂就是一例。从头至尾，所有的思考方向、讨论内容甚至作业布置，都是大家一起自由自在地商量出来的。大家在这种共同学习的氛围之下，寻找自己感兴趣的点，提出自己不理解的问，回答自己侧重的题。可以说，这学期 WTO 法课程最成功之处，就是激发出了学生的这些学习的内在动力，让同学们主动地去发现问题，解决问题。这种精神，是一个人可以在大学阶段收获的最为宝贵的财富。

就我一学期的 WTO 法律学习经历来看，我不仅从杨老师的课堂上收获了有关 WTO 的法律知识，也培养了解决问题的能力，更完善了自身的素质。所以我认为，在 WTO 法律领域，杨式讨论法是一种合适的且可以推广的教学方法。

在 路 上

刘俊杰[*]

WTO之于我，如同将一辆行驶在田间小道看风景的车带上了一条高速公路，看到了一个更大的世界，我停不下来了，我已经听到了来自远方的呼唤，我要向前走。

一、WTO下的中国面孔

与常人不同，我与WTO初识，不是通过WTO制度本身，而是通过WTO下的中国面孔：AC WTO[❶]。2013年底，我还是陈咏梅老师国际经济法课上本科生一枚，有幸被老师选中参与协助AC WTO邮件的整理工作[❷]，历时几个月的跟进，并没有传统文字工作的枯燥和乏味，反倒是妙趣横生。高级官员、顶尖学者汇聚一堂，讨论的内容包括WTO案例教学的理论与实践、WTO法的性质、WTO前沿案例还附带国际时事热点问题，语言诙谐幽默，氛围平等热烈，全然不像往常的你好我好大家好的一团和气。于我而言，似是享受了大咖们思想理念交流碰撞的精神盛宴，感念于前辈们为推动涉外法律人才培养的执着与国际法治秉存于心的坚定信念，虽未谋面，却已心存敬意。

自AC WTO线上成立后，各界对WTO的关注如星星之火燎原之势蔓延开来。随着"WTO案例教学研讨会"和"卓越涉外法律人才培养研讨会"在西南政法大学的召开，终于能在现场听到大咖们的真知灼见，模糊的面孔也日渐清晰。2014年12月，我作为西政代表队一员赴北京参加中国WTO模拟

---

[*] 西南政法大学国际法学院2014级硕士研究生，涉外法律人才实验班成员。

[❶] AC WTO（Academic Circle of the WTO）于2012年7月在商务部条法司杨国华副司长的倡导下兴起，汇聚了国内WTO领域研究和教学的一线实务工作者和学者。各位专家通过群发电子邮件的线上讨论方式营造了一个WTO领域研究者的交流平台。

[❷] AC WTO邮件汇编成册后的成果参见杨国华、张晓君、陈咏梅、陈卫东等编：《法学教学方法：探索与争鸣——WTO案例教学法初探》，厦门大学出版社2013年版。

法庭竞赛。早上开幕式后，和各位顶级专家教授合影的时候，那一瞬间，阳光打在我的脸上，仿佛是一种幻象，梦想竟然成真了。

WTO下的这些中国面孔是从事WTO研究、实践、教学的专业人士，常年研究WTO案例，推崇争端解决机构专家们的严密法律逻辑思维，应该说是最具有理性的一群人。但却又是一群最感性的人，为了WTO理念的传播上下奔走，聚集到各高校讨论WTO案例于教学中的应用，组织WTO打官司一线实务人员探讨经历写随笔，积极为WTO模拟法庭竞赛做评审。这是一群心怀法治信仰，有勇气和信念探索未知世界的先行者。我愿紧随其后，路漫漫其修远兮，吾将上下而求索。

二、沐浴在WTO的光芒下

AC WTO将我引上了一条通往新世界的道路，然而这并非是一帆风顺的康庄大道。大三下学期，陈咏梅老师小班开课，讲授世界贸易组织案例解析，全程运用纯粹案例教学法。第一个案子是美国1916年反倾销法案的上诉机构报告，一个星期，30页的英文阅读量，要求同学们课前了解基础知识，课上就内容进行讨论。但传统思维的桎梏，语言的局限，专业知识的缺乏让我备受煎熬。曾坐在图书馆三楼D（9）区的两行书架间，密密麻麻的国际经济法著作带给我的只有才疏学浅的痛苦与无奈；也曾面对晦涩的WTO条文和传说中思维缜密的上诉机构裁决却无法理解时，内心充斥着两眼一闭的冲动。好在课堂的愉快能冲淡前期准备时的痛苦。纯粹案例教学法是一种讨论课模式，与长期以来的填鸭式教育完全不同，师生是学习共同体，学生为主，老师只是一个主持人，通常先会让同学做案例介绍，认真倾听每一位学生发言并抛出问题，引发同学相互辩论思考，大家积极畅所欲言的表达自己的意见。每一个同学都感受到自己在课堂中存在的价值，更有为课堂讨论做贡献的愿望。当能从这个课上得到自豪感的时候，就会越发感兴趣，而且会越学越好，这就是一个良性循环，我就是受益者。

WTO模拟法庭竞赛对我能力的提升更是不言而喻的。中国法科生传统分析案例的思维是：堆事实，堆法条，得结论。逻辑呢？分析过程呢？很简略或者没有。写Memo需要很强的逻辑思维和论证过程，因为要写两方的诉状，要能找到对方逻辑不严密的地方进行反驳。这便要求前期阅读和消化大量相关判例，能抓住争议焦点做案件摘要；要求正确理解法条含义以及专家组和AB曾对法条中的用语做出的解释；要求像专家组和AB附身一般，了解其裁决思路和逻辑；要求看大量学者学说，找到案件论证思路创新性的突破口。

就这样，在 WTO 前期炙热、后期温和的阳光下，我渐渐成长。

三、涅槃重生的 WTO 观

在成长的过程中，对 WTO 的认识也逐渐深入，我的思想充斥着碰撞和冲突。WTO 是 GATT 时期外交政治博弈产物，为何能实现法律属性？作为国际法一员的 WTO 无凌驾其上的权力机构，为何能在执行方面率众之先？思考、撞击、否定、再抽象，似凤凰涅槃，在煎熬中得到升华。

WTO 观的根本在于其存续之基的争议，尽管杨国华司长曾在西政讲座中大力宣传 WTO 是模范法，是国际法治的典范，但我却持保留意见，我只认同 WTO 在贸易领域是模范国际法。WTO 争端解决机制如此繁荣昌盛，被誉为皇冠上的明珠，其根源实在难以摆脱 WTO 所在领域的特殊性，即贸易领域所在的低政治性，言外之意，WTO 在领土、外交等高政治性的领域是难以推广的。但由于之后我又参加了 Jessup 国际法模拟法庭竞赛，在国际法院案例和 WTO 案例的对比研读中，我改变了看法。

倘若国际法院裁决经济贸易类的案件，能实现像 WTO 体制类似的成功吗？答案是否定的。国际法院的非强制性管辖权导致案件不可能过多，判例不多导致法官遵循前案的依据不多，导致学界对同一问题的观点差异大；国际法院没有具有成员共同意志的执行机制，执行与否涉及一成员所持不同利益的博弈，故执行效果并不乐观。同是贸易领域，WTO 机制的成功难以复制，说明 WTO 存续之基不在于领域，而在于 WTO 机制本身。WTO 制度有两点独特之处，一是强制管辖权，二是执行中的报复制度。

强制管辖权是指只要某一 WTO 成员起诉，另一 WTO 成员无论是否情愿，DSB 均有权管辖，这是基于 DSU 中 WTO 成员同意完全运用 WTO 争端解决机制来解决与 WTO 协定相关的争端的事前约定，由于 WTO 一揽子协定的属性，没有成员可以处于争端解决机构管辖之外。国际法院和 ICSID 无此强制机制，所以我国从不在国际法院应诉，别国也无他法。强制管辖权的好处在 DSB 受理案件的数量上就可以体现，截至 2015 年 7 月，已受理 496 个案件❶，这是解决政府间争端的其他机构无法超越的，国际法院在 1947 年至今也只有 161 个案件❷。为何 WTO 专家组的裁决的分析如此透彻，思维如此缜

---

❶ 参见 WTO 官网争端案件列表，https：//www.wto.org/english/tratop_e/dispu_e/dispu_status_e.htm，2015 年 7 月 15 日。

❷ 参见国际法院官网案件统计，http：//www.icj-cij.org/docket/index.php？p1=3，2015 年 7 月 15 日。

密,即便是国际法院的案件也没有像专家组和上诉机构一样将维也纳条约法公约运用得淋漓尽致,而且维也纳条约法公约原本还是公法的产物。我想这与案件的数量是分不开的。无论是WTO争端解决机构还是国际法院,都是西方大国主导的产物,体现着西方的法律思维,即遵循先例。条约等现有的规则固然是裁决的渊源,但是倘若没有大量的案例支撑,又怎能将条文解释得充实而有力。总的来说,强制管辖权带来的大量案例为争端解决机构专家们的智力发挥提供了平台和空间,裁决严密,成员信服,所以WTO争端解决机制蓬勃发展。

WTO机制另一独特之处便是执行中报复制度,实质指DSU第22条中的补偿和中止减让制度。在WTO协定下,如果一成员不遵守WTO争端解决机构的裁决,那受损成员可以获得不履行成员其他贸易部门额外的市场准入("补偿")或者可以向不履行成员减少开放自身其他贸易部门的市场准入("中止减让")。WTO同其他国际法一样,没有一个强大的执行机构,无权迫使任何成员去遵守WTO争端解决机构的任何裁决。然而WTO执行效果好,根源在于此执行机制,WTO裁决得以执行在于WTO所有成员的自觉履行,实质上是成员间利益与义务并存的全球契约。该契约的奥秘在于抓住了同一成员下不同经济主体间的利益博弈,如果一国政府的倾销规则与WTO规则不符却不改,可能会导致贸易或其他领域遭受报复,其他领域下的经济体势必不愿承担不执行导致的后果,也会推动WTO裁决的执行。亚里士多德所言的法治,良好的法律得到普遍的服从,也没有要求服从的背后必须是强权,也可以是使得成员愿意服从的良好制度设计。WTO就证明了这样一种普遍的力量能够被创造,国际法治是可以推向其他非贸易领域,构建一个由规则管辖的世界。

四、结　语

WTO这条道路或许并不好走,即便我满怀赤城地追随WTO,研习WTO案例,参加WTO竞赛,可能最终也无法踏入WTO的门槛,但WTO法学人和WTO体制让我看到了一个法治的世界,一个由规则主导,通过国际法治实现人类真正自由的世界,就像信仰的光芒将麻木庸碌的现实撕破一角,我也在推动法治的路上,我想,这便是最大的收获。

未完的作业

柳 池[*]

2013年底，期末考试之前，貌似是什么课的倒数第二次。廖诗评老师久违地走到教室里面（还以为他要来讲课），说下学期大三下的时候要给我们开一门WTO法课，老师不讲课，让学生以讨论的形式研读材料，当然材料全是英文。接着老师说会把参考的东西放到公邮里面。内容很多，想要选的同学可以提前看一下。

廖老师在北京师范大学法学院甚是出名，课上课下谈笑风生。有崇拜者问："老师是您讲么？"——"不是我讲"——崇拜者心凉了一大截。

当时我第一个念头大概是：好啊，我国际法模块的学分还没修满。

课不是你想上就能上。师大学生要在每学期结束前一个由校方规定的日子里，登录一个网上平台，然后在平台里面挑自己下学期想上的课。抢课那天晚上，校园网不出意料地崩溃了，寝室里一众人等一边拍着床板发牢骚，一边互相帮忙算要毕业还得再修多少学分。牢骚堆满天花板的时候，对面床铺的小鹏突然大喊我选上了。我说你选上什么了？小鹏说是WTO法。我说那是什么，小鹏说就是廖老师说过的那个。我说那我也选，毕竟听起来比什么海商法还是仲裁要高端得多。或许因为英文授课，不少学生心生畏惧，我选课的时候还有一些空位。选了之后也没多想什么，就投入期末复习的滚滚洪流当中。

假期回来，一众人等拖着行李和10斤肥膘回到学校。第一顿午餐大家边吃边交换各自选了什么课。豪哥说他选了WTO法，我说我也选了，旁边侯哥问你们看过廖老师发到公邮的英文材料了么？我说没有，侯哥说完全看不懂。小鹏说没事貌似不用考试，我心里一块大石头落了地。我说小鹏你回宿

---

[*] 北京师范大学法学院法学专业毕业，法学学士学位，现就职于毕马威华振会计师事务所北京分所审计部。

舍的时候把东西发给我吧，小鹏说好，结果到晚上他也没给我，我直到晚上才找老顾要了公邮的新密码。

进去公邮，好不容易找到廖老师发的英文材料。打开材料一看，一个word文档就要1.3MB，这得有多少，还是英文？点进去读，哈哈，果然不知所云！Remedies——这什么鬼东西？一份判决居然十几万英文字符——幸好只读几段——啊，怎么这么多页？什么，要周六上课？什么，是商务部的人来讲？

第一次上课是在周六早上，我来到教六楼的模拟法庭，偌大的屋子里稀稀拉拉坐了几十个人，全在后排缩着。杨国华老师出现了，告诉我们这是讨论课。大家恐怕是憋得太久，一开始根本讨论不起来。我也这样，第一节课一整节，我就看看不说话。恐怕也是憋太久，杨老师的课算是开大闸。同学们克服了内心的疑虑之后，讨论根本停不下来——在中国教育体系下成长的学生们，课上哪儿说过这么多话？

讨论课围绕中国参与WTO的几个案件展开。专题进行到"知识产权案"，大家开始解释问题，国内法是怎么解释的，国际法是怎么解释的，WTO的专家和大法官们又是怎么解释中国国内法的……大家正说着，我忽然来了灵感，在黑板上画了几个图。旁边有一位立刻疯了，在他看来，用画图方法描述法学问题，简直是大逆不道。万万没想到，一通说完，杨老师居然鼓励我可以好好写一写今天到黑板上说的这些问题。

我想，这下不愁期末作业没题目了。

一个案例接一个案例，从初春到半夏，一群懵懂的学生七嘴八舌，居然能把那些案例讨论个七荤八素，把WTO专家们、法官们呕心沥血弄出的各路理论方法批了个七上八下——这简直是我们大学课堂生活当中最快乐的日子。

课下开始研究承诺杨老师的题目。一开始我非常真诚地希望写出一份漂亮的五千字期末作业，大体勾勒出WTO的终审裁判机关到底是在用什么方法框架来考虑纷繁复杂且字里行间充满政治家们"谈判智慧"的法律条文。可我错了，这当真不是一个能用五千字能勾勒出的体系。这篇作业就像忘在宿舍的泡面，拖的时间越长体积越大，而且日益难以下嘴。你无视它，问题就越层出不穷，越写越是无底洞。你想快刀斩乱麻，一扒拉就散。你想抓关键点，拎起一根面，又要连带一大坨。我边准备这篇文章边继续参与WTO的讨论课程。到了讨论"出版物案""原材料案"，作业里面的那些无底洞简直变成了黑洞……

于是我改了主意，我非常真诚地希望把它写成一份漂亮的、一万字的毕业论文。

大四了，要毕业了，时间多得是。没有期末考试的顾虑、没有上课的压力，我可以一天到晚跑到国图憋论文去。我曾想发现一个问题消灭一个问题，但我仍然太天真。上诉机构岂是国图能镇得住的？问题！全是问题！我抱着问题问图书馆，图书馆摇摇头；我问同学，同学表示还是打刀塔（DOTA）更有意思；我问家里人，家里人说你还是好好准备毕业工作吧……我说你们都不懂，我要击溃这一系列问题，我要从最原始的地方说起，从国际公法说起，从国际公法从何而来说起，从人是怎么想问题说起。我弄清楚了国际公法，就弄清楚了WTO法一半，我弄清楚人怎么想问题的，还怕弄清楚WTO的那帮人是怎么想问题的么？不是想要问上诉机构的解释方法论么？干脆不要问，直接拆解它好了。我看黑格尔无疑是个好榜样，他谈法学谈美学，无一不在他的哲学框架之中。万一不成功，还能成仁嘛！学学维特根斯坦，在朋友家谈谈如何上吊，或许就有灵感了。

时间是有限的，为有限时间准备的问题是无限的。各位玩过贪吃蛇么？去探究WTO的解释问题，就像玩贪吃蛇：一开始前面有一个小问题，好啊我吃！刚吃完，又一个小问题，好啊我再吃！吃了一个又一个小问题，蛇的身子长了一寸又一寸，最后小问题不重要了，蛇自己成了最大的问题。一不小心，问题没吃到，先咬到自己。写一个WTO案例是什么样子的，那总能写完，毕竟事实就是这些，白纸黑字。可写WTO案例当中的解释方法问题，就像玩儿贪吃蛇，一路写一路吃问题，文章一寸一寸长，到最后长得不得了。从三千字写到一万字，我觉得差不多了。后来到两万字，我觉得几乎是极限。哪料到转眼过来，第二学期，琳琅满目居然写了七八万字！作为一个期末作业从未超过七八千的新手，我再也熬不住了，于是我果断去找了导师廖老师——我英明啊！廖老师当即说砍，就抓住最后一节实践部分写——廖老师英明啊！

毕竟下过心血，要舍弃那么多字，实在于心不忍。廖老师见状说其他部分你也别删，留着挺好。于是我把所有的东西复制粘贴，在硬盘的一个名叫"待清理"的文件夹中存了个档。我想我一辈子可能都不会再碰它了。于是揪出论文的最后一节，一看刚好七八千字。我把其余的几万删了个精光，重新做了目录标题，为这最后一节加了前后背景、来龙去脉、各角度分析等毕业论文常有的部分，交了上去。

答辩时候真是既害怕又高兴。高兴的是，这部分毕竟只是节选，大量背景素材不只看过，而是落笔写过。答辩的几个问题，自觉回答都还流畅。老师问："你确定这个概念最开始是在××案出现的？"我脱口而出："确定"——那一刻我高兴坏了。害怕的是，这才一节就问出这么多问题，都交上去那还得了？

后来还真都交上去了……

我们上WTO讨论课是在2013年。2014年，WTO法这门课又以讨论的形式，在我们下一个年级开设起来。有一次，杨国华老师和韩立余老师两位大腕儿作为嘉宾来到课堂。中午，我和几个以前上过课的同学应邀和老师们共进午餐。午餐完毕，我们随着老师们从教工食堂出来，一路上老师们仍然在谈课堂实践，谈着谈着就谈到同学们写的课后作业。路过合作社的时候，廖老师跟杨老师说柳池这家伙整了个几万字的东西。杨老师说好啊发给我看看。我当晚就把遗忘在硬盘角落里的文档搜刮出来，发送给杨老师——至此我的文章又多了一位读者。

杨老师读完未删减的那篇，鼓励我继续好好写，还在南门的雕刻时光开了个小座谈会，专门谈了文章的框架思路，又说要把文章完善完善，写好了之后多请几位老师一起谈谈这篇文章。就这样，5月答辩结束之后，我又马不停蹄地写到了7月中旬。一份早已超限的期末作业，又扩张了将近四成，到了11万字。7月中旬，杨老师如约请了廖老师、中国政法大学的李居迁老师和北京大学的刘东进老师来到师大。在一个空旷的教室里，我拿着11万字的文章，诚惶诚恐地解释了对WTO一些案例法律解释问题的想法。解释完毕，老师们提了许多问题。边答问题我边想，这作业果然还没做完，还有好多问题要弄清楚。

但时间总那么有限。讨论过后，我便开始准备注册会计师考试，然后又是准备入职。忽然间就到了10月，政法举办了一场规模浩大的WTO法论坛。论坛有一个云集WTO界学者大腕儿们的座谈，由杨老师主持。座谈期间，李居迁老师貌似是在回答同学提问的时候说了一句："魔鬼不在细节中，魔鬼在解释中"——彼时我已经开始工作了一段时间，将近三个月没怎么碰过论文，但还是被这句话一下子拉回到将近半年前在图书馆里苦思冥想的时光。

深陷魔鬼之引诱，必有天使来相救。写论文的一年，也是我读书最集中的一年，是心里最纯粹的一年。这一年不为升学、不为绩点、不为显摆、不为到处实习，就为了真真切切地凭良心弄清楚一两个问题，享受和老师同学探讨切磋的乐趣。这是一辈子最难能可贵的时光。我恨这时光不早来，我恨这时光太早走。即便在年终审计的时候，我也仍时常回忆起写这篇作业的日子。因经常熬夜，我常做梦。梦里曾见过在讨论课上像国际组织那样竖牌子发言，梦见过廖老师说要再砍成 100 字……醒来，发现还有许多客户的账要查、有许多资料要准备，就越发觉得那一年真的是如梦似幻，不可再来。

到今天这篇作业仍未真正完成，它还有许多漏洞，它还有许多能再写一些、再补一些、再砍一些的地方。我曾对一位朋友说过："或许这是我最后一次交好运写这么有趣的题目了，我必须把它写好"——这想法至今未变。

回头看来，师友之外，这篇至今仍未真正完成的作业，就是 WTO 带给我的最好礼物。不是低税率的商品，甚至不是 WTO 那些太好玩儿的知识和实践，而是胡适先生在八十多年前为学生们开的三大妙方："总得时时寻一两个值得研究的问题"；"总得多发展一点非职业的兴趣"；"总得有一点信心"。

从中大到贸大：被 WTO 法雕刻的时光

梁 意*

对外经济贸易大学西门对面有一家"雕刻时光"咖啡厅，我喜欢坐在这家咖啡厅的一个靠窗的角落，看外面来来往往的人群，跟同学聊聊学习和生活中的趣事。当然，少不了聊自己研习 WTO 法的那些事。不知不觉，我学习 WTO 法已经有六年的时间了。从某种程度上说，我的青春是泡在 WTO 法律问题中度过的。记得在美剧《绝望的主妇》中，苏珊（Susan）和迈克（Mike）结婚时，迈克送了苏珊一首短诗："I love you once. I love you twice. I love you more than beans and rice."字幕组把这首诗翻译得特别美："一见倾心，再见倾情，我爱你，此生不渝。"我想，我对 WTO 法的感情也大概如此。

一、被 WTO 法惊艳的大学时光

第一次接触 WTO 法是在大二下学期的时候。当时教我们国际经济法的张亮老师给我们布置了一项课前预习任务——阅读"加拿大专利药品案"的专家组报告。对于我们这些课业繁忙且英语水平一般的学生而言，在一周之内阅读完一份几百页的专家组报告着实是一项艰巨的任务。好在这个案例是一个经典案例，网上已有丰富的中文资料可供参考。跟大多数同学一样，我也找了一份概括该案要点的中文材料。无奈之前太忙，我拖到上课之前的那晚才开始看这份中文材料。但一开始看，我就被深深吸引了，我是头一回看到法律分析如此环环相扣、法律论证如此严密的报告。那晚，我兴奋得彻夜未眠，因为这份报告太惊艳了！我早已忘记这个案件的内容了，但我对 WTO 法的兴趣由此开始。

---

* 中山大学法学学士、国际法学硕士，对外经济贸易大学国际法学（国际经济法方向）博士生，厦门国际法高等研究院 2012 年国际法研习班学员，海牙国际法学院 2012 年国际私法研习班学员，2015 年中国国际公务员能力建设培训班学员。

到了大三上学期，我选修了张亮老师开设的"WTO法律问题讲座"这门课。张老师是一名非常幽默风趣的老师，很多选修这门课的同学与其说是对WTO法感兴趣，不如说是对张老师的课堂感兴趣。而且张老师为人随和，这门课不以期末考试的形式结课，而以平时表现定期末成绩。因此，对于很多想拿高绩点保研的同学而言，这门课无疑是一个优选项。当时我傻乎乎的，选修这门课的时候没考虑太多绩点的事情，只是觉得自己感兴趣的课程一定要学习，感兴趣的课也一定会学好的，能学好又何愁没有好成绩呢？尽管如此，我们还是过得不轻松。当年张老师陆续给我们布置了三项作业：第一，阅读一份介绍 GATT 和 WTO 的英文材料（约 50 页）；第二，比较 WTO 争端解决机制和中国民事诉讼制度，总结出二者的异同；第三，阅读"中国影响汽车零部件进口措施案"（简称"汽车零部件案"）的专家组报告和上诉机构报告，并写一份涵盖以下要点的读书笔记：（1）案件概要；（2）本案的法律争议点；（3）申诉方和被申诉方在各个法律争议点上各持何种观点；（4）专家组和上诉机构在这些法律争议点上作了何种裁决，裁决理由是什么。这三项作业，每一项都少不了大量的阅读。就这样，我们一边叫苦连天，一边完成了张老师布置的作业。记得有一天下大雨，只有十来个同学来上课（总共有八九十名同学选这门课）。张老师非常感谢我们这十几位依然坚持来上课的同学，同时为了奖励我们，他答应在给那天来上课的这十几名同学在期末成绩上加分。也许是因为自己对 WTO 法的浓厚兴趣，这门课我一节不落地全上了，每一份作业都很认真地写，最后的课程成绩也是名列前茅。要知道，对于我这个开窍晚、之前国经法成绩在年级中下游徘徊的学生而言，在 WTO 法这门课上完成逆袭是多么不易。但是我做到了！凭着自己的兴趣和毅力坚持学习。实际上，这门课对我的影响是非常深远的，而这是我在选修这门课的时候万万没有想到的。

大三结束后，很多同学都张罗保研的事情，我也不例外。当时我想准备保送厦门大学国际法专业的研究生，所以想准备一份显示我国际法功底的论文。于是，我请求张亮老师针对我之前写的那份关于"汽车零部件案"的作业给一些具体的评价和建议。张老师看过之后，就说："对于一个本科生而言，能写到这个程度已经很不错了。不过，如果要写成一篇学术论文，建议你围绕案件中的具体法律问题展开论述。例如，可以论述该案涉及的 WTO 中关税与国内税的区分规则。"虽然我后来由于各种原因没有保送厦门大学的研究生而是考回中山大学继续读研，但张老师的建议直接影响了我本科毕业论文的写作。我把本科毕业论文的题目定为《论世贸规则中关税与国内税的区分——以"中国影响汽车零部件进口措施案"为例》。为了写好毕业论文,我阅读了大量的资料。在中山大学法学院国际法研究所所长谢石松教授的指导下,我出色地完成了毕业论文的写作,这篇毕业论文被评为优秀毕业论文。

二、与 WTO 法相伴的研究生岁月

(一)学术年会上崭露头角

刚上研究生不久,就迎来了中山大学法学院的一件大事:承办中国法学会国际经济法学研究会 2011 年年会。当时国际法专业的所有研究生全都作为志愿者投身到会务工作中,我主要负责接待参会嘉宾的工作。与此同时,我还把我的本科毕业论文提交到会议上,这让我有机会在年会的一个分论坛上进行发言。在接待工作中,我认识了对外经济贸易大学的盛建明教授和石静霞教授等老师。凑巧的是,盛老师和石老师都是我所在的分论坛的评议嘉宾。作为一位资历尚浅的硕士研究生,要在众多学术功底深厚的老师面前阐述我的论文,我还是挺紧张的。还好一切进展顺利,我的论文和发言都给包括盛老师和石老师在内的各位老师留下了良好的印象,并得到各位老师的好评。

(二)选修与 WTO 法相关的一切课程

当时中山大学法学院开设的与 WTO 法相关的硕士课程有国际经济法、国际金融法和国际贸易法。中山大学是一个有着自由精神的大学,连我们的研究生课堂也是如此。硕士课堂讲究的是学生的自主能动性,很多课主要是由学生主讲,老师评议。

研一第一学期的时候,陈东老师给我们讲国际经济法,于是我们读了一学期的 WTO 案例和《联合国国际货物销售合同公约》(CISG)模拟商事仲裁的案例。陈老师让我们阅读汽车零部件案和原材料案的专家组报告(以及上诉机构报告)并写评议报告。由于阅读量太大,同学们纷纷在 QQ 和微博上吐槽,当时常见的 QQ 签名是诸如"专家组也太能写了吧!几百页的报告,呜呜呜"之类的。就这样,我们在哀鸿遍野中一次又一次地完成了作业并在课堂上讨论案件。与此同时,陈老师还向我们推荐了一篇"Teaching China GATT"的英文论文,让我们阅读并写评议报告。这是一篇很有意思的论文,作者在这篇论文中用基督教的原理来评论汽车零部件案。同时,陈老师还大赞这篇论文中占了很大篇幅的注释。当时我还太年轻,还不懂这些注释的意义何在,也没有真正懂得如何做注释,这是我后来写硕士论文的时候悟出来的。

到了研一第二学期，我选修了国际贸易法和国际金融法。本想多听听老师们的真知灼见，没想到这两门课的老师奉行自由放任政策，只丢下几个专题让我们自己研究并在课堂上做专题报告。在张亮老师开设的国际金融法课程上，我选择了"人民币汇率的法律问题"来进行研究。之前《中山大学法学院院报》的编辑向我约稿，由我自由选题撰文发表。当时正好遇上美国参议院通过《2011货币汇率监督改革法案》，于是我用我的WTO法基础知识评议了这个法案，并写了《美国参议院通过〈2011货币汇率监督改革法案〉的法律分析》。这篇文章发表在《中山大学法学院院报》上。有了这个基础，我知道了人民币汇率问题与WTO不无关系，中国人民币汇率偏低被美国指责为通过低汇率来向出口商品进行补贴进而违反《补贴与反补贴协定》。于是，我选择了人民币汇率专题进行研究。研究过后，我发现人民币汇率问题应该由国际货币基金组织（IMF）而非WTO管辖；即便中国被告到WTO，中国也可以以不满足补贴的构成要件为由驳斥申诉方的观点。由于研究得比较扎实，我在国际金融法的课堂上所做的报告获得了张老师的肯定，这门课的成绩在班上也是数一数二的。

在王承志老师开设的国际贸易法课程上，我选了"区域贸易协定中的重大法律问题研究"这一专题。由于中山大学法学院跟荷兰马斯特里赫特大学（简称"马大"）签订了合作协议，当时我的硕导黄瑶老师（当时是法学院的副院长）建议我考虑以后到马大留学。马大的强项是知识产权与贸易法，为了方便以后留学，我就拍脑袋决定在这门课上研究"区域贸易协定中的知识产权问题"。然而，决定是容易的，研究是艰辛的。知识产权问题有那么多，我到底研究什么问题好呢？在毫无目的地翻阅了很多资料之后，我无意中看到了商务部条法司的陈雨松处长和中国青年政治学院的李晓玲老师合著的一篇论文——《国际知识产权贸易谈判的新方略》。看完之后，我才意识到，当我们还纠结于《与贸易有关的知识产权协定》（简称TRIPS协定）的各种问题时，近年来美欧发达国家已经把知识产权问题的谈判场所从多边转到了双边，签订了一个又一个"超TRIPS"（TRIPS-plus）协定。于是，我做了一个专题报告，对超TRIPS区域贸易协定的产生背景、法律基础、超TRIPS条款的主要内容以及中国的应对方式进行了全面的介绍和分析。

此外，我还会经常看国际经济法方面的论文。有时候看到贸易与环境方面的论文、贸易与投资方面的论文，真的渐渐觉得几乎所有问题都会与WTO挂钩，而与WTO挂钩的法律问题也必定十分有趣。后来我到对外经贸大学读博的时候，龚红柳老师上课的时候给我们讲了一篇题为"The Concept of

International Economic Law"的论文,那篇论文的观点是:国际经济法实际上主要是WTO法。我觉得这个观点还挺有道理的。记得大三的时候,李挚萍老师呼吁大家选修环境法,但是我当时没选。我想如果李老师会讲贸易与环境问题,我必定会选这门课。

(三)珍贵的讲座录音

有一回,我的硕导拿到了陈雨松处长在北大做的一个关于"WTO争端解决机制与中国实践"的讲座录音,她让我把录音转化成文稿给各位同门分享。拿到这个讲座录音简直是如获珍宝,因为虽然中山大学是华南第一学府,但远离首都的地理位置使得我们难以获得处理WTO案件的第一手信息。我在中山大学求学六年期间,没有一名商务部的官员到中山大学开过讲座。(在此,我想代表中山大学的学生请求商务部中处理WTO谈判或争端解决的官员或前官员考虑到中山大学开讲座。)因此,这个讲座录音对于我来说再珍贵不过了。

虽然录音只有两个多小时,但由于音效不清晰,常常一句话要反复听好几遍才能听清楚,整理这个录音也花了我好几天的时间。这项工作看似机械,实际上没有WTO法基础是很难整理好的,录音里的很多内容是经过我在网上查找相关案件资料才能整理出来的。听完并整理好整个录音的内容,我了解到了中国在WTO涉诉案件的很多"内幕",懂得了在哪些法律点上胜诉是重要的,懂得了在哪些法律点上输掉也没有关系。更重要的是,自此开始,我才真正意识到,如果要做WTO法业务,就必须到商务部工作(后面才知道还可以去北京的一些律师事务所做WTO法业务)。

(四)纠结的硕士毕业出路

研二的时候,我面临着几个选择:找工作、考公务员、申请出国读博和考国内的博士。本着从事WTO法业务的一腔热血,在浅尝一两回找工作的面试之后,我毅然决然地报考了商务部。只可惜复习时间太短,我并没有考上商务部。

当时心里有几分失落,我不仅没找到工作,考不上商务部,还错过了申请出国读博的时间。难道我就要跟WTO法就此失之交臂了吗?我不甘心。于是我决定考博,而且一定要考到北京这个中国的WTO法研究重镇去读博。这时,距离考博仅剩三个月了。在我向我的高中同学钟楹(盛建明老师招收的硕博连读的学生)咨询了相关问题之后,我马上给对外经济贸易大学的盛建明老师发了一封邮件,询问盛老师是否还有招收博士生的名额。我很快就收到了盛老师的回复，他说，他对我的印象（国经法年会留下的良好印象）不错，愿意优先考虑招我为他的博士生（当然前提是我通过考试）。后来经过我的一番努力，我以专业课笔试第一名的成绩考上了对外经济贸易大学法学院国际法专业的博士生。

（五）硕士论文写什么

跟其他大多数同学不一样，我既然决定了读博，就必须把硕士论文写好。不为别的，只为超越之前自己本科毕业论文的水平，只为交出一份令自己满意的答卷。

在上国际贸易法课程的时候，我就决定了要写"超 TRIPS"规则方面的硕士论文。只是从哪个角度切入则是最令人头疼的问题。经过几番纠结，在同门师姐向凌老师的建议下，我决定写"超 TRIPS"知识产权执法规则，因为这不仅涉及深刻的理论问题（例如条约解释），还有案例做支撑（例如中美知识产权争端案，DS362）。在精读了一些论文之后，我把硕士论文的题目定为《论"超 TRIPS"知识产权执法规则及其合法性问题——以〈反假冒贸易协定〉为视角》。在硕士论文写作过程中，Henning Grosse Ruse-Khan 教授的论文给了我很大的启发。他站在发展中国家的角度，分析了几类有争议的"超 TRIPS"知识产权执法规则，分析他们是否可能违反（contravene）TRIPS 协定，因为 TRIPS 协定在规定了 WTO 成员保护知识产权的最低标准的同时，还设定了一些知识产权保护的"最高标准"，他把这些条款称为"天花板条款"（ceiling provisions）。还有，我在阅读 Henning Grosse Ruse-Khan 教授的论文的过程中，我发现他的论文基本上每句话都会有注释，我也终于从中学到了做注释的重要性和方法。要做注释的地方有很多，例如，（1）当提到某个条约或法律的时候，可以加注说明该条约或法律的制定机构和效力情况；（2）在提到某个观点的时候，除了可以在注释中说明所引观点的论著，还可以涉及类似观点和相反观点的论文；（3）在提到某个概念的时候，要加注说明这个概念的来源论著；（4）在提到某类条款时，可以加注说明条约或法律中具体哪一条规定了这类条款；（5）当某个概念有多种称呼时，要加注说明本文采用哪种称呼并说明理由；（6）当某个问题将在下文被详细论述时，可以加个注释说明详见下文第几部分；等等。也许正是因为我研习 WTO 法使得我不得不看英文论文，我才会细细领悟如何写一篇严谨的学术论文，包括怎么做注释和论证问题。最后在硕士论文答辩的时候，答辩组的陈东老师也夸我论文有一个亮点就是很符合学术规范（答辩组老师常常向学生提出的一个问题是："你这句话是从哪儿抄过来的？"而我没被问过这个问题）。其实我没有很聪明,我只是比较用心而已。

事实证明,用心写一篇好的硕士论文真是好处多多。我读博士之后,便抽取硕士论文的部分内容进行修改,形成的两篇论文分别获得两个博士生论坛的优秀论文"一等奖"和"二等奖"。其中,获奖论文《论"超TRIPS"边境措施及其合法性问题——以〈TPP知识产权草案为视角〉》被推荐到《国际商务》上发表。

三、厚积薄发,渐入佳境

我满怀不舍的心情,离开培养我六年的中山大学,离开我生活了六年的广州;同时怀揣着激动的心情,来到了对外经贸大学,这个坐落在北京的学校。当我觉得我还没完全准备好的时候,与WTO有关的人和事都向我扑面而来。在这里,几乎每个月都能参加一到两次WTO法方面的研讨会或者讲座,每一届博士生都有机会听到商务部做贸易救济或者WTO业务的课,国际法的学生可以跟着导师做商务部的项目,还可以通过各种渠道与做WTO业务的学者、官员和律师交流。就在2015年7月3~4日的时候,我到清华大学参加了WTO 20周年研讨会。这次会议让我不仅能听到WTO上诉机构前任和现任共10位大法官的演讲,而且还能与各位WTO大法官和著名学者、律师进行面对面的交流,我真是太满足了!

博士入学不久后,我的博导盛建明教授就让我参与商务部的一个委托项目——"美欧主导的新一代规则(竞争中立、公平贸易等)与我贸易摩擦应对",并让我负责写竞争中立和公平贸易以外的新一代规则,即所谓的"其他相关经贸规则"。接到这个任务的时候,我的内心几乎是崩溃的,因为"其他"规则实在太多了,我实在不知道写哪样;而且商务部的《国别贸易投资环境报告》已经把这些新规则写得很清楚了,我还可以写什么?在与盛老师和部领导进行多次沟通之后,我把范围主要限定在美欧发达国家采取的技术贸易壁垒措施(TBT措施)、卫生与植物卫生措施(SPS措施)以及知识产权规则等。在介绍规则内容以及趋势的同时,我还试图引入合规性分析,即分析这些新规则是否符合WTO的相关规则。也许是自己在WTO法这一块有较为良好的基础,到博士二年级的时候我们法学院的院长石静霞教授邀请我加入商务部资助的《服务进出口管理条例》项目组,负责起草《服务进出口管理条例》中的两章内容。

在做"新一代规则"那个项目时,遇到一些不懂的问题我曾经试图咨询张凤丽律师(做WTO业务的律师),没想到张律师把我拉进了她建的"国经法圈儿"公众号志愿者群。有一次我去听瑞士驻 WTO 前大使瓦榭沙（Luzius Wasescha）先生的以"多哈回合进展与贸易便利化谈判的曲折"为主题的座谈会，张律师问我可否写一个座谈会概要。我想都没想就答应了，但是后来发现这真的不是一个轻松活儿，毕竟把一个有瑞士口音且讲话抑扬顿挫的大使开的英文讲座整理成中文文稿是很费脑力的。整理过程中，我几度想放弃，但本着一诺千金的守信之心，我坚持把这个文稿（《"多哈回合进展与贸易便利化谈判的曲折"座谈会概要》）整理出来并在"国经法圈儿"微信公众号上发表。让我感到非常高兴的是，完成这个任务不但令张律师满意，而且我整理的内容被盛老师用到了"新一代规则"的课题报告中。后来我到中国政法大学参加 WTO 法年会的时候，我还把商务部世贸司赵宏司长的主题发言《WTO 的未来》一字一句地整理出来并发到"国经法圈儿"上。也许是因为自己曾经远离京城，所以我更加深感这些报告的珍贵，也希望碍于距离而未能来参会或者听讲座的同学也能获得一样的信息。因此，我才一次又一次地做这些整理讲座录音的事。

虽然我不敢说我对 WTO 法有全面深刻的了解，但我知道我是热爱这个领域的。也是因为这种热爱和坚持，我来到北京读博之后获得了很多意想不到的机会。例如，2014 年年底，我的同门师姐杨凤鸣就邀请我参与编辑《中国世界贸易组织年鉴 2014》。2015 年参加 WTO 法年会和 WTO 20 周年研讨会的时候，我在会议上的积极发言和提问得到了包括杨国华教授在内的许多学者、官员和律师的关注与认可。后来，杨教授邀请我写这篇我与 WTO 的相识、相伴与相爱的随笔或回忆录以纪念 WTO 成立 20 周年，我想都没想就答应了。跟其他著名学者和律师相比，我还没有过人的学术经历和实务经历。但是，我想我可以站在一位普通博士生的角度谈谈我这些年来学习 WTO 法的一些事，给师弟师妹们一些启发，我走过的弯路你们不要再走，我走对的路你们可以参考。

四、结　语

到了北京之后，我认识了中山大学的一位师姐杨骁燕。骁燕姐是商务部条法司的业务骨干，也是我的博士同班同学，她常常给我讲述她参与贸易谈判和 WTO 争端解决的故事。其实，像骁燕姐这么优秀的 WTO 法律人才，如果她想追求财富，她完全可以跳出商务部去做著名律所的合伙人。但是她凭着她对这份事业的热爱，坚守在商务部条法司的岗位上。有时候我也会想，在我的同学们都早已踏入社会并领着上万的月薪的时候，为什么我还要每个月只领着一千多块的补贴做这么苦逼的研究？无他，只是因为热爱。无论做多少次选择，我可能还是会走上这条路。

记得中学的时候学过弗罗斯特的一首诗——《林中路》（The Road Not Taken），这首诗是这样的："黄色的树林里分出两条路，可惜我不能同时去涉足，我在那路口久久伫立，我向着一条路极目望去，直到它消失在丛林深处。但我却选择了另一条路，它荒草萋萋，十分幽寂，显得更诱人，更美丽；……也许多少年后在某个地方，我将轻声叹息将往事回顾：一片树林里分出两条路——而我选择了人迹更少的一条，从此决定了我一生的道路。"当时还不能体会这首诗所表达的感情，但经过这些年我终于懂了。对于我而言，研习WTO法就是那条幽寂而诱人的林中路。不同的是，也许多年之后，当我回首当初的选择，脸上应该会满溢幸福的笑容吧。

我暑假回家那天，正好收到杨国华教授的约稿。我已经想好文章的内容了，可是定一个什么题目好呢？路过对外经贸大学西门的"雕刻时光"咖啡厅时，我灵光一闪，不如就把题目定为《从中大到贸大：被WTO法雕刻的时光》吧！

初学者的 WTO 初体验

倪 竹[*]

浙江大学之江校区坐落在钱塘江边，背靠月轮山、左倚六和塔、右伴九溪十八涧，远远看去仿佛隐藏在这湖光山色中不易让人察觉。正是在这儿我度过了大学中最为静谧、美好的岁月，也是在这儿我与 WTO 不期而遇、相识相知。

和从事 WTO 研究多年的专家、学者相比，我也许只能算是一个刚刚迈入 WTO 殿堂的初学者。但正是这种初生牛犊的经历让我对 WTO 感情更为简单、直接和强烈，它浸透了我青春中的每个岁月，化作点点滴滴的片段萦绕在我脑海中。WTO 之于我已不仅仅是一科知识、一门学问、一项专业，更是一种思维、一股力量、一个理想。

第一次的擦肩而过

在大三上学期的国际公法课堂上我第一次接触到 WTO 法。对于包罗万象的国际公法，WTO 仅仅是其中一个部分，所幸教授课程的马光老师在 WTO 法方面颇有建树，通过他选取的几个具有代表性的案例让我对 WTO 法留下了最初的印象。但这次的相遇也仅仅是擦肩而过，短短的几次课程和传统的大课形式并没有给我提供太多的机会对案件进行深入的了解和讨论。

第一次触电

如果要为我和 WTO 这个主题选择一个开端，我更愿意将其放在大三下学期。那年夏天，赵骏老师开设了国际贸易组织法的课程，虽然这仅仅是一门选修课但却吸引了众多学生的目光。赵老师独特的经历和授课方法在法学院早已成为一种传奇。这门课不仅仅是一门法学知识、两个学分，更多的是

---

[*] 浙江大学光华法学院博士研究生。

一种对自身的挑战。小班式的讨论氛围、全英文的教学环境、案例式的教学方法、"苏格拉底"式的究问方式，这一切对于浙江大学法学院的学生来说无疑是一种奢侈（浙大实行通识教育，大二确定主修专业，法学专业的学生大一大二要完成大量社科课程的学习，主要的法学课程会集中在大三一年完成，这造成了课业上的压力），如何在繁重的课业中为这样一门极具吸引力的课程争取充裕的时间成为课程之外的一项难题。

大学里流传着这样一句话：你今天流的汗和泪都是你当初选课时脑子进的水。每当课前熬夜阅读资料时我都被室友这样调侃。但经过一段时间的学习后，我发现、掌握了一些基本的学习窍门，这让我可以更有效率地阅读材料，并将更多的精力放在体味案件材料而不是英语阅读中，这种小成就让我惊喜不已。和其他课程不同，这门课没有太多的被动式填充，更多的是我们自身的讨论和发现，WTO 专家组和上诉机构的报告就像是一个无穷无尽的宝藏让你可以不断挖掘。可以说在众多部门法中我尚未找到如此详尽的论证报告，WTO 法的魅力也在这字里行间的严密分析论证中展露无遗。同时，由于自己平时倾注了大量的精力，期末的考核显得相对轻松。当成绩出来的那一刻我看到了自己的汗水并没有白费，对 WTO 法的兴趣也在这汗水的灌溉下不知不觉地萌芽了。

最重要的决定

大三暑假刚结束，法学院的同学便面临着两件事情：司法考试和保研。这两个结果对于我们来说都十分重要，需要合理地在它们之间进行协调、分配时间。而本校保研可谓是一个既具有信息资源优势又可以节省时间成本的不错选择。一方面我们对本校的学科优势和老师都更为了解，同时由于平时课堂上的表现一目了然因此不必花费过多的精力去向老师重新介绍自己。另一方面，在大四开学初便可以确定专业和导师，这样让我们又多获得了一年针对性学习的机会。除了学校外还有专业的考量，若是没有自己心仪的专业和导师，上述思考无疑是一种徒劳。命运之神是眷顾我的，正在我纠结之际一个好消息传来：赵骏老师在今年刚刚成为博士生导师，同时浙江大学的国际法博士点也随即建立。我突然有种这个机会是为我准备的感觉，但面对 5 年的直博要求我有点犹豫，毕竟这是一笔不小的时间投入。在一番纠结过后我最终下定了决心：择其所爱，爱其所择。虽然 5 年的时间在现在看来可能很漫长，但我坚信跟着赵老师的步伐会让这段岁月变得充实而具有挑战性。最终，在经历了重重考验和竞争后我如愿成为赵老师的学生——一名国际法的直博生。

讨论式教学法

大四下学期的一天，时任商务部条法司副司长的杨国华教授第一次来到浙江大学之江校区，他曾经负责过多起和中国相关的WTO争端解决事务。初闻这个消息的时候大家都很期待，学习了这么久的WTO法第一次可以真正接触到工作在一线的人员。而这对于我来说更是一次难得的学习机会，作为一名国际经济法的直博生，我希望可以利用这次机会看看所学的知识在理论与实践中有何差别，也为自己今后的学习、工作进行更好的规划。

讲座以一种意想不到的方式开始，杨司长让我们每人制作一块名牌，要发言时便竖起自己的牌子，他告诉我们国际上发言都是以这样一种形式。紧接着杨司长便抛出问题让大家对讲座的主题——WTO，谈谈自己的认识。这个问题一出全场顿时鸦雀无声，同学们对于这突如其来的问题有点措手不及。我愣了30秒后鼓起勇气竖起了自己的牌子，从WTO的性质、宗旨、组织机构的设置等方面进行了简单的阐述，接着其他同学也纷纷发表了自身的看法。而这些回答并不是一个结束而是开始，杨司长引导我们在各自的观点之间进行碰撞比较，整场讲座都在讨论中进行着。杨司长开玩笑说：“赵老师的苏格拉底究问式在他看来过于柔和，而他的讨论式课堂才是真正的苏格拉底究问式。”讲座最后，杨司长对我们的观点和讨论进行了点评和解答。讲座结束了，但我心中的疑问却更多了，晚上在回寝室的路上还和同学继续着刚刚未完结的讨论。后来杨司长也陆续和我们进行过一些讨论，其中让我印象最为深刻的是对"稀土案"的研习。杨司长事先发给了我们一份节选自报告书的材料，讨论刚开始没多久就将焦点确定至对于专家组报告思路的解读，大家围绕材料中的裁决思路和中国以及美、日、欧等国家或地区提出的思路异同点进行了激烈的讨论。讨论的过程中我仿佛看到了报告中各方观点之间的交锋立体地展现在我面前，正是这场讨论让我对WTO案件有了更加深刻的认识，也了解到了争端实际解决中的种种难题。

研究初体验

大四刚结束我便迈入博士生阶段，而这种脱节的转型让我有点失措。在导师的指引下，我将WTO与相关议题确定为自己第一个持续关注的主题，并且结合某个具体议题以及WTO最新发布的案件为研究材料进行深入探究。从最初的逐步搜集资料进行了解，到后来的不断更新国内外论文材料、追踪案件发展的最新进展；从最初的描述性资料整理，到后来寻找自己的角度和切入点进行分析；从最初的学习各方的观点，到后来形成自己的观点并尝试和其他观点之间进行比较完善，这个过程中导师给了我悉心的指导。已经不记得有多少次我和导师之间就案件中的具体问题或是其中的一些基本概念进行讨论或争论，在他的带领下我学会不断凝炼自己的观点。还记得一次讨论中我对导师对于WTO和某一议题之间关系的质问表示不解，心想："您明明也在研究这个问题，很多方面已经了解得比我深入，为什么还会要我来解答这样初级的问题。"但后来他说的一句话让我幡然醒悟，"你要做的其实不是回答我而是回答你自己，搞清楚需要研究问题的脉络和相互关系，只有清楚表述出这些基础问题你才能做好接下来的研究"。正是在导师严谨的治学风格影响下，原本莽莽撞撞的我也开始学会踏踏实实地做好每一个脚注、组织自己每一个观点。

日内瓦之旅

这个假期我获得了一次难得的机会，前往WTO日内瓦总部进行参观学习。来自韩国的Legal Affairs Officer Juneyong Lee接待了我们。当她提到自己曾经负责过区域和多边贸易规则的研究事务时，我就区域协定对于WTO这样的多边组织来说究竟是垫脚石还是绊脚石的问题向她请教。她从自己研究的众多条约样本出发进行了简单的回答，并且告诉我她将我的问题记下了一年内都会保留，这期间可以通过邮件联系她，她会给我更加详细的回复。这种严谨踏实的态度感染了我们在场的每个人。最后在谈及是什么力量让她抵达这一Dream Place时，她的回答让我印象深刻："You should always know what is your initial dream. For me, that is to do something to help those marginalized countries, North Korea in particular. Besides, don't limit yourself by the standard that the society gives you. You are not a standard person. Every one of you is special."我想这可能也是WTO给她带来的一种不一样的生活态度和理念。

一晃三载，我想我比最初与它相遇时更爱它了。不仅仅是因为对它了解得深入，更因为它带我认识、体验的这一切。未来充满未知，但我可以肯定的是WTO法给我带来的正能量将会伴随、支撑着我前行。

2015年9月17日

我本想收获一棵树木，你却给了我整个森林

——在 WTO 案例教学法中成长与收获

张 梦[*]

作为一名普通的大学生，我每天穿梭在校园中，上课、复习、考试，过着琐碎而充实的生活。一贯的顺风顺水，从未让自己感到自身能力的不足与思维的局限。直至 2011 年，我加入国际法学院，杨国华老师把 WTO 案例教学法带进我的生活。

那是一个夏天，杨老师受邀请来我们学院举办讲座，教室外的树叶懒懒地挂着，随着风带着微微的暖意缓缓摇着，教室里挤满了听讲座的人。带着学习 WTO 专业知识的心态，我也参加了。第一次见到杨老师，我没有想到常年代表国家在日内瓦谈判、打官司的政府官员，竟是如此的"非官方"，一副银质圆框眼镜随意地架在他的鼻梁上，教室里的喧闹消失殆尽，只留他一脸的淡定与温和。我趴在课桌上，出神地听着杨老师向我们讲述中美双反案的经过与细节，他如博学的文人般，娓娓道来，却在提到 DSB 裁决结果的时候又难掩激动之情，直呼大快人心。通过杨老师对案例的讲述与分析，WTO 法好像活起来了！

整场讲座下来，虽然听得十分尽兴，但毕竟接触 WTO 时间太短，并没有完全领会到杨老师分享的精彩。当天回到宿舍后，迫不及待地开始细读 AB 报告，我才真正感受到原来其中演绎得如此精彩，不禁对中方的诉讼思路感到钦佩。起初，我疑惑为什么不直接要求调整反倾销的数额呢，这样易于我们在诉讼中获胜。在查阅相关资料后发现，原来直接起诉美国违反反补贴法可以避免我们对反倾销数额不适当的举证责任，从而减轻了之后我方企业所可能面临的烦琐的举证责任。当然，在读到对中国不利判决的时候，有时也

---

[*] 西南政法大学国际法学院 2011 级研究生，法国图卢兹大学 2012 级国际法与比较法研究生，2014 年至今在重庆长安汽车股份有限公司法务与知识产权部，涉外法务室。

会感到不服气，比如在阅读轮胎特保案时，针对 DSB 报告中对 Rapidly Increasing 的理解产生怀疑。

我开始意识到，以前自己的学习是被动消极的，也开始理解，如张晓君老师所说，杨老师的案例教学，不是着眼于实用性的知识和技能，不是培养学生适应传统的世界，而要去唤醒学生的潜能，培养我们自我学习的主动性，培养分析问题的逻辑性以及抽象的归纳力和理解力，以便使我们在未来种种无法预料的局势中，独立做出有意义的选择。而学习 WTO 规则，研读 WTO 案例，不仅仅是为了学习书本上的知识点，更是为了领略接近完美的法律推理与法律思维。

经过这次启蒙式的讲座，再次正式接触案例教学法是 2012 年 4 月。那时首届"WTO 案例与法律思维——案例教学模拟课堂"在西南政法大学召开，就"中国原材料出口案"专家组和上诉机构报告中关于中国采取的某些措施能否援引 GATT 第 20 条抗辩的部分，学生将分别代表不同立场，展开课堂辩论。非常荣幸地，我作为学生代表参加了这次模拟课堂并做了简短发言。杨老师再次带领我们领略了一次别具匠心的案例教学课堂。

课堂上，讨论异常激烈，大家围绕着能否援引 GATT 第 20 条剑拔弩张，针锋相对。比如，就 WTO 条约的解释方法，如果说解释条约需要考虑其文本含义，上下文，以及宗旨和目的，那么同时考虑这些因素会导致不同版本的解释，最后要依据哪一个？而且由于缔约的时间已经过去很久，如果考虑它的宗旨和目的的话，如何推知缔约方当时真实的意图？可能单就这方面来说，又会产生不同的解释。在辩论中及杨老师的引导下，大家慢慢发现，《维也纳条约法公约》中列举的条约解释方法是不能孤立来看的，进行条约解释时，应当综合考虑几种方法。比如 DSB 报告基于文本主义得出这么一个结论，然后用上下文和其他的方法来佐证它这个结论，DSB 报告中更多的是使用几种解释方法相互印证，互相补充，使得解释更有公信力，得到一个更合理的结果。而关于如何判断一个条约和宗旨，在辩论中，我们无法想当然地作出结论，应当通过看当时 negotiate 留存下来的一些谈判的文本资料及一些证据作为 background 来参考，去说服对方。

整堂课，颠覆了传统的老师答疑解惑的模式，杨老师通过和我们的互动来提出问题，探讨问题，通过我们之间的辩论和探讨厘清争议焦点，最后在辩论中使我们的视野和思维更加开阔，为我们课后的继续研究和学习指明了方向。虽然杨老师并没有针对我们所争议的问题给出定论，但是这次模拟课堂充分激发了我对本案的兴趣，课后我仍继续查阅资料试图印证自己的观点，并寻找当时与我有不同意见的同学进一步交流。

对我来说,杨老师的WTO案例教学课是一种全新的上课方式,原因有三:第一,进行这样的课需要学生在上课前查阅相关的资料,对案件有一定的了解,还要形成自己的一些见解。在这方面可以让我们养成自己收集资料和消化资料的能力。第二,上课采用的讨论的方式,在讨论过程中难免会出现针锋相对的时候,通过辩论,既活跃了我们的思维,又使我们从这样的争辩中认识到了自己的不足,锻炼了自己的表达能力。第三,WTO案例教学是一种全新的法律思维的训练,上课的内容采用的是WTO真实的案例,一个个案可能涉及一个企业,而这种案子涉及一个产业、一个国家,WTO案例教学使我们努力将思维上升到国家责任的层面上。在杨老师的引导下重构当时场景,重现案件争议焦点,对我们年轻人来说无疑是一次宝贵的历练。

最近一次接触到WTO,是在我正式工作以后。2014年,我加入重庆长安汽车股份有限公司总部法务与知识产权部,专责处理涉外法律事务。近日,乌兹别克斯坦对长安汽车发起反倾销调查,并未通知我们企业参与调查,也未发放任何调查问卷。第一次以当事人的身份面对这类案件,也是长安汽车第一次面对这类案件,我并没有慌张。我意识到当今各国多数都在WTO这一规则框架下运行,若我们遭受处罚,除了寻求外交帮助,我们也必须借助WTO平台解决争议。经了解,乌兹别克斯坦虽不作为WTO成员方,但其意向加入并作为WTO现任观察员,其国内反倾销相关规则亦是参照WTO《反倾销条例》起草制定,同时考虑到若调查认为倾销行为成立,企业将被征收反倾销税,并势必会造成其他不利的后果。因此我们立即向公司领导建议积极应诉,并按照国际通行做法,向乌方外贸部提出应诉申请,并要求填写调查问卷。目前,乌方并未给我们任何官方回复。虽无法确定之后事态发展,但我们已经在第一时间迅速作出应对,这绝大部分归功于在学生时代有幸接触到WTO案例教学,使我感到仿佛这不是自己第一件经历的案件一般。走上工作岗位后,也愈来愈发现仅靠理论上的法律知识有时无法解决企业运行中复杂的现实问题,而WTO案例教学给我带来的,正是法律思维的培养和训练,使我在复杂问题中能快速找到症结所在,并寻找最现实的解决方式。

WTO法，夜空中最亮的星

李若愚[*]

如果把全世界的法律比作满天繁星，那么 WTO 法在我眼中就是这夜空中最亮的一颗。3 年前一个冬天的傍晚，我经过清华大学明理楼模拟法庭时看到门口人头攒动，走进一看原来是 WTO 上诉机构大法官张月姣女士的讲座。WTO、上诉机构、国际贸易这些原本"高冷"的词忽然来到眼前，WTO 法这颗星自此一直吸引着我。

作为这个领域的初学者，我对 WTO 的了解大多来自课堂。大三上学期，我曾在加利福尼亚大学洛杉矶分校（UCLA）的教室里忐忑地构思作为美国贸易代表（USTR），面对美国与韩国的进口牛肉争端，我应该持有什么立场、主张如何解决问题——这是 International Trade Law 的课堂模拟练习。Richard Steinberg 教授让每位同学代表一个角色，包括美国国会议员、总统、商务部官员、USTR、农场主、行业协会代表以及韩国总统、商务部代表等，并就美—韩进口牛肉争端发表自己的立场、确定谈判的底线，并根据其他各方的反应做出回应。这个练习给我留下了深刻的印象，一方面，Steinberg 教授强调贸易与政治的密切关系，一国的贸易政策很大程度上受到国内政治的影响；另一方面，模拟练习让我看到 WTO 多边平台的重要作用（作为 USTR，我的一个主张就是将纠纷诉诸 WTO 争端解决机构；现实中美国和韩国也是这么做的）。

Steinberg 教授强调从现实主义政治的视角看 WTO，杨国华教授的 WTO 法课程则更多地讨论专家组和上诉机构报告中的法律解释和法律推理。在这门别具一格的讨论课上，我们运用《维也纳条约法公约》第 31、32 条来分析条约和协定。从"text"到"context"，再到"object and purpose"，三步走的思路看起来明晰，然而一旦适用到案例，探寻"ordinary meaning"的道路

---

[*] 清华大学法学院 2011 级本科生，牛津大学法学院 2015 级 Magister Juris。

可谓曲曲折折。有时围绕一个简单的词或词组（例如中国电子支付案中的"all payment and money transmission services"），不同人会有不同的理解，而每一方似乎都有各自的道理且逻辑自洽、互相难以说服对方。有时对于一个法律问题，看报告之前凭借朴素的"法感情"持有一种立场，看了之后又会毅然放弃原来的观点转而支持相反的观点（例如稀土案中，《中国入世议定书》第11.3条是否可以适用GATT第20条的例外）。除了知识与思路，表达能力在WTO法讨论课上也很重要。在整理课堂录音时，我发现良好的表达对于学术讨论至关重要。用适中的语速、清晰的层次、洪亮的声音表达出来的观点，更容易被听众注意并理解；相反，我们很多人在说话时都会不由自主地加"那个""然后""呃"，并说一些不必要的内容，这些习惯会大大影响表达的效果。

引领我认识WTO的另一门课是秦娅老师的"国际经济法专题研究"。秦老师的热情、友善和富有激情的授课方式吸引我一直旁听这门课。后半学期我有幸参与了一场课堂辩论，辩题是中国的人民币固定汇率制度、美国的量化宽松制度（QE）是否属于SCM协定下的专项性补贴，是否构成GATT下的"非违反之诉"。辩论前两天我和另外两名"中方律师"陈佩珊、邱雨桐学姐在明理一楼咖啡厅整理思路，大部分时间的讨论都在纠结固定汇率制度、量化宽松政策的经济影响究竟是什么，然而我们并没有得出结论。辩论并没有想象中的紧张激烈，双方都试图冷静地弄清楚问题的答案、说服"专家组"成员，虽然辩论结束后我们得到的是更多疑问而非答案。在这门课上，我第一次体验到"think as a WTO lawyer"的感觉，并体会到学习WTO法的前沿问题，除了研习法律、外语，还需要经济和金融等学科的知识。

课堂之外，WTO法这颗星吸引我之处还在于那个由很多良师益友组成的"共同体"。除了上文提到的老师和同学，我有幸在大四上学期走进商务部条法司世贸法律处，协助于方处长、李帅副处长和杨骁燕副处长做有关FTA和WTO法的检索工作；有幸在本科毕业之际参与WTO成立20周年研讨会，现场聆听来自不同国家的学者、律师以及WTO官员的声音；有幸在会后与WTO上诉机构大法官们一起参观故宫，与谷口安平教授讨论中国汉字，咨询David Unterhalter教授"选课攻略"，协助吕晓杰老师整理会议记录；有幸和林先享学长、李敬师、鲁天舒、黄岚、程思以及对外经贸大学的李若星学姐等勤奋好学、对WTO法充满热情的朋友们一起探讨这个充满魅力的领域，这颗夜空中最亮的星。

WTO 法

——初学者心目中的浩瀚宇宙

周 敏[*]

在开始我的硕士研究生生活之前,我原以为自己会基于知识的实用性考虑而关注最日常的国际货物买卖和运输保险法的研究,抑或是面对当下势不可挡的国际投资浪潮而更多地青睐于国际投资法的学习,然而自己也没有料到,我不小心摸到了 WTO 法的大门,站在门口往里面探了探脑袋,却再也不忍离去了。在我的心目中,WTO 法是世界上最浩瀚莫测的法律,它如宇宙一般,不仅庞大、而且复杂,其涉及领域之广使得每一次对于 WTO 法的学习都是一种全新的体验,我无法把握自己已学的究竟是 WTO 法中的千分之一还是万分之一,也无法知道究竟到哪一天我才可能在这个宇宙里完整地逛上一圈。正是因为这样,它充满着无穷的吸引力。

我误打误撞闯进 WTO 法世界,是在 2014 年 10 月。在第一次参加自己的导师张晓君教授的同门见面会上,老师便与我们讨论了新学期的学习计划,而其中第一个任务便是每周一次的案例研习会。为此,每个同学都得到了一份礼物,是一本由杨国华教授主编、导师参与合编的《WTO 中国案例精选(二)》。我们案例研习会的内容和要求就是要了解案情,阅读并理解其中收录的裁决报告选段,明确某一诉点的法律依据以及解释和适用法律的逻辑和方法,并在研习会上彼此交流分享。就这样开始,我不再只是知道 WTO 法律框架下包括的具体协定名称,也不再只是清楚 WTO 争端解决的程序步骤和决策原则,而是更近距离地面对 WTO 法,通过美国双反案初步认识 SCM 协定下"公共机构"的认定,通过美国禽肉案理解 SPS 协定下的措施纳入范围,通过中国原材料案明确专家组和上诉机构在得出了 GATT 一般例外条款不得援引为中国违反《入世议定书》的措施进行抗辩的结论所进行的法律解释和

---

[*] 西南政法大学 2014 级国际法硕士研究生。

推理。不得不承认，在最初阅读报告的过程中，尽管面对的只是长达几百页的法律文书中的几十页选段，尽管专家组和上诉机构在裁决报告中用了严密的推理逻辑和丰富的解释方法解读了晦涩的法律条文，我仍然觉得WTO法于我而言，是一座很难攀登的巨峰。

所幸的是，越难的事情越能激发挑战欲。让我真正与WTO法亲密接触并不断激发我学习热情的则是不久之后在北京参加的第三届中国WTO模拟法庭竞赛。在这里，我和志同道合的小伙伴一起分析案情、梳理诉点、研读法条、阅读前案的裁决报告、明确前案解释方法和论证逻辑、讨论本案诉讼思路、撰写书状并参加口头答辩。在比赛的整个备赛和参与过程中，我第一次真真切切地从实务的角度感知了WTO实务诉讼可能有的样子，而当我的角色从WTO案件的旁观者转变为WTO案件的参与者时，WTO法的学习则变得更加微观细致，更加让人有满足感。在比赛的过程中，我进一步思考了《入世议定书》和GATT 1994的关系，进一步学习了一般例外条款下具体例外的测试和分析标准，也明白了如何具体地运用条约解释规则对WTO法具体条文进行解释才是法律适用的重头戏，那一次比赛经历让我有了前所未有的WTO法学习体验，也让我鼓起勇气跨进了WTO法的大门。

我能够坚持学习WTO法，并且保持着极大的学习热情，得益于我的老师。他们的课堂让我在WTO法这个浩瀚宇宙中不忍停下脚步。不得不提全小莲老师花样百出的WTO争端解决案例解析课，让我们的WTO法学习充满了乐趣和挑战，也让我们不断地接触着WTO法中新的领域。如果说DSU规则解读之课堂竞答模式只是给我们学习WTO争端解决机制时添加一些乐趣，那么多层次的课堂模拟庭审则是真正地让每一个人尝试转变WTO法学习方式的一个重大突破。美国海龟海虾案作为WTO历史上非常经典的案例在我们的课堂上通过"还原式"的模拟庭审展开，全班同学以已有的专家组报告和上诉机构报告为本，自选立场形成代表团，努力真实地还原当年专家组审理和上诉机构审理情景；而最近的欧盟紧固件反倾销案则是以"创新式"的模拟庭审在我们的课堂上展开，我们根据此案在2015年8月所出的21.5条执行之诉的专家组报告为本，结合原诉的专家组报告和上诉机构报告在课堂上模拟21.5条执行之诉的上诉机构程序，由各代表团自行制定诉讼策略。对我来说，也许"还原式"只是一种基础学习，那么"创新式"无疑是一种充满挑战的学习方式；如果说对于海龟海虾案中GATT 1994一般例外的适用分析已经比较熟悉，那么对于反倾销中"国内产业"的认定、对于反倾销调查中信息披露的相关制度的学习则是我收获的新知识。

在不断的 WTO 案例学习之后，王衡老师英文授课的《WTO 与中国外贸法》让我回归经典著作，带我们重新梳理学习 WTO 的法律文本和案例材料，引导我们对于 WTO 体制和 WTO 法律有自己的思考。我们在课堂上的所有讨论和交流围绕的教材都是 Peter Van den Bossche 教授和 Werner Zdouc 所著的"The Law and Policy of the World Trade Organization"，1000 多页的教材，我们从 WTO 的历史开始谈起，讨论 WTO 的基本框架设置、争端解决程序设置，三大待遇原则的重要性，再到我们即将讨论的货物与服务贸易、反倾销和反补贴、知识产权相关措施、技术贸易壁垒等。如果说这一本书是一本 WTO 法的基础学习指南，那这份指南的内容无疑验证了我对于 WTO 法的印象。

回想起 2014 年 12 月底杨国华老师主持的一场题为"WTO 与国际法治"的学术沙龙，在沙龙上杨老师还和我们探讨了选此主题的理由，现在看来，这也是不言而喻的了。WTO 所创造的是世界上最受关注的国际经济和贸易秩序，是构成国际法治的中坚力量，而在我心目中，WTO 法的庞大和精巧远胜其他法律，发挥着最为广泛的实践作用。可能正因为这样，我才不断保持着对于 WTO 法的学习热情。因为只有不断地学习，你才能离完整的、真实的 WTO 法更近一些，否则，你也许永远不会明白这片浩瀚的宇宙哪里才是尽头。

我与WTO

——亲历"杨氏教学法"

韩 悦[*]

作为2015年刚刚硕士毕业的学生,我与WTO法的接触只有短短两年多的时间,想要畅谈"我与WTO"这一宏大命题,自觉捉襟见肘,资历不够。回想这两年,我最初接触WTO法是在杨国华老师的课上,也是通过他的"杨氏教学法"慢慢喜欢上这门课。我就结合亲身经历,谈谈我对"杨氏教学法"的认识吧。

"杨氏教学法",顾名思义,是一种运用在课堂上的教学方法。"杨氏教学法"的"教材"是专家组或上诉机构裁决报告的原文,"授课方式"是学生自主讨论。具体来说,杨老师会在课前让学生们阅读裁决报告的相关段落,课堂上同学们就所读内容发表看法,进行讨论。与其他讨论式教学不同的是,"杨氏教学法"的讨论,是完全的"学生主导",就哪些问题进行讨论,讨论的重点是什么,讨论如何进行,这些都是在同学们一边发言的过程中一边确定的。而杨老师在课堂上的身份,与其说是讨论的"主持人",倒不如说是讨论的"观察员",身份类似于归隐江湖的高手,看似默默无闻,实则暗中观察整个江湖的动向。

这种教学法听上去有些"冒险",初闻者甚至会质疑这种"无组织"讨论的可行性。"杨氏教学法"首先面临的问题是,一群大三学生,英语平均水平刚过六级,面对大段大段的裁决报告原文,他们看得懂吗?答案是,看得懂。专家组和上诉机构裁决报告篇幅虽长,但对每一个争议问题都有精练的概括,论证思路也清楚明确,每段基本只论证一个论点,语言简练直截要害,很少涉及长难句,对词汇量的要求也没有托福、GRE考试那么高,为什么看不懂呢?从我自己的经验来看,跟我一起上这门课的同学们,即便英语水平只是刚刚擦着线过了六级,看材料的过程中时不时要查词典,但最终也都理解了

---

[*] 北京师范大学2010级本科,美国乔治华盛顿大学法律硕士(LLM)。

专家组和上诉机构的思路并且参与了讨论。有的同学说自己看不懂，个人觉得，他们只是一开始被大段的英文材料吓住了，再加上自己的惰性，懒得深究，所以干脆推脱说自己看不懂。其实现在网络资源如此丰富，在网上搜几篇中文的案情概括，再对照着英文材料看，慢慢也就懂了。所以问题的关键不在于看不看得懂，而在于想不想看，只要想看，不论快慢，最终一定是能看懂的，当然，这又是另外一个问题了。

"杨氏教学法"其次面临的质疑大概就是"无组织式"的讨论了。由于授课教师仅仅扮演"观察员"的角色，很少说话——事实上，杨老师在课堂上基本奉行"打死也不说"的原则——课堂上经常出现如下场景：同学 A 起身发言，就观点 1 发表了自己的看法，同学 B 站起来补充，但说着说着就扯到了观点 2，同学 C 起身反驳，但又跳到了观点 3，于是课堂上经常出现七嘴八舌甚至"胡搅蛮缠"的场景。这与我在美国法学院课堂上的经历是截然不同的，所以，我想先说说这两者的对比，再以此为引申谈谈我对"无组织式"讨论的看法。

美国法学院奉行经典的"苏格拉底式"教学，简单来说就是问答式教学。在学期的最开始老师就会发给学生这门课的教学大纲，上面列明了每堂课之前所需完成的阅读任务。这些阅读材料基本都是各级法院的判决原文，在这一点上跟"杨氏教学法"是一样的。课堂上老师主讲，并时不时地针对阅读内容进行 cold call（随机提问），被叫到的学生自然要回答老师一连串的问题。这些问题都是严格按照阅读内容来设计的，一般包括某某案子的事实是怎样的，issue 是什么，针对某一问题法院的裁决思路是怎样的，或其他类似的、要求学生来概括归纳的问题。所以，我所经历的美国法学院课堂上的讨论，其实并非学生之间的讨论，而是师生之间的问答。这种问答的主导者显然是老师，问题的设计直指最核心的概念，一问一答井然有序，极有效率。其他学生们也在这一问一答的过程中，明白了老师想强调的重点是什么，自己对重点概念的理解有何偏差等。

这种问答式教学不仅适用于 common law 等大课，也适用于小规模的 seminar。在乔治华盛顿大学（GW）求学期间，我曾选了 International Trade Law（就是 WTO 法）这门课，授课教师是 Prof. Steve Charnovitz，他算得上是美国贸易法领域的大咖。尽管上课内容变成了 WTO 法，上课形式也变成了只有 12 个人的 seminar，但问答式的教学方法并没有变。比如针对 DS432 稀土案，Prof. Charnovitz 会让我们提前看上诉机构报告，课堂上他会提问同学 A，比如 GATT 第 20 条的适用性问题是怎么提出来的，再提问同学 B，中美双方对这一适用性问题是怎么理解的,再提问同学 C,让其概括一下上诉机构在某几段的思路是怎样的。当提问所涉及的案件比较复杂时,Prof. Charnovitz 会事先把几个重点 topic 写在黑板上,然后按照这几个 topic 来引导大家回答问题。在一堂课接近尾声的时候,Prof. Charnovitz 就会提一些发散性问题了,比如"假设你是某国政府贸易部门领导,根据印度禽流感家禽案和欧盟海豹制品进出口案,结合 SPS 和 TBT 协定,制定你国对相应产品的进出口政策",或者"谈谈中国政府在稀土案中所作抗辩的不足之处",等等。

所以,综观美国法学院的"苏格拉底式"教学,大家会觉得也没什么大不了的嘛。确实没什么大不了的,这种教学方法频繁出现在国内中小学的教学中,虽然对授课教师要求高(要求他们认真备课),但执行起来难度不大。但必须承认的是,这种教学方法非常、非常有效。通过教师的提问,学生们在短时间内把握住最核心的内容;通过回答问题和复述法院的裁决思路,同学们除了锻炼整理归纳的能力,还潜移默化地培养了法律思维。在"苏格拉底式"教学法之外,美国法学院都会给 JD 一年级的学生开设一门 legal writing 的课,这门课和"苏格拉底式"教学的最终目的是一样的——培养学生们像律师一样思考。怎么才能做到像律师一样思考呢?读判决,归纳整理判决,再到慢慢自己写判决。通过不断重复这一过程,法律思维也就慢慢形成了。

再说回到"杨氏教学法"。既然美国法学院的问答式讨论如此有效,"无组织式"的讨论又意义何在呢?曾几何时,我自己也困惑于这个问题,直到今天写这篇文章,开始重新审视"杨氏教学法"。私以为,想要回答这个问题,必须审视教育的目的。美国法学院教育的目的十分明确——为社会培养可用的执业律师;法学院学生的目的也非常明确,通过 3 年苦读,尽快找到高薪职业,收回自己在法学院的投资(JD 3 年学费高昂,每一学分在 2000 美元左右,修够 80 个学分左右方可毕业,再加上日常衣食住行开销,这对美国普通家庭来说绝对是一笔沉重的开支)。法学院的学生毕业后,基本全部投身于公司企业、政府部门等法律实务界,继续攻读 SJD 学位的可谓凤毛麟角。这种务实的教育目的,自然决定了美国法学院以培养学生的职业能力为主。美国法学院通过种种制度设计,使得学生们用最快的速度学习知识,用最短的时间培养能力,以迅速适应社会。怎么才能做到这一点呢?那就是在法学院的 3 年里,学生就必须学会以律师的思维来分析、解决问题,以律师的口吻来辩论、写作,于是"苏格拉底式"教学法和其他诸多课程就应运而生了。

而"杨氏教学法"的目的似乎有所不同。倒不是"杨氏教学法"不仅仅希望培养学生的务实能力,而是在培养务实能力之外,还有一些别的什么。

这点从同学们发言的内容上就能看出来，除了就专家组和上诉机构思路本身的讨论，同学们的发言经常就此"说开去"，话题宽广开阔，经常涉及文学、数学、经济学、法理学等。而这些内容的发言不仅没有遭到"封杀"，反而是受到了鼓励，讨论的过程中经常冒出"新奇古怪"的想法，同学们也经常上黑板画个图什么的。细细想来，"杨氏教学法"除了关注知识的实用性，更想引导学生关注知识本身吧。学生们并不欠缺在短时间内获取大量知识的能力（期末考试前的两周能背完好几本书），只是鲜有学生对知识本身抱有源源不断的热情。私以为，美国法学院的教育可以被比作设计精良的流水线，有着运作成熟的模式套路，每年为社会输送大量的、高质量的"制成品"，效率极高；而"杨氏教学法"的无组织讨论，更像是工业革命前的手工业小作坊，老师傅带着几个小徒弟，每天敲敲打打，缝缝补补，如果老师傅闭关去了，小徒弟就只能自己点着油灯琢磨。小徒弟进了老师傅门下，可能几年都做不出一件像样的作品，但这几年的敲打已经化为"内力"。对知识的讨论也是类似的，那些漫无目的的、不成体系的看法与讨论，你要从实务的角度问有什么用，确实没用，但又有大用。

当然，凡事都有两面。"无组织式"讨论有化外力于无形的优势，自然也有它的弊端。弊端就是在有些时候太过散乱，有只见树木不见森林之感。传统教学法虽然为大家所诟病，但也有其不可替代的优势。这种优势第一是结构清晰，条理明确，一门课都要讲些什么，只需拿过教科书翻翻目录心里就有谱了；第二便是不断重复，大量记忆。这点有些像我们小时候背古诗词，背了好多好多，根本不明白"凄凄惨惨戚戚"的感情，但多年后再读起来，内心震动。所以，世上无万全之法，在"杨氏教学法"之外，还是要扎扎实实地看书、看论文、写论文。而这种课外学习的动力从哪里来，自然又要说回到上文对知识的热情了。

另外，除了"无组织式"讨论，"杨氏教学法"相对于传统的讲授式课堂还有其他优势，比如说可以节省教师在课堂上的时间，让讨论直奔主题。举个例子，DS362 知识产权案。该案涉及中国著作权法和商标法中"刑事门槛"的规定是否符合 TRIPS 第 61 条这一问题。如果通过传统的教学方法，光介绍案情背景估计就要一节课，中国为什么涉诉，什么是"刑事门槛"，中国著作权法和商标法对"刑事门槛"是怎么规定的，TRIPS 第 61 条对"刑事门槛"又是怎么要求的，美国是抓住哪些要点对中国进行起诉的，中国又是怎么抗辩的，等等。这还没开始讲专家组的裁决呢，估计台下就要睡倒一片了。当然，"杨氏教学法"优势诸多，在此不赘述溢美之词。

最后，我很开心能被"我与WTO"系列约稿，以自己的资历来说甚至有点诚惶诚恐。也很开心能看到诸多优秀同辈写的文章，受益颇多。能看到越来越多的同龄人通过"杨氏教学法"开始喜欢上WTO法，感到压力之余，更多的是高兴，因为有越来越多的人认可"杨氏教学法"，也有越来越多的人投身于WTO这个充满挑战的领域，并为之奋斗。

我与WTO

荣 睿[*]

古今之成大事业、大学问者，必经过王国维先生所述的三种境界。我之于WTO，虽还只是一个刚刚入门的学生，谈不上做出了什么大事业、大学问，却也与它发生了许多跌宕起伏的故事。

一、"昨夜西风凋碧树，独上高楼，望尽天涯路"

最初接触WTO是一个非常偶然又对我今后的WTO之路产生了重大影响的机会。2012年冬天，是我本科四年级的时候。有一天，厦门大学法学院的陈喜峰老师找到我，说有一个关于WTO的模拟法庭竞赛首次举办，是我国国内首次将WTO争端解决机制引入高校比赛，完全模拟再现WTO争端解决程序，我校决定派队参加，询问我是否有兴趣加入。当时的WTO对我来说是陌生的，它可能仅限于国际经济法教材上的一个国际组织的名称，或是从小新闻报道上就频频出现的"入世"。我欣然答应了陈喜峰老师，想要趁自己毕业季的时候再多学一点儿东西、尽自己的一份力。

随后，我与三位硕士的师兄师姐和一位大二的学妹一起，组成了参加首届中国WTO模拟法庭竞赛的厦门大学代表队。在准备的过程中，陈喜峰老师带领我们从"零"起步，从WTO一揽子协议的基础知识，到如何使用分析索引（Analytical Index），初次接触WTO案件的我就已经震撼于WTO包含之广博。虽然是模拟法庭竞赛，但陈喜峰老师一直引导我们注重案件中的学理、法理问题，这使我们撰写的诉状实用价值与学术价值并重，之后也受到了评委们的肯定。

还记得那是2012年11月26日，我们一行人从温暖的东南一隅来到了寒冷的北国。晚上，我陪同我校的池漫郊老师、陈喜峰老师来到中国政法大学

---

[*] 厦门大学法学院2009级本科生，南开大学法学院国际法专业2013级硕士研究生。

的某教室抽签,在那里见到了其他几所学校的带队老师们。令我印象深刻的是,由于是首次举办 WTO 模拟法庭竞赛,各代表队对规则的设置都有一些疑问。寒冷的冬夜,就在那间小小的教室里,8 所学校的老师讨论得如火如荼,他们对 WTO 的了解、对比赛的认真负责让我十分钦佩,并从他们身上学到了许多东西。

在第二天举办的比赛的开幕式,我第一次见到了具有丰富 WTO 争端解决实务经验的商务部官员、各高校、律所的专家学者们,包括商务部条法司杨国华副司长、商务部条法司陈雨松处长、锦天城律师事务所高级顾问冯雪薇女士等。在之后的几年,这些"大牛"的名字一直令我仰望,成为我不断努力的目标。更有趣的是,在比赛过程中我接触到了我硕士即将就读的学校南开大学的左海聪教授,也因为这次相识,使得我在硕士阶段能够成为左老师的学生,继续深入研究 WTO 领域的问题。

经过了一天高强度的比赛,我校代表队最终获得了第三名和反方最佳诉状的好成绩。这样一场具有重要意义赛事的举办,点燃了如我一样的许多高校学生对 WTO 的热情,加深了我们对 WTO 的了解和忠诚度,使我们结交了许多志同道合的好朋友。这一层面的意义显然是更重大且深远的。

所谓"独上高楼,望尽天涯路",我初步感受到了 WTO 的苍茫和空阔,虽只是接触皮毛,难免有"不见所思之全貌"的怅惘,但同时又有一种精神上的满足。

二、"衣带渐宽终不悔,为伊消得人憔悴"

从厦门大学顺利毕业后,我来到了南开大学国际法专业做左海聪教授的学生,继续从事国际经济法领域的研究。在这两年,有两件事令我感受颇深:

一是深入体验了"杨式讨论教学法"的魅力。研一上学期,左老师为我们请来了杨国华老师教授 WTO 案例分析课程。令人耳目一新的是,从课程开始到结束,杨老师把大部分发言的时间都留给了我们学生,自己只做关键节点的引导性工作;课堂上讨论的话题,似乎也并不是提前安排好的,而全是取决于我们学生自己的兴趣点和提出的问题。看似平常且被许多专家学者研究过的出版物案等,在我们的头脑风暴中又迸发出了更多有意思的讨论点,课堂的时间也在不知不觉中就过去了。还记得在讨论案件中涉及的《维也纳条约法公约》第 31 条这一个小点时,受到杨老师的鼓励,我到讲台上洋洋洒洒将自己的思路写了一黑板,这是我第一次在 WTO 法领域内体会到小小的成就感。同时我更被杨老师对 WTO 的热情所感染,不断体会他所说的 WTO

作为"模范国际法"的魅力和独特之处,并开始逐渐爱上了这一领域。

二是协助举办"世贸组织裁决的国内执行"专题研讨会。2014年7月,南开大学法学院决定举办关于WTO裁决执行的专题研讨会,我们师门理所应当地承担起了大部分组织安排工作。在中国逐渐跃升为第一贸易大国的背景下,WTO裁决执行的相关问题逐渐凸显,这样一场研讨会将专家学者和实务部门联系在了一起,充分讨论了基本理论问题、欧美国家实践、我国的现状等。在研讨会上,我又见识了如陈雨松处长、于方处长、冯雪薇律师、石静霞教授等WTO圈儿内牛人的风采和他们对WTO领域的执着。

所谓"衣带渐宽终不悔,为伊消得人憔悴",我深深地感受到了WTO法的魅力,并被WTO法圈儿内的前辈们的敬业、投入感染,我亲眼见到了这样一群可爱的人为WTO法在中国的发展而努力,并无悔成为他们其中小小的一员。

三、"众里寻他千百度,蓦然回首,那人却在灯火阑珊处"

进入研究生毕业阶段,我确立了自己的求职方向和毕业论文题目,都与WTO相关。毕业论文中,我讨论了WTO框架下反倾销、反补贴程序中的证据问题,左海聪教授、胡建国老师都给了我充分的支持与帮助,在梳理WTO相关文件和案例的过程中,我的研究方法也进一步成熟了。求职方向上我报考了商务部的公务员考试,在准备考试的过程中,我为了理想全身心投入,对与商务部工作相关的内容做了系统的梳理和学习,并有幸通过笔试、英语面试,进入了第二轮面试。我第一次感觉到当人离自己的理想如此之近时的那份激动与喜悦,并以这份情感促使自己更加努力与进步。遗憾的是,最终我与商务部的职位擦肩而过,正是"众里寻他千百度而不得"。但出人意料的是,我没有因为这次失利而沮丧、郁闷,因为回过头来,我发现在这将近半年的备考过程中,我对WTO法领域的理解更深入了、关系更近了,对待它的态度也更加成熟。走上工作岗位,我会持续关注WTO法圈儿的动态,脚踏实地、仰望星空。

一路走来,WTO法始终是我心中最珍贵的一个角落。还记得《我们在WTO打官司》一书中张凤丽律师说的那句话:"用WTO的语言和思维,把中国自己的故事和道理讲给世界;用中国人听得懂的语句,将世界舞台上的故事说给中国。"这句话代表了多少中国的WTO人的坚持和责任。作为其中微不足道的一员,我愿将对WTO的爱珍藏并永续,尽己所能关注并支持WTO的发展。

我与WTO：讨论式教学法的回顾和反思

刘 豪[*]

男孩和女孩在某个时空相遇相恋，本是偶然，却常常在事后被解读为命运的必然。促成我与WTO法相遇的，是杨国华老师的"世界贸易组织法"课程，而这门课的灵魂正是杨老师的"讨论式教学法"。在这门运用讨论式教学法开展的课堂里，我开始迷上WTO法，并最终选择这一领域作为职业方向，这绝非简单的偶然可以解释。

第一次接触到讨论式教学法，是在本科三年级的"世界贸易组织法"课堂上。这门课原定主讲人为廖诗评老师，而他特意从商务部请来杨国华老师担任主讲，自己则作为"绿叶"全程陪同大家学习。[❶] 杨老师在这门课上运用了讨论式教学法进行教学。他选取WTO的中国案件作为主要材料，由学生在课前阅读专家组及上诉机构报告原文选段以及相关的教材和论文，课上在老师的引导下围绕问题进行讨论。课堂上，杨老师自己奉行"打死也不说"的原则，几乎从不发表自己的观点[❷]，仅仅是主持、引导同学讨论，或是挑拨同学辩论。同学可提问、可立论也可反驳，在围绕论题的前提下任何发言形式和内容都被允许和尊重。

还记得第一次课开始后，仅仅是经过了最初几分钟的诧异和疑惑，课堂情况就从没人发言变为排队发言了。有人以数学模型和公式分析WTO条约与中国入世议定书之间的关系，有人结合雅典的议会制度分析WTO里的民主投票机制，还有人将贸易救济领域的双重救济与行政法中的一事不二罚制

---

[*] 刘豪，北京师范大学法学院2010级本科生，现就职于北京金诚同达律师事务所。

[❶] 在课上，除了极个别情况以外，廖老师总是在一旁默默聆听大家上课。我一直认为，这对于所有选修这门课的同学而言，都构成无形的激励。

[❷] 在课程的前中期，杨老师严守自己定下的纪律，仅充当主持人和提问者，绝不发言（虽然老师提问的方向仍有可能透露出倾向性）。在课程的后期，当杨老师有充分理由相信，学生自由表达的积极性已经得到充分调动，且不会将老师的观点视为权威解答并因而不敢发言时，他会偶有发言，但方式和尺度依然是谨慎的。

度进行对比分析。这种教学方法最初带给我的冲击与震撼，至今记忆犹新。在传统的讲授式课堂上，"老师讲、学生听""一个主动、一个被动"的课堂格局之下，同学们参与和思考的潜能受到天然的抑制。而在这样的讨论式课堂上，我能够真切地感受到大家对于表达的渴望。学生从被动接受的惯性中逐渐解放出来，大口大口地呼吸着自由的空气。随着课堂的推进，我们越发"自由不羁"，有人为了澄清观点而不断上台板书（包括我），还有人甚至获得机会充当老师的角色，亲自主持一堂讨论课。

最为重要的是，课堂里的讨论并非毫无章法，而是聚焦一个又一个核心问题点而展开。杨老师在课上最常用的技巧，叫作"借力发力"。他从同学的发言中揪住一两个问题，借题发挥，或是不断对某同学进行追问，或是鼓动同学之间反复辩论。尤其是遇到辩论，两方僵持不下，要求发言的牌子更是此起彼伏❶。更热闹的场面是，一人"出言不逊"以至于触怒民意，杨老师趁机加以"挑拨"，其余同学则群起而攻之。大家脸上飞扬的神色似乎在向其宣布，你这观点也太"冒天下之大不韪"啦！还曾亲眼看到，一位平时说话常常前言不搭后语的室友，为了驳倒另一位同学，脸憋得通红，竟然一时间表达流畅而富有逻辑，留下我和寝室长在一旁吃惊不已。

如今回想起来，当面对的材料是专家组和上诉机构报告时，这样的课堂讨论无疑是非常重要的。WTO裁决报告的信息量之大、逻辑分析之精密自不必多言，由这样的案例材料生发出来的讨论，使得课堂学习不再是一味地接收和理解信息，而是亲身担当专家组或者上诉机构成员的角色，撸起袖子亲自解决案件审理中的法律问题。大脑的思维方式已经越过知识的识记阶段，进入到知识的反复运用和巩固阶段，❷ 以至于两个多小时的课上总感觉自己的脑子不够用。当然，这样的讨论过程是令人振奋的，而结果往往是令人沮丧的：对于大部分问题，大家不仅无法在讨论中得出结论，反而在讨论中触发更多的问题，原本自认为简单的一个问题更是演变成复杂的一连串问题。往往在下课铃响后，仍有同学对课上涉及的问题争论不休，甚至嚷着要去找杨老师和廖老师讨个说法。

于是，杨老师对每一个WTO案例组织两次讨论课。他会在第一次课后根据同学们自己的讨论（而不是老师自己的总结或是教学大纲的要求），归纳

---

❶ 杨老师在课上借鉴了WTO庭审时的发言制度，希望发言的同学必须将自己的签名牌竖立以示意，老师会按照同学们竖牌的先后顺序组织发言。

❷ 关于案例教学法的优点，王军先生曾有非常精彩的分析。参见王军：《关于在中国法律教育中进行案例教学的思考》，载《中国法学教育年刊》（2012～2013）。

出若干焦点问题留待第二次课集中讨论。事实上，这种问题的归纳和提炼是教师引导讨论的最主要手段，也体现着教师对于案件争议点（issue）的理解和对课堂走向的把控。我一直认为，第二次课才是讨论课的精华所在，主要原因在于焦点问题会在第二次课上得到集中讨论，部分原因在于，第二次课常常是我大展身手的舞台。记得有一次为了研究 GATT 一般例外条款对于入世议定书的适用性问题（简称"适用性问题"），我从网络和图书馆找来所有相关的资料，然后在自习室里憋了三天大招。第二次课上，我举牌后信步走上讲台，先是把我事先准备好的笔记写满了整个黑板，然后从条约冲突的概念开始讲起，然后是条约冲突的种类，最后分析了运用条约冲突理论解决"适用性问题"的可能性。我的整个演讲持续了将近 20 分钟，俨然给台下的同学上了一堂国家法理论课。发言结束后，杨老师提议让全班同学为我鼓掌，我脸上故作镇定，心底早已按捺不住激动和兴奋——后来教育学院的教授告诉我，这种情绪叫作学习中的"高峰体验"。

　　杨老师的 WTO 法讨论课结束之后，我与 WTO 的缘分并没有就此结束。课程结束时，上面提到的"适用性问题"成为我的结课论文，也在后来成为我的毕业论文题目。虽然后来的思考发现，运用条约冲突理论解决适用性问题，并没有什么大用；更为遗憾的是，稀土案的上诉机构报告似乎已将这一问题盖棺定论。

　　毕业后，我无比幸运地加入到金诚同达律师事务所，师从彭俊律师，进而有机会参与到 WTO 争端解决的工作中。就我有限的工作经历而言，讨论式课堂对我的影响一直延续至今。第一，实际工作中面对的问题，往往更像是讨论式课堂上所要面对的问题，而非讲授式课堂上的问题。在实际工作中，并没有一位耐心的老师在一旁讲解，更不可能先从基本概念学起，再到理论，最后进入案例。律所里快速的工作节奏常常要求我们在毫无背景知识的情况下，直接进入一个完全陌生的案件，有时甚至是一个完全陌生的业务领域，要求自行迅速掌握所需的基础知识，并分析得出问题的解决方案。在我看来，这样的能力正是讨论式教学法力图培养的。第二，实际工作中最需要的品质，正是讨论式课堂所积极调动和培养的品质：自愿、主动和热爱。讨论式课堂鼓励学生发言，提倡思考和辩论，其实质在于调动和培养学生自主学习的积极性，并提供展示学习成果的舞台，让学生不断感受到思维精进、自我成长的巨大喜悦。也许慢慢地，就有同学和我一样，能够发现自己的兴趣和热爱。WTO 业务的学习注定道阻且长，而这份热爱就成为踏上征程的理由，正如胡适先生所言："哪怕它真理无穷，进一步有进一步的欢喜。"

第六篇　庆祝 WTO 成立 20 周年国际研讨会有感

第六篇　庆祝WTO成立20周年国际研讨会有感

群 英 会

杨国华*

2015年7月3~4日，"WTO 20周年：多边贸易体制、争端解决与发展中国家"国际研讨会在清华大学举行。这是WTO法律界的一次盛会：WTO上诉机构5位现任成员❶，5位前任成员❷，上诉机构秘书处主任和首席律师❸，WTO秘书处法律处主任和高级律师❹，WTO副总干事以及高级官员❺

---

* 清华大学法学院教授，曾任商务部条约法律司副司长和中国驻美大使馆知识产权专员。1996年毕业于北京大学法律系，获法学博士学位。在商务部工作18年，先后从事国际贸易法、国际投资法、国际经济合作法、国际知识产权法和WTO法等实务工作，其中主要负责涉及中国的WTO争端解决案件处理和中外知识产权交流工作。参加的国际多边和双边活动包括：中国加入WTO谈判，亚太经合组织（APEC）知识产权工作组会议，联合国国际贸易法委员会（UNCITRAL）会议，国际统一私法协会（UNIDROIT）会议，中美商贸联委会（JCCT）和战略与经济对话（SED）会议，中欧高层经济对话（HED）会议。中国法学会世界贸易组织法研究会常务副会长。中国国际经济贸易仲裁委员会仲裁员。Journal of World Trade 编委。1999年9月，被北京市法学会评选为"优秀中青年法学家"。学术著作包括：《中国加入WTO法律问题专论》（法律出版社，2002年5月）；《WTO争端解决程序详解》（中国方正出版社，2004年3月）；《中国入世第一案——WTO美国钢铁保障措施案研究》（中信出版社，2004年3月）；《中国与WTO争端解决机制专题研究》（中国商务出版社，2005年5月）；WTO Dispute Settlement Understanding: A Detailed Interpretation (Kluwer Law International, 2005年4月)；《中美知识产权问题概观》（知识产权出版社，2008年4月）；《WTO的理念》（厦门大学出版社，2012年4月）；《探索WTO》（厦门大学出版社，2012年4月）；《WTO中国案例精选》（厦门大学出版社，2012年10月）；《探索WTO》（二）（厦门大学出版社，2013年11月）；《法学教学方法：探索与争鸣》（厦门大学出版社，2013年5月）；《讨论式教学法的理论与实践》（厦门大学出版社，2014年6月）；《WTO中国案例评析》（知识产权出版社，2015年1月）。

❶ Ujal Singh Bhatia, Seung Wha Chang, Ricardo Ramírez-Hernández, Shree Baboo Chekitan Servansing, Yuejiao Zhang.

❷ Lilia R Bautista, Mitsuo Matsushita, Shotaro Oshima, Yasuhei Taniguchi, David Unterhalter.

❸ Werner Zdouc (Director of the WTO Appellate Body), Victoria Donaldson (Chief Legal Officer).

❹ Valerie Hughs (Director of the Legal Affairs), Gabrielle Marceau (Counsellor).

❺ Karl Brauner (Deputy Director General), Abdel-Hamid Mamdouh (Director of the Trade in Services).

和世界著名 WTO 法律专家❶共 20 多位外籍人士参加了研讨。此外,国内 WTO 法律实务界的官员和律师❷,学术界的教师和学生约 400 人参加了会议。

在整整两天的会议中,大家就"从 1995 年到后巴厘:过去、现在和将来""争端解决机制:从 GATT 到 WTO""中国与争端解决机制"和"发展中国家与 WTO"等宏观议题发表了看法,并且就"争端解决程序改革""服务贸易""自由贸易协定与 WTO""条约解释与先例""知识产权""贸易与环境""执行与举证责任""贸易救济"和"贸易与投资"等专业议题进行了交流。最后,大家全体起立,长时间鼓掌,宣告会议取得圆满成功。

我有幸参与了这次会议的组织工作,有机会作为东道主,在清华园迎接来自五湖四海的新朋老友。我强烈地感觉到,这是一个 WTO 法律的大家庭。我很荣幸能够成为这个大家庭中的一员,也想借此机会介绍一下我的"家庭成员"。

我所介绍的,主要是我所熟悉的法律人士,说说我对他们的印象。因此,我主要以会议日程上有名有姓的人,也就是在会议上发言的人为主,兼顾名单之外的一些"重要成员"。❸

一、"大法官"

WTO 争端解决机构(DSB)被俗称为"国际贸易法院",专门负责解决 WTO 成员之间的贸易纠纷,而 WTO 上诉机构(WTO Appellate Body)就被俗称为"上诉法院",上诉机构成员(Appellate Body Member)就被俗称为

---

❶ Ernst-Ulrih Petersmann, European University Inistitute, Florance; Arie Reich, Bar Ilan University, Israel; Pierre Sauve, World Trade Institute, University of Bern, Switzerland; Edith Brown Weiss, Georgetown University.

❷ 商务部条约法律司、世界贸易组织司等政府部门,金杜、金诚同达、中伦、高朋等律师事务所。

❸ 本文选择介绍的标准是"我所熟悉的法律人士"。会议开幕式上,清华大学校长邱勇、商务部副部长王受文等发表了重要讲话。此外,中国常驻 WTO 代表团首任大使孙振宇全程参加了会议。由于他们不是"法律人士",因此本文没有介绍。事实上,我与王受文副部长和孙振宇大使是非常熟悉的,因为他们都曾经是我在商务部的同事和领导。我曾经写过专门文章,介绍孙振宇大使("一项前无古人的事业:记我国首任常驻 WTO 代表孙振宇大使",2006 年),并且在他离任后,协助他整理出版了回忆录(《日内瓦倥偬岁月——中国常驻 WTO 代表团首任大使孙振宇口述实录》,人民出版社,2011 年 12 月)。此外,WTO 副总干事 Karl-Ernst Brauner 是法律人士,也在开幕式上发表了讲话,但是我并不熟悉。

"WTO 大法官"。❶

上诉机构是 WTO 常设机构，上诉机构成员 7 人，任期四年，可连选连任一次。也就是说，上诉机构成员最长可以连任 8 年。❷ 根据 WTO 的规定，他们必须是"公认的权威，在法律、国际贸易和（WTO）协定有关事项方面具备精湛的学识"（recognized authority, with demonstrated expertise in law, international trade and the subject matter of the covered agreements generally）。❸

由于这次研讨会是在上诉机构的提倡和主持下举办的❹，所以一下子来了这么多"大法官"。在研讨会全体会议的"争端解决机制：从 GATT 到 WTO"主题下，他们 10 个人在台上一字排开，晃得台下人睁不开眼睛！❺

我坐在台下，也是眼花缭乱，看看这个，望望那个，大脑一片空白，就剩下傻笑了！

那么，我该从谁说起呢？

这一点我还是头脑清醒的。按照上述"熟悉"原则，我当然是先介绍张月姣大法官，因为她是我最熟悉的。

（一）张月姣

她曾经是商务部前身外经贸部条约法律司（条法司）司长，后来到亚洲开发银行工作多年，2008 年当选为上诉机构成员，是第一位中国籍大法官。1996 年，我从学校毕业，是她带领几位处长，在一个小会议室里面试并录用了我。用英语说就是：She hired me! 后来，她担任大法官，我在商务部条法司负责 WTO 争端解决事务，经常在日内瓦见到她，甚至在三个案件中她是主审法官坐在台上。❻ 再后来，我加入清华法学院，我们又成为同事，因为她

---

❶ 《关于争端解决规则与程序的谅解》（Understanding on Rules and Procedures Governing the Settlement of Disputes, DSU）是 WTO 的"诉讼程序法"，规定了"两审终审"的程序，即一个案件可以经过"专家组"（panel）和上诉机构两级"法院"审理，其中，上诉审理是"法律审"，即上诉机构仅负责审理专家组报告中的"法律问题"和专家组所做的"法律解释"（An appeal shall be limited to issues of law covered in the panel report and legal interpretations developed by the panel, Art. 17.6, DSU）。

❷ 从 1995 年成立至今，WTO 共有 25 位上诉机构成员。

❸ Art. 17.3, DSU.

❹ 日内瓦大学、欧盟大学研究所、韩国首尔大学、哈佛大学以及墨西哥和印度的大学也已经或即将举办研讨会。

❺ 据上诉机构秘书处的人介绍，以前从来没有出现过 10 个成员同时登台的情况。

❻ "中国取向电工钢案"（DS414）、"中国稀土案"（DS431、DS432、DS433）和"美国反补贴和反倾销案"（DS449）。每个案件由三个上诉机构成员负责审理，抽签决定，没有回避制度。

是清华大学法学院的兼职教授。这位师长，近二十年的交往，我有说不完的故事。但是篇幅有限，我只能挑最近的事情说说了，是关于我心中的两个疑问。

她哪来这么旺盛的精力？七十多岁人了，整天埋头于浩繁的案卷，还隔三差五去日内瓦开庭，一年有半年时间住在日内瓦的小酒店里。办理WTO案件可不是闹着玩儿的，那可是高能耗的活儿。案件的敏感性，案情的复杂性，需要法官们绞尽脑汁，在法律上提供合理的解释。上诉机构开庭，常常连续两天，每天9~10个小时，对年轻人都是一种体能考验。此外，旅途奔波，时差困扰，连续开庭，过去我也曾经每年多次地体验过，现在想来不堪回首啊！❶ 然而，长年累月，这就是她的常规生活。这次组织会议，虽然有团队众多人员的支持，但是她是总策划、总指挥，开了无数次预备会。会议前两天，她从日内瓦回来，直接入住酒店，连续四天四夜，从会议主持到交通吃喝，"眉毛胡子一把抓"。会议期间，她始终忙前忙后、精神抖擞。会后又随部分外籍代表赴上海开了一天会！OMG，"超女"啊！用现在时髦的话说：她真是"蛮拼的"！

她哪来这么巨大的能量？她以一己之力，"忽悠"了国内外400多号人，满满当当开了两天会议。最后大家全体起立，长时间鼓掌，那都是冲着她去的！当时我也在台下鼓掌，感动得热泪盈眶！

毋庸置疑，没有她，就没有全球WTO法律界的这次盛会。但是对于她这个人，我却是有这样两个疑问的。

（二）其他人

David Unterhalter（这个名字好难念，所以我们都叫他David），前任成员，他是南非的教授和律师，但他是地地道道的白人，还拥有剑桥和牛津的学位。因此，不看他的简历，说他是英国人更合适。我开过他的庭。❷ 他属于那种"tough"的法官，在庭上没完没了地追问，因此给我留下了深刻的印象。顺便说一下，在我经历的案件中，法官可以分为两种，一种是他这样的，

---

❶ 每个案件开庭，一般都是安排两天时间。因此，我们要提前一天到达日内瓦，做好开庭前的文件和资料准备，而开庭结束后的第二天就离开日内瓦回国。过去北京到日内瓦，一般在法兰克福机场转机。北京到法兰克福10个小时，转机等候3个小时，然后再飞行1个小时，晚上10点左右抵达日内瓦。随后几天，一直紧张地处在准备案件、开庭和倒时差之中，工作强度很大。由于中国案件很多，所以我经常率团去日内瓦，最多每年达6次。有关细节可参见杨国华主编：《我们在WTO打官司：参加WTO听证会随笔集》，知识产权出版社2015年版。

❷ "欧共体紧固件案"（DS397）和"中国取向电工钢案"（DS414）。

另一种是"nice"的，只是念一下自己的问题，不怎么追问。这次在清华大学开会，他主持了一次全体会议，题为"中国与争端解决机制"，我是发言人之一。会后看到一张照片，是我在讲台上发言，他笑得龇牙咧嘴。我不知道我说了什么，竟然让他笑成那样！后来我们一起到深圳继续开会❶，我是主持人。会议结束后，我在门口与他握手，他说了半句话就要笑倒了："你的主持呀……"我也跟着傻笑，但是不知道他是夸我呢还是夸我呢！过去开庭，没有什么个人接触，印象中他很严肃的。难道退了就幽默了？不明白。

Seung Wha Chang，韩国教授和律师，中文名字是张胜和，现任成员。2012 年，他竞选法官，恰逢我率团在日内瓦开庭，于是他就约我和同事见面。我们在 WTO 的一个小会议室里聊了两个多小时，主要是关于怎么讲课的问题！他介绍了在韩国和哈佛法学院讲授 WTO 的内容和方法，我也介绍了我的"讨论式教学法"。他还说我们将来可以合作教学。相谈甚欢，我回国后就力主中国政府投他一票。他选上后，我在开庭时见到他❷，跟他打招呼，他就很官方了。这次在清华，我上去打招呼，他也很官方。唉，没办法，此一时彼一时啊！但是他在庭上也是很"tough"的，并且很认真、很勤奋的样子。不管他个人对我怎么样"官方"，我还是一直为曾经支持过这样一位杰出的法官竞选而窃喜。至于教学合作，只有等到他退下来再说了！

来开会的法官中，还有一些人，我是熟悉的。例如，三个日本前任法官，松下满雄（Mitsuo Matsushita），教授、律师，是第一代法官；这个小老头很活跃，演讲、编书，一直没闲着；2000 年我就听过他的讲课❸。大岛正太郎（Shotaro Oshima），外交官，庭上很严厉❹。谷口安平（Yasuhei Taniguchi），教授、律师，慈祥的老人，今年在清华法学院讲课好几天；总是说自己是搞民诉法的，在当选法官之前对 WTO 一无所知。再如现任成员、墨西哥教授、律师 Ricardo Ramirez-Hernandez（这个名字更难念，所以我们都直呼其名 Ri-

---

❶ 清华会议之后，部分代表分赴深圳和上海参加"分会"，即 2015 年 7 月 6 日分别由深圳市世贸组织事务中心和上海 WTO 事务咨询中心主办的会议。

❷ "美国反补贴案"（DS437）、"中国稀土案"（DS431、DS432、DS433）和"美国反补贴和反倾销案"（DS449）。

❸ 2000 年 6 月，原外经贸部条法司组织国内主要经济部委和立法部门的官员，以及部分学者、律师 23 人，远赴位于美国首都华盛顿的乔治城大学法律中心（Georgetown University Law Center），参加为期两周的"WTO 研讨班"（以下简称"乔治城研讨班"）。这个研讨班美方组织者是 John H. Jackson 教授。他邀请了 23 位美国的官员、学者、律师，以及 WTO 秘书处及争端解决方面的专家，系统介绍了 WTO 的历史和有关协定，并且特别介绍了 WTO 的大量案例。松下满雄是讲课人之一。

❹ "中国出版物和音像制品案"（DS363）、"中国原材料案"（DS394、DS395、DS398）、"欧共体紧固件案"（DS397）和"美国轮胎案"（DS399）。

cardo），庭上也很"tough"❶，英语很流利，但是发音不是非常清晰，好像只是在嘴里打转。

说到"tough"，最"tough"的法官应该是 James Bacchus（我们都叫他 Jim）。他本来要来清华开会的，但是因为家里有事临时取消了。他是第一代法官，曾经当过美国国会议员，现在是华盛顿律师。在所有法官中，除了张月姣，我跟他是最熟了。2002 年的"中国入世第一案""美国钢铁保障措施案"❷ 上诉开庭的时候，他就是主席。庭上，他不仅随心所欲地问一些"莫名其妙"的问题，显示了对各国政府代表的极大"不尊重"，甚至敲着桌子点名训斥某个国家的代表，让他们不要交头接耳，因为这里是法庭，而不是咖啡厅！那是我第一次上诉开庭的经验，心中好生诧异：咋能这样呢?！然而，后来我们成了莫逆之交，他对我影响很大。2011 年，我主编一本书，还专门访谈了他。❸ 关于我们之间的交往，我曾经写过两篇专门文章，现作为附录放在文后，此处就不多说了。

没来开会的法官中，还有两个是比较熟悉的。一个是 Peter Van den Bossche（我们叫他 Peter），现任法官，教授，比利时人。他在庭上也很"tough"，但是很理论、很博学的样子。❹ 他写的教材 The Law and Policy of the World Trade Organization 共 1044 页，正在翻译成中文，让我参与校对。另一个是 Merit E. Janow，前任法官，美国哥伦比亚大学教授。2002 年我们在纽约见面聊天后，就一直有来往。她人很好，很客气，很乐于助人，还曾经帮我联系去哥伦比亚大学访问学习（未成行）。

---

❶ "中国出版物和音像制品案"（DS363）、"美国反倾销和反补贴案"（DS379）、"中国原材料案"（DS394、DS395、DS398）和"中国稀土案"（DS431、DS432、DS433）。

❷ 2002 年 3 月 5 日，美国总统宣布，对 10 种进口钢材采取保障措施，在为期 3 年的时间里，加征最高达 30%的关税。包括中国在内的 8 个 WTO 成员（欧共体、日本、韩国、中国、瑞士、挪威、新西兰和巴西）将本案提交 WTO 争端解决机制，是为"美国钢铁保障措施案"（DS248、DS249、DS251、DS252、DS253、DS254、DS258、DS259）。美国钢铁保障措施案是中国在 WTO 中第一案，是中国成为 WTO 成员后，使用 WTO 争端解决机制解决贸易争议，合法保护自己贸易利益的具体体现。这个案件标志着中国未来解决与其他 WTO 成员的争议，多了一条稳定、可预见的途径。对于作为贸易大国的中国来说，和平解决争议，与其他国家建立良好的贸易关系，是非常重要的。因此，本案对中国不仅仅具有保护具体贸易利益的作用，而且具有很强的象征意义。

❸ 吕晓杰、韩立余、黄东黎、史晓丽、杨国华：《入世十年 法治中国：纪念中国加入世贸组织十周年访谈录》，人民出版社 2011 年版。访谈时间：2010 年 9 月 11 日。地点：中国人民大学法学院。访谈人：杨国华。

❹ "美国反倾销和反补贴案"（DS379）、"美国轮胎案"（DS399）、"中国取向电工钢案"（DS414）和"美国反补贴案"（DS437）。

(三) 感慨

迄今为止，WTO 只有 25 位大法官，半数以上我见识过，有些还比较熟悉。我的总体印象是：理想、敬业。他们深知"在维护多边贸易体制的安全性和可预见性方面，WTO 争端解决机制是一个核心因素"❶，因此他们非常慎重、认真地对待每一个案件，竭尽全力地对 WTO 协定中的条款提出令人信服的解释。在大会上，我在发言的最后说：感谢你们提供了这么好的案例（尽管并非完美，并非没有批评），让我在这么好的清华法学院找到了工作，也让我的学生有精彩案例可读。

不仅如此，这些大法官还热衷于宣传 WTO。他们频繁出席各种研讨会，发表演讲，著书立说，从事教学，传播自由贸易和国际法治的理念。恐怕没有任何一个国际司法机构的大法官像他们这样活跃的。这次研讨会，来了这么多法官，就是一个很好的例子。也许正是因为他们的热心宣传，WTO 法律研究才能这么红火。我觉得，在这个 WTO 法律大家庭中，如果有家长，那么他们就属于"父母"。

二、"大秘书"

"大秘书"是指 WTO 上诉机构秘书处和 WTO 秘书处法律处为上诉机构和专家组提供法律服务的律师们。❷ 把他们称为"大秘书"，是因为相对于"大法官"，他们虽然处于附属地位，而且他们默默无闻，在案件裁决书中都没有留下名字；然而，从"工龄"和专业角度，他们也很"大"，甚至在案件内部讨论过程中，可能比法官还大！

例如上诉机构秘书处主任 Werner Zdouc（奥地利人，名字没法念，我们都叫他 Werner），拥有法学博士学位，是好几个大学的访问教授。他 1995 年就在 WTO 工作了，先在 WTO 秘书处法律处，后在上诉机构秘书处。论 WTO 法律和程序，他可能比任何一个上诉机构成员都熟悉——大家不要忘了，上诉机构成员最多只能干 8 年，而他可一干就是 20 年啊。试想一下，他与大法官们一起讨论案件，到底谁听谁的?! 事实上，开庭的时候，他经常与大法官们一起坐在台上，"煞有其事"地听着，尽管无权提问。前年在上海开会❸，我们认识了。这次在清华和深圳开会，我们有了更多接触。他的一言一

---

❶ Art. 3.2, DSU.
❷ 两个处各有十余名律师。
❸ 2013 年 11 月 6 日，"金砖国家与 WTO 争端解决研讨会"，上海。

行,俨然是以 WTO 法律专家自居的。例如,关于"中国市场经济地位"这个"重大"问题,他提醒大家:反倾销所涉及的贸易量仅占中国总出口量的 0.5%左右❶;关于"GATT 第 20 条适用"这个"体制性"问题,他再次提醒大家:中国承诺内容很多,GATT 第 20 条能否适用,是个案处理的,例如"中国出版物和音像制品案"中,上诉机构就认为第 20 条可以适用。❷ 他不苟言笑,但是他心里明白着呢!

相比之下,Gabrielle Marceau(加拿大魁北克人,名字是法语,没人敢念;就连 Gabrielle 也没人能念准;意思是"上帝之人",来自《旧约》中一个天使的名字,我们干脆叫她"马苏"好了;清华会议期间,我与一些中国朋友起哄给她起这个名字的时候,她似乎还很得意的样子)就更了不起了。马苏是真正的专家。WTO 成立之前就在 GATT 工作了。也就是说,她比 Werner 来得还早!她在更多大学讲课,也出版更多著作,包括新近主编的 A History of Law and Lawyers in the GATT/WTO。这本书我还没有买到。见面时,她给我一份宣传册,说凭这个买书可以打八五折。她还担任日内瓦大学"国际经济法学会"会长。试想一下,她这样的人为案件专家组服务,到底谁是专家?大家知道,案件专家组虽然名为"资深的政府和/或非政府人士"(well-qualified governmental and/or non-governmental individuals)❸,但是这些人都是临时拼凑的,案件来了被选中,案件结束就解散了❹,怎么能跟她这种几十年如一日的专家相提并论呢?我第一次见她,是 2002 年"美国钢铁保障措施案"的专家组庭审上,胖胖的,忙前忙后。那个案件的裁决,她一口气写了 1000 页!后来的若干次庭审中,都见她坐在专家组成员旁边,笑眯眯地看着大家,摇着扇子,一副胸有成竹的样子,比专家组成员的派头还大!她有时候会给专家组成员递送一个纸条,结果专家组成员的提问,就显得特有水平。例如,在"中国稀土案"中,专家组成员在接了她一个纸条后

---

❶ "中国市场经济地位"问题,是指中国"入世"议定书第 15 条所涉及的问题,即中国"入世"15 年(2016 年 12 月 11 日)之后,外国反倾销调查机关是否仍然可以要求中国企业证明其产业具备"市场经济条件",并且仍然可以使用"不依据与中国国内价格或成本进行严格比较的方法"。

❷ 关于 GATT 第 20 条"一般例外"是否适用于中国"入世"承诺的问题,WTO 上诉机构在不同案件中作出了不同裁决:在"中国原材料案"(DS394、DS395、DS398)和"中国稀土案"(DS431、DS432、DS433)中,上诉机构认为不能适用于关于出口税的承诺,而在"中国出版物和音像制品案"(DS363)中,上诉机构认为能够适用于贸易权的承诺。

❸ Art. 8.1, DSU.

❹ 与上诉机构"常设"不同,专家组是"海选"的,即秘书处从其"专家库"(也包括"指示性名单"(indicative list, Art. 8.4, DSU)之外的专家)中推荐专家征求当事方意见,并且在意见不能达成一致时由总干事指定。案件审理完成后,专家组自行解散。

问大家：中国对出口税的承诺，是否要遵守 GATT 第 1 条？❶ 这个问题太毒了，因为答案如果是肯定的，那么出口税能否适用 GATT 第 20 条例外的问题岂非不言自明？清华会议期间，一次晚餐酒足饭饱之后，我笑着追问她这个问题。她说，当然要遵守第 1 条。那么第 20 条呢？我问。她一下子醒过来，狡猾地说：我不知道，我只是个小土豆！小土豆？你骗得了别人，还骗得了我？她这个人不仅仅不"忠厚老实"，而且"贪心不足""拿不定主意"：最后一天，她想去长城玩，又想去南开大学讲课，还想去城里逛街！怎么可能呢？！你以为咱们首都北京是你们日内瓦那个"小县城"啊！她最后选择去了南开（随后一周我也在南开讲课，很多同学听过她的课，大开眼界，结果我的课变成了研讨她的课），但是那次晚餐后我约几个朋友去清华园"荷塘月色"，告诉她"曲曲折折的荷塘上面，弥望的是田田的叶子。叶子出水很高，像亭亭的舞女的裙。"（好美）她也动心了，可最后仍然选择在酒店休息，说什么刚下飞机有点疲劳！好吧，下次吧。

相比之下，WTO 秘书处法律处主任 Valerie Hughes（加拿大人）就比马苏低调一些。人家也是大专家，在 WTO 工作多年，曾经担任上诉机构秘书处主任。她平时都是安安静静听大家说话，不像马苏那样爱抢话，经常成为大家围绕的中心。但是人家一发言，都是很有高度的。例如，2011 年在北京开会，谈到中国参与 WTO 争端解决机制的事情，说："在过去的几年间，中国对争端解决机制贡献得更多了。通过积极参与其中，中国和其他成员国一起推动了法律的完善。这是意义重大的贡献。"❷ 你看看，人家说得多好啊。另外，专家组开庭的时候，她也是悄悄地坐在会议室的角落里，静静地听大家讲，尽管我觉得她有点"监工"的感觉。

据我所知，无论是专家组和上诉机构，在讨论案件的时候，秘书都是参加的，并且与专家组成员和上诉机构成员一样发表意见。因此，在审理一个案件的过程中，谁研究深，谁熟悉规则，谁就有发言权。从这个意义上说，这些人也是专家。因此，我强烈建议裁决书应该写他们的名字。我觉得，在这个 WTO 法律大家庭中，他们属于"管家"，有些人很资深、很权威。

---

❶ 本案争议的一个焦点是出口税承诺是否能够适用 GATT 第 20 条，即能否援引"一般例外"条款进行抗辩的问题。

❷ "北京论坛（2011）"专访 WTO 法律事务司司长瓦莱莉·休伊斯："中国入世一百分！"，见北京大学新闻网，http://pkunews.pku.edu.cn/xxfz/2011－11/05/content_218480.htm，2015 年 8 月 1 日。

三、"大学者"

还有些人，可能属于"爷爷"了！例如这次来开会的 Ernst-Ulrich Petersmann（名字好长，他自己有个很"嫩"的自称：Ulli），德国人，现在是"欧盟大学研究所"（European University Institute）的教授。他今年 70 岁了，毕生从事国际法和多边贸易体制的实务和研究工作，是业内"大佬"。多年以来，他对 WTO 的发展提出了很多建议，特别是在人权方面，认为贸易不能不考虑人权的问题。这次开会结识了他，被他在机场候机室的一场谈话所折服，然后追随他去厦门大学听了 4 天课，写了近万字的"听课笔记"，并且还下决心和朋友们一起研读他的著作。关于跟他交往的情况，详见附录，此处就不多说了。

说到"大佬"，不能不提及美国的 John H. Jackson。他是乔治城大学教授，被业内称为"WTO 之父"！在北大上学时就读过他主编的教材 Legal Problems of International Economic Relations，2000 年结识他，在北京接待过他，在华盛顿工作时与他夫妇共进晚餐。2004 年，在 WTO 成立 10 周年之际，总干事邀请 8 位专家写了一份"八贤人报告"，即 The Future of the WTO，为多边贸易体制的发展定调把脉。在这份报告中，他对 WTO 争端解决机制给予高度评价，并且对 WTO 的未来充满信心。2011 年，我主编一本书，还专门访谈了他。❶ 最近很少有他的消息了。Ulli 说，以前他们每年见面几次，但是他太老了（80 多岁），最近身体不好，也不怎么回电子邮件了。关于他，我也写过两篇文字，一并放在附录中（2015 年 11 月 7 日，John H. Jackson 辞世，享年 83 岁）。

我觉得，若论对多边贸易体制的贡献，有 3 个人是必须提及的，且他们各有特色。John H. Jackson 属于"制度"层面，即他从 1969 年出版名著 World Trade and the Law of GATT 起，就一直致力于 GATT/WTO 的制度研究，包括其在美国法律中的地位。Ernst-Ulrich Petersmann 属于"理论"层面，包括将他老乡康德的"世界主义"政治哲学运用于国际经济法的设计。另外还有上面提到的 James Bacchus，则是属于"思想"层面，包括他认为 WTO 为"国际法治"建设起到了示范作用。吾生有幸，能够与他们 3 位相识。

---

❶ 吕晓杰前书。访谈时间：2010 年 10 月 21 日。地点：美国华盛顿乔治城大学。访谈人：黄东黎。

四、"大律师"

如果说这次会议有什么缺陷，那么就是WTO法律大家庭成员中，有一些代表缺席了，例如Scott Anderson、William（Bill）Barringer、Van Bell Bellis、Edwin Vermulst等大牌国际律师。

Scott的办公室就在日内瓦，阳台上喝着咖啡就可以俯视WTO总部大楼！他就是吃WTO这碗饭的，在日内瓦人脉很广，每个案件出来都会举办午餐研讨会。庭审中，他言简意赅，点到为止，彬彬有礼，充满自信。他还爱好音乐，是低音提琴手，与几个律师组织了乐队the Swing Solicitors经常到酒吧演出那些可以摇摇摆摆跳舞的曲子！他送我一张灌制的CD❶，见面时我更愿意与他谈谈音乐，并且一直对他说要去看他的酒吧现场演出。

Bill是华盛顿律师，年纪较大，第一次见面是2002年"美国钢铁保障措施案"专家组庭审中，目睹他代表巴西舌战美国政府律师的风采，也让我惊讶于"美国律师代表外国打美国"的现象。他做了一辈子贸易救济方面的律师，熟悉钢铁行业，因此美国政府的那些年轻律师根本不在话下。他红脸膛，抽三五烟，喜欢开奔驰汽车，有点西部老牛仔的感觉。我们见面似乎只谈案件的事情，他对别的事情好像都不感兴趣。

Bellis也是红红的脸膛，说起话来脸膛更是红红的，但他可是欧洲头号贸易法律师，被称为"欧洲反倾销之父"，这个行业的很多律师都是他的徒子徒孙。他办公室在布鲁塞尔，与欧委会上上下下都关系很深。他80年代就有中国业务，因此对中国很了解。但是他好像不善言谈，加上法语口音很重，我都不记得我们俩都聊过什么了。

奇怪的是，曾经在Bellis律师事务所工作，现在自己单干的Edwin，也是腼腆羞涩，一说话就脸红的人。他也是欧洲数一数二的贸易法律师，但是一起办案时也没有留下什么印象。倒是我离开商务部之后，他邀请我加入业内权威杂志Journal of World Trade担任编委，令我受宠若惊。编委会只有14人，都是业内名家，而他是主编。他是律师，业务非常繁忙，但是他酷爱学术，笔耕不辍。这世界，真是什么人都有啊！

这些律师都有30年以上的贸易法实务经验，活跃在WTO的大舞台上，代理着各种各样的诉讼。可以这么说，如果没有他们，WTO专家组和上诉机构的裁决可能就不会那么精彩，因为他们代表各自的"当事人"向WTO提

---

❶ When you look at me，2000。

交了最高质量的材料和意见。荣幸的是，在涉及中国的案件中，我与他们都有过合作。说实话，说"合作"是不对的，说"学习"更恰当。如何成为一个优秀的国际贸易法律师，如何制定诉讼策略，采取什么诉讼技巧，提交什么诉讼材料，开庭时如何讲话，如何处理与当事人的关系，等等，在与他们的相处中，我学到了太多。

在WTO法律大家庭中，他们属于"长工"，身强力壮，特别能干活。据说过去的大家庭中，长工与家里人是一样的，同吃同住，备受尊重。所以，请大家不要误解了"长工"的含义。

五、"自己人"

最后该写写"自己人"，即国内的WTO法律人了。

在这个WTO法律大家庭里，他们大致可以分为3类：商务部条约法律司负责争端解决案件的官员，即战斗在第一线的前同事们❶；协助处理案件的北京律师；从事WTO法律研究和学习的法学院师生。前面说过，来参加会议的，有浩浩荡荡400多人。我不可能一一介绍，甚至"熟悉"原则都不能适用，因为我熟悉的人也有很多很多。例如，我建立的"我与WTO"微信群就有70多人。我只能选择几个，晒晒他们的故事。没有被提及的朋友，不要高兴得太早，没准你的故事就会出现在我的下一篇文章里！

商务部条约法律司是我的"娘家"，我能够与WTO"相识、相伴、相爱"，都是在这里进行的。❷ 因此，作为"入世"后第一任WTO法律处处长和离职前负责争端解决的副司长，争端解决团队的每一个人，我都是熟悉的。18年，20多个人，30多个案件❸，其中的故事，恐怕三天三夜也说不完。那么，从哪里说起呢？

先从最近的事情说起吧。

在清华会议上，我与副司长李詠箑（这个名字很多人不敢念，更写不对，连电脑字库里都没有，我是单独存在一个Word文档里用时就调出来复制粘贴的，完全是冷僻字，其实发音就同"永洁"）同台演讲。她思路清晰，立场

---

❶ 中国常驻WTO代表团也有几位条法司工作人员负责争端解决事务。此外，商务部世界贸易组织司（世贸司）也配合条法司处理案件。世贸司负责人赵宏是我北大博士同一师门（师从芮沐先生）的"小师姐"——"师姐"是因为她入师门早我一年，而"小"则是年龄小我很多。她是专业精深的WTO法律专家，曾经在WTO代表团负责处理多起重要案件。她也参加了清华研讨会。

❷ 见本书"编写说明"中的稿约。

❸ 13起起诉案件，21起被诉案件。

鲜明，反应敏捷，表达准确。听了她的讲话，我有一种恍然大悟的感觉：也许我早就该"让贤"了！我"盘踞"这个位置那么多年，影响了多少人茁壮成长、崭露头角啊！事实上，在去年的中国国际经济法年会❶大会上，她介绍工作，我就"惊讶地"发现这个人才了！只不过我当时刚刚离职两个多月，角色意识还没有转变过来，没有上升到"让贤"这个高度而已！她曾经是我的副处长，最早从事 WTO 争端解决工作的同事之一，责任心强，能力强。现在，我的部分工作由她分担，我心里真的很踏实。

另外一个分担我争端解决工作的，是陈福利副司长。我们俩的渊源也深了去了，例如我曾经主管他的知识产权工作，他曾经接替我在中国驻美大使馆知识产权专员的职务。在 WTO 争端解决方面，当年他负责了著名的"中国知识产权案"的处理工作，还以此写成了博士论文，出版时请我作序❷。因为在国外出差，他没有能够参加这次会议，但是在此前的中国法学会世界贸易组织法研究会年会上，❸他的主旨发言前沿、学术，完全是一个专业人士的姿态。现在，我的部分工作由他分担，我心里真的很踏实。

说到这里，你们肯定知道下一个我要说谁了。对，当然是司长李成钢。虽然他没有能够出席会议，但是关于他，我要说的可多了去了，关于他的精明强干，关于他的高瞻远瞩，关于他的知人善任，关于他的豁达开明，关于他的举重若轻，关于他的有情有义，关于他现在担当的中美投资协定谈判之大任❹，甚至关于他对待我"弃官从学"的态度。在这里，还是说说与 WTO 法律相关的事情吧。他是当年参加中国"入世"谈判的主要法律官员，"入世"文件写得好与不好，他都知道来龙去脉！（至今还有人批评有些"入世"条款写得太烂，例如第 15 条❺）后来我们俩各自主管一个 WTO 法律处，分头负责案件，但是由于他是一把手，事务繁多，我经常代替他去日内瓦开庭，使得我先他 4 万公里成为中国国际航空公司百万公里"终身白金卡"会员（午休聊天，我们俩在他办公室看国航会员网站上的小飞机示意图，我的已经飞满直线，而他的还差一小段。好悬！）。一次我们俩同时出席一个研讨会❻，他开玩笑说：中国 WTO "打官司"的两个"包工头"都到场了！是的，我们

---

❶ 2014 年 10 月 30 日，武汉大学。
❷ 陈福利：《中美知识产权 WTO 争端研究》，知识产权出版社 2010 年版。
❸ 2015 年 6 月 20 日，中国人民大学。
❹ 他是被称为"中国第二次入世谈判"的中美投资协定谈判中方首席谈判代表。
❺ 参见此前"中国市场经济地位"问题的注释。
❻ 2010 年 9 月 11 日，"世贸规则与国内法治研讨会暨世界贸易组织法研究中心成立会议"，中国人民大学。

俩曾经是"包工头",我们俩还有近20年的合作之谊。❶ 最近,有学界前辈批评我所提出的"WTO是模范国际法"的观点❷,他当即出面挺我。以下这段话可以看出,他是懂我的:"我认为,你讲的模范国际法是建立在比较基础上的,有时空范围,并不意味着WTO每一条规则的真理性。所形成的规则,总体而言反映了当时规则制定者们认同或接受的一种平衡,规则被制定,规则有机制保障地被遵守而不是肆意破坏,没有赤裸裸的贸易战,且规则的运行总体推动了国际贸易的增长和发展,这在仍有浓重丛林法则色彩的现实世界中就是模范。当然,这并不意味规则本身不需要与时俱进地发展、完善。"谢谢啊!

说完了李成钢,你们肯定知道,一位"大佬"要登场了。前司长张玉卿!李成钢曾说:我们都是他的弟子。他退休10年了,隔三差五自掏腰包请大家吃饭(他当律师,有钱),大家欢聚一堂,向他行"弟子礼"。他喜欢研究问题,退休后笔耕不辍,不久前还推出了一本新书❸。清华会议他也参加了,还主持了"执行与举证责任"专题的小组讨论。他这个人!他这个人可是中国参与WTO争端解决机制的"Godfather"啊!当年,是他要求我们认真研究WTO案例❹,是他主持各种国际研讨会❺,是他安排我们去乔治城大学跟John学习❻,是他率团考察国外律师事务所❼,是他要求作为第三方参与案件

---

❶ 1996年我加入外经贸部条法司,我们曾经在一个处室工作过。

篇幅所限,我只写了条法司的3位领导。事实上,条法司的陈雨松处长和于方处长以及两个WTO法律处的年轻人,都是有很多故事的。例如,去年春节期间,他们在"疯狂"地工作,前方后方传递案件信息,看得微信群中的我都不敢吭声!

❷ 我认为WTO在国际贸易领域建立了一种"法治",因此可以称为国际法之典范。厦门大学陈安先生等提出了不同意见。

❸ 《张玉卿WTO案例精选——WTO热点问题荟萃》,中国商务出版社2015年版。

❹ 2001年WTO法律处成立之初,他要求我们"老老实实"通读一两个案例。

❺ 例如,2000年10月,原外经贸部条法司在北京举办了一天大型的WTO研讨会,来自美国、欧洲、澳大利亚和WTO秘书处的专家,就WTO的主要协定做了专题介绍(John H. Jackson教授也参加了此次研讨会)。国内官员、学者、律师100多人参加了研讨会。

2001年9月,原外经贸部条法司邀请WTO秘书处法律司的Gaetan Verhoosel先生和美国资深贸易法律师Chris Parlin先生,在北京举办了为期5天的"WTO案例研讨班"。这次研讨班的专题,是介绍WTO争端解决机制的程序,并且重点介绍了WTO的3个案例。国内的官员、学者和律师参加了研讨。商务部条法司于2004年1月在北京举办了为期3天的"WTO诉讼策略与技巧研讨会",国内的官员、学者和律师与加拿大有多年WTO诉讼经验的John Johnson先生以及在"美国钢铁保障措施案"中代理中方的律师Olivier Prost先生,就有关主题和案件进行了研讨。

❻ 参见此前关于"乔治城研讨班"的注释。

❼ 2002年3月,他率团赴华盛顿考察美国的律师事务所。

处理❶，是他邀请中国律师参加诉讼❷，是他主张加强与国内学者的联系❸。没有他的远见卓识，中国参与 WTO 争端解决工作不一定会像今天这样井然有序，国内 WTO 法律研究也不一定会像今天这样红红火火。是他让我担任 WTO 法律处处长（2001 年）；是他带着我在日内瓦参加"美国钢铁保障措施"专家组庭审（2002 年），深更半夜起诉方协调会结束后饥肠辘辘、深一脚浅一脚地走回酒店；是他派我参加国内外学术研讨会；是他鼓励我不断研究；是他身体力行，从在位时到退休后，都给我树立了学习的榜样，从如何认识 WTO，到如何研究 WTO。我们背后都称他"老爷子"，几天不见就想得慌。例如，此刻身在办公室、电脑前，心已经想着过几天喝两杯了！

从张玉卿，就带出了从事 WTO 争端解决的律师了。肖瑾、彭俊、任清和姜丽勇等年轻律师，已经成为中国案件的中坚力量，提供着优质的法律服务。傅东辉、冯雪薇、蒲凌尘等资深律师，则在率领和培养着更多的优秀律师。记得有一次在日内瓦开庭，蒲凌尘律师对我说：这些案件可是世界高端啊，你千万不要因为天天处理这些案件就小看了它！我好像从来没有"小看了它"啊！

从张玉卿，也带出了从事 WTO 法律研究的学者了。会议名单上的朱榄叶、龚柏华、韩立余、石静霞、张乃根、李居迁、左海聪、吕晓杰、秦娅、高树超、龚红柳，还有名单上没有提到的更多人。❹ 他们都是"理论联系实际"的专家，成就卓著，并且与商务部条法司保持着密切的联系。记得当年 WTO 法律处刚刚成立，我就请韩立余来给我们讲案例及法律问题，因为当时他编写了 GATT/WTO 的所有案例！以至于现在我还会问他：你还接着编吗？他摇摇头：量太大！

从张玉卿，还带出了 WTO 法律研究和实务的后来者。这次开会，他把自己在中国政法大学培养的博士生都带来了。我的学生，例如上过我一学期

---

❶ 中国"入世"之初，广泛作为第三方参与了诉讼。第三方可以收到当事方的诉讼材料，并且参加听证会，使得我们较快地熟悉了 WTO 争端解决程序。

❷ 他一开始就提出中国律师必须参与诉讼，以取得经验，争取在未来案件中发挥更大作用。

❸ 他非常重视与学者的联系，长期以来一直参加"中国国际经济法学会"和"中国法学会世界贸易组织法研究会"的活动。

❹ 在此我想特别提及复旦大学董世忠教授。他已经八十多岁高龄，仍然坚持出席各种学术活动。前辈对 WTO 研究的执着和热情，是我们晚辈前进的榜样。另外，我还想特别提及已故的中国社会科学院法学研究所赵维田先生。他的专著《世贸组织（WTO）的法律制度》（吉林人民出版社，2001 年版）是我学习 WTO 的入门读物之一。他生前对我鼓励和提携有加，我曾经写过文章缅怀他（"窗外那棵雪松"，2005 年）。

中国案例讨论课的北京师范大学法学院毕业生柳池和清华大学法学院本科生叶简剑,也都来学习了。当然,在泱泱 400 人中,有不少是法学院的学生,其中不乏 WTO 法律的爱好者,例如对外经济贸易大学法学院博士生梁意。他们的热情参与,表明我们的事业后继有人。Ulli 曾经谈及清华的会议,他说:最令人兴奋的,是参加会议的学生们,他们聪明、开放,提出的问题很有挑战性!

  最后该说说我自己了。我很幸运,能够参与组织这次 WTO 法律大家庭的欢聚,使得我有机会回顾这些"家庭成员"的音容笑貌。聚会结束了,大家带着美好的回忆和更加美好的憧憬,回到各自的岗位上。也许大家会同意:这是一个特殊的大家庭,他们都是普通人,有生老病死、七情六欲,但是他们是一群有理想的人,有特殊使命的人;作为法律人,他们的理想是一个有秩序的国际社会,而他们的使命就是不断完善 WTO 法律体制,使之成为国际法治的范例。能够成为这样一个大家庭的一员,吾三生有幸!吾当自强不息!

2015 年 7 月 22 日星期三

附录:

附录一 Ernst-Ulrich Petersmann

机场谈话

2015年7月2日晚,北京文津国际酒店,清华法学院设宴招待会议嘉宾,这是我第一次见到他,一个红脸、腼腆、谦逊的老人(70岁)。互换名片后,我把打印的两篇文章:What is WTO in China 和 China in the WTO Dispute Settlement 送他指教。三言两语寒暄之后,他就问我:我对中国一无所知,很想了解中国关于"正义"(justice)的历史、文化和现状。"正义",听到这个词,我立马来了精神:这可是我知之甚少而又兴趣十足的领域啊!于是我说:让我们这几天找时间聊聊。

随后两天,我们在开会时经常相遇。我做大会发言时,他在场;我们还分在同一个专业组"知识产权",都做了发言(他谈了WTO中缺乏"正义"的内容,谈了对"澳大利亚烟草案"面临的公共健康与商标权保护的平衡等问题)。他曾经拿出我的文章,"谄媚"地笑着说:我已经开始读了。

7月5日上午,我去文津接上他(还有 Valerie Hughes)一起去机场,同去外地参会。路上,他介绍了他所在的研究机构 European University Institute 这个古怪名称的来历(二战引起的欧洲反思,认为应该消除各国对资源和产品的争夺,因此成立了"欧洲煤钢联盟",因为煤炭和钢铁是重要物资,而后来的欧洲经济共同体和欧盟,都是一个思路;与此同时,欧洲人文方面也应该加强研究和统一,于是有了这个机构,从法律、政治、经济等方面专门培养高级人才)。

来到休息室,他又拿出了我的文章,对我说:你应该从中国的角度写一篇"WTO与正义"方面的文章;我的文章都是欧洲的视角,我对中国一无所知,但是我觉得中国也有这样的文化和传统;我是 Journal of International Economic Law 的编委,你的文章可以在上面发表,并且这将是中国唯一的这方面的文章;你在实务部门工作过,可以从通俗易懂的角度写,这样对大众是有作用的(我点头,认为WTO能够促进法治建设等社会进步)。

我感谢他,笑着说:那么等我对这个问题有了一些思考之后,特别是听了您的厦门大学讲课后,我再构思吧!13~17日他在厦门大学给青年学者授课10小时,主题:Methodological Problems in International Economic Law (IEL) and Adjudication,其中涉及宪政主义、共和主义、消费者福利、人权、正义和国际经济法方法论等内容,都是我感兴趣的内容,心中蠢蠢欲动,想去听讲。事实上,我已经打印了他的一篇文章带在路上阅读并准备随时向他请教:Multilevel Governance Problems of the World Trading System beyond the WTO Conference at Bali 2013.

他是个健谈的人,"好为人师",说起话来滔滔不绝,此刻又开始论证我写那篇文章的意义。我"胸有成竹"地打断他,拿出一张纸,抄录了3组12个词"社会主义核心价值观"(国家层面的价值目标:富强、民主、文明、和谐;社会层面的价值取向:自由、平等、公正、法治;公民个人层面的价值准则:爱国、敬业、诚信、友善),其中包括"正义"(公正),开始讲给他听,说北京大街小巷的标语上都写着这个,我们国家缺少这些东西并正在向着这些方向努力(我边讲,他边在纸上写字,后来他就把这张纸留下了)。

他"迫不及待"地打断我:这12个词的内容并不新鲜,任何一个国家都需要这些东西(我插话:中国可能需求度更高);亚里士多德的共和主义就包括这些内容(他提到了《雅典的政制》,我说非常喜欢这篇短文,并且是我给学生的推荐读物),康德(我听了心中一喜)的世界主义更加如此,随后波普尔(他说在伦敦经济学院读书时听过波普尔讲课)在其名著《开放社会及其敌人》(我说我有这本书)更加论证了这些理念,其中就包括人的认识能力与极权主义之间的关系问题;柏拉图曾经有一个著名的"洞穴理论"(我插话说看过,那个出了洞穴又回来告诉大家"真相"的人反而被认为是胡说八道),说明了人认识的局限性;如果认为人的认识能力是绝对的,那么就容易导致极权主义(我承认从来没有想过认识论与极权主义之关系)。

在他海阔天空、漫无边际的讲述中,我勉强插几句话和问几个问题,结果又引出了他更多的论述,例如他并不喜欢黑格尔,因为黑格尔是民粹主义(Nationalism);他属于康德的世界主义(Cosmopolitanism),相信人权、自由、和平等(我说中国也有"天下为公"和"天下大同"的思想,他又鼓励我写文章了)。关于"正义",主要是程序,要有公民纠正统治者行为的法律程序存在(我插话:正义有"程序正义"和"实质正义"之分),例如普鲁士国王弗里德里希大帝与伏尔泰（我说知道这个人，他的最后 20 年就是在日内瓦附近度过的；我去过他的庄园）的一场对话：无所不能的大帝，却无法强制一个磨坊主将其"丑陋"的房子拆迁离开其仿造凡尔赛宫建造的富丽堂皇的波茨坦"无忧宫"（我参观过这个宫殿），因为德国行政法院裁决该磨坊主有权在此居住！期间，不知怎么谈到了人性的问题，他说统治者都是不喜欢正义的，因为人性是自私、贪婪的；我问他是否有宗教信仰，他说相信上帝，并且是某个教会的成员，但是相信上帝有很多方式，例如相信大爆炸理论的人信仰上帝的方式与一般人就是不一样的。

我听得"云山雾罩"，兴致盎然，但还是打断他，要完成我的讲述。我拿出登机牌，也请他拿出登机牌，请他看看有什么区别（讨论式教学法，呵呵），随后说道：一个头等舱，一个经济舱，而我们俩都是邀请单位付款的，这是"正义"吗？我们国家，到处都是这样的差别、等级，比如按照行政级别决定乘坐飞机的舱位，这不恰恰违背了亚里士多德所说的"分配正义"（distributive justice）吗？（他插话说，这是封建主义）很快，话语权又回到了他那里，他开始大谈罗尔斯的《正义论》及其欧洲"正义"思想的脉络。他还以登机牌为例，谈所谓的 fast thinking 和 slow thinking 的问题，说有一本书写得很好（Daniel Kahneman, Thinking, Fast and Slow, 2012。有中文译本：《思考，快与慢》）；登机牌的差异，让人第一感觉是涉及"正义"，但是等到夜深人静，思来想去，也许就会发现问题没那么简单了。

我们就这样聊着，一人一听可乐，没有人提出来要吃头等舱休息室的免费午餐。他最后强调：你一定要写一篇文章，因为 WTO 是一个很好的例子来谈论"正义"的问题（他说 WTO 总部大门两边有两个女神，一个是和平女神，另一个是正义女神；我说注意到了，一个抱着婴儿，另一个踏着蛇，但是故意说：这个建筑以前是属于国际劳工组织的；他顿了一下，没有接话，显然因为这样的争论没有任何意义）。当然，他也反复提醒我：这样的文章写出来，一定会有很多人不同意，他就在欧洲遇到了很多"敌人"。我也再次笑着说：等我下周听了你的课再说吧。不过，经过这番谈话，去听课已经不是蠢蠢欲动，而是下定决心了。他后来把课程大纲和阅读资料拷盘给我，希望我多提意见，并且上课勤发言，提供中国视角。我说：Yes, I will，我会带一本中国哲学史方面的书（例如冯友兰的《中国哲学简史》），以便查阅对照。事实上，他讲的很多内容，都是我多年法律实践和社会生活中没有想过的，而我的一些零星阅读，仅仅让我能够知道他在说什么而已。因此，我迫切需要认认真真、踏踏实实地听听课、读读书，认真地思考这些问题。现在，他带着最新的学术成果来到中国，岂不是天赐良机?！至于写文章，不经过这样的准备，就动手写"贸易与正义"这样的大文章，岂不贻笑大方？虽然他鼓励我可以通俗易懂地写，那也要作者自己先懂了才能写出来啊！

总有一种感觉：我面前的这位长者，怀着天下大同的理想，用其博学和思想审视着 WTO，在肯定成绩的同时，还指出诸多不足，提出很多设计。他岂非国际贸易领域之康德乎?！有这样的思想家，WTO 幸甚，吾辈后来者幸甚！

对了，还有两件事情需要交代。

第一，关于登机牌。为了在飞行中多向他学习，我决定自费升舱。在值机柜台，我问了服务员，得到建议是：鉴于我是白金卡乘客，有可能获得免费升舱的机会，目前还有 7 张票，而我排在第一位。后来，我果然在登机时被升到头等舱。我和教授又借此讨论了亚里士多德的"矫正正义"（corrective justice）的问题。

当我兴高采烈地登机，来到他的座位边，准备继续我们的谈话时，竟然有一个人走过来要与我换座位，说要跟教授聊天！我不得不遵命。一路上，我就远远地、眼巴巴地看着他们俩聊得热火朝天。这个人就是孙振宇大使。不带的，孙大使！另外，好玄啊！如果花了 3 千块钱自费升舱，后果不堪设想……

第二，关于推荐书目。他推荐《康德政治文选》，说那是一本 200 多页的小册子，很容易读；他还推荐了若干文章，认为我必须阅读，包括康德的《论永久和平》。他故作轻松地说：这篇文章很重要，很有趣，只有几十页，你一个小时就能读完。

不管你信不信，反正我不信，于是小心翼翼地问他：据说康德很艰涩，我尝试过中文的《纯粹理性批判》，但是很快就放弃了，反而发现企鹅出版社的英文版比较容易一些，例如开篇就说：There can be no doubt that all our knowledge begins with experience，...it does not follow that it arises from experience... there exists a knowledge that is independent of experience and even of all impressions of the senses. Such knowledge is called a priori, and it is distinguished from empirical knowledge which has its sources a posteriori, that is, in experience. 令我十分惊讶的是，这位博学、深刻的德国佬严肃地回答：我也是读英文译本，因为德文太难懂了！听到这里，我从双肩包中拿出林语堂翻译古典散文《西湖七月半》，笑着说：中国古文也很难懂，反而是林语堂的英译本更通俗易懂！我们俩大笑。

注：他说的很多知识，我并不是都明白，并且以上记录是谈话 3 天后回忆而成，因此讹误在所难免。也正是因为如此，我才对下周的学习更加充满了期待。

2015 年 7 月 7 日星期二，深圳机场

听课笔记

（一）说明

13～16 日，我在厦门大学国际法高等研究院暑期班旁听 Ernst-Ulrich Petersmann 讲课，共 10 个小时。此外，从 2 日在清华法学院招待会午餐相遇，到 16 日厦大芙蓉餐厅午餐告别，我们单独或小范围交流的时间，大概也有 10 个小时，包括乘车往返机场聊天、机场候机室谈话、深圳会议间隙的交流、在厦门两次共进晚餐、一次大堂吧深谈、连续 4 天一起搭他的车去上课，等等。

由于这些近距离的接触，他的学术思想和音容笑貌开始在我的心中变得"立体"起来。因此，这个"听课笔记"系列，将涉及他对"贸易与人权"的立场、他对于 WTO 的看法、他的博学、他挂在嘴边的人物和故事、他对中国的看法、他的讲课方法批判、他的生活习惯和趣事等方面。

不过，需要声明的是，这并不意味着我真的了解他，更不意味着我真的理解他的学术思想。我很认同他反复引用的康德的观点：Philosophy is essentially about three questions: (1) What can we know (e.g. in the natural sciences)? (2) What shall we do (e.g. in morality and politics)? (3) What can we hope for beyond our limited knowledge (e.g. regarding questions of meta-physics and religion)? ... all human knowledge is constructed by human perceptions and the limitations of autonomous thinking, for instance in terms of time, space and causality. 人类的认识能力是有限的，这一点对于理解他尤其典型。例如，关于"贸易与人权"，他就说过，很多人都误解了他。事实上，在课堂内外，我和很多同学也都误解了他，不管是由于我们能力不够的主观原因还是由于他表达不清的客观原因。

静下心来想想（用他的话说，经过 slow thinking），他对于"贸易与人权"的观点是什么，这个看似简单的认识问题，事实上几乎是 mission impossible！我的知识有限，缺乏他的经济学、宪法学、哲学、正义、人权等问题的系统知识和长期思考，更没有他在欧洲和德国宪政体制下生活和在国际组

织（GATT/WTO）工作的经验，他的用词和表达的含义，我不可能完全理解。例如，他的一个核心出发点（我认为）是：Since the ancient Greek and Italian city republics 2500 year ago, republican constitutionalism has turned out—through centuries of political "trials and errors"—to provide the most effective legal and governance framework for collective supply of PGs (res publica). 这句看似简单的判断，其内涵及其意义，恐怕是我一时无法完全理解的。此外，由于时间和空间所限，我不可能将我所有时间都投入理解他的思想上，也不可能随时随地与他进行充分交流；我的"天资"和"成见"（我长期形成的观点）也可能会阻碍我对"causality"形成正确的判断。

不仅如此，关于"贸易与人权"，他有长期的研究和思考，但是他的观点就是清晰明确的吗？或者说，他的观点是一种"absolute truth"等待我去认知吗？肯定不是的。根据他经常提及的康德的观点，并不存在一种"absolute truth（绝对真理）"；人的认识能力是有限的，可能也是不断变动和发展的，而他对"贸易与人权"的观点，也不一定是确定的；在与别人交流和他自己进一步思考的过程中，可能也会有所调整。他就反复强调：他的观点不一定正确，所以欢迎批评和挑战（从他的谦卑神态看，这并非客套话）。

说到这里，必须回到康德的三大问题，否则就有沦入虚无论、怀疑论的嫌疑了。也就是说，在我们承认人类认识能力有限的情况下，我们究竟能做什么、能期待什么？具体到"贸易与人权"，不管我们如何努力，也许我们永远无法知道老先生的观点是什么，但是这并不妨碍我们研究他的思想，因为在研究中，我们自己肯定会有所进步。

我觉得以上声明很重要。有了这个声明，大家看我的"听课笔记"，就不会相信我笔下的老先生，就是"客观"的老先生了；你如果像我一样与他相处20个小时，你的印象可能完全不同。但是这并不意味着你们看了我的笔记会一无所获。事实上，如果有更多人写他，一起交流他的学术思想，那么大家的收获可能会更大。也许这也符合康德的思想，即对个人权利的尊重，并且只有这样，才能学术繁荣，才能社会进步。

最后需要说明的是，他讲课的题目是：Methodological Problems in International Economic Law (IEL) and Adjudication. 很唬人！现在听课结束了，我仍然不明白这个题目的含义，尽管在讲义的开篇就有一个解释：The term "legal methodology" is used here as the "best way" for identifying the "sources" of IEL, the methods of legal interpretation, the "primary rules of conduct" and "secondary rules of recognition, change and adjudication", the relationship between "legal positivism", "natural law", and "social theories of law", and the "dual nature" of modern legal systems. 我觉得，要想弄清楚这个定义中那些术语的含义，也需要花不少时间。好在他讲课时，似乎并没有重点讲与这个主题相关的内容（或者他所讲的就是 Methodological Problems），而我的"听课笔记"，目的也不是概括他每节课讲了什么，尽管讲课内容还是很有趣的。

2015 年 7 月 17 日星期五，于厦门

（二）贸易与人权

在这个问题上，他受到广泛关注。7 月 15 日晚上，我们俩在酒店大堂吧喝啤酒聊天。我刚开口说"你对贸易与人权的观点是……"，他就打断我，说我误解了他。随后，他解释道，世界上有很多人误解他的观点。我问为什么会这样，他说：这个问题很复杂，这些人要么根本没有读他的文章，要么并不具备人权、宪政、正义等基本知识（我显然也是这些人之一）。但是他也曾经"一带而过"地承认，这也许是他自己没说清楚。第二天的课堂上，有两位同学就这个问题提问，他再次澄清了自己的观点。此外，课前课后，我还与同学们（主要是全小莲和韩秀丽）进行了讨论。因此，以下描述，是基于我的理解。需要重申的是，我不敢肯定这就是他的观点。

1. 人权涉及人类尊严，是不可让渡的。

The Kantian conception of human reasonableness underlies also modern human rights law (HRL) based on the today universal "recognition of the inherent dignity and of the equal and inalienable rights of all members of the human family (as) the foundation of freedom, justice and peace in the world" (Preamble of the Universal Declaration of Human Rights 1948 = UDHR). "All human beings are born free and equal in dignity and rights. They are endowed with reason and conscience and should act towards one another in a spirit of brotherhood" (Article 1 UDHR) ... human rights... such as labor rights and human rights to protection of health, food, education and rule of law.

2. WTO 协定中没有直接提及人权，但是有一些涉及人权的条款，例如 GATT 第 20 条（"保护人类、动物或植物的生命或健康"）。

3. 从未主张 WTO 协定中要纳入人权条款。

4. 主张 WTO 专家组和上诉机构审理案件的时候，有义务考虑人权问题，

不能使得裁决与人权相冲突（至今还没有发现相冲突的案例）。

法律依据是：《维也纳条约法公约》第31条3.c说解释条约时要考虑案件当事方所参加的其他国际条约，而这些当事方都多多少少参加了人权方面的国际条约，何况该公约之前言还明确提到了"人权"。

the Preamble and Articles 31—33 VCLT require not only that "a treaty shall be interpreted in good faith in accordance with the ordinary meaning to be given to the terms of the treaty in their context and in the light of i object and purpose" (Article 31, para. 1). Article 31：3, c also clarifies that "(t) here shall be taken into account, together with the context... (c) any relevant rules of international law applicable in the relations between the parties". As all UN member states have accepted human rights obligations as well as other "principles of justice" under the UN Charter and under additional UN conventions, the Preamble of the VCLT emphasizes "that disputes concerning treaties, like other international disputes, should be settled by peaceful means and in conformity with the principles of justice and international law"... "Recalling the determination of the peoples of the United Nations to establish conditions under which justice and respect for the obligations arising from treaties can be maintained", "Having in mind the principles of international law embodied in the Charter of the United Nations such as the principles of the equal rights and self-determination of peoples, of the sovereign equality and independence of all States, of non-interference in the domestic affairs of States, of the prohibition of the threat of use of force and of universal respect for, and observance of, human rights and fundamental freedoms for all".

疑问和澄清：

那你喋喋不休、唠唠叨叨谈"贸易与人权"，你在说啥呢？

如果从"立法"（规则制定）和"司法"（案件审理）的角度看，他的观点似乎是：WTO的"司法"做得不错，但是保护人权要成为一种原则，一种意识，在今后的案件审理中"再接再厉"。"立法"上并不需要在WTO协议中写入人权条款，他的原话几乎是：it doesn't make difference；各成员也不会同意；国际组织各有分工，WTO管贸易，而人权问题自有专门的国际组织（世界卫生组织、国际劳工组织、世界粮农组织、联合国教科文组织等）去管。如此看来，在这个方面，老先生对WTO没有什么不满的了？

非也！

在课堂提问和课后交流中，我觉得老先生对于"贸易与人权"的逻辑和思路是这样的：人权是至高无上的权利；人权得到保障，例如在欧洲两千多年发展而成的 republican constitutionalism（公民参与、法律程序、checks and balances 尤其是司法独立）之下，社会才能发展良好（我问他，这是不是 absolute truth，他说不是，这是大家 negotiate 的结果（?））；任何政府，任何国际组织，都不能说自己与人权无关，WTO 也不例外；目前的 WTO 协定中没有提及人权，这是不对的（他说自己坚决支持欧盟现在的做法，即将人权与经济挂钩，而不是所谓的"各顾各"）；最为理想的状态，是在国际上实现 republican constitutionalism，也就是将国内共和宪政，尤其是公民参与和法律程序的成功经验，推广到国际上，实现一个"global republican constitutionalism"（欧盟就是一个初步的实践）（这个词是我在课堂上提出来追问他的，但是他摇头耸肩没有首肯，说 republican constitutionalism 这个词比较复杂，也有很多争议）。

我觉得这样表达他的思路，才是清晰的。但是奇怪的是，他为什么不像我这样直截了当，而是"云山雾罩""遮遮掩掩"？一定是我再次误解了他！

2015 年 7 月 17 日星期五

（三）对 WTO 的评价

他对 WTO 持批评态度。这是我的印象。上课时候，他也承认：从事 GATT/WTO 工作和研究 30 多年，现在他对 WTO 是经常批评的。但是他话锋一转，郑重其事地反复澄清道：不要误解我。以下就是他对 WTO 评价的完整观点（几乎是他的原话，而不是我的"理解"）。

1. WTO 是迄今为止 most important, effective, successful trade agreements。中国加入后的经济发展就是很好的例子。它有 162 个成员，它管理很好，它处理了 500 个案件，它使得世界上很多人脱离了贫困。

2. 但是这并不意味着 WTO 已经完美了。世界上还有两亿人生活在贫困之中，很多 WTO 成员中的公民人权没有得到保护。此外，WTO 规则中，没有对竞争政策、环境保护等方面的规定。还有，WTO 的 rule of law 也是有限的，例如欧盟迟迟没有执行"香蕉案"（历经 15 个案例）；美国在与巴西之间的"陆地棉案"中，美国也没有取消补贴，等等。

3. 对 WTO 的未来发展是乐观的。FTA 只是暂时的现象，将来一定会多边化；从历史看，肯尼迪回合和东京回合的很多诸边协定变成了多边协定，和政府采购协定正在多边化，就说明了这一点；从逻辑看，例如，欧韩、美韩的 FTA 对于汽车标准的规定是不同的，logic 的发展是融合起来（当然要经过谈判，不一定是简单的一个 FTA 替代另一个 FTA），否则 doesn't make sense。

两点观察：

1. 关于误解

他在文章和讲课中，批评 WTO 的时候多一些，所以给大家这个负面印象。课上课下，他澄清道：关于 WTO 之得失，仿佛半杯水，关键在于你看哪一部分；"满"的部分应该多于"空"的部分（more than half full）；欧洲的角度，也许是从上往下看，所以看到的是空的部分，而中国的角度，却可能相反，所以看到了满的部分。谈这个问题的时候，我们俩在喝啤酒，杯子里啤酒一直在变化，弄得我们不知所措！

2. 关于 WTO 的发展

我的感觉，他仍然是戴着 republican constitutionalism 的 3D 眼睛审视 WTO 的，因此 WTO 还很幼稚，因为这在欧洲已经有 2500 年发展史，欧盟也已经有近 80 年的历史，而 WTO 只有短短 20 年。也就是说，他一定认为，WTO 的发展应该是世界大同，即康德所说的"世界主义"（cosmopolitan）。他虽然没有直说，甚至在我追问他是否主张"global republican constitutionalism"的时候还闪烁其词，但是他的文章和他的谈话都 betrayed him。当然，这完全可能是我更深的误解。

2015 年 7 月 17 日星期五，厦门机场

（四）博学与常用语

以下是他在厦门大学的讲课大纲（我只录了标题），让我们看看他的讲课内容涉及哪些方面：

METHODOLOGICAL PROBLEMS IN INTERNATIONAL ECONOMIC LAW (IEL) AND ADJUDICATION

Session Ⅰ: METHODOLOGICAL PLURALISM AND ITS CRITICS IN IEL RESEARCH

1. Legal methodology

2. Legal policy—how to justify IEL?

3. Competing narratives and conceptions of IEL

Session Ⅱ: MULTILEVEL GOVERNANCE PROBLEMS OF THE WORLD TRADING SYSTEM AND OF OTHER "GLOBAL PUBLIC GOODS"

1. Law and economics in GATT/WTO law

2. From legal fragmentation towards functional and constitutional integration?

3. Public goods theory—lessons from republicanism for limiting the collective action problems of the world trading system?

4. Comparative institutional research

5. From the "Washington consensus" towards a "Geneva consensus"

Session Ⅲ: LEGAL FRAGMENTATION: HOW TO RECONCILE INVESTMENT LAW AND ADJUDICATION WITH HUMAN RIGHTS?

1. Reform and transformation of international investment law (IIL) through legal fragmentation, adjudication and integration (Article 31:3, c VCLT)

2. Is human rights law (HRL) relevant for investor-state adjudication?

3. The legal admissibility and relevance of HR arguments depend on the limited jurisdiction and applicable law in ISDS

4. Justifiable reluctance to discuss HR arguments in ISDS

Session Ⅳ: HOW TO RECONCILE HEALTH LAW AND ECONOMIC LAW WITH HUMAN RIGHTS? THE EXAMPLE OF MULTILEVEL TOBACCO CONTROL LITIGATION

1. Constitutionalization of multilevel health governance?

2. Administration of justice in national tobacco control disputes?

3. Administration of justice in WTO tobacco disputes?

4. Administration of justice in investor-state tobacco disputes?

5. Need for multilevel judicial "comity": Looking for "Hercules" in multilevel judicial administration of justice

Concluding Session Ⅴ:

First Part: TRANSFORMATIVE FREE TRADE AGREEMENTS WITHOUT RIGHTS AND REMEDIES OF CITIZENS?

1. Intergovernmental power politics forever? Does HRL require "cosmopolitan IEL" and multilevel "republican constructivism" based on comparative institutional analyses?

2. Why the Canada-EU FTA (= CETA) risks undermining rights of citizens and democracy in transatlantic relations

3. Will the EU-USA FTA (= TTIP) protect 'disconnected governance' rather than rights of citizens and constitutional democracy?

4. What do "constitutional justice" and republican governance of FTAs require in order to protect equal rights of citizens and consumer welfare more effectively?

Second Part：QUESTIONS AND ANSWERS BY PARTICIPANTS (feel free to raise methodological questions in your own research on international economic law！！I should also be grateful for constructive criticism of my electronically distributed READING MATERIALS)

也许看了这个目录，我们不知道他究竟要讲什么。听了10小时之后，我也是大概知道他讲了些什么。但是在课上课下，我却发现有一些词汇，是他常用的。

他用得最为频繁的，可能就是"justice"。大家可能还记得，我俩第一次见面，他二话不说，就提起了"正义"的问题（见"正义学习笔记之一 机场谈话"）。课堂上，这个词当然贯穿始终。甚至在他2012年出版的新书献词中，也出现了这个词：This book is dedicated to (my family) … in admiration of their search for justice in discovering and walking our paths of life. 他说："theory of justice"并非抽象、深奥，而是说凡事都要有"justification"，政府更要"justify their policies"。关于正义理论，他经常援引亚里士多德和罗尔斯等。他说：Since Aristotle, procedural, distributive, corrective, commutative justice and equity continue to be recognized as diverse "spheres of justice" in the design of dispute settlement systems… "principles of justice", including principles of procedural justice (e. g. access to justice), distributive justice (e. g. human rights, sovereign equality of states), corrective justice (e. g. compensation), commutative justice (e. g. reciprocal bargains in concession contracts) and equity (e. g. unforeseen emergency situations).

其次，他常常挂在嘴边的是 public goods（PGs）以及相应的"aggregate PGs"—like human rights, rule of law, democratic peace and mutually beneficial, international monetary, trading, development, environmental, communication and legal systems promoting "sustainable development". 他说，"private goods"是市场上提供给消费者的，而"公共产品"则是政府应该提供的；在全球化时代，单独一个国家无法提供"总体公共产品"，而是需要所有国家联合起来。当然，在此过程中，公民参与是非常重要的，而不能只依赖

国家以及国家代表之间的协商。

还有，康德的"世界主义"（cosmopolitanism）。例如，legal interpretations of IEL should embrace inclusive "cosmopolitan methodologies" that acknowledges the reasonable, common interests of all human beings in protecting producers, investors, workers, traders and consumers cooperating in a mutually beneficial, global division of labor and the corresponding government duties to respect, protect and fulfill the human rights of citizens in response to their democratic demands for more effective protection of international PGs. 他用这个词的时候，与另一个常用词"constitutionalism"有"异曲同工"之处。例如，The political and legal goals of democratic constitutionalism to "institutionalize public reason" for the benefit of democratic people and their fundamental rights depend not only on economic, but also on political and legal justifications of trade rules, institutions and dispute settlement systems, for instance in terms of limiting abuses of political and private power.

此外，他还大谈经济学基本原理，从斯密、李嘉图出发，一路顺下来，阐释了WTO诸多条款背后的经济学道理：a) "Kaldor-Hicks efficiency" rather than "Pareto efficiency"? b) The economic theory of "optimal intervention" (e.g. Articles Ⅱ, Ⅲ, Ⅺ GATT, Subsidy Agreement) and its limits (e.g. Articles Ⅵ, ⅪⅩ GATT). c) Separation of policy instruments (e.g. Article ⅩⅤ GATT). d) Terms of trade theory (e.g. Articles Ⅱ, Ⅲ, Ⅺ, ⅩⅩⅧ GATT). e) Commitment theory (e.g. Articles Ⅰ, Ⅲ, ⅩⅩⅧ bis GATT). f) Institutional economics (e.g. Articles Ⅹ, ⅩⅩⅢ GATT, TRIPS Agreement). g) No "constitutional economics", "human development approaches" (Sen) or "human rights approaches" (UNHCHR) limiting the homo economicus? 他津津乐道于古希腊悲剧故事，经常援用安提戈涅的故事说明人性都是相通的，援用奥瑞斯特斯的故事说明古希腊就开始的司法审判。听他讲课，跟他聊天，如果没有一些基本知识，例如古希腊神话和悲剧故事、欧洲历史、欧洲政治学说史、康德哲学、经济学知识，特别是关于正义、人权、宪政等的思考，是不太可能收获很大的。例如我，虽然WTO和国际经济法是我的专业，但是他在这种天马行空的背景下讨论这个专业，我总是听得半生不熟、云山雾罩的。当然，如果他偶尔撞到了我的"枪口"上，我也是不会客气的。例如，我们俩在乘出租车去吃晚餐的路上，当他打开话匣子，对我讲安提戈涅的故事，我插话道：她是俄狄浦斯的女儿。老先生说不是。

我马上"百度"确认了我的记忆。第二天上课的时候,他用到这个故事的时候,羞涩地看着第一排的我,说道:是你纠正了我!得意 ing!

2015 年 7 月 18 日星期六

(五)关于中国

每当谈到中国,他都"假装"腼腆地先说这一句:我对中国一无所知(I know nothing about China)。随后他会说:1985 年第一次来中国,期间也来过几次,每次都看到中国的巨大变化。

结合到讲课内容,他说:legal methodology 中 methodology 一词古希腊词源乃"following the road"之意,这表明全球化及其将众多国内产品转化为跨国的总体公共产品需要一些新的法律方法,使得公民和人民通过全球合作增加社会福利;例如,20 世纪 70 年代后期,中国决定按照 GATT 规则实行自由化和管理其贸易壁垒,通过按照 GATT/WTO 法律调整经济结构,成功使得成千上万的人摆脱贫困;尽管中国的重点是实现"四个现代化",但是经济法律和法律方法之变化,其系统性影响超越了经济领域;例如,中国在 WTO 中的 4 个成员之间就通过以规则为基础的自由贸易协定逐步创造一个共同市场,从而为中国作为一个主权国家和平减少经济和法律的分离创造了动力。这段中文可能翻译得有点疙疙瘩瘩,但是我们却仿佛理解了他所说的 legal methodology 一词的含义:原来中国的改革开放和港澳台与大陆之间签订自由贸易协定,就是 legal methodology 改变的问题!

在他的课程资料中,他还在 from the "mandate of heaven" to "constitutional functions" of IEL in China 的标题下大谈中国文化传统:从古代的道家和儒家开始中国的政治文化始终是将道德、美德、公平和社会经济正义作为人民服从政府的前提。大家知道,一扯起所谓的"文化差异",就会没完没了,故此处不予赘述。但是他有两个重要观点,我觉得需要提及。一个是:Compared with the five thousand years of Chinese history, modern Chinese citizens are likely to increasingly acknowledge that the political experiences with "republican constitutionalism" based on "republican virtue politics" offer important lessons also for multilevel governance or transnational PGs for the benefit of Chinese citizens and for their long-standing traditions of "social citizenship". 也就是说,此处他强调了 republican constitutionalism 对中国的适用性。另一个是:像俄狄浦斯、安提戈涅和奥瑞斯特斯之类的古希腊故事,相信中国古代也有,这一点欧洲和中国不会有什么差别,因为"人同此理",

但是独立的司法审判系统，使得欧洲和中国走上了不同的道路；例如，此前提到的普鲁士国王弗里德里希大帝由于行政法院判决而对一个贫穷的磨坊主无能为力，就是一个例子。

　　大家可能还记得，在"机场谈话"中，他反复劝说我从中国角度写"贸易与正义"，我则承诺从中国历史和哲学的角度谈谈自己的看法，以供他讲课参考。我专门带了冯友兰的《中国哲学史》，并且向他简单介绍了我对中国政治哲学的"系统性"、儒家和法家的思想以及中国近代史的粗浅知识和看法。他很认真地听着，但是我所说的，好像并没有超出他的知识范围。

2015 年 7 月 19 日星期日

（六）讲课方式

　　关于他的讲课方式，我是要好好说道说道了。

　　典型的讲授式、"满堂灌"啊！第一节课，他还停下来让大家提问。第二节课，他干脆没有给大家机会。最后两节课，他虽然说是专门留给同学们提问的，但是一个问题，他能一口气回答十几分钟，实际上还是自己在讲。此外，他是按照 PPT 的段落顺序讲的，但是在实际讲述中，有些段落之间并不连贯，而他只是一个劲讲下去。还有，他对讲课内容的快慢详略分配不均，一个故事可以讲好几分钟，而一些概念却一带而过；对举例所说明的问题，阐释不够；对同学们的提问，重视不够。

　　课堂效果？大家想想，课程大纲中那些抽象理论词汇，例如 public goods, aggregate public goods, cosmopolitanism, republican constitutionalism，在他的语境下是什么含义，没有解释，没有讨论，一股脑儿灌给你，你怎么可能消化呢？（他不是一直说别人会误解他吗？）他用德国口音的英语，一口气讲一个小时，你怎么可能集中注意力呢？我不知道学员们听懂了多少，反正不少人在玩手机和打瞌睡。我可能是例外，听课效果要好一些，因为我反复阅读了他的课程资料，课前课后有机会与他交流。但是即使如此，我也只是能够勉强跟上他的节奏，知道他在说些什么。然而，每每下课后我都会从一个教师的角度问自己：这节课，他的主题是什么，讲课逻辑是什么？

　　他自己也未必喜欢这种讲课方法。讲了一个小时，他就会说：I am exhausted and I may have also exhausted you. 连续讲一个小时，不要说一个 70 岁的老人，就是身强力壮的年轻人，恐怕也是很累的。他还说：最后留两节课给大家提问，因为这样更有趣一些。此前，在深圳开研讨会，我是小组讨论的主持人，他也曾建议我：专家发言不要超过 5 分钟，否则大家就听不下去了。

课前，我曾经给他写邮件，建议他讲慢一些，多举一些例子，并且多花一些时间解释一些关键词汇。他回复的邮件，态度很好：I shall base my class teaching on ca 70 power point summaries of arguments and cases following your advice to start with cases and then explain their theoretical problems. I hope both of us can engage in constructive discussions during and after the teaching so that the students may find it easier to understand the complexity of these very controversial issues. 看来，他也承认，他的讲课内容偏理论，涉及复杂、有争议的问题。他还让我上课多提问。但是他不给机会啊！因此，听课过程中，我只是勉强提了几个简单问题。

有学员笑谈：也许这就是德国教授的讲课风格，"自说自话"，"懂不懂是你的事"。当然，勤奋的学员经过自己的挣扎和努力（例如我），一定会有所收获。但是，10个小时，大纲内容并没有讲完（例如关于"投资与人权"只用了半个小时）；上课听讲，注意力不可能一直集中。这样支离破碎的听讲，一般学员能够有多大收获呢？我觉得这要打一个大大的问号。相比之下，如果教授能够多一点讨论、多一点对话，哪怕只是深入研究一两个问题，其效果一定比这样囫囵吞枣、"消化不良"强。

2015年7月19日星期日

（七）生活趣事

他被称为国际经济法理论界第一人、最权威的WTO专家之一。他从事多边贸易体制研究30余年，横跨实务（在德国政府工作过，在GATT工作10年，曾是80年代GATT第一位法律官员）和学术界（讲授国际法、欧共体法、瑞士公法），著作等身，桃李满天下。然而，各位读完我的听课笔记，心目中的形象，也不一定那么高大。他博学，睿智，经验丰富，信念坚定，但是他也谦虚，羞涩，喋喋不休，不会讲课。与他聊天，经常需要打断他，否则他会没完没了地讲下去，随便你说一个什么话题，都仿佛扯住了一个线头，能够扯出无穷无尽的棉线。但是与他聊天是愉快的，因为他真诚，认真，有问必答，言无不尽。

在我的印象里，他不是那种"大师"（欧美似乎从来就没有"高瞻远瞩""指点江山""家国情怀""以天下为己任"，让人"高山仰止""顶礼膜拜"的"大师"）。他不过是一位慈祥的长者，我们专业的专家。他有自己的世界观和学术观点，这是他生长的环境（特别是德国经历两次世界大战）和长期研究

(宪法、国际贸易法)的结果。

  但是他同时也是一个普通人，为了生计，为了家庭而奔波(从7月2日到17日，他从欧洲两次来到中国，一次是参加清华大学举办的"WTO20周年研讨会"，另一次就是在厦门大学讲课)。他最小的儿子16岁，暑假正在佛罗伦萨打工送比萨外卖；他两次来中国之间赶回欧洲，就是为了跟这个儿子多待几天。他家有8个孩子：4个来自前妻(多年前患癌症去世)，3个是现任妻子带过来的，只有这最小的、"最可爱的"(他的话)孩子是他们的"共同财富"。妻子是日内瓦的医生，孩子们在世界各地工作和学习，包括有一个女儿继承他的事业，在他任教的欧洲大学研究院(EUI，位于佛罗伦萨)就读法律学位。去年妻子60大寿，全家在内罗毕(?)聚齐了一次。他说：这么多孩子，不太容易manage。我和朋友请他吃了好几个晚饭，他都来者不拒，并且从来不提买单的事情，只是有一天晚上我俩在酒店大堂吧喝啤酒，我给他讲"中国文化"，他才爽快地说把账记在他名下！

  他说早上做瑜伽，经常游泳、去健身房(我儿子在健身房遇到他骑自行车)。以前跑步，但是当医生的妻子说他岁数大了，跑步对脊椎不好。他总是背着双肩包，步履轻盈，一副"装嫩"的样子。我儿子(14岁)与他见面，相谈甚欢，赠送一只学校发的橡胶手环，红黄蓝三色，分别印着"社会主义核心价值观"24个字。他开心地笑着，随后几天一直戴在手腕上，还在课堂上拿下来向大家炫耀！

  他是一个普通人，但他更是一位杰出的思想家。他的研究，可能对国际经济秩序的发展，都会起到一定的作用。例如，他提出的人权理论，也许就会突破传统的国际法主体是国家的理论，以及国际法不能在国内直接适用的大多数国家的做法，使得个人和企业越来越多地参与国际贸易规则的制定。学术界，特别是国际法学术界，特别需要这样的人物，因为他们能够为国际法的发展提供多样的选择，甚至指明前行的方向。

2015年7月19日星期日

附录二 知人论事

——评 James Bacchus 的大作 Trade and Freedom

> 这是一部充满知识、文化、思想、信仰、使命感和执行力的著作。
>
> ——题记

我们周围的人士，似乎大多有知识而无文化。他们都有专业知识，法律、经济、数学、物理、化学等，但对文学、历史、哲学所知甚少，对音乐、艺术没什么兴趣；他们都是专家，但缺乏人文素养。而在有知识又有文化的少数人中，有思想者就更是少之又少了。他们虽然很儒雅，但对这个世界，对这个社会，却没有自己独立的分析与判断，没有自己的观点，往往是人云亦云随声附和。偶然遇到知识文化思想三者兼俱者，却往往沦为愤世嫉俗。的确，如果你有一双慧眼，看穿了这个世界和人生，很容易变得灰心丧气，甚至悲观绝望。能有明确的信念，相信上苍给自己的短暂人生赋予了一种使命，并且坚定地执行这种使命者，实在是凤毛麟角了。读者诸君，请放下这篇文字，环顾一下四周，或者回忆一下过去，知识、文化、思想、信仰、使命感和执行力六者全备者，你又见过几人？

然而，我却知道这样一个人。由于工作的原因，我认识了 James Bacchus，读到了他的大作 Trade and Freedom。

和他的交往是非常初步、简单的。2003 年 9 月，"美国钢铁保障措施案"上诉开庭在日内瓦 WTO 总部举行，他是上诉庭 3 人小组的主席，我则代表中国发言。该案是中国在 WTO 的第一起案件，是我第一次见到他，也是他最后一次开庭审理案件。对他的印象是既严厉又幽默，有大法官的自信。时隔 6 年，2009 年 9 月，他以律师身份访问我们单位，我代表单位接待，我们一见如故相谈甚欢。随后我参加了一所大学为他组织的晚宴和演讲。这 6 年期间，读过他写的一些文章，其中关于上诉注意事项的"弗朗西斯·培根爵士死亡之谜"令我拍案叫绝,进而萌发了翻译他的著作 Trade and Freedom 的念头,甚至为此都落实了版权及合作者。最近几个月,我逐字逐句读完了这本皇皇 511 页的大作,在书前书后页眉页脚留下了密密麻麻的感想、批注。

阅读的过程是愉快的,并且经常心潮澎湃。

他爱读书,并且爱读老书。一个阴雨绵绵的星期日下午,他在日内瓦的一家名曰"书虫"(Bookworm)的旧书店,从长霉的"哲学类"书架的顶部,发现了《从奥古斯都到查理曼的欧洲道德史》(History of European Morals from Augustus to Charlemagne),作者叫 W. E. H. Lecky。他坦白地说,此前从未听说过这个人,但对这位 19 世纪哲学家提出的"圈子"(circle)理论却颇为赞赏。Lecky 认为,人来到这个世上,爱心的能量很低,仅倾向于自我,而道德的作用,正是为了扭转这个趋势;从人类历史看,爱心曾经仅局限于家庭,随后这个圈子扩大到种族,继而国家,继而国家的联盟,继而全人类,最后体现在人类与动物世界的交往中。James Bacchus(大家都叫他Jim)的理解是:我们都生活在圈子中,而圈子的大小决定了我们生命的方寸:圈子越大,生命越宽,因为圈子越大,我们对他人关注的范围就越广,就更加伸张真实人类的道德。Jim 说,作为 WTO 这个世界贸易组织上诉机构的成员,自己在国际法边界的前排拥有一个座位。他对国际法边界的思考是:国际法的真正边界并非法律的边界,而是超越法律之人类道德的边界,是我们对人类责任的边界;我们人类同情心之圈子的界限,才是国际法的真正边界,因为正是这些界限最终决定了我们所真正认同并尊重的法律的边界,从而成为我们愿意维护并执行的法律的边界。

1995 年,WTO 一成立,Jim 就成为上诉机构成员,并且一干就是 8 年,参与或主持了几十个上诉案件的审理工作。我们可以想象,将自己的工作放在人类道德、人类责任和人类同情心这样一个大"圈子"中,会有怎样的成效。今天,WTO 争端解决机构已经成为人类有史以来最为繁忙的解决国际争议的机构,在短短 15 年里受理了 400 起案件。这个机构有如此强大的"公信力",国家之间发生贸易纠纷都愿意交给它处理,必定与其裁判的公正性有关;裁判是人作出的,而 Jim 就是负责上诉案件的"法官"之一。

Jim 说,作为第一代上诉机构成员,他们有奠定良好基础的神圣使命。他对 WTO 的成就是颇为满意的。他认为 WTO 对建立一种"国际法治"(international rule of law)起到了示范作用。他栩栩如生地描绘了"国际法"(international law)这个概念的诞生过程:格劳秀斯作为诗人、剧作家、神学家、外交家、律师和法学家,作为 17 世纪欧洲最为博学的人,在狱中仍然阅读大量书籍;家里隔三岔五要送一大箱子新书进去,顺便带一大箱子旧书出来;在两年时间里,狱卒对这进进出出的大箱子习以为常了,格劳秀斯的妻子发现了这个漏洞;经过一段时间的策划和练习,在一个刮风的三月清晨,格劳秀斯在祈祷了一个小时后,进入书箱,顺便拿了一本《新约》当枕头;他就这样由狱卒抬出了监狱;狱卒还开玩笑说今天的书特别沉呢!格劳秀斯逃到了法国,写作了著名的《战争与和平法》,提出了"国际法"的概念,从而被称为"国际法之父"(the father of international law)。Jim评价说,格劳秀斯逃往自由,也带来了自由的理念:自由决定于法治(rule of law),而在这个没有约束的世界上,对法治的希望则决定于某种可以真正称作"国际法"的东西。Jim 说,WTO 对贸易争端具有"强制管辖权"——只要起诉就受理,对裁决具有"强制执行力"——不执行就授权报复,因此 WTO 规则是真正的法律,而不是"软法"(soft law)。

Jim 说,以 WTO 为代表的国际法治建设,仿佛一场浩浩荡荡的国际大游行,终点线是自由,而他以能参加这场游行而感到骄傲。他遗憾地回忆起小时候在得克萨斯州参加童子军游行时,由于阑尾炎发作而被抬下来的情形。他说,他要尽力完成今天这场国际大游行,除非再次被担架抬下来!

Jim 立誓献身于这个事业,是因为他坚信贸易乃通往自由之路。他论证说,贸易能够给人们提供更多的选择,而自由恰恰就是选择的问题,因此贸易与自由的关系是:更多贸易等于更多选择等于更多自由。他还论证说,思想自由是自由的核心,更自由的贸易能够带来更自由的思想,而更自由的思想则能够带来更多的自由。Jim 认为,WTO 恰恰是一个推动更加自由贸易的组织。它有三项主要原则:削减关税——各国都要承诺降低关税,最惠国待遇——对来自不同国家的产品一视同仁,国民待遇——对国内国外产品一视同仁。这些原则为产品的自由流动创造了机制性的条件。

对于惧怕贸易,认为贸易会损害国家利益的观点,Jim 提出了尖锐的批评。他认为,国家应当认清自己"真正的利益"(true interest)所在,坚信促进国际贸易和建立国际法治一定有利于自己的长远利益。不仅如此,他引用了 Lecky 的"开明的自利"(enlightened self-interest)原则,还引用了托克维尔一个类似的"正确理解的利益原则"(the principle of interest rightly understood),提出了更高层次的"利益"。他说,国际法治的未来,决定于我们如何看待"真正的自利"(true self-interest),进而决定于我们如何看待自己的圈子:别人在我们的圈子里吗?我们是否真的认为他们的幸福是我们自己利益的一部分?我们是否视人如己?别人,不管是谁,不管在何处,都是我们的邻居吗？他们是我们的兄弟姐妹吗？抑或仅仅是我们的猎物？显然，Jim认为，真正的利益不是自私自利，更不是损人利己，而是全人类的利益；只有着眼于全人类的利益，自己的利益才能得到最终保障。

这是对"利益"最为理性的思考，因为它排除了现实的纷扰，超越了时代的局限，看到了利益的真正本质。Jim认为，理性能力是人类区别于动物的特点，而理性是上帝赐予人类的一种神性，一种神性的火花；正因为有了理性，我们才会思考自己是什么；我们也许生活在一个低级世界里，但我们思考的时候，我们是在渴望永恒。

Jim说，我们生活的时代仍然算不上"理性年代"（Age of Reason）读者诸君，请再次放下这篇文字，环顾一下四周，或者回忆一下过去，有多少事情禁得住我们理性的思考、追问、追问和再追问？

全人类利益、国际法治、理性，本书的主要思想也许就是这么多。然而，阅读过程中，字里行间却处处感受到作者的博学与智慧。他引用的古典作家数不胜数；他呼吁人们培养人文素养，甚至为此开列了一个24本书的"必读书目"；他以优美而严谨的文笔，描述了罕见的雨后双彩虹，提醒人们珍惜美好人生。Jim在前言中说，他写这本书，是为了表达自己对贸易和世界的哲学思考。我相信，如果读者诸君有幸读到这本大作，一定会同意我写在扉页的这段评价：作者具有法律家的缜密，哲学家的思辨，思想家的深邃，政治家的激情，文学家的浪漫，百科派的博学，经济家的精细，科学家的精确，基督徒的虔信，书生的愚诚，以及实践家的执行力。

见面时，我对Jim说，非常喜欢这本书，并将已经写写画画的页面展示给他看。他高兴地说，正在写另外一本书，保证到时候签名送我。我说，我期待着。

2009年

附本书目录：

第一编 "一位隐身外国法官的思考"

第一章 "贸易谈话"，叙述了WTO上诉机构成员内部讨论案件的方式；

第二章 "贸易面孔"，介绍了13位上诉机构成员的情况，包括作者自己；

第三章 "贸易秘密"，阐述了贸易的必要性；

第四章 "贸易恐惧"，对反对贸易的观点逐一辩驳；

第五章 "贸易希望"，论证了贸易与自由的关系；

结论"理性年代",呼唤理性。

第二编"对于贸易与自由的进一步思考"

第一章"贸易申辩:一位关贸老手的产生",讲述了自己作为一个"关贸老手"(Old GATT Hand)被选为上诉机构成员的过程;

第二章"自行车俱乐部:在WTO之未来确保美国利益",认为WTO发展有利于美国的利益;

第三章"梭罗的铅笔:削尖我们对世界贸易的理解",论证世界贸易的必要性;

第四章"应当、可能、必须:WTO争端解决机制的成就",总结了争端解决机制的成就;

第五章"弗朗西斯·培根爵士死亡之谜:参加WTO上诉审议的'要'与'不要'",介绍了参加上诉审议的注意事项;

第六章"学习并使用文学",主张人们应当有文学素养;

第七章"404页的教育",开出了一份有关文学素养的必读书目;

第八章"黄油之诗歌",呼吁人们歌颂和平;

第九章"双彩虹",提醒人们珍惜人生的美好时光;

第十章"孤星:WTO的历史任务",阐述了WTO的历史性作用;

第十一章"探索格劳秀斯:WTO与国际法治",论证了WTO在重建国际法治方面的贡献;

第十二章"Lecky的圈子:来自国际法前沿的思考",主张人们应当具备国际眼光。

书　缘

读到一本好书是幸福的,而认识好书的作者,一定会欣喜若狂,会做出很多傻事来。我读到了Trade and Freedom,认识了James Bacchus,就出现了这种情况。

读到精彩之处,我会看到自己面带笑容,两眼放光,还会感到自己不断吞咽口水。

我会对朋友眉飞色舞语无伦次地宣讲,搞得别人摸不着头脑。

在办公室也许能偷闲读上几页,一段时间成了我早晨精神抖擞上班的强大动力。

我去书店买梭罗的《瓦尔登湖》,因为有一章提到了梭罗;我翻出伏尔泰的《哲学词典》,也因为有一章提到了伏尔泰。此前,我早就备好了《培根论说文集》，因为有一章专门谈培根。我还想寻找格劳秀斯的《战争与和平法》，收集冷僻的 W. E. H. Lecky 的著作《从奥古斯都到查理曼的欧洲道德史》（History of European Morals from Augustus to Charlemagne），甚至有冲动要读遍 Jim 书中提到的所有书籍。

就在我对这本书如痴如醉的时候，2009 年 9 月 8 日，Jim 来到了北京。

我表面以官方身份见他，实际上心里是一个十足的粉丝。我提到了 2003 年年底他最后一次主持上诉机构开庭审理案件，那是我第一次见到他。他很严厉，曾经拍桌子让大家安静。但他又很幽默，在打断原告或被告发言的时候，说自己还有 300 多个问题。看到这个气氛，我代表中国发言的时候，开了一个什么玩笑，搞得他不知所措。我津津乐道的这些情节，他当然不会记得——本来两个人对同一件事情的记忆就不具有对称性，何况他主持开庭已经进入第 8 年，而我仅仅是第一次参加上诉机构听证会！但他承认，自己是很严厉，因为他要告诉参加听证会的人员，这是严肃的法院开庭，而不是参加晚会；他坚持到点就开庭，而不管是不是有些人没有到场；还曾经训得某位律师当场掉眼泪。但是，他也记得，那次开庭还是成了他的告别晚会，因为每位代表发言，都以感谢他的贡献而开始；两天开庭结束后，大家纷纷上台与他握手。他开玩笑说，朋友们问他，你这么年轻，离任后做什么；他笑答，可以过 20 年再来这里工作。现在他虽然 60 出头，但仍然是所有现任和离任的上诉机构成员中最为年轻的。

当时我也上台和他握手了。他当然不会有任何印象。而这次我们会见，聊了一个多小时，主要谈中国参与 WTO 争端解决机制的问题，他赞扬了中国积极使用争端解决机制，并且预测将来会有更多案件涉及中国。我们还谈到了备受关注的美国限制中国轮胎出口的特殊保障措施案件，我说自己参加了 1999 年有关中国加入 WTO 的中美双边谈判中这一条款的起草审议工作，而他则认为是否采取措施是对奥巴马政府是否采取贸易保护主义政策的一个考验。我自然带着那本书，将写写画画的页面展示给他看。他问我是否喜欢最后一篇 "Lecky 的圈子"，我笑说更喜欢倒数第二篇关于格劳秀斯越狱的生动文字。他见我如此喜欢他的书，便得意地宣布，他正在写另外一本书，到时一定签名送我。我觉得，这本书也一定好看。

这次他对我的印象一定深刻了。当天晚上，我参加了一所大学为他准备的晚宴。我问他，为何在书中没怎么提到苏格拉底，因为苏氏最为强调他书中反复提到的理性。他笑笑说，他非常喜欢苏格拉底；苏氏提倡过 "内省"（examine）的生活，看来应该重新 examine 一下自己。我还问他，上诉机构成员不是全职工作，没有个人专职秘书，如何确保裁决的质量？在具体案件审理过程中，上诉机构如何能够保证没有不同意见？而为了"保持一致"，是否成员之间会有"交易"？他的回答充满了对这项工作的热爱，却不那么令人信服：我们工作很努力；只要尽力，我们就一定能够达成一致意见。同时他也承认，如果他是局外人，也会提出我那样的问题。他还说，裁决中附上成员公开的"异议"应当是正常的，但WTO争端解决工作处于初级阶段，维护这个机制的权威更为重要。我估计很多人不会同意这种"袒护"的态度。

在接下来对这所大学师生的演讲中，他说世界贸易体制的发展，特别是WTO所倡导的降低关税、最惠国待遇和国民待遇等基本原则，以及当前多哈谈判的成功，中国会是受益者，是真正国家利益之所在，因此中国应当在世界贸易体制的建设中起更大作用。中国最近认真执行了WTO裁决的"汽车零部件案"的裁决，表明中国是遵守规则的，是对国际法治的贡献。我坐在第一排，眼睛盯着他，认真听他说的每一个字，并且频频点头称是。我也觉得他在看着我，好像只在对我说一样。我经常演讲，知道演讲者的心理：他们总会对着某个认真听的人讲话，这样才能充满激情。当他提到"梭罗的铅笔"，他的确看着我笑了一下，因为他知道听众里只有我一个人知道这个词在他书中的寓意。

我这些行为和想法，完全是一个小学生对老师崇拜的表现。

随后我去日内瓦出差，仍然带着他那本书。我站在雷蒙湖边，眺望书中提到的阿尔卑斯山和勃朗峰，日内瓦老城山坡上那座教堂。在WTO总部的大厅，我给他发了电子邮件，说不知那些进进出出的人们是否都怀有他那份对建设世界贸易体制的理想主义。我还参观了书中提到的上诉机构成员讨论案件的会议室，看到了墙上挂着的照片，当然包括他的照片，以及摆满文件的小圆桌，窗外湖光山色的景观。后来，我还专门去了伏尔泰最后20年生活并从事启蒙运动的庄园，并将伏尔泰的照片安置在家中的书桌上，因为他对伏尔泰支持并从事贸易的做法有专门介绍。

我还想着，有朝一日去参观他书中提到的所有地方，特别是他求学的田纳西州Vanderbilt大学。

在从日内瓦回国的飞机上，我读完了他的书；掩卷之余，感到满口余香，心潮澎湃。后来很快写出了一篇书评，用了我能想到的最高级别的赞美之词，称其为充满知识、文化、思想、信仰、使命感和执行力的著作。

我还立下宏愿，今生要写一部这样的著作，主题是对中国参与世界贸易体制建设的哲学思考。世界经济的发展需要中国，但在中国参与世界事务方面所面临的机制和人才方面的困难，以及发达国家应当如何帮助中国，我一定比

Jim 有更多切实的感受。我天真地决定，写完这本书，我就可以封笔了。

2009 年 10 月 18 日，华盛顿

附 记

10 月 20 日，我在华盛顿和他共进午餐。我问他是否知道了书评的大意，他笑笑说感谢我的美言。我问他淘到 Lecky 那本书的"书虫"旧书店在日内瓦什么地方，他遗憾地说，那家书店可能已经关了。我说准备阅读一些上诉机构的早期案例，探寻一下包括他在内的上诉机构成员为 WTO 创下的先例，请他给我点几个重要的，他随口就说出了好几个，并且向我解释了其重要性。我问他正在读什么书，他说是两本有关正义的著作，希望能够重新激发、刷新一下自己对正义问题的思考，以便在下一步书中有所反映，并且开玩笑说，这本书也许可以命名为 Trade and Justice。我说，正义，对于我来说，是一个神圣而沉重的概念，我期待着此书的问世。我自己心里还想，回去后也可以读一些论正义方面的名著，这样可以与他的阅读和写作保持同步。我们分手时，他送了我一本 Trade and Freedom，题词是：送给我的朋友杨国华，他是相信"贸易与自由"的；感谢他的周到、美言和友情。

2009 年 10 月 21 日星期三，华盛顿

附录三 GATT 之父

——John H. Jackson

列位，今天我要介绍一位 WTO 法律研究的大家。他致力于 WTO 研究 30 多年，被公认为这个研究领域的 NO. 1。

他曾就教于美国 Uuinversity of Michigan Law School。他在 1969 年以 world Trade and the Law of GATT 一书一举成名。该书对 GATT 的条款和运用进行了详细的解释，至今仍为关于 GATT 的经典之作。他曾在 GATT 总部做过研究工作。他还担任过美国贸易谈判代表办公室的法律总顾问。

他的主要著作有：The Jurispurdenc of the GATT and the WTO: Insights on Treaty Law and Economic Relations; The World Trade Organization: Constitution and Jurisprudence, Implementing the Uruguay Round; The World Trading System: Law and Policy of International Economic Relations; Legal Problems of International Economic Relations: Cases, Materials and Text on the National and International Regulation of Transnational Economic Relations; Restructuring the GATT System; Antidumping Law and Proctice: A Comparative Study; International Competition in Services: A Constitutional Framework; International Trade Policy: The Lawyer's Perspective; Implemenbting the Tokyo Round: National Constitutions and International Economic Rules; Contract Law in Modern Society: Cases and Materials on Law of Contracts, Sales, and Legal Methodology。

他主编了很多的杂志，担任众多的社会职务，得到过很多荣誉。1992 年，由于他在国际法领域的毕生贡献，获得了 Wolfgang Friedman Memorlal Award。

他已届 70 高龄，但仍然活跃在国际贸易法学界，为 WTO 的发展而奔走。他与 WTO 秘书处保持着良好的关系，对 WTO 的运作发挥着重要的影响。他对美国政府的国际贸易决策也起着重要的作用，经常在美国国会就有关国际贸易政策问题特别是 WTO 的问题做证。他曾就美国是否应给予中国 PNTR 问题向 4 位众议员提供咨询，结果这 4 位议员全部投了赞成票。

他曾于 15 年前来过中国，并希望能与中国发展长期的合作关系。2015 年 6 月，他在华盛顿为中国政府官员主办了为期两周的 WTO 法律研讨班，其渊博的学识和大家风范获得了一致好评。他能在极短的时间内召集 20 多位 WTO 研究专家和美国高级贸易官员为研讨班授课，也足见其极大的号召力。

他就是 John H. Jackson。现为美国 Georgetown Unversity Law Center 法学教授。由于他在这个领域的杰出贡献，人们尊称他为"GATT 之父"。学习和研究 WTO，绝对不能不读 John H. Jackson。

2000 年

John H. Jackson 在中国

2000 年底，眼看着中国就要进入 WTO。虽然这个组织在世界上的影响很大，虽然中国为加入这个组织已经付出了 14 年的努力，但这个组织究竟是怎么回事，中国加入后会对中国产生怎样的影响，一时成为众人议论的话题。政府、企业界、学术界纷纷组织 WTO 培训班、研讨会，报刊发表大量分析文章，谈判的进度成为头号新闻。WTO 在中国成了新世纪前夜的一门显学。

WTO 纯粹是外来的，或者说主要是西方的东西。在过去的许多年里，我们虽然接触了许多英文的文章，看了更多中文的介绍，但要了解 WTO 的真谛，非得与真正搞 WTO 的人直接接触不可。于是我们请来了 John H. Jackson。这让人想起了 80 年前，东西文化激荡，西文已在中国传播了 80 多年时，中国请来了学界泰斗杜威和罗素。

Jackson 在 WTO 研究方面，当数世界第一。他在 30 多年的研究生涯中有众多的著作问世，并且桃李满天下，在美国政界、其他国家和 WTO 秘书处具有广泛的影响力。

像罗素一样，Jackson 也是首先在上海入境。他在上海停留一周后（2000 年 10 月 9 日至 14 日），来北京参加了一系列活动，再一周后直接回国。但与罗素不同的是，他在中国停留时间短，没有罗素那么多的经历、那么多的心情变化，更没有那么多的恩恩怨怨。但他此番北京之行的很多经历却是值得一记的。

中国与 WTO，这是邀请者早在 2 个月前就发给他的题目。这一定也是一直萦绕在他心中的一个主题。他在外经贸部主办的研讨会上说，加入 WTO，肯定会对中国产生影响，因为类似的影响也发生在其他成员的加入过程中。他说，在与中国官员和学者讨论时，已经看到各方面都在进行调整，说明这种影响已经开始了。同时，中国加入WTO，对于一个只有短暂历史的WTO来说，是一个最重要、影响最为深远的事件。这不仅仅是因为中国大，经济发展很快，还因为中国的经济体制与WTO有很多不谐和之处。因此，中国加入WTO，对WTO提出了一个新的课题，即如何适应不同的经济体制。他认为，WTO在这方面应当调整。另外，中国加入WTO，对中美关系也将产生重大的影响。这种影响已远远超出了经济范畴，而将涉及世界的和平、繁荣和福利。对于正在进行的艰苦谈判，他认为，这主要是因为西方和中国之间缺乏了解。西方担心中国在WTO中的行为，中国担心西方在WTO中施加压力。因此，双方的交流是十分必要的，而举办研讨会、研讨班就是一种很好的方式。

在北京大学演讲后，学生们提出的WTO自称的民主决策与争端解决机制裁决的反向一致（即一票通过制）之间的关系，以及其他国际法的问题，一定着实让他吃了一惊。中国听众关于WTO的知识和思辨能力一定让他感到今日已与他13年前的中国之行不可同日而语。事实上，从6月在华盛顿的Georgetown University Law Center他为中国政府官员举办的为期两周的WTO研讨班上，他应当已经预料到了听众的水平，因为他对这次研讨班的印象是，他每讲一点内容，听众都会提出一些复杂的问题，足见他们对WTO的了解深度，令他感到这是一批非同寻常的中国人。是呵，国际交流的增加、现代通信技术的发展、电脑的普及，已经让中国人能够跟得上最前沿的问题了。

让Jackson惊讶的显然不仅仅是这么一件事。在与对外经贸大学交流中，他又惊讶地发现，以WTO这么庞大的体系和内容，这么大的影响，这个学校竟然没有专门的WTO课程（其实中国的其他学校也没有）。这使他开始考虑为中国培养WTO师资的问题。

Jackson还饶有兴致地参加了其他活动。与金杜、君合两个顶尖律师事务所的座谈使他感叹这些律所与美国的相近，以及合伙人的年轻有为。他还建议律所关注WTO，因为律师不仅可以参与WTO的"诉讼"活动，还可为企业提供相关咨询。这应该是一些优秀律师事务所的一项新业务。

中国的经济发展也给他留下了深刻的影响。上海浦东新城让他啧啧称赞；金茂大厦88层楼乘电梯只用了47秒钟，他唠唠叨叨说了好几遍；上海证券交易所的先进设施，让他觉得纽约证券交易所应前来取经。每天路过的北京东方广场庞大建筑群,令他惊叹不已;北京胡同的民俗风情,百姓家中先进的发烧音响,让他久久难忘。

与罗素在失望和冷清中离开中国不同的是,Jackson 离开中国前一天晚上一夜未眠。他说他两周的中国之行留下了太多的值得思考的东西,感到脑袋里装得满满的。正如他在外经贸部的研讨会上所说的,他是来了解中国的。他在去北京机场的路上,将来与中国合作的一些计划已具雏形。看来,Jackson 此番中国之行,不仅让中国人真正地接触了 WTO 的东西,还让 Jackson 了解了中国、增强了信心,并且为中国有关方面与 Jackson 未来的合作开辟了道路。而通过 Jackson 的广泛影响,中国与其他国家在 WTO 中的合作也必将有更大的发展。

我们祝已届 70 高龄的 Jackson 身体健康,万事如意。

2000 年

晚餐(节录)

Jackson 教授邀请我和刘松涛共进晚餐。能经常见见 Jackson 教授,是我一直的愿望,希望向他请教,听听他对 WTO 和很多问题的看法。到了华盛顿,本来计划借此机会深入研究 WTO,只可惜事与愿违,两年里只见了他一次。开始时对美国政治社会生活,近来对圣经的兴趣,最终让我决定舍弃对 WTO 的研究。……这样,时光如梭,向这位世界第一把交椅的 WTO 专家请教,就仅仅剩下一个梦想了。

我从酒店接了刘松涛。他这次来 DC,其中一项任务是与教授商量论文。这是一个非常优秀的年轻人,聪明、刻苦、正派,有理想,敢于开拓(自己成立了律师事务所)。他是教授唯一的一个中国博士生,也是中国最好的贸易法律师。后来席间我告诉教授这个评价,自称当了 4 年 WTO 法律处处长,与国内若干律师合作,应当有资格这样说。

……

餐馆就在那些别墅和树木之间,像是乡间小路边的一个房子。我们和 Jackson 教授夫妇同时到达,两辆车就并排泊着。Jackson 教授 70 多岁了,还是那么精神,深秋的寒风中,只穿西装,没有大衣。Jackson 教授夫人笑容可掬,和蔼可亲。大家寒暄,走进餐馆。教授家就在附近,他们显然是这里的常客。经理和我们一一握手,像是老友重逢。餐馆里面光线较暗,座位高低错落,客人不少,多数是白发苍苍的老年夫妇,一看便知是一家高档场所。

舒适温暖的环境，让人心情舒畅。教授告诉我们，这家餐馆好多年了，那个唱歌男士已经在这里唱了18年，这里的服务员也工作时间很长，因为待遇不错，小费不菲。

我们点菜，吃饭，海阔天空地聊。关于美国诉中国知识产权的案件，我告诉教授，美国产业聘请的律师，是当过贸易代表办公室法律总顾问的 Ira Shapiro，当了 WTO 上诉机构成员 8 年的 James Bacchus 和 20 多年前创立国家知识产权联盟的 Eric Smith。中国也聘请了美国律师，但有谁能够比这 3 个人还厉害？……我认为这个案件解决不了中国假冒盗版严重的问题，并且起诉影响了中美知识产权合作，现在双方的官方交流已经中止。我开玩笑说，我现在有更多时间读《圣经》了。此外，中方反应强烈，发誓"奉陪到底"，美方则不以为然，认为打官司很正常，中国的表现有些幼稚（childish）。教授说，中国对主权问题的认识，经常让他感到异样（uneasy），好像中国还在用最为传统的主权观念，而事实上主权的内涵已经发生了很大变化，特别是"9·11"之后。他还说他专门写了一本书。我说，……关于 WTO 诉讼的态度，关于主权概念的使用，我相信都存在这样"非理性"的问题。教授夫人插话说：那这样很危险啊！……

我们不可避免地聊到了美国政治。关于美国大选，教授认为，总统选举已经结束，希拉里已经当选。希拉里势头强劲，是个真正的"领跑者"（front runner），让人寄予厚望。我微笑地盯着他问："你是民主党人？"他微笑着点头。我开玩笑说："那你的判断不可靠啊。"随后我认真地说，"我在等着看美国人最后不选择希拉里的理由。我作为外国人，也许只是看热闹，不知道选举的真正实质性决定因素，但这恰恰是我对美国大选有兴趣的原因之一。"教授随后向我分析了选举形势，两党力量对比等，以及他认为现代社会，性别肤色宗教等已经不是决定因素，谁有能力谁就当选。关于伊拉克战争，教授认为是个错误：当初没有告诉人们真相，开战后又操作不当。我问他与越战的比较，他认为两者很像，都是错误。至于是否可能攻打伊朗，教授连连摇头，认为美国没有足够资源，总统没有胆量再打一场战争。

我们当然还会谈到两国文化差异这个经典话题。我问他伦敦餐馆和美国餐馆的差别，因为在我们中国人看来，这都是"西餐"，没有什么两样。教授和夫人对此差异娓娓道来，并且向我们介绍这家法国餐厅的特色……

我们就这样漫无边际地聊着。我笑问"Jackson 俱乐部"的发展情况，他笑答缺乏协调。教授名副其实桃李满天下，全世界搞 WTO 的人都多少与他有点瓜葛，于是就有人说有一个这样的俱乐部。一个学者，能够对全球化事业做出这样大的贡献,实在令人钦佩。教授说今天的晚餐很放松(relaxed)。与这样一个名满天下的大专家聊天,我当然觉得很充实,受益匪浅。
　　……

2007年11月11日星期日